谨以本书献给《中华人民共和国劳动法》颁布三十周年

劳动法的教义学建构研究

Studie über die dogmatische Gestaltung des Arbeitsrechts

沈建峰◎著

法律出版社 LAW PRESS · CHINA
北京

图书在版编目(CIP)数据

劳动法的教义学建构研究 / 沈建峰著. -- 北京 : 法律出版社, 2024(2024.12 重印)

ISBN 978 -7 -5197 -8940 -4

Ⅰ. ①劳… Ⅱ. ①沈… Ⅲ. ①劳动法-研究-中国 Ⅳ. ①D922.504

中国国家版本馆 CIP 数据核字(2024)第 054390 号

劳动法的教义学建构研究
LAODONGFA DE JIAOYIXUE JIANGOU YANJIU

沈建峰 著

责任编辑 李 群 赵雪慧
装帧设计 臧晓飞

出版发行 法律出版社
编辑统筹 法规出版分社
责任校对 张红蕊
责任印制 耿润瑜
经　　销 新华书店

开本 710 毫米×1000 毫米 1/16
印张 21.75 **字数** 322 千
版本 2024 年 4 月第 1 版
印次 2024 年 12 月第 2 次印刷
印刷 北京建宏印刷有限公司

地址:北京市丰台区莲花池西里 7 号(100073)
网址:www.lawpress.com.cn
投稿邮箱:info@lawpress.com.cn
举报盗版邮箱:jbwq@lawpress.com.cn

销售电话:010 - 83938349
客服电话:010 - 83938350
咨询电话:010 - 63939796

书号:ISBN 978 - 7 - 5197 - 8940 - 4　　**定价**:78.00 元

自序 Preface

在一本学术著作已有绪论的情况下，作者自己的序言难免有些叠床架屋之感。但考虑本书命题的特殊之处，作者还是决定以此序言，寥寥几笔，消除阅读开始前源自本书命题的可能偏见。

其一，劳动法的法教义学展开。法教义学研究在民法学、刑法学领域似乎是显而易见的，宪法学的法教义学研究在近些年也是如火如荼。唯独在劳动法学领域，法教义学像是一个禁忌，至少不是广为接受并普遍使用的研究方法。但实际上，法学作为规范科学，法教义学是最基础的研究方法。失去法教义学方法，不仅会使劳动法学失去了与法学其他学科争辩、讨论并互相影响的可能性，也会使劳动法学的规范性大大下降。当前，改革开放后的劳动法制度建设已积累40多年，《中华人民共和国劳动法》已颁布30年，理论界甚至开始讨论劳动法法典化问题，体系和规范的面向应更加重要：劳动法不仅需要一个形式上体系化的“法典”，更需要有内在逻辑的体系化。为此，本书尝试将法教义学研究的两个重要考虑——规范性与体系性引入劳动法学研究中，形成劳动法的教义学体系。同样需要指出的是，强调法教义学的方法并不是说法教义学是法学研究唯一科学的方法，各种法学研究方法均有其独特的价值和功能。只是在当前劳动法学研究更关注价值、政策，更擅长法外言法等的背景下，引入一种法学研究更经典而传统的方法。本书作者相信，劳动法学作为生成于20世纪初的年轻法学领域，从学科位置到学科方法唯有坚持兼容并蓄，才能真正构建自己的理论体系并推动整个法学的发展。

其二，劳动法作为特别私法。在对劳动法进行教义学构建时，难以绕开的是劳动法与私法的关系。如本书所展示的那样，这是一个争论百年之久的命题。对此，本书的基本立场是“劳动法是特别私法的形态”。对关注劳动法的读者来说，该命题显然是非主流的。劳动法属于社会法已然是学界通说，又如何能是私法？在此，首先需要说明的是，社会法理论研究的实际状况是，虽然理论和实务均认为社会法属于社会主义七大法律部门之一，劳动法属于社会法，但社会法是什么却并没有自洽且规范的通说。在此背景下，正如作者2019年7月发表在《华东政法大学学报》第4期上的《社会法、第三法域与现代社会法——从基尔克、辛茨海默、拉德布鲁赫到〈社会法典〉》一文所提出的那样，“从当前国内社会法的讨论来看，社会法的存在更多建立在一个目的论或者价值论的基础上，要实现实质正义或要实现社会政策，这就意味着公私法和社会法的范畴并不在同一层面”。故此，不应用对立的眼光看待社会法和私法的关系。其次，也是更重要的，学术体系的构建应抛开门户之见，不应有先入为主的否定。本书关注的重点是用人单位和劳动者这两个市场主体之间的权利和义务通过怎样的制度来配置。提出劳动法作为特别私法，更多是强调劳动法的私法面向。至于劳动法是不是就是私法，取决于21世纪的私法是什么，也取决于中国式的社会法又是什么，但这并不是本书关注的话题。也许读完本书，读者内心会有一个自己的判断。

最后需要说明的是，“劳动法的法教义学展开”与“劳动法作为特别私法”两个命题在本书研究中处于一种一体两面的关系：本书以劳动法与私法的关系为起点和外在的命题，阐释劳动法的规范与体系这一最终的，也是内在的命题。这种状况导致本书应命名为“劳动法作为特别私法”还是“劳动法的教义学建构研究”让作者颇为为难。最终，因为种种机缘，本书确定为了现在的书名。读者也可以以“劳动法作为特别私法”之名来阅读本书。但对作者来说,也许这一题目选择也是在表明一种立场:劳动法是不是私法并不具有根本性,如何构建劳动法的规范与体系才是劳动法研究的根本所在。希望能通过本书,从劳动法与私法的关系问题入手,最终回归劳动法的教义学体系构建这一目标。

祝阅读愉快。

沈建峰

2024 年 3 月 12 日

于北京·学院南路

目录 Contents

导　论

绪论　问题、方法与思路 …… 003

第一章　历史商谈:问题的背景与起点 …… 007

一、从身份到契约的发展以及工业化时代的社会问题 …… 008

二、劳动法第一次被放逐:公法、身份法、团体、阶级 …… 011

三、劳动法第二次被放逐:苏联模式下劳动法和民法的分野 …… 017

四、市场化与非市场化思路的竞争与融合及中国劳动法的理论困惑 …… 019

第一编　劳动关系的范畴及其教义学展开

第二章　劳动关系作为法律关系 …… 026

一、劳动法研究的外部视角:劳动关系与劳动法律关系分离的缘起与问题 …… 028

二、法律何以调整社会关系及劳动关系 …… 034

三、劳动关系法律内涵的澄清 …… 040

四、重构以劳动关系为中心的劳动法体系 …… 045
五、结论 …… 047

第三章 劳动关系的法律属性:人法关系、共同体关系抑或交易关系 …… 048
一、劳动关系法律属性确定的方法论与目的论:从描述到规范与体系 …… 050
二、从属性劳动的基本内涵:从多元到一元 …… 055
三、人格从属性劳动的制度归入:从人法到共同体 …… 062
四、劳动关系作为继续性债之关系 …… 073
五、结论 …… 079

第四章 劳动关系与社会保险的关系 …… 080
一、劳动关系与社会保险:社会问题的内化解决与外化解决 …… 081
二、社会保险的功能扩张及其对劳动法的功能替代 …… 088
三、社会保险关系对劳动关系的超越及其体现 …… 093
四、社会保险超越劳动关系的限度与未来 …… 098
五、结论 …… 104

第二编 劳动关系协调机制及其教义学结构

第五章 重申劳动合同在劳动关系协调中的地位 …… 109
一、劳动合同的本质:合意抑或形式 …… 111
二、劳动关系的建立:用工还是合意 …… 114
三、劳动关系的内容确定:合意、事实抑或规则 …… 124
四、劳动合同的消灭:通过合意安排劳动合同消灭的可能与限度 …… 129
五、劳动合同单方解除的合同逻辑 …… 133
六、结论 …… 136

第六章　用人单位指示权的私法构造 …… 138
一、用人单位指示权的缺失及其制度定位 …… 139
二、用人单位指示权存在的正当性基础 …… 143
三、填充型形成权:用人单位指示权的法律属性 …… 152
四、用人单位指示权的法律限度 …… 157
五、结论 …… 166

第七章　劳动基准法的私法效力 …… 167
一、劳动基准法作为保护劳动者利益的强行法 …… 169
二、劳动基准法的效力结构类型及其选择 …… 175
三、公法性劳动基准法进入私人关系的路径 …… 180
四、劳动基准法私法效力的具体形态 …… 185
五、私法效力与公法效力的协调 …… 198
六、结论 …… 202

第八章　集体合同的私法属性 …… 204
一、集体合同作为自治机制和市场机制 …… 206
二、集体合同作为合同:可能与困境 …… 212
三、集体合同的规范效力:突破与解释的新努力 …… 217
四、结论:集体合同是一种私法属性的法律行为 …… 231

第九章　用人单位规章的制定模式与私法解释 …… 232
一、用人单位规章制定的不同模式 …… 233
二、用人单位规章效力控制的不同模式 …… 236
三、用人单位规章效力合理性说明的不同模式 …… 241
四、用人单位规章制定、效力控制以及合理性说明模式差异的根源 …… 246
五、用人单位规章正当性基础的再说明 …… 251

六、我国用人单位规章的效力控制 …………………………………… 257

第三编　用工关系协调的教义学展望

第十章　用工关系调整的法律谱系及其完善 …………………………… 265
一、使用他人劳动力之法律工具的历史图景 ………………………… 266
二、数字时代去劳动关系化的发展与劳动法的危机 ………………… 272
三、拯救劳动法：扩大劳动关系范围与分类处理 …………………… 276
四、用工关系法律调整的方法革新：从楚河汉界到次序交融 ……… 280
五、用工关系法律协调制度的完善 …………………………………… 289
六、结论 ………………………………………………………………… 294

第十一章　劳动的法典：协调用工关系的统一法典 …………………… 295
一、历史之维：劳动法对雇佣合同的功能替代 ……………………… 296
二、法源之维：部门法的独立性与法源的交叉性 …………………… 300
三、谱系之维：形成从雇佣合同到劳动合同的类型序列 …………… 304
四、体系之维：劳动法典的基本结构 ………………………………… 307
五、结论 ………………………………………………………………… 310

结论：劳动法作为特别私法 ……………………………………………… 311

参考文献 ………………………………………………………………… 315

后记 ……………………………………………………………………… 337

导　论

绪论　问题、方法与思路

劳动法与私法或民法的关系问题是法学的基础性问题，它涉及劳动法的功能定位与学科定位，涉及私法的范畴和发展趋向，也涉及市场经济条件下如何认识社会保护等一般性的法学问题。但在我国目前的理论和实践中，并没有很好地回答这一问题。在理论上，相对主流的意见认为，"从部门法地位来看，劳动法应为独立的部门法。而从法域地位看，劳动法既不属于公法，也不属于私法，而是具有公私法兼容属性的社会法"〔1〕。据此，在法律适用时，劳动法的案件不能适用民法的规则，即使是在劳动合同领域，当《劳动合同法》没有规定时，也不能适用民法的一般原理。〔2〕但也有学者认为，"劳动法与民法之间是特别法和一般法的关系"〔3〕，在规范适用上，"在调整对象重叠的劳动法规范与民法规范、经济法规范和行政法规范之间，是特别法与一般法的关系，即法律适用上特别法优于一般法，一般法补充特别法"〔4〕。在裁判实践中，主流思路对于裁判劳动争议能否适用民法规则似乎左右为难：不追随主流学

〔1〕 林嘉：《劳动法和社会保障法》，中国人民大学出版社2016年版，第29页。

〔2〕 林嘉：《劳动合同若干法律问题研究》，载《法学家》2003年第6期。

〔3〕 王全兴：《劳动法》（第2版），法律出版社2017年版，第48页。

〔4〕 王全兴：《劳动法》（第2版），法律出版社2017年版，第46页。

者则可能需要面对横亘在民法和社会法之间的鸿沟，面对用民法思维办理劳动争议案件的指责。追随主流学说认为，劳动争议不能适用民事法律，则不得不面对劳动法规则供给不足的现实。例如，劳动法本身没有规定缔约规则、没有规定录用通知书的效力，没有规定恶意磋商的法律责任，没有规定劳动者给用人单位带来损害时的赔偿规则，甚至诚信原则在《劳动合同法》中也只是"订立劳动合同"要遵循的原则，履行、解除劳动合同时的诚信原则在劳动法中欠缺实证法基础。凡此种种不一而足。这种情况下，产生的是一种欲拒还迎，无法说清的结果：不论是最高司法机关，还是各地实践中，都会出现在劳动法领域适用民法规则的现象。最高人民法院 2016 年 11 月 30 日发布的《第八次全国法院民事商事审判工作会议（民事部分）纪要》第 28 条规定，用人单位和劳动者在竞业限制协议中约定的违约金过分高于或者低于实际损失，当事人请求调整违约金数额的，人民法院可以参照《最高人民法院关于适用〈中华人民共和国合同法〉若干问题的解释（二）》第 29 条的规定予以处理。2000 年，上海市高级人民法院也提出，"关于劳动争议案件中是否可以适用民法通则、合同法的条文问题，我们认为，劳动法有自己的特定的调整对象，审理劳动争议案件适用法律时应首先适用劳动法的有关规定，没有直接、具体的劳动法律规定的，可适用民法总则、合同法等有关法律中最接近的条款"〔1〕。上述理论和实践上对立并且不清晰的立场，也体现在了立法中。在民法典制定的过程中，中国法学会版《民法典·民法总则专家建议稿（征求意见稿）》第 3 条第 3 款规定，"法律对未成年人、老年人、残疾人、妇女、消费者、劳动者等自然人有特别保护的，依照其规定"〔2〕，这等于将劳动法作为了民法的特别法。但最后通过的《民法总则》以及此后

〔1〕《上海市高级人民法院关于印发〈关于民事案件审理中的几点具体意见〉的通知》（沪高法民〔2000〕44 号），2000 年 8 月 15 日印发。此外，在劳动争议案件中适用《合同法》规定的案件也不胜枚举。安徽省滁州市中级人民法院民事判决书，（2015）滁民一终字第 00527 号；吉林省长春市中级人民法院民事判决书，（2014）长民五终字第 00300 号；吉林省高级人民法院民事裁定书，（2015）吉民申字第 192 号；广东省佛山市中级人民法院民事判决书，（2014）佛中法民四终字第 100 号。

〔2〕参见民商法律网，http://www.civillaw.com.cn/zt/t/?29169。

的《民法典》第128条几乎逐字重复了上述草案的条文，却悄然删除了“劳动者”三个字，规定：“法律对未成年人、老年人、残疾人、妇女、消费者等的民事权利保护有特别规定的，依照其规定。”劳动法和《民法典》说再见了吗？答案也许没那么简单，这可能意味着劳动法与民法说再见，但也可能意味着劳动法彻底回归民法的范畴！有意思的是，《民法典》通过后最高人民法院于2020年颁布的《最高人民法院关于审理劳动争议案件适用法律问题的解释（一）》将《民法典》作为该司法解释的依据，为劳动法和民法关系的思考又增添了新的联想空间。

劳动法和民法的关系问题不只是孤立的二者外部关系问题，其在根本上涉及劳动法的规范和制度如何形成体系并在更大的体系中予以归入，而规范的体系归入问题本质上就是法教义学问题。这是因为，尽管对法教义学有各种各样的理解，但一般承认其最基本的两个关照：其一，对体系的追求，“尊重体系与逻辑是法教义学的基本特征，而形式推理是法教义学的基本方法”〔1〕。法教义学所要解决的是法律的内在体系和外在体系问题。其二，对规范的尊重，“法教义学主张法学应持规范性研究的立场”〔2〕。以规范为研究对象，以规范的生成和完善为研究的目标。据此，本书所要开展的对劳动法在整个法律规范体系中的位置以及劳动法自身规范体系的研究，也即一种劳动法教义学的研究。在此，需要消除的误解是，这种范式既不是要否认法社会学、法经济学等对劳动法研究的意义，也不是要否认政治经济学分析对劳动法的重要价值。只是重新在劳动法研究中引入被忽视的规范研究、体系研究思路，用法学最传统的方法分析和讨论劳动法的基本问题，从而实现劳动法与传统民法学、公法学可以对话、争论，进而可以立足于规范法学之林。当前的劳动法研究和实务过于关注价值讨论，即保护劳动者还是保护企业用工自主；过于关注具体细节性问题，制度生成头疼医头脚疼医脚；过于强调劳动法的社会政策色彩。这种研究范式导致劳动法学缺乏

〔1〕 许德峰：《法教义学的应用》，载《中外法学》2013年第5期。
〔2〕 雷磊：《法教义学的基本立场》，载《中外法学》2015年第1期。

论证力量,缺乏体系性而引发碎片化。法教义学的研究显然可以弥补当前理论和实务的不足。

由于不仅部门法的划分主要依据调整对象和调整方法,[1]而且从劳动法学发展历史来看,相关劳动法和民法关系的讨论也围绕劳动关系(对象)和劳动关系协调机制(调整方法)在进行,为此,对劳动法和民法关系的研究,本书也从这两个角度展开,主要讨论劳动关系的法律属性和教义学结构(第一编)与劳动关系协调(调整机制)的教义学结构(第二编)。但为了更好地理解上述问题讨论的智识前提,本书从历史发展角度,梳理了该问题出现的背景和缘由(第一章)。此外,我们已经走向数字时代,用工世界图景变化日新月异;当前法典化立法努力中,"劳动法典"的制定备受关注,[2]对民法和劳动法关系以及劳动关系及其协调机制的研究不能不顾及数字时代的新趋势和"劳动法典"制定的需要。更重要的是,在应对这一新趋势和新需要的过程中,将可以再次展示本书提出的劳动法作为特别私法这一命题的重要价值。本书在第三编以用工关系调整的未来和劳动的法典为主题对该问题进行了回应。以上也是本书的总体思路和框架。

---

〔1〕《法理学》编写组:《法理学》,人民教育出版社、高等教育出版社2010年版,第319页。

〔2〕王全兴:《我国〈劳动法典〉编纂若干基本问题的初步思考》,载《北方法学》2022年第6期;冯彦君:《劳动法法典化的三重困境》,载《北方法学》2022年第6期;林嘉:《论我国劳动法的法典化》,载《浙江社会科学》2021年第12期;沈建峰:《立足劳动者权益维护推动劳动法法典化》,载《工人日报》2022年3月21日,第7版;张菁:《促进劳动法律体系不断完备并向法典化迈进》,载《工人日报》2022年3月21日,第7版;肖竹:《〈劳动法典〉编纂中集体劳动法的体系与革新》,载《法学》2023年第7期。

第一章 历史商谈:问题的背景与起点

只有在历史的纵深中才能更好地理解当下和未来,对准确理解劳动法在法学之林中的位置,理解劳动法与私法的关系而言,也是如此。就此问题,国内学说一般认为,“就法律历史演进过程而言,劳动法是从民法中分离出来的一个部门法,与民法有着天然联系”[1]。但劳动法是从民法中分离出来的吗?如何分离出来的?从历史发展来看,这种分离的程度如何?与民法的“天然联系”又是什么?这些都是非常需要在考证基础上反思的问题。而在对劳动法和民法关系进行历史考证和反思的过程中,将可以同时看到劳动法发展的前提,人们在解决劳动领域社会问题上的不同思潮和种种努力以及影响劳动法律制度发展的种种因素;也将可以看到市场配置劳动力资源(市场化)与劳动者社会保护(社会化)两种取向在劳动法发展中竞争与协调的过程。

就这一发展过程探究的纵深而言,我国现行劳动法的主要制度都形成于1978年改革开放之后,但中华人民共和

[1] 《劳动与社会保障法学》编写组:《劳动与社会保障法学》,高等教育出版社2017年版,第18页;冯彦君:《民法与劳动法:制度发展与变迁》,载《社会科学战线》2001年第1期。

国成立后的劳动法的历史却绝非开始于1978年。与我国其他市场经济的法律一样，我国现行劳动法律制度更多的是一种多法律制度基因组合和发展的结果：既包括中国特色具有原创的劳动法律制度，也包括计划经济和苏联时期劳动法的理论遗迹，还包括从我国台湾地区、日本转嫁而来以及直接从欧洲，尤其是德国继受而来的劳动法律制度和文化。因此，对劳动法发展史的探究不应局限于1978年以来，而应当有更长历史纵深，从"欧洲因素+苏联传统+中国特色"这一脉络展开。在该宏大视角中，一定程度上也可以发现大陆法系主要国家和地区劳动法历史发展的一般规律。

一、从身份到契约的发展以及工业化时代的社会问题

（一）劳动法史的起点之争

使用他人劳动力的现象是与人类社会以及人类法律相伴始终的现象，但对劳动法的历史起点却存在截然相反的观点。[1] 一种观点以奥地利学者Mayer-Maly教授为代表，反对将劳动法的历史系于当今意义上的依附性劳动，而是主张劳动法发展具有超越时代的连续性（Epochenübergreifende Kontinuität）。该观点认为，"许多重要的劳动法元素在工业时代之前就已经清晰的形成，并被工业化国家的法律秩序所承受"[2]。我国也有学者从罗马、巴比伦、埃及、希腊开始讨论劳动法的历史。[3] 与此相反的意见则认为，"劳动法的历史开始于19世纪营业自由的引入以及随之而来的工业化"[4]。此外，尚有折中观点主张劳动法作为职业阶层的特别法形成于19世纪，但并不排除此前一些涉及劳动给付的规则被吸纳进后来生成的劳动法中。

---

〔1〕 Vgl. Martin Becker, Arbeitsvertrag und Arbeitsverhältnis in Deutschland, Vittorio Klostermann Frankfurt am Main, 1995, S. 27ff.

〔2〕 Martin Becker, Arbeitsvertrag und Arbeitsverhältnis in Deutschland, Vittorio Klostermann Frankfurt am Main, 1995, S. 27.

〔3〕 白鹏飞：《比较劳动法大纲》，北京朝阳大学出版社1927年版，第3页。

〔4〕 Martin Becker, Arbeitsvertrag und Arbeitsverhältnis in Deutschland, Vittorio Klostermann Frankfurt am Main, 1995, S. 27.

无疑,劳动法的制度和其他法律制度一样,都是在人类社会进步中逐渐生成的,其发展原则上具有连续性;但劳动法作为一个规范体系却以现代劳动关系的出现为前提条件。现行劳动法是调整劳动关系的法律,而不是有关劳动给付的法律。故此,尽管劳动法的一些技术性规则可能起源于罗马法甚至更早的时代,具有发展上的连续性,但劳动法作为一个制度体系,起源于现代劳动关系生成的时代。据此,劳动法起源于营业自由的引入以及随之而来的工业化的观点应该是更正确的。劳动法发展历史起点之争,并非源于法史学角度的考证偏好,而是源于劳动法产生条件及其法律体系本质的不同认知。以营业自由的引入以及工业化为起点讨论劳动法问题,更能把握现代劳动关系以及劳动法的法学本质。本书也以该时间点作为问题讨论的起点,重点讨论营业自由引入后的劳动法发展问题。

(二)契约用工的开始与现代劳动法的肇端

在我国劳动法的讨论中,人们往往以劳动者和用人单位的不平等、劳动关系是一种身份关系等命题为出发点,这就造就了劳动法对市场的怀疑、对当事人自治机制的不信任甚至否认。但从历史发展来看,劳动法的起点却是从身份到契约的法律史发展进程,劳动法起源于契约用工,市场配置劳动力资源及其带来的社会问题。

如上所述,使用他人劳动力是一种由来已久的社会和法律现象,但并不是所有时代都有劳动法产生的前提和必要性。在工业化时代到来之前,劳动力的提供主要通过农民与地主(庄园主)、仆人与主人、学徒与师傅,甚至奴隶与主人等身份关系来完成。以德国为例,直到 18 世纪后半叶,“家庭或者经济的基本单位是‘家(Haus)’,它不仅包括一个家族的多代人,而且包括学徒、仆役以及其他不自由的人。此外还存在细密的阶层约束之网,每个人都处于其中,他属于农民阶层、市民阶层或者贵族阶层”[1]。在通过身份

〔1〕 Martin Becker, Arbeitsvertrag und Arbeitsverhältnis in Deutschland, Vittorio Klostermann Frankfurt am Main, 1995, S. 43.

用工的时代,与身份法的一般现象一样,“人的一切关系都是被概括在家族关系中的”[1]。劳动义务来自身份约束,劳动义务和忠诚义务相伴,同时身份关系本身也给劳动力使用者带来了义务,给劳动者带来保护,劳动者的忠诚义务与劳动力使用者的保护义务相对而立。在这种时代,当事人法律上的权利和义务主要是在身份法规则体系下运行,不需要劳动法,也不可能有劳动法的产生。

梳理相关国家劳动法起源的文献和制度,可以发现劳动法的产生和民法发展的制度前提一样:都是将人从身份约束中解放出来,形成自由平等的人并依托当事人合意来决定当事人的权利和义务等思想和制度。在此意义上,“劳动法以民法的思想取向为前提条件”[2]。具体从大陆法系国家学者的考察来看,“在德国,当通过普鲁士的 Stein - Hardenberg 改革,废止行会强制,建立营业自由之后,现代劳动组织法才得以开始”[3]。在法国,“1791 年通常被认为是法国劳动法的元年”[4]。因为在这一年通过禁止结社的法令,自中世纪就形成的行业协会垄断以及行业内部的人身依附关系从法律上被消除,“使启蒙时代兴起的个人主义和国家干涉理论变成现实”[5]。而在意大利,“意大利和大多数工业国家一样,法律和公共部门对劳动法最初态度的灵感来自自由主义和个人主义意识形态”[6]。处于劳动法产生前提的自由平等的人以及通过合意决定权利和义务背后的经济现象是通过市场配置劳动力资源。因此,人格平等、意思自治以及市场经济同样是劳动法产生的基本前提,劳动法不是反市场、反自治的,而是反对身份用工,立足于市场和自治基础上。这一前提在我国劳动法研究中往往被忽视,人们将劳

[1] [英]梅因:《古代法》,沈景一译,商务印书馆 1997 年版,第 96 页。
[2] [德]拉德布鲁赫:《法学导论》,米健译,商务印书馆 2013 年版,第 119 页。
[3] Reinhard Richardi, Arbeitsrecht als Teil freiheitlicher Ordnung, Nomos Verlagsgesellschaft, 2002, S. 24; Richardi, Arbeitsrecht als Sonderprivatrecht oder Teil des allgemeinen Zivilrechts, FS - Alfred Söllner, 2000, S. 964.
[4] 田思路主编:《外国劳动法》,北京大学出版社 2019 年版,第 21 页。
[5] 田思路主编:《外国劳动法》,北京大学出版社 2019 年版,第 21 页。
[6] [意]T. 特雷乌:《意大利劳动法与劳资关系》,刘艺工、刘吉明译,商务印书馆 2012 年版,第 14 页。

动法建立在与民法彻底异质的基础上;而从中华人民共和国成立后劳动法的制度发展来看,如下文所述,其同样始于劳动力市场化改革。

劳动法的制度以平等的人、私人自治以及市场配置劳动力资源为基本出发点,但其制度发展却非止于此。工业化生产引发的劳动者对用人单位的结构性力量失衡,劳动力本身不能存储、不能退出市场的特性,劳动所得对劳动者及其家人生存保障的功能等导致以个体间商品交换为原型生成的市场交易法则并不能合理分配劳动关系双方的权利和义务,进而引发劳动者的贫穷、过劳、伤害、童工、女工等社会问题。致力于解决纯市场法则引发的社会问题成为劳动法发展的第二个前提。在此过程中,一系列解决劳动者保护问题的思路不断涌现,进而引发了劳动法和民法之间的紧张关系以及承认市场配置资源还是消灭市场配置资源的观念分歧。劳动法发展史中的各种探索也基本围绕这个主线展开,劳动法与民法的分分合合由此而生。

二、劳动法第一次被放逐:公法、身份法、团体、阶级

(一)民法典对劳动法的有意放逐

立足于上述历史过程,可以认为,尽管民法的制度和理论源远流长,但劳动法与民法关系的历史起点却不是已经形成的完整的民法规范体系,然后在此背景下讨论劳动法发展问题。相反,近代最具代表性的民法典形成期恰好是工业化发展初期,该时期也是以劳动者问题为核心的社会问题的显现期。所以从制度史的角度看,近代以来民事法律的制度发展,尤其是民法典的制定与劳动法制度的形成具有交错性,在一些国家[1],如德国,民法典制定前已经存在大量涉及劳动者问题的特别立法。从 19 世纪直到帝国终结,“各职业群体和各民众群体特殊的保护需求促使立法者点对点的对雇主的权力行使进行滥用矫正。据此,在内容上,也是从人的视角来看,出现了支离破碎的立法。不同的调整需求导致出现一个打上职业阶层烙印的劳

---

〔1〕 对中华人民共和国成立后来说,其实也是如此,民事法律和劳动法律同步发展于改革开放之后。只是民事法律发展稍快而已。

动法"[1]。故此,至少从实证法角度看,认为劳动法是从民法中分离出来的观点并不完全正确,二者关系发展的起点性问题更准确地来说,应当为是否应在一般民事立法中纳入专门针对依附性劳动者的特别保护规则。这一问题因不同国家民法法典化与工业化的不同进度而有不同表现形式。在民法典制定较早的国家体现为是否应在民法典中规定依附性劳动的特别规则,而在民法典制定较晚的国家则体现为民法典制定时是否应将已经大量出现的劳动法规则纳入民法典中。

就这一问题的回答应抛弃的成见是,认为民事法的立法者并未意识到劳动法问题,在民法典中忽视了劳动法规则。从立法史资料来看,在很多大陆法系国家《民法典》编撰之时,关于劳动者保护等社会问题的讨论都非常丰富。以德国为例,在民法典制定时,"对社会问题普遍的公众意识使得可进一步推断,民法典第一草案不可能对以自己的方式解决社会问题完全视而不见。这种(公众)意识使得由一群高水平的,绝非不问世事、离群索居的法学家所组成的第一委员会不可能像传统想法所说的那样,根本忽视其工作与社会问题之间的关联"[2]。预备草案的起草者已经认识到的问题是,"还有大量的制度,其在或大或小区域根据历史上形成的情况或者需要,进行详尽的调整,其部分警察性的内容也构成了法典化的障碍。例如……庄园雇工法。因此需要仔细权衡,是否这些制度中私法性的基本准则不适合成为法典中的共同规则……所以编撰者们必须考虑,通过合适的人手加工在德国不同部分针对这些情况存在的法律规则,形成简明概览"[3]。《德国民法典》最终在立法技术上的选择是"对所有不同类型雇佣关系都适合的一般性的规则应纳入《民法典》中的雇佣合同法中,而考虑其社会意义或者其

[1] Martin Becker, Arbeitsvertrag und Arbeitsverhältnis in Deutschland, Vittorio Klostermann Frankfurt am Main, 1995, S. 110.

[2] Tillman Repgen, Die soziale Aufgabe des Privatrechts, Mohr Siebeck, 2001, S. 31.

[3] Gutachten der Vorkommission vom 15. 4. 1874, in: Jakobs/Schubert, Die Beratung des Bürgerlichen Gesetzbuchs, Materialien zur Entstehungsgeschichte des BGB, Walter de Gruyter & Co., 1978, S. 174.

他特殊性需要特别深入调整的雇佣关系必须留给特别法"[1]。包含大量涉及劳动关系调整问题的《营业条例》就继续保留在国家特别立法中。[2] 从上述立法史来看，是《民法典》的立法者有意识地在《民法典》中放逐了涉及社会保护的劳动法特别内容，而不是民法典或者民法学未能意识到劳动者或者劳动法的问题。这种有意识的放逐隐含着理性论证的可能性。

（二）涌入劳动法中的不同思想和制度渊源

在上述梳理基础上，需要讨论的是为何《民法典》立法者将劳动法的特别规则放逐于民法典之外。从立法资料来看，首先是因为涉及劳动力提供的其他特殊规则过于庞杂，该问题受到各种历史中形成的地方和中央立法的规范，但仅此并不足以将劳动法归入民法以及民法典之外异质的东西。例如，民法典中的土地制度在进行法典化之前也都处于地方性和差异化的状态，但这并不妨碍法典化过程中将其纳入民法典中并进行统一的规则设计。整理 19 世纪和 20 世纪初的相关文献，可以看到推动将劳动法的规则独立于民法之外的，更重要的是其他与民法异质的解决社会问题的制度和思路。这些制度和思路展示了 19 世纪人们尝试解决劳动领域社会问题的不同方向，也是后世主张劳动法和民法分离的理论萌生之地。

1. 劳动法的公法起源

面对市场配置劳动力资源所带来的问题，国家公权力基于两个方面的因素会首先介入劳动关系当事人之间的权利和义务配置中：其一，社会问题会引发社会分裂和对国家统治的挑战。以德国为例，如何将劳工阶层融入国家和社会生活整体，防止社会割裂，防止革命运动推翻皇帝的统治，防止劳工的孱弱影响国家的军事能力等因素都导致国家积极介入劳动关系之

〔1〕 Beratung des Entwurfs des BGB im Reichstage, S. 326. Zitiert nach Richardi, Der Arbeitsvertrag im Zivilrechtssystem, in: ZfA, 19. Jg. 3/1988, S. 325.

〔2〕 Gutachten der Vorkommission vom 15. 4. 1874, in: Jakobs/Schubert, Die Beratung des Bürgerlichen Gesetzbuchs, Materialien zur Entstehungsgeschichte des BGB, Walter de Gruyter & Co., 1978, S. 173.

中,制定保护劳动者的法律。例如,在童工和青少年保护问题上,"防止对教育和军事危害的主导思想促使国家介入年轻劳动者的健康维护问题"[1]。其二,父爱国家的传统以及开明专制时期的"好政策"(good policy)思想都会要求国家介入弱势群体的保护。

这种国家基于统治秩序、社会秩序以及道德秩序需要而颁布的劳动法律,主要规定雇主的义务,同时并不允许私人据其提出请求,而是通过警察来保障其实施,故其在严格意义上属于公法的范畴。为此,现代学者提出,"劳动法起步于公法"[2]。除规范结构的公法展开之外,关于工厂组织中的权力和工厂秩序也有一种公法导向的理论。工厂中的劳动组织被认为具有准权力机构的效力。[3] 在解释雇主指挥劳动者的权力及其来源时,早期的学者们将雇主权力称为控制权力,主张"在为了生产的利益这种支配权力不可或缺之处,人们应在法律上承认这种控制权力,并且不能采用私法的形式"[4]。当劳动法以维护公共秩序等为目的,生产组织以公法技术和思维建构时,其自然无法融入民法典的框架,民法和劳动法的分离也就显而易见了。

2. 身份法传统的延续

法律和其他文化现象一样,有人为建构的成分,也有历史延续性的部分。在消除身份用工,推动通过自由合同进行市场化用工的制度发展这一前提下,一方面,传统身份用工的法律制度并未立刻消亡,在社会经济发展中依然会存续,甚至出现某种形式的"繁荣"。在进入工业时代后,"工厂主承接了家父和师傅的家长权(Hausgewalt),阶层统治倾向也被完全自然地嫁接到企业家和劳动者的关系中"[5]。另一方面,也是更重要的,基于思维

[1] Martin Becker, Arbeitsvertrag und Arbeitsverhältnis in Deutschland, Vittorion Klostermann, 1995, S. 86.

[2] [德]雷蒙德·瓦尔特曼:《德国劳动法》,沈建峰译,法律出版社2014年版,第30页。

[3] Hermann Reichold, Betriebsverfassung als Sozialprivatrecht, C. H. Beck, 1995, S. 22.

[4] Bornhak, Das gewerblich Arbeitsverhältnis, in: Georg Birth und Max Seydel, Hsg. Annalen des Deutschen Reiches 1890, S. 647(658).

[5] Hermann Reichold, Betriebsverfassung als Sozialprivatrecht, München: C. H. Beck, 1995, S. 22.

惯性等原因,原有的分析用工关系的理论和思路往往会被做某种改造并延续存在。尤其是在工业化生产的劳动过程中,当事人之间既有管理、服从,也有照顾保护时,这种法律关系结构会助推人们从传统封建的身份合同理解劳动关系。在德国,不仅更倾向于团体主义的日耳曼法学派,将劳动合同、雇佣合同视为身份合同,“基尔克将法兰克时代德意志法中的忠诚劳役合同(Treudiestvertrag)视为劳动合同的原型。忠诚劳役关系的特征在于劳役接受者和劳役提供者之间的人身约束,也就是相关的忠诚义务”〔1〕。而且更倾向于个人主义的罗马法学派也是如此。对现代民法影响深远的罗马法学派代表萨维尼就认为,“从罗马法角度看,其(劳务给付)仅被理解为劳务租赁(operae locatae),并且对罗马人来说受到限制的行为就足够(债是一种对行为的限制——作者注),因为存在大量的奴隶阶层,对自由劳务给付的需求几乎没有出现。我们这里与此不同,因为没有奴隶,所以这种关系成为非常重要且广泛的需求。当下,我们不能满足于将任何其他劳动合同与受到限制的行为一样看待,所以普鲁士一般邦法非常正确地没有将劳务给付法置于合同法中,而是将其置于人法中”〔2〕。去身份化的民法与身份化的劳动法相遇时,劳动法和民法的分离似乎就不可避免了。

3. 团体主义的介入

团体主义思路在解决法律问题中源远流长,按照法史学的共识,古代和早期的法律几乎都是团体主义的,个人主义的思想和制度近现代以来才出现。在劳动法律制度形成的过程中,团体主义思路也不断以各种形式出现。除了团体主义传统影响外,社会学对劳动关系的认识进一步助推了这种思路发展。在劳动法发展的早期史中,有一种直接将社会现象和社会学上的存在移植进入法学并与传统团体主义制度嫁接的现象。〔3〕这种思路集中体现在认为劳动关系是一种劳动共同体的观念中,主张“劳动关系不是带有

---

〔1〕［德］雷蒙德·瓦尔特曼:《德国劳动法》,沈建峰译,法律出版社2014年版,第27页。

〔2〕Savigny, System des Heutigen Römischen Rechts, Band 1, Deit und Camp, 1840, S. 367.

〔3〕Otto Schmidt, Kritische Gedanken zu Kollektivwirkung, Individualbereich und Personenrechtlichem Gemeinschaftsdenke, in: AcP, 1963, S. 331.

人法特点的单个债的关系，而完全主要的是社会性组织关系；劳动法的主要任务不是调整工资和给付的交换而是将很多人组合成工厂中的劳动共同体；它更多的是组织法而不是合同法；是否根本上有一个劳动合同成立这一问题，完全退居法律从社会生活关系，从用工的事实而必然得出的效力之后"〔1〕。当从共同体角度认识劳动关系和劳动法问题时，其与建立在个人主义基础上的传统私法相比，就具有了明显的异质性。

4. 阶级观念传播

直面劳动用工领域的社会问题，从当时的社会状况来看，则会认为它是生产资料所有者和劳动者之间的利益分配问题，进而会从所有权出发认识劳动关系，主张"依附性劳动的基础是所有权，对生产资料的所有权带来了依附性，对生产资料的所有权是决定依附性的支配力"〔2〕。当劳动关系中的依附性建立在所有权基础上时，进而就会从有产阶级和无产阶级的视角看待劳动关系和劳动法的问题。"劳动法以通过阶级归属而确定的具体的人的依附性为出发点，对人而言，适用的不仅是抽象的意志秩序，而必然存在特别的存在秩序，该存在秩序的法律效果不是与意志相关，而是与人所处的状态相关。"〔3〕建立在阶级观念基础上的劳动关系认知与建立在意思自治基础上的民事法形成了根本对立，由此就必然产生劳动法应从民法中分离出来的结论，"只有从劳动法自己的依附性基础，而不是从对劳动法而言陌生的自由基础出发，一个真正的劳动法体系才能够出现"〔4〕。

总体而言，面对自由的契约用工带来的社会问题，公法起源、身份法传统、团体主义、阶级观念四股力量以各种具体形态单独或结合起来介入对劳动关系以及劳动法的认识中，也在根本上影响着对劳动法和民法关系的认

〔1〕 Heinz Potthoff, Die Einwirkung der Reichsverfassung auf das Arbeitsrecht, in: Ramm Hsg. Arbeitsrecht und Politik, Luchterhand, S. 24.

〔2〕 Sinzheimer, Grundzüge der Arbeitsrecht, 2. Aufl., 1927, S. 26.

〔3〕 Hugo Sinzheimer, Der Krisis des Arbeitsrecht, in: H. Sinzheimer Arbeitsrecht und Rechtssoziologie, Band1, S. 138.

〔4〕 Hugo Sinzheimer, Der Krisis des Arbeitsrecht, in: H. Sinzheimer Arbeitsrecht und Rechtssoziologie, Band1, S. 138.

识。当代讨论劳动关系问题时所出现的种种学说，或多或少地都与上述四种思路相关联或者是其混合的产物；而能否在制度设计以及理论形成上排除上述思路或者消解其与民法的紧张关系，也成为主张劳动法和民法关系分离或者融合的“分水岭”。

三、劳动法第二次被放逐：苏联模式下劳动法和民法的分野

（一）苏联劳动法对中国劳动法的影响

对中国劳动法来说，除上述其他大陆法系国家劳动法产生过程中出现的不同思路影响对劳动法和民法以及劳动关系和民事关系之间关系的认识之外，尚有苏联理论和制度的影响。基于特殊的政治和历史原因，“苏联法影响中国法是一个不争的事实”〔1〕。在劳动法领域也是如此，甚至更加明显。很多劳动法学教科书中耳熟能详的表述只是对苏联学说的复述。例如，“劳动关系是劳动者和用人单位之间在实现社会化劳动过程中产生的社会关系”〔2〕“劳动法律关系是劳动关系的法律形式”〔3〕等这样经典的表述，都只是20世纪50年代苏联学说“社会劳动关系是每种生产关系的部分（成分）”〔4〕“社会劳动关系一经法律调整则会表现为法律关系的形式”〔5〕等的译介。关于劳动法的调整对象是“劳动关系以及某些与劳动关系密切关联

〔1〕 王志华：《苏联法影响中国法的几点思考》，载《华东政法大学学报》2008年第1期；孙光妍、于逸生：《苏联法影响中国法制发展进程之回顾》，载《法学研究》2003年第1期。

〔2〕 《劳动与社会保障法学》编写组：《劳动与社会保障法学》，高等教育出版社2017年版，第20页。

〔3〕 王全兴：《劳动法》（第2版），法律出版社2017年版，第75页；李景森、贾俊玲主编：《劳动法学》，北京大学出版社1995年版，第65页。

〔4〕 Alexandrow, Lehrbuch des Sowjetischen Arbeitsrechts, Verlag Kultur und Fortschriftt, 1952, S. 7. Anderjew, Sowjetisches Arbeitsrecht, Staatverlag, 1974, S. 20.［苏］亚历山大洛夫：《苏维埃劳动法教程》，李光谟、康宝田译，中国人民大学出版社1955年版，第3页。

〔5〕 Alexandrow, Lehrbuch des Sowjetischen Arbeitsrechts, Verlag Kultur und Fortschriftt, 1952, S. 64.［苏］亚历山大洛夫：《苏维埃劳动法教程》，李光谟、康宝田译，中国人民大学出版社1955年版，第114页。

的其他关系”这一表述,也是苏联劳动法中流行的观点。[1] 而在具体制度上,苏联法的影响也是显而易见的,工会在劳动法中的地位[2]、劳动争议解决制度[3]等都无不能看到苏联劳动法的影子。尽管 1978 年之后,我国进行了市场化改革,但制度和理论的惯性影响会继续存续。直到 1989 年,学者的论述中依然强调以苏联以及东欧国家劳动法为参考制定中国的劳动法典。[4] 很大程度上,我国目前主流的关于劳动法和民法之间关系、劳动关系和民事关系之间关系的认识,也是苏联理论影响的结果。

(二)苏联模式中劳动法与民法的分离

在苏联,劳动法和民法是独立的法律部门。首先体现在实证法上,1922 年的《苏俄民法典》第 3 条规定,“土地关系、由雇佣劳动所产生的关系、家庭关系,都由专门法律调整。按照苏联学者普遍赞同的理论,法典的此条规定表明,土地法、劳动法和家庭法都是独立于民法的部门法”[5]。而在理论上,这一观点建立在民法调整对象是财产关系和人身非财产关系,但劳动关系不是财产关系,而是一种内部行政管理关系的观点的基础上。“就调整对象而言,劳动法不同于民法,它所调整的关系不具有商品货币性质。在我们国家里,劳动力已不是商品,因此,比如工资就不是劳动力的价值形式,而是按照劳动的数量和质量付给劳动者的劳动报酬。从法律调整方法的角度来看可以发现,尽管劳动者也与组织签订合同,因此双方是权利平等的伙伴,但是随后劳动者就进入组织的集体,服从内部劳动规则,执行有关劳动活动的行政指令。”[6]关于劳动法和民法之间关系的这种观点,也是受苏联模式

---

[1] [苏]亚历山大洛夫:《苏维埃劳动法教程》,李光谟、康宝田译,中国人民大学出版社 1955 年版,第 19 页。Anderjew, Sowjetisches Arbeitsrecht, Staatverlag, 1974, S. 22.

[2] Ulla Liukkunen & Yifeng Chen, *Fundamental Labour Rights in China — Legal Implementation and Cultural Logic*, Springer, 2016, p. 23.

[3] 沈建峰、姜颖:《劳动争议仲裁的存在基础、定性与裁审关系》,载《法学》2019 年第 4 期。

[4] 史探径:《我国急需制定劳动法典》,载《法学研究》1989 年第 5 期。

[5] 何勤华、李秀清:《外国法与中国法》,中国政法大学出版社 2003 年版,第 294 页。

[6] [苏]格里巴诺夫、[苏]科涅耶夫:《苏联民法》,中国社会科学院法学研究所民法经济法研究室译,法律出版社 1979 年版,第 26 页。

影响的其他国家的共识。例如,“在民主德国的法律理论中,劳动法被作为独立法律领域,并且更多被视为宪法和经济法而不是民事法律的相近学科”〔1〕。

在这种关于劳动法认识的基础上,苏联理论中关于劳动关系的认识也与传统民事关系难以相融。它认为作为劳动法调整对象的劳动关系,是“劳动者加入企业(机关、农场)工作者集体,并从而担负遵守该企业所规定的社会主义内部劳动规则的义务而从事劳动活动的那些关系”〔2〕。基于这种调整对象而产生的劳动法律关系,“是一种表现不受剥削的人们的同志合作的法律关系。在这种关系中,一方(劳动者)加入一定社会主义企业(机关、农场)的集体,必须在一定职务上完成一定种类的工作”〔3〕。总体来看,苏联模式中的劳动关系强调:劳动者加入劳动者集体,是一种“同志般的合作关系以及社会主义的互相帮助关系”〔4〕,认为依附性劳动“是一种有意识的社会活动以及一种所有者权利行使的方式”〔5〕。这种认识既有前述共同体的因子,又有阶级观念的烙印,和苏联民法关于民事关系主要是一种商品交换关系的观点有本质性的区别。

四、市场化与非市场化思路的竞争与融合及中国劳动法的理论困惑

(一)市场化与非市场化思路的竞争与融合

上述为了解决劳动者问题而出现的与市场交易、合同自由等相异质的

---

〔1〕 Bernd Rüthers, Arbeitsrecht und politisches System, Athenäum Fischer Taschenbuch Verlag, 1973, S. 35; Franz Bydlinski, Arbeitsrechtskodifikation und Allgemeines Zivilrecht, Springer Verlag, 1969, S. 15.

〔2〕 [苏]亚历山大洛夫:《苏维埃劳动法教程》,李光谟、康宝田译,中国人民大学出版社1955年版,第115页。

〔3〕 [苏]亚历山大洛夫:《苏维埃劳动法教程》,李光谟、康宝田译,中国人民大学出版社1955年版,第115页。

〔4〕 Bernd Rüthers, Arbeitsrecht und Politisches System, Athenäum Fischer Taschenbuch Verlag, 1973, S. 50.

〔5〕 Bernd Rüthers, Arbeitsrecht und Politisches System, Athenäum Fischer Taschenbuch Verlag, 1973, S. 50.

思潮以及民法对劳动法的放逐的做法在与市场化用工思路相遇时,立刻引发劳动法以及整个私法理论的分裂或者再造。“社会史和理念史上的争论是,基于所谓的功能失灵,是通过另外一种社会制度代替以合同形式建立和规制劳动关系,还是仅涉及重建功能发挥的前提,以在坚持劳动生活符合市场的法律行为秩序的制度下实现社会问题的解决?”[1]是以市场化还是以上述各种思路为依托重构社会保护?上述思路竞争对劳动法制度设计的根本性影响从两个方面展开:其一,作为前提,如何认识劳动关系的性质,是人身关系、共同体关系、交易关系还是阶级关系;其二,与上述认识相关,但又需要独立讨论的是,如何认识协调劳动关系的各种制度。劳动合同还有意义吗?国家公权力如何介入,团体的力量如何发挥作用。在公法思路之下,合同和自治就是多余的;在共同体的思路下,集体合同、集体意志可能才是劳动关系协调机制的关键;在阶级观念中,解决问题的根本是解决阶级问题……回溯历史,可以认为,20世纪以来的劳动法理论发展无不与上述几种思路相关,在形形色色的理论和制度中,都可以看到上述不同思路影影绰绰的形象。

(二)我国劳动法的困惑

在我国结束计划经济,进行市场经济改革,最终走上市场配置劳动力资源之路后,劳动法的定位问题也跃然而出。当时理论界日益主流的观点认为,“社会经济运行和调节机制已由过去主要通过行政程序、运用行政手段来实现,逐渐转变为国家调节市场,市场引导企业的新的经济运行机制,把竞争机制引入企业,这就要求企业建立相应的劳动制度,核心问题是解决好劳动力的流动,最佳的选择是运用市场机制,实行双向选择的劳动合同制”[2]。而从劳动立法角度看,立法参与者提出,中国劳动法“就是把劳动力市场改革成果变成立法条文,打破了不同所有制企业和职工不同身份的

---

〔1〕 Picker, die Regelung der Arbeits und Wirtschaftsbedingungen, ZfA(1986), S. 246ff.

〔2〕 王益英、李景森:《十年来我国劳动法学的发展》,载《法律学习与研究》1989年第6期。

界限,体现了公平竞争的市场经济共同原则,开始于国际习惯接轨"[1]。但正如"时空压缩"理论[2]所阐释的那样,承载着市场化改革功能的劳动法,在其产生的同时就立刻遇到了其他国家市场配置劳动力资源过程中共同面对的问题,"在当前经济体制改革中,少数企业单位漠视劳动者的基本权利,不遵守劳动法律制度,情况相当严重"[3]。因此,保护劳动者权益的视角,也即社会化的视角,成为和市场化改革一样重要的关注。当时的学者提出,"近年来,我国许多劳动法学者均认为保护劳动者权益是中外各国劳动法的主旨所在和重要特点之一"[4],"保护劳动者权益是劳动法的本质"[5]。同时,为劳动法作为独立法律部门努力的学科意识也在助推这种保护观念的发展:"如果它(劳动法)失去了保护性特点,只是单纯强调为生产服务,那么它就与其他许多法律部门没有多大区别,它就失去了自身成为独立部门法的条件。"[6]这种趋势持续发展的结果是,市场经济的视角逐渐被淡忘,劳动者保护的视角成为劳动法的唯一视角:"如果从劳动法的原则出发,其立法主旨应该是保护劳动者。"[7]"(劳动法)是保护劳动者权利和利益的法律。"[8]"劳动法就其本质而言即是保护劳动者的法律。"[9]但如何解释这一保护的制度原理?欠缺民法思想熏陶的状况导致建立在计划经济基础上苏联理论的公法思维,生产共同体的观念以及一些身份法的因素借着保护劳动者的这一目标成为劳动法认识劳动关系及其协调机制的主流观点。视角的单一化也导致建立在市场配置劳动力资源基础上的劳动法完全在市场配置资源的法律体系之外考虑劳动法的理论和实践问题。此后我国台湾地

[1] 张左己:《在劳动部召开的学习〈劳动法〉宣讲动员大会上的讲话》,载李伯勇、张左己主编:《中华人民共和国劳动法讲座》,中国劳动出版社 1994 年版,第 9 页。
[2] 景天魁:《时空压缩与中国社会建设》,载《兰州大学学报(社会科学版)》2015 年第 5 期。
[3] 史探径:《应当重视劳动法的作用》,载《法学评论》1986 年第 4 期。
[4] 史探径:《我国急需制定劳动法典》,载《法学研究》1989 年第 5 期。
[5] 史探径:《应当重视劳动法的作用》,载《法学评论》1986 年第 4 期。
[6] 史探径:《我国急需制定劳动法典》,载《法学研究》1989 年第 5 期。
[7] 常凯:《关于〈劳动合同法〉立法的几个基本问题》,载《当代法学》2006 年第 6 期。
[8] 强磊:《在企业改革中加强劳动立法》,载《中国工运学院学报》1988 年第 2 期。
[9] 范进学:《市场经济条件下劳动法基本原则新论》,载《山东法学》1995 年第 4 期。

区、日本、德国等的理论的逐渐引入似乎也并未改变这种主流观念。2000 年前后开始兴起的社会法观念,进一步助推了这种从弱者保护出发论证劳动法制度的发展趋势。这一认识状况和认识论状况成为当下我们再次讨论劳动关系、劳动关系协调机制以及劳动法与民法之间关系的基本智识背景,也是本书讨论的出发点。

第一编

劳动关系的范畴及其教义学展开

引 言

按照部门法划分的理论,调整对象是部门法划分的核心标准。[1] 研究劳动法的体系归入和教义学展开应从调整对象开始。针对这一问题,当前的经典理论多认为,“劳动法是调整劳动关系以及与劳动关系有密切联系的其他社会关系的法律规范的总称”[2]。据此,劳动法的调整对象有二:其一,劳动关系;其二,与劳动关系有密切联系的其他社会关系。从调整对象角度看,劳动法体系归入的困境在于:首先,劳动关系是什么,具有怎样的法律属性(第三章)?但这一问题的回答却以正确理解劳动关系作为法律关系这一命题(第二章)为前提。劳动关系的法律属性问题涉及我国劳动法规则设计的起点,但针对该问题存在太多的误解或者自说自话,政治经济学的话语、社会学的话语、劳动关系学的话语交织在一起,同时上述劳动法发展过程中出现的不同思潮也汇聚于此,导致劳动法在调整对象这一起点性问题上就陷入混沌。其次,“与劳动关系有密切联系的社会关系”有哪些?这样一个形容词构成的“术语”,就已经预示着其只有比较级而没有边界。在一定程度上,“与劳动关系密切联系的其他社会关系”只是一个苏联式表达的重述。[3] 作为一种似是而非、边界不清的提法,它进一步导致劳动法的调整对象处于不确定且无法形成内在体系的状态。人们更多的是从生活经验出发,根据劳动用工过程,将就业促进法、社会保险法等纳入劳动法的范畴,而没有看到这些制度解决社会问题所采取的和劳动法完全不同的、国家公给付等手段以及当事人和国家建立的公法性法律关系。劳动法和这些公法性法律关系的分工与合作在社会保险问题上尤为清晰。劳动关系和社会保

---

〔1〕《法理学》编写组:《法理学》,人民教育出版社、高等教育出版社 2010 年版,第 319 页。

〔2〕《劳动与社会保障法学》编写组:《劳动与社会保障法学》,高等教育出版社 2017 年版,第 15 页。

〔3〕[苏]亚历山大洛夫:《苏维埃劳动法教程》,李光谟、康宝田译,中国人民大学出版社 1955 年版,第 19 页。Anderjew, Sowjetisches Arbeitsrecht, Staatverlag, 1974, S. 22.

险关系的关系，也因此成为本部分研究的重要问题(第四章)。本部分研究将确立以下命题:其一，劳动关系是用人单位享有劳动给付具体化权的继续性债的关系，是一种私法关系;其二，社会保险关系是一种公法关系，社会保险原则上以劳动关系为前提，但基于特定理由可以出现有劳动关系没有社会保险或者没有劳动关系却有社会保险的规则;其三，将两种不同性质，不同对象的法律关系都归入劳动法是不妥当的，故此，劳动法仅调整劳动关系，是调整劳动关系的法律规范总和。

第二章　劳动关系作为法律关系

劳动关系是劳动法的核心范畴，也是劳动法律规则设计的起点。在我国劳动法中它却也是最混乱的概念。这种混乱的表现之一就是以劳动关系和劳动法律关系的严格区分为特色，理论中形成了复杂而又对称的概念序列。“劳动关系是劳动者和用人单位之间在实现社会化劳动过程中产生的社会关系。”〔1〕与劳动关系不同的是，“劳动法律关系是劳动法主体之间以劳动为纽带产生的社会关系经由劳动法调整后形成的权利和义务关系”〔2〕。在逻辑上，劳动关系经法律规范调整之后在当事人之间产生了劳动法律关系；在性质上，二者差异巨大：劳动关系是社会关系〔3〕、社会经济关系〔4〕、生产关系〔5〕；劳动法律关系是劳动关系的

〔1〕《劳动与社会保障法学》编写组：《劳动与社会保障法学》，高等教育出版社2017年版，第20页。

〔2〕《劳动与社会保障法学》编写组：《劳动与社会保障法学》，高等教育出版社2017年版，第32页；同样的观点亦可参见关怀、林嘉：《劳动法》，中国人民大学出版社2016年版，第55页。

〔3〕王全兴：《劳动法》（第2版），法律出版社2017年版，第33页；关怀、林嘉：《劳动法》，中国人民大学出版社2016年版，第8页。

〔4〕常凯主编：《劳动法》，高等教育出版社2011年版，第8页。

〔5〕关怀、林嘉：《劳动法》，中国人民大学出版社2016年版，第55页。

法律形式[1]，是一种权利义务关系[2]，属于意志关系的范畴[3]；在观念上，劳动关系是经济基础，劳动法律关系是上层建筑。[4] 尽管上述概念令人眼花缭乱，但毫不影响这一区分是如此根深蒂固和广为接受。在二者区分的基础上，劳动法中又衍生出了一系列新概念，如事实劳动关系、集体劳动关系[5]、社会劳动关系[6]、广义劳动法律关系、狭义劳动法律关系[7]、个别劳动法律关系、集体劳动法律关系[8]。劳动法在起点上已几乎淹没于各种概念的海洋之中。与这些丰富的概念相比，我们对上述概念区分的内涵、法学功能和价值的探讨与反思却鲜有发生。[9] 这些概念在一定程度上也进入司法裁判中，劳动关系、劳动法律关系、事实劳动法律关系等表述层出不穷，裁判者经常通过不同概念的使用，回避了对真正法律问题的论证。[10]

---

〔1〕 王全兴：《劳动法》（第2版），法律出版社2017年版，第75页；李景森、贾俊玲主编：《劳动法学》，北京大学出版社1995年版，第65页。

〔2〕 关怀、林嘉：《劳动法》，中国人民大学出版社2016年版，第54页；王全兴：《劳动法》（第2版），法律出版社2017年版，第75页。

〔3〕 王全兴：《劳动法》（第2版），法律出版社2017年版，第75页。

〔4〕 《劳动与社会保障法学》编写组：《劳动与社会保障法学》，高等教育出版社2017年版，第33页。

〔5〕 《劳动与社会保障法学》编写组：《劳动与社会保障法学》，高等教育出版社2017年版，第33页。

〔6〕 李景森、贾俊玲主编：《劳动法学》，北京大学出版社1995年版，第6页；常凯主编：《劳动法》，高等教育出版社2011年版，第7页。

〔7〕 常凯主编：《劳动法》，高等教育出版社2011年版，第93页。

〔8〕 常凯主编：《劳动法》，高等教育出版社2011年版，第98页。

〔9〕 偶尔在一些论述中也有论者提出，"劳动关系是指基于劳动力的使用所产生的权利义务关系"，但却未进一步展开。参见凌相权：《对劳动法的法律地位及适用范围之我见》，载《中国政法大学学报》1984年第4期；姜颖：《劳动合同法论》，法律出版社2006年版，第7页："劳动关系是劳动者和用人单位在从属性和有偿性劳动中形成的权利和义务关系。"

〔10〕 例如，在中国工商银行股份有限公司焦作分行、魏新国等与中国工商银行股份有限公司河南省分行、中国工商银行股份有限公司武陟支行劳动争议再审民事判决书[河南省高级人民法院民事判决书，(2016)豫民再183号]中，一审法院就特别地一方面否认了劳动关系的存在，另一方面认为当事人之间存在事实劳动关系。"虽然武陟县人民法院作出的(2007)武民初字第1023-3号民事裁定，以魏新国与工行武陟支行不存在劳动关系，其用人单位系工行焦作分行，驳回了工行武陟支行的起诉。但该裁定书仅是从程序上所作的处理，仅否认了魏新国与工行武陟支行的劳动法律关系，而案件的具体处理，应以武陟县人民法院查明的双方存在的事实劳动关系来处理。"

与这种概念繁荣形成截然对比的是，无论是在立法还是在司法或其他政策性及规范性文件中，却几乎很难找到劳动法律关系概念的运用；在经典的劳动法教科书中，大概也是专门有一节论述劳动法律关系，从此以后劳动法律关系的问题再也不被提起。上述现象足以表明，劳动关系和劳动法律概念的区分何以发生，何以必要，内涵如何确定非常值得反思和讨论。而这种反思在一定程度上将揭示我国劳动法研究法外视角突出、法内视角不足的现象；将有助于解释劳动关系的法学研究与社会学、经济学的角度差异；也有利于在当下数字经济蓬勃发展的背景下，从构成要件和法律效果的角度重新思考我国劳动关系认定的实践。更重要的是，它将成为实现劳动法研究从法外视角向法内视角、向法教义学的转变，理顺劳动法和民法之间的关系，实现二者对话的起点。

一、劳动法研究的外部视角：劳动关系与劳动法律关系分离的缘起与问题

劳动关系经法律调整产生劳动法律关系的观点由来已久[1]，目前能找到的较早论及该观点的中文文献应是20世纪50年代出版的《苏联劳动法教科书》。该被翻译为中文、德文等的著作提出，“社会劳动关系是每种生产关系的部分（成分）”[2]；“社会劳动关系一经法律调整则会表现为法律关系的形式”[3]。在我国劳动法学中，这种区分作为一种先验证正确的命题一直存续，时至今日各种经典教科书中的相关表述更多只是上述观点的复述。然而该概念区分的根源更多是劳动法学研究的非法学进路。

---

〔1〕 李景森、贾俊玲主编：《劳动法学》，北京大学出版社1995年版，第65页。

〔2〕 Alexandrow, Lehrbuch des Sowjetischen Arbeitsrechts, Verlag Kultur und Fortschriftt, 1952, S. 7. Anderjew, Sowjetisches Arbeitsrecht, Staatverlag, 1974, S. 20.［苏］亚历山大洛夫：《苏维埃劳动法教程》，李光谟、康宝田译，中国人民大学出版社1955年版，第3页。

〔3〕 Alexandrow, Lehrbuch des Sowjetischen Arbeitsrechts, Verlag Kultur und Fortschriftt, 1952, S. 64.［苏］亚历山大洛夫：《苏维埃劳动法教程》，李光谟、康宝田译，中国人民大学出版社1955年版，第114页。

（一）政治经济学理论的套用

从上述著述中的表述来看，劳动关系和劳动法律关系的分离首先建立在马克思主义政治经济学语境下经济基础和上层建筑区分的理论基础上：劳动关系是生产关系为经济基础，劳动法律关系为上层建筑。在该语境下，劳动关系和劳动法律关系分离的功能，一方面是为了强调不同生产资料所有制下作为生产关系的劳动关系的不同阶级属性；另一方面是为了强调生产关系对法律关系的决定作用。从马克思主义政治经济学原理来看，该认识无疑有其理论上的正当性，但这种政治经济学概念往法学中的直接套用却存在方法论上的问题。正如法理学者早已正确指出的那样，“辩证唯物主义和历史唯物主义是我们从事法学研究的理论基础，然而在运用其中某些原理和范畴说明法律现象时，必须意识到，这些原理和范畴在马克思主义理论体系中都有其特定含义，都是基于一定的历史背景，从某个角度、某个层面对自然和社会的揭示。因此，把这些原理和范畴简单地‘搬进’法学领域，直接套用在某些法律现象上，远非任何时候都能取得最佳的认识效果”〔1〕。具体到经济基础和上层建筑的关系，“马克思主义对经济基础和上层建筑、物质关系和思想关系的划分是从谁决定谁这个意义上讲的，用以揭示社会现象中本原与派生物之间的关系，是把物质与意识的区分标准应用于社会现象的研究结果”〔2〕。就法律关系和社会关系的关系而言，将二者予以区分更多是从政治经济学角度说明生产关系和社会关系本身的客观性，立法和法律关系应尊重这种客观性，但“我们应切忌纲要式地、图解式地把经济基础与上层建筑、物质关系和思想关系的划分理解为一个‘分层蛋糕’，认为物质关系的一层在底部，而上层建筑（意志思想）关系，包括法律关系的一层在顶部”〔3〕。在上述认识的基础上，法理学在20世纪90年代初期就形成了

〔1〕 朱景文、韩旭：《关于法律关系属性的几个理论问题》，载《中国法学》1994年第4期。
〔2〕 朱景文、韩旭：《关于法律关系属性的几个理论问题》，载《中国法学》1994年第4期。
〔3〕 朱景文、韩旭：《关于法律关系属性的几个理论问题》，载《中国法学》1994年第4期。

关于法律关系和社会关系的新学说,"法律关系是依法形成的社会关系"[1],具体而言,"法对社会关系的调整既不能理解为把法律置于社会之上,也不是法律形式与被其调整的社会关系的简单相加,而是赋予一定社会内容以权利与义务关系的法律形式,从而形成一种具有法的某些特点的社会关系"[2]。当下,这也是法学一般理论的共识:"法律关系是根据法律规范产生的、以主体之间的权利和义务关系的形式表现出来的特殊的社会关系。"[3]据此,经法律规定而产生的法律关系和社会关系是一体两面的关系:法律关系是穿着法律外衣的社会关系,从法外视角来看是社会关系,从法内视角来看是法律关系。[4] 遗憾的是,劳动法学未能接受上述法的一般理论发展的成果,依然坚持将政治经济学中上层建筑和经济基础区分的学说简单平移到劳动法中,继续保留作为社会关系的劳动关系和作为法律关系的劳动法律关系相区分的理论。这种思路带来的不仅是概念层面的问题,强调劳动关系是经济基础的视角会引发从生产资料所有制、从阶级角度分析当事人之间的关系,从而导致法律问题研究被政治视角替代,法学研究应有的规范研究使命因此落空。

(二)其他法外研究视角的介入

除上述法学研究的政治经济学语境影响外,劳动法对劳动关系和劳动法律关系区分的强调也是其他研究劳动关系的学科"侵入"劳动法研究的结果。劳动关系作为一种社会现象,是政治学、社会学、经济学等学科共同的研究对象,在上述学科发达或者发育较快的背景下,其观念和概念就会不断

[1] 张文显:《法律关系论纲——法律关系若干基本问题的反思》,载《天津社会科学》1991年第4期。

[2] 朱景文、韩旭:《关于法律关系属性的几个理论问题》,载《中国法学》1994年第4期。

[3] 《法理学》编写组编:《法理学》,人民出版社、高等教育出版社2010年版,第111页。

[4] 这一观点在民法中的表达,参见佟柔:《中国民法学·民法总则》,中国人民公安大学出版社1996年版,第42页。"民事法律关系和民法所调整的社会关系在实际生活中并不是分开的,它们是形式和内容的关系,是一个事物的两个方面。只是在观念中,我们把某一社会关系的权利义务方面,即法的形式外衣,抽象为法律关系,而把它的社会经济内容方面抽象为一种物质的社会经济关系。"

直接进入劳动法研究中。在我国当下,将劳动关系学等学科中的劳动关系概念直接作为法学意义上劳动关系范畴的做法也并不少见。[1] 当这些其他学科的概念进入劳动法学,而这些学科又主要研究社会实践中运行的劳动关系时,劳动法自身所要解决的问题,规范层面的劳动者和用人单位之间的权利和义务关系就只能用“劳动法律关系”这一术语来表达了。除这种被动侵入外,劳动法在早期发展中,为了摆脱传统民法规则的适用,强调法律对社会差异的关注,也在刻意引入社会学等学科的视角。在德国,在 19 世纪,当劳动法还处于职业劳动法、不同群体有不同具体保护规则状态时,是 Schmoller、Brentano、Loening、Schönberg、Herkner 等从事经济学、社会学和社会政策研究的讲坛社会主义者(Kathedersozialisten)将经济从属等概念置于其分析劳动合同或劳动关系的中心,形成了劳动关系或劳动政策领域的一般概念,[2]而劳动法作为独立的法律领域并形成一般概念则几乎是20 世纪初的事了。[3] 在劳动法及其一般理论生成过程中,被誉为“德国劳动法之父”的辛茨海默认为,“在法学思想意欲摆脱既存的法律,建构新的法律形式之处,应求助于法社会学方法,只有它才可以为法律政策任务提供基础”[4]。在他看来,只有在社会学方法的基础上,将法外因素引入法的考量之中,才能摆脱传统民法,为劳动法找到一种不同于传统法学的发展路径。在这种方法的指引下,他认为,“将劳动关系理解为一个过程,理解为具体的活动,则不仅法律,而且立法中所没有道出的社会结构关系也会对其规制发生作

[1] 常凯教授主编的《劳动法》一方面认为劳动关系可以有经济学社会学意义上的解释,另一方面在劳动法学的劳动关系概念界定上直接引用了其所编著的《劳动关系学》中的劳动关系概念。参见常凯主编:《劳动法》,高等教育出版社 2011 年版,第 7 页。

[2] Martin Becker, Arbeitsvertrag und Arbeitsverhältnis in Deutschland, Vittorio Klostermann Frankfurt am Main, 1995, S. 213.

[3] Sinzheimer, Über den Grundgedanken und die Möglichkeit Eines Eihheitlichen Arbeitsrechts für Detschland, in: Hugo Sinzheimer Arbeitsrecht und Rechtssoziaologische, Band 1, Europäische Verlagsanstalt, 1976, S. 35ff.

[4] Sinzheimer, Über soziologische und Dogmatische Methode in der Arbeitsrechtswissenschaft, in: Hugo Sinzheimer Arbeitsrecht und Rechtssoziaologische, Band 2, Europäische Verlagsanstalt, 1976, S. 38.

用。社会结构不仅决定具体的法律过程,而且决定权利的具体内容"[1]。按照这种思路,其对劳动关系的认识是,"劳动关系是一种关系,是劳动者和雇主之间关系的整体(Inbegriff),劳动者和雇主之间的关系是个体关系和团结关系(Solidarbeziehungen)。第一种类型的关系是约束作为个体的劳动者和雇主的关系……团结关系则或者建立在事实本身基础上,如共同的工厂空间,或者人身基础上,例如劳动者组合在一起"[2]。这种意义上的劳动关系显然不是能够用单一的权利和义务来描述的法律关系。如果坚持该劳动关系范畴,对法学来说,可能就需要其他概念来描述单个劳动者和雇主之间的权利义务关系,劳动法律关系的概念因此就有其必要性了。

(三)从外部视角到内部视角

无论是上述政治经济学,还是其他学科认识劳动关系的视角,都是一种法学研究的外部视角。外部视角又称基础性研究,"是从其他学科的视角对法和法律现象进行的研究"[3],从理论社会学、经验社会学、价值法学、法经济学等角度展开的研究都属于该视角,其也构成学界广为讨论的社科法学研究方法。[4] 这种研究视角具有很强的"法外言法"的特点,其研究目标往往在于说明法和其他价值、现象之间的关系,说明法存在的基础等。外部视角可以形成法哲学、法史学、法社会学、法经济学等学科,但其始终首先不是对法规范本身的研究。与上述视角不同,法作为法学的研究对象,强调法律作为规范的一面,需要研究规范结构、规范内涵、规范效力、规范适用等。这些是法学研究的原本范畴,也被称为法学研究的内部视角、法教义学研究,"指运用法律自身的原理,遵循逻辑与体系的要求,以原则、规则、概念等要

[1] Sinzheimer, Über soziologische und Dogmatische Methode in der Arbeitsrechtswissenschaft, in: Hugo Sinzheimer Arbeitsrecht und Rechtssoziaologische, Band 2, Europäische Verlagsanstalt, 1976, S. 36.

[2] Sinzheimer, Grundzüge des Arbeitsrechts, 2. Auflage, Verlag von Gustav Fischer, 1927, S. 110.

[3] 雷磊:《作为科学的法教义学?》,载《比较法研究》2019 年第 6 期。

[4] 谢海定:《法学研究进路的分化与合作——基于社科法学与法教义学的考察》,载《法商研究》2014 年第 5 期。

素制定、编纂与发展法律以及通过适当的解释规则运用和阐释法律的做法"[1]。从裁判的角度看,这种方法强调通过对法律规范的运用得出可期待、可信赖、可论证的裁判结果。

从外部视角认识劳动关系自然有其价值。但问题是,其一,如果劳动法学的观念和概念只是将其他学科的观念和概念在法学上予以重述,劳动法学本身的价值何在?这种重述后形成的概念又如何融入法学的整个体系框架?如果不融入,劳动法要做法学领域的"孤家寡人"?其二,通过外部视角将劳动关系定位为"经济基础""生产关系"等的功能是什么?能否解决法律实践中劳动关系的认定、规范适用、法律调整等问题?从目前来看,上述角度的界定不仅不能实现这样的目的,而且会导致各种法外因素干扰法的规范适用。其三,仅有外部视角,着眼法外因素,可能导致劳动法学沦为政策的"婢女"。对此,辛茨海默也毫不讳言,他认为,"法学的最终目标是法律政策。唯有在法律政策中法学的意义才能成为现实"[2]。果真如此,那么劳动法将成为政策解释学,不需要立法者改三个词,只需要政策制定者一句话,劳动法学的著述将变成废纸。而早在差不多100年前,学者们早已明确指出,"新的劳动法学的功劳在于从社会政策制定者的劳动法中发展出了法学家的劳动法"[3]。其四,法外视角在一定程度上是反规范的,美其名曰不要"抠"法条。例如,按照上述辛茨海默的观点,不只是法律在决定当事人的权利义务,社会结构也在决定当事人权利义务,等于在规范之外为权利义务找到了依据。如果坚持该观点,从社会结构或者事实直接得出权利和义务,则依法裁判大概就可以慢慢被架空了。法概念直接套用其他学科的概念,法律被政策替代,裁判为法规范外的因素所左右,这些可能是劳动法学发展

[1] 许德峰:《法教义学的应用》,载《中外法学》2013年第5期。

[2] Sinzheimer, Über soziologische und Dogmatische Methode in der Arbeitsrechtswissenschaft, in: Hugo Sinzheimer Arbeitsrecht und Rechtssoziaologische, Band 2, Europäische Verlagsanstalt, 1976, S. 38.

[3] Sinzheimer, Über soziologische und Dogmatische Methode in der Arbeitsrechtswissenschaft, in: Hugo Sinzheimer Arbeitsrecht und Rechtssoziaologische, Band 2, Europäische Verlagsanstalt, 1976, S. 33.

最大的危机,而这种危机在一定程度上是与劳动法研究的法外视角直接相关的。实际上,尽管如辛茨海默坚持从社会学的角度分析劳动关系的问题,但他也承认,“法教义学有着很高的科学价值,它是各种法学认知的前提,是法律人无法超越的技能,也是我们精神文化的构成部分。想排除它,必将无法完成法学的任务”[1]。因此,法学对劳动关系的研究重心应实现从外部视角向内部视角的转换,回归规范研究,回归法教义学的路径,用规范法学方法讨论劳动关系的本质,而不是从其他学科出发讨论劳动关系的范畴。这其实也符合我国法学研究从法外视角为主,到法教义学蓬勃发展,再到法外视角和法内视角并存的发展历程。[2]

二、法律何以调整社会关系及劳动关系

回归法学研究的内部视角,则可以发现劳动法调整劳动关系不仅是一个学术命题,而且是实证法的规定。《劳动法》第 1 条开宗明义“为了保护劳动者的合法权益,调整劳动关系……”由此引发的问题是,从法学的角度看,劳动法调整劳动关系是什么含义?此处的劳动关系是一种社会关系?是存在先在的作为社会关系的劳动关系并经劳动法调整产生了劳动法律关系,还是应从法律内在体系和逻辑作其他解释?实际上,从民法学等其他学科来看,也存在类似的命题及其讨论,[3]此外,调整对象也是划分部门法的重要依据。因此,作为法学一般问题,应从法的一般理论出发对其进行研究,澄清法律关系从何而来,社会关系又如何被调整。法律调整劳动关系的问题只是上述法学一般理论的劳动法运用,但同时又可以检验上述一般理论的周延性。

---

〔1〕 Sinzheimer, Über soziologische und Dogmatische Methode in der Arbeitsrechtswissenschaft, in: Hugo Sinzheimer Arbeitsrecht und Rechtssoziaologische, Band 2, Europäische Verlagsanstalt, 1976, S. 33.

〔2〕 参见谢海定:《法学研究进路的分化与合作——基于社科法学与法教义学的考察》,载《法商研究》2014 年第 5 期。

〔3〕 参见蔡立东:《平等主体关系说的弃与留——未来〈民法典〉的调整对象条款之抉择》,载《法学论坛》2015 年第 2 期。

（一）法律关系如何产生

当提出劳动法调整劳动关系这一命题时，最直观的逻辑似乎是存在先在的劳动关系作为调整对象和经法律调整之后形成的法律关系作为调整结果，最终得出法律调整劳动关系形成劳动法律关系这一结论。但回到法律规范的逻辑结构，却从来不存在先认定社会关系再赋予法律效果这一思维过程。“根据目前我国法学界通常的说法，可以把法律规则的要素区分为假定条件、行为模式和法律后果三种。”〔1〕法律后果就是当事人之间的法律关系；假定前提一般建构为构成要件，解决法律效果产生的前提条件问题。经典的三段论式的法律适用过程是将规范要件和事实相对应引申出法律效果。〔2〕该事实可以是行为、事件、状态，但在法律评价之前不可能是“关系”。法律适用过程是认定相关事实是否符合法律规范构成要件的过程，而不是认定当事人之间社会关系的过程；也不存在“确认满足构成要件→认定社会关系→赋予法律效果”这种三阶段的法律适用步骤。因此，从法条逻辑和法律适用来看，法律对社会关系的调整不是对已存在的社会关系的确认，不是社会关系通过法律之镜的反射而成为法律关系，也不是法律将社会关系中的一部分剥离出社会关系之外以更高阶的或另一个层面的现象予以展现，而是法律通过构成要件撷取了社会事实的一段以权利和义务的形式建构主体之间的关系从而形成法律关系。“法律关系是法律在调整人的行为过程中所形成的一种特殊的社会关系，即权利义务关系。”〔3〕另外，从概念逻辑来看，如果认为法律调整的前提是存在社会关系，作为法律调整后果的法律关系也是一种社会关系，则导致法律调整社会关系形成社会关系这样

〔1〕葛洪义主编：《法理学》（第4版），中国人民大学出版社2015年版，第121页；也存在不同的意见，如认为“一个完整的法律规范在结构上由三个要素组成，即假定、处理和制裁”。参见朱景文主编：《法理学》，中国人民大学出版社2015年版，第249页。但观点不影响本书的讨论，本书不作进一步展开。

〔2〕参见王利明：《法学方法论》，中国人民大学出版社2011年版，第70页。

〔3〕葛洪义主编：《法理学》，中国人民大学出版社2015年版，第182页。

一种逻辑上的奇怪现象。

(二)社会关系如何被调整

按照上述逻辑,作为法律关系前提的是与法律规定的构成要件相匹配的社会事实而不是社会关系,不是法律对先在的社会关系进行调整产生了法律关系,从规范适用的角度来看社会关系和法律关系似乎并无关系。但不仅从命题上看,主流学说认为"法是调整社会关系的规范"[1];而且从功能上看,毫无疑问法律应当调整社会关系。所以需要在理论上解释法律在规范结构上不以社会关系为前提,在功能上又调整社会关系这一看似矛盾的现象。从规范角度看,所谓法律调整社会关系,其准确的含义应当是法"通过对人们的行为进行规范而达到调整社会关系的目的"[2]。法调整的直接对象是人的行为,法通过规定人的行为规范,明确人在社会交往中的权利和义务并保障它的实现从而调整社会关系;其中法律规定并保障实现的权利义务关系就是法律关系,其也是社会交往中人和人之间的社会关系。所以,"法律关系是根据法律规范产生的、以主体之间的权利和义务关系形式表现出来的特殊的社会关系"[3]。法律对社会关系的调整不是对先在的社会关系进行调整,而是通过形成法律关系最终调整社会关系。这样就连接起了法律和社会关系,并解释了法律调整社会关系和法律调整人的行为两个命题之间的矛盾。前者是功能主义的视角,后者是规范逻辑的视角。

(三)法律关系和社会关系的关系——一个规范视角

法律关系是通过法律建立的特殊社会关系这一命题本身说明在法律关系之外并非没有其他社会关系,法律关系也不等于社会关系。在此,尚需要进一步澄清作为特殊社会关系的法律关系和其他社会关系的关系,也进一

〔1〕《法理学》编写组编:《法理学》,人民出版社、高等教育出版社 2010 年版,第 35 页。

〔2〕《法理学》编写组编:《法理学》,人民出版社、高等教育出版社 2010 年版,第 35 页;刘作翔:《回归常识:对法理学若干重要概念和命题的反思》,载《比较法研究》2020 年第 2 期。

〔3〕《法理学》编写组编:《法理学》,人民出版社、高等教育出版社 2010 年版,第 111 页。

步说明法学研究的法律关系和其他社会科学研究的社会关系的关系。在最广泛的意义上，“人们在社会中结成的种种联系就是社会关系”[1]。从社会关系产生的角度来看，其是依据各种规范对人的生活过程进行评价所产生的人与人之间的关系，“任何的人类关系，无论是暂时的还是持久的，都完全以团体中的行为规则来维系”[2]。社会关系产生的前提是“规范＋事实”，不同的规范类型将产生不同的社会关系类型，如道德关系、法律关系等。依据法律规定而发生的人与人之间的社会关系就是法律关系，依据其他规范产生的社会关系就是其他社会关系。因此，法律关系和社会关系的关系就表现为法律规范和其他社会规范之间的关系。法律规范主要是立法者创造的产物，从形式上看，立法者具有设计法律规范构成要件和法律后果的自主空间，具有建构法律关系的自由，并不受其他社会规范以及由其产生的社会关系约束。法律规范相对其他规范，法律关系相对其他社会关系具有独立性，因此同一社会现象在不同国家所产出的法律关系未必就一定相同。但立法者在通过构成要件撷取社会事实、形成法律关系过程中，出于种种原因也必须顾及其他社会规范的效力，而不能任性而为。特别是当认为法律和其他文化现象一样是从历史和生活中流淌而出，立法者只是发现法律而不是发明法律时，源自道德、习俗等的社会规范对立法者建构法律规范会必然产生作用，法律规范与其他社会规范将产生内容上的重合或者交叉。除其他规范对法律规范的影响外，制定完成的法律规范对其他规范也会产生影响，在不严格意义上，法律规范影响其他社会规范也属于法律调整其他社会关系的一种方式。

社会规范和法律规范这种独立又可能交叉的复杂关系导致社会关系和法律关系的关系呈现多样性。萨维尼认为二者关系存在三种形态，“人类关系可以全部、全不或者部分归于法律范畴或者为法律规则所支配，第一种类

---

〔1〕 朱景文主编：《法理学》，中国人民大学出版社2015年版，第30页。

〔2〕 [奥]欧根·埃利希：《法社会学原理》，舒国滢译，中国大百科全书出版社2009年版，第43页。

型典型的例子是所有权，第二种类型是朋友关系，第三种类型是婚姻，婚姻部分为法律所调整，部分在法律之外”[1]。温德萨伊德则主张存在法律创设的作为法律关系的社会关系和法律承认的作为法律关系的社会关系，“法律关系是法律确定的关系。该关系可能仅是一种法律关系，也就是由法律创设的关系，例如所有权；或者同时也是一种生活关系，法律秩序只是走近了它，例如占有”[2]。在萨维尼的理论中，从历史法学关于法的认识出发，法律关系只是对先在的社会关系的法律化；而在温德萨伊德的理论中，法律本身可以创设社会关系。这样一来，法律关系和社会关系的关系在最重要的理论源头上就已存在观点分歧。基于本书提出的社会关系产生于规范的认识，从产生社会关系的规范之间的关系来看，法律关系和社会关系的关系在逻辑上存在四种形态：仅由法律规范规定而产生的社会关系；仅由其他社会规范规定而产生的社会关系；部分由法律规范部分由其他社会规范调整而产生的社会关系；社会规范和法律规范完全重合调整而发生的社会关系。仅由法律规定产生的社会关系可以解释不同国家同样的事实当事人法律关系不一样的现象；仅由其他规范产生的社会关系展示了法外空间的存在；同一社会事实既产生其他社会关系又产生法律关系则是最常见的二者关系形态，展示了法律规范和道德规范等其他社会规范部分重合的现象；其他社会关系和法律关系完全重合的状态，在实践中非常罕见，因为其他规范和法律规范完全重合应是非常罕见的。在一个国家的法律中，法律关系和其他社会关系的具体关系如何安排，取决于不同的社会、经济和文化发展状况以及不同的思想思潮。这种法律关系和社会关系的样态也决定了法学和其他研究社会关系的科学之间的交叉又独立的关系。

（四）法律调整劳动关系的具体含义

根据上述法律关系以及其与社会关系之间关系的理论，可以认为，并不

---

〔1〕 Savigny, System des Heutigen Römischen Rechts, Band 1, Deit und Camp, Berlin, 1840, S. 334.

〔2〕 Windscheid, Lehrbuch des Pandektenrechts, Band 1, 9. Auflage, Literarische Anstalt Rütten & Loening, 1906, S. 165.

存在先在的供劳动法调整的所谓劳动关系。就劳动法律规范适用而言，是先认定是否满足了劳动法规定的构成要件，确认满足构成要件则当事人之间产生劳动法上的权利和义务，也即法律意义上的劳动关系，并不存在也无必要先认定存在劳动关系，然后赋予该劳动关系法律后果——劳动法律关系这一复杂的思维过程。认定产生劳动法上权利和义务的事实或者构成要件在合同理论之下就是劳动合同，而在加入理论之下就是用工行为。[1] 当当事人之间合同或者用工事实满足劳动法律规范的构成要件时，则在当事人之间产生劳动法上的权利和义务关系；从法学角度探讨法律调整劳动关系，讨论的就是法律如何规定劳动者和用人单位之间的权利和义务关系；在劳动法学中，劳动关系就是劳动法律关系，二者具有同一性。据此，上述关于劳动关系是社会关系、生产关系的认知对劳动法学的规范研究不再重要，劳动法律关系等概念也不再必要。这也就解释了上文的疑问：无论是在立法还是在司法文件中都很难找到劳动法律关系概念的运用；在经典的劳动法教科书中，虽然有一节论述劳动法律关系但从此劳动法律关系的问题再也不被提起。

当劳动关系作为法律关系时，法律调整劳动关系的原理和法律调整其他民事关系的原理将具有同一性。但其也有自身的特殊性，这种特殊性体现在，传统私法的法律关系协调机制只有私人自治和国家强制性，但劳动关系的法律调整机制则是多元的，除了私人自治的劳动合同，国家强制的劳动基准，尚有集体合同、用人单位规章等规范现象。这些多元的规范现象应是劳动法在法律关系一般原理基础上重点研究的问题，也是本书第二部分所要解决的问题。

与上述社会关系和法律关系的关系理论一致，法律视角的劳动关系是以劳动者和用人单位之间法律上的权利和义务为内容的社会关系，和社会学、经济学、劳动关系学基于其他社会规范所判断的劳动关系范畴尽管可能相互影响，但又相互独立。从其他学科的角度看，在市场经济条件下，法律

---

〔1〕 参见沈建峰：《论劳动合同在劳动关系协调中的地位》，载《法学》2016 年第 9 期。

是形成社会关系的最重要规范来源，劳动法关于劳动关系的规定自然也成为其他学科界定和描述劳动关系要考虑的最重要因素，但这并不妨碍其他学科根据研究需要界定自己的劳动关系范畴。因此，应看到不同学科中劳动关系概念的关联，但也应准确区分不同学科中的劳动关系概念，而不应望文生义，互相套用。

三、劳动关系法律内涵的澄清

以上研究不仅说明劳动法律关系就是法律意义上的劳动关系，二者是合一的，因此没必要在劳动法的理论和教科书中叠床架屋，分别讨论；而且其将指引从法律关系的角度界定劳动关系，回归劳动关系认识的法律视角，进而可以按照法律关系的逻辑进一步纯化与劳动关系有关的概念，尤其是集体劳动关系、事实劳动关系等命题。

（一）劳动关系的法律内涵

既然劳动关系是一种法律关系，则劳动关系的认定是法律判断而不只是事实描述的过程，是判断相关事实是否符合构成要件的过程，是法律适用于依附性劳动这个事实后得出结论的过程，因此，既不能抛开法律规范谈劳动关系认定，也不能忽视劳动关系认定中的评价性和价值性因素。更重要的是，因劳动关系是法律关系，对劳动关系的界定则可以回到传统法律关系界定的方式，从当事人之间权利和义务内容的角度展开，“劳动关系通过特征性给付来确定。该特征性给付不是雇主支付给劳动者的报酬，而是劳动者的给付”[1]。基于该思路，可以将劳动关系界定为劳动者和用人单位之间以劳动者提供依附性劳动、用人单位承担报酬支付义务为主给付义务的法律关系。这其实也是德国、奥地利、日本等国家学者界定劳动关系的一般

[1] Junker, Grundkurs Arbeitsrecht, 15. Auflage, C. H. Beck, 2016, S. 49.

命题。[1] 该概念将解决当下我国劳动关系概念界定和劳动关系实质要求——依附性劳动——分离的状况；在区分劳动关系和劳动法律关系的背景下，既有的劳动关系概念界定并未从依附性劳动这一特征性给付展开。

（二）集体劳动关系作为非法学概念

劳动法学关于劳动关系的界定中一种广为流传的观点是存在集体劳动关系的范畴，为了涵盖集体劳动关系和个体劳动关系从而为劳动法找到统一的调整对象，理论界进而提出广义劳动关系和狭义劳动关系区分的学说，或者认为“劳动法所调整的劳动关系包含个别劳动关系、集体劳动关系和社会劳动关系”[2]。对于集体劳动关系存在的价值，国内主要学者提出，“从理论层面可以研究个别劳动关系和集体关系的相互联系与区别，既有利于学术概念的研究，同时也有益于学科体系的完善；就实践意义而言，有利于做个别劳动法律制度和集体劳动关注制度的衔接……”[3]但就集体劳动关系的内涵，相关观点却五花八门。有的观点仅从主体角度出发，认为“集体劳动关系是劳动者集体（工会）与雇主或雇主团体之间的关系”[4]；有的则进一步描述主体之间的行为方式：“集体劳动关系主要是指工会或者其他劳动者组织与用人单位或用人单位团体之间，为维持或者提高劳动者劳动条件和福利待遇，以集体谈判、集体合同、职工参与等方式，发生的一系列互动博弈行为所产生的社会关系。”[5]有的认为集体劳动关系是一种社会关系，而有的则主张“集体劳动关系则是劳动者团体与雇主或雇主团体之间形成

---

[1] Waltermann, Arbeitsrecht, 20. Auflage, Verlag Franz Vahlen, 2021, S. 1; Franz Marhold, Michael Friedrich, Österreichisches Arbeitsrecht, Springer, 2012, S. 1. 关于日本劳动关系的界定，参见田思路、贾秀芬：《日本劳动法研究》，中国社会科学出版社 2013 年版，第 1 页：“劳动关系是指向他人提供劳动并获得报酬者与利用该劳动并支付报酬者之间形成的一定的法律关系。”

[2] 常凯主编：《劳动法》，高等教育出版社 2011 年版，第 7 页。

[3] 林嘉：《劳动法的原理、体系与问题》，法律出版社 2016 年版，第 83 页。

[4] 常凯主编：《劳动法》，高等教育出版社 2011 年版，第 7 页。

[5] 《劳动与社会保障法学》编写组：《劳动与社会保障法学》，高等教育出版社 2017 年版，第 119 页。

的法律关系"[1]。上述概念的差异性在一定程度上已表明集体劳动关系概念本身存在的问题,而从现有界定的具体概念内涵来看,如"集体谈判、集体合同、职工参与"本身是差异很大的集体劳动法现象,如何归入集体劳动关系之下?集体劳动关系作为劳动关系学或者政治学、社会学意义上的范畴有其存在的价值,但就劳动法学而言,从上述关于法律关系和劳动关系的一般理论来看,该集体劳动关系命题在法学上存在的正当性值得讨论,基于如下原因,本书认为并不存在作为法律关系的集体劳动关系概念。

首先,法律关系一定是主体之间的权利与义务关系。我国现行法中的主体主要包括自然人、法人和其他组织,集体作为一群人的指称更多的是一个政治学或者各种文件中的用语,很难作为一个法律主体在现行法中找到位置。实际上,集体合同制度发展的重要制度和理论问题就是如何解决上述为一群人利益签订的集体合同的法律效力结构问题。[2] 这种技术绝对不是在所谓的"集体"和企业之间建立法律关系。[3] 其次,从最重要的集体劳动法现象——集体合同——作为一个法律事实其所引发的法律效果角度看,也从来不是一个集体劳动关系或者集体劳动法律关系。在大陆法系各国和地区的理论中,[4]集体合同的法律效果都是在签订者之间产生债权效力,在被约束的劳动者和用人单位之间产生规范效力。

集体劳动关系概念的讨论鲜明地展示了法学研究和其他学科研究的思路差异。不是所有基于其他学科的认知而认可的社会关系都可以直接成为法律关系;在法律对这些社会关系进行规范时,其所采取的法律技术也并非一定是法律关系的技术(由集体合同产生的是规范而不是法律关系)。这一

---

〔1〕 林嘉:《劳动法的原理、体系与问题》,法律出版社2016年版,第250页。

〔2〕 参见沈建峰:《论集体合同对劳动者和用人单位的效力》,载《西南民族大学学报(人文社会科学版)》2012年第9期。

〔3〕 参见沈建峰:《论集体合同的私法结构》,载《中国劳动关系学院学报》2019年第4期。

〔4〕 参见《劳动与社会保障法学》编写组:《劳动与社会保障法学》,高等教育出版社2017年版,第143页;林嘉:《劳动法的原理、体系与问题》,法律出版社2016年版,第278页;Abbo Junker, Grundkurs Arbeitsrecht, 15. Auflage, C. H. Beck, 2016, S. 282; Michel Despax, Jean – Pierre Laborde, Jacques Rojot, labour law of France, Wolters Kluwer, 2017, p. 332。

劳动法的具体现象,也从另外一个角度验证了上文提到的法律规范对于其他社会规范、法律关系对于其他社会关系的相对独立性。

(三)事实劳动关系的正本清源

在我国劳动法理论中,事实劳动关系也是非常流行的概念,围绕该概念的讨论又出现了其他概念。例如,“当劳动法所规定的法律事实未出现,如劳动合同未签订时,事实劳动关系实际上也启动了法定的内容,但是应由劳动合同约定的内容处于不确定的状态。这时用人单位与劳动者的相互关系虽未达到典型的法律关系程度,但也是一种准法律关系,劳动法应予以保护”[1]。或者,“事实劳动关系是我国《劳动法》确认并保护的特殊劳动关系”[2]。事实劳动关系、准法律关系、特殊劳动关系等概念进一步引发了概念混乱。因此,在劳动合同法制定前后,有学者提出,“所谓事实劳动关系仅仅描述了一个客观状态或事实状态,在认定标准或构成要件上与劳动关系的成立并无差别,且现实生活中被人为地赋予了太多庞杂内容,于法律理论及实务并无裨益。我国劳动实务中大多将事实劳动关系按有效劳动关系处理,也足以证明事实劳动关系并无生命力”[3]。故此,应结束对事实劳动关系的困惑。但在此后的理论和实践中,事实劳动关系的学说一直存续。有学者认为,“虽然在劳动法调整范围内但不符合法定模式的劳动关系,则只能作为事实劳动关系而存在”[4]。事实劳动关系概念之所以长期存在,一个重要的原因在于劳动法律关系和劳动关系的区分:先在的劳动关系符合法律规定的可以产生劳动法律关系,不符合法律规定的劳动关系不能产生劳动法律关系,只能作为事实劳动关系等存在。上述描述看起来既形象又符合逻辑,但矛盾的是,如果已存在先在的劳动关系了,它是如何认定出来

[1] 董保华:《论事实劳动关系》,载《中国劳动》2004 年第 7 期。

[2] 谢德成:《论事实劳动关系的效力》,载《宁夏社会科学》2002 年第 6 期。

[3] 刘俊:《〈劳动合同法〉应当结束对事实劳动关系的现实困惑》,载《中国劳动》2007 年第 5 期。

[4] 王全兴:《劳动法》(第 2 版),法律出版社 2017 年版,第 75 页。

的？法律不认可的劳动关系还是劳动关系吗？如果存在事实劳动关系是否就会也存在法律上的劳动关系，它又是什么？如果事实劳动关系不是一种法律关系，则事实劳动关系的法律效力如何？事实劳动关系当事人的权利和义务又从哪里来？

这些问题的回答以及事实劳动关系的定性依然应回归本书提出的劳动关系作为法律关系的命题。从制度起源来看，事实劳动关系学说来自事实合同关系学说。它所解决的是当事人之间的合同因为种种原因而无效或者当事人合意缺乏时，其之间法律关系的来源问题。该理论的倡导者提出，在特定情况下，“不是通过合同缔结，而是通过事实上的过程就可以建立一种事实合同关系”〔1〕。因此，事实劳动关系根本不是说当事人之间不存在法律关系，而是要说明当事人的法律关系不是源自合同（法律行为）而是特定社会事实，是法律关系来源的事实性而不是当事人之间关系的事实性。〔2〕因此，事实劳动关系研究的根本在于解释为何没有当事人合意、没有劳动合同也可以产生劳动关系。抓住这一问题本质，则可以从传统合同法理论和继续性合同自身的特点展开对事实劳动关系的教义学分析。但遗憾的是，将事实劳动关系和劳动法律关系并立的现有学说，一方面掩盖了事实劳动关系的问题实质；另一方面错失了从法律一般体系研究事实劳动关系的可能，错失了反思劳动合同瑕疵理论的机会，最终导致劳动合同虚无主义的立场：从现行《劳动合同法》关于“用工建立劳动关系”的规则来看，我国的劳动关系都是建立在用工事实，而不是合同基础上的，都是“事实劳动关系”！合同虚无主义在劳动法中以至极致，市场配置劳动力资源的工具——合同，在劳动关系建立上居然没有任何意义。合同虚无的立场在根本上也是源于劳动关系不是法律关系而是先于法律存在的观念。正本清源，则所谓的事实劳动关系本质上也是一种法律关系，只是其产生的基础不是劳动合同，而

〔1〕 Günster Haupt, Über faktische Vertragsverhältnisse, Verlag von Theodor Weicher in Leipzig, 1941, S. 16.

〔2〕 参见沈建峰：《论事实劳动关系的解除》，载《中国劳动》2015 年第 6 期。

是用工事实。在此认识基础上，则可以一方面反思该理论的正当性，另一方面讨论这种所谓基于事实产生的劳动关系和基于合同产生的劳动关系在权利和义务配置上的差异及其存在的必要性。这样一来，就既可以与合同法的一般理论进行对话，又可以以劳动关系为基点，将其讨论纳入劳动法的体系中。

四、重构以劳动关系为中心的劳动法体系

关于劳动关系法律内涵的讨论澄清了既有概念界定的混乱，有助于从法律关系角度认识劳动关系的本质，从法律关系角度重构劳动法的理论体系，重树劳动关系在劳动法理论中的核心地位。

（一）缺失法律关系的劳动法体系

在我国，既是源于苏联学说的影响，也是受到德国法学的影响，法律关系在法学理论和实践中居于核心位置。[1] 在传统私法中，法律关系是传统私法理论体系构建的基础，《民法典》体系构建的要素，[2]也是法学分析的重要方法。[3] 但在劳动法中，因为劳动关系和劳动法律关系上述内涵的扭曲和不清，从形式上看，劳动关系和劳动法律关系并行，但实质上二者皆被空置。不论是《劳动法》《劳动合同法》还是经典的劳动法教科书，都未完全从法律关系的角度展开，更未从法律关系的角度讨论当事人之间的权利和义务。《劳动法》尽管在第3条规定了劳动者的权利和义务，但这种规定未置于法律关系中，沦为原则性和宣示性规定，权利性质不清，义务主体不明，[4]在裁判实践中也未能发挥应有的作用。《劳动法》《劳动合同法》并未

---

〔1〕 参见朱虎：《法律关系与私法体系：以萨维尼为中心的研究》，中国法制出版社2010年版，江平所作《序言一》。

〔2〕 参见王利明：《关于我国民法典体系构建的几个问题》，载《法学》2003年第1期。

〔3〕 参见崔建远：《论法律关系的方法及其意义》，载《甘肃政法学院学报》2019年第3期。

〔4〕 参见沈建峰：《论劳动者个人权利的体系及其完善》，载北京市劳动和社会保障法学会编：《劳动法和社会保障法热点问题探讨》，中国法制出版社2014年版。

设计劳动关系建立后当事人之间一般的权利和义务规则,未从当事人各自承担的义务之间的关联性出发构建规则体系,也未设计劳动合同履行不能,当事人权利和义务不能实现时的处理规则。在经典的教科书和文献中,劳动关系仅在调整对象的意义上被讨论然后抛之脑后;劳动法律关系也是象征性地被作以介绍,然后不再讨论。经典劳动法教科书的整体体例基本是围绕劳动法的各种具体制度展开,不关注制度对当事人权利和义务的作用;就劳动合同法部分而言,往往只介绍劳动合同订立、履行、中止、变更、解除、终止等,而不讨论劳动合同订立后当事人之间权利和义务的具体内容。劳动关系的非法律关系定位导致法律关系这一法学研究和规范体系构建最重要的概念,在劳动法中处于被忽视的状态,由此也导致请求权基础的分析方法在劳动法中运用的缺失。

(二)劳动关系在劳动法规则和理论中的核心位置

法律调整社会生活的基本方式就是在当事人之间建立法律关系,明确当事人之间的权利和义务并保障该法律关系能够实现。按照这样的逻辑,劳动法学应围绕法律关系意义上的劳动关系进行实证法规则和理论体系构建。劳动关系不是外在于劳动法规范的调整对象,而是劳动法规范适用的法律效果;劳动关系问题不只是在劳动法调整对象的意义上展开讨论,而是劳动法的骨干内容,涉及当事人之间的权利和义务及其实现。具体而言,首先,在劳动法律规范体系和理论体系上,劳动合同法除对劳动合同建立、变更、解除等制度的规定之外,还应完善劳动合同当事人之间法律关系的内容规则,包括当事人之间的主权利和主义务、从权利和从义务、附随性权利和义务、义务违反规则等,并从当事人权利和义务的体系性和动态性设计劳动关系的内容。其次,劳动法的各种制度(或称协调机制)——劳动合同、集体合同、用人单位规章、劳动基准等,一方面,都围绕劳动关系中当事人之间权利和义务的确定而展开,其不只是在抽象的调整对象上具有同一性,而是其调整内容上具有同一性,并据此而形成劳动法的制度体系;另一方面,因为上述制度都是决定当事人之间权利和义务的法律机制,因此,从权利和义务配置的角度协调各种机制之间的关系是劳动法非常核心的问题。再次，劳动争议处理制度的设置也应围绕当事人之间的法律关系展开。目前《劳动争议调解仲裁法》第2条关于其受案范围的规定，更多是囿于各种具体的劳动法制度而未以劳动关系为核心展开。最后，在数字时代新业态兴起之后，回归劳动关系是一种法律关系的视角，也为在规范层面上实现劳动法规范和民事法规范混合适用、解决类劳动者问题等提供规范基础。总体而言，以作为法律关系的劳动关系为中心展开，则可以实现我国劳动法学研究范式的根本转变，劳动法学也将与其他部门法学找到沟通对话的共同话语体系。

五、结论

在法学研究中，劳动关系和劳动法律关系区分的理论更多是法外视角研究劳动关系问题的结果，其可以解释法律和社会关系之间的关联，但却忽视了法学研究的规范视角，未能从法学的理论体系出发探究劳动关系的本质及其体系归入，不仅导致大量叠床架屋的概念出现，而且导致劳动法学研究的非法学化。从法律的规范结构、法律适用的过程以及法律规范和其他社会规范的关系出发，应当承认劳动关系是一种法律关系。因此，劳动法律关系、集体劳动法律关系、狭义劳动法律关系等概念均无独立存在的价值；劳动关系认定的过程是判断法律规定在当事人之间引发权利和义务的构成要件是否具备的过程；如果具备则在当事人之间产生以依附性劳动为特征性给付的权利和义务关系，也即劳动关系；集体劳动关系不是一个法律意义上的概念，事实劳动关系本身也是法律关系；从法律角度来看，劳动关系是指劳动者用人单位之间以劳动者提供依附性劳动，用人单位承担报酬支付义务为主给付义务的法律关系。以劳动关系作为法律关系为起点，我国劳动法研究应从法外视角实现向法教义学研究的转换，从阶级视角、生产资料所有制视角等对劳动关系的分析在法学中则不再有适用的空间；劳动法的规则体系和理论体系也应围绕法律意义上的劳动关系展开，而这一展开，首先应明确劳动关系的法律属性。这也是本书下一章所要解决的问题。

第三章　劳动关系的法律属性：人法关系、共同体关系抑或交易关系

在我国，经典的劳动法教科书无不以劳动关系的特殊法律属性为必须阐释的问题，提出劳动关系和其他法律关系，尤其是与民事法律关系相比最大的特征在于其法律属性的双重性：劳动关系既包含人身关系又包含财产关系，是形式平等和实质不平等（从属性）的法律关系，[1]以此论证劳动法对民法和其他法律部门的独立性，并据此提出劳动法制度设计的特殊要求："劳动关系呈现出双重属性融合的现象，各种属性都具有各自不同的法律需求，而劳动法的制度设计则需要满足劳动关系的这种结构性法律需求。"[2]据此解释劳动法上相关制度的存在根源，如认为"基于劳动关系的人身属性，一方面产生了劳动者忠实地维护用人单

〔1〕参见《劳动与社会保障法学》编写组：《劳动与社会保障法学》，高等教育出版社2017年版，第18页；王全兴：《劳动法》（第2版），法律出版社2017年版，第33页；林嘉主编：《劳动法和社会保障法》，中国人民大学出版社2016年版，第11页；郭捷等：《劳动法学》，高等教育出版社2014年版，第14页；常凯：《论个别劳动关系的法律特征——兼及劳动关系法律调整的趋向》，载《中国劳动》2004年第4期。在此，人身关系是比较统一的观点，但是在从属关系还是不平等关系的表述上不同学者有所差异，但这并不影响此观点内涵的统一性。

〔2〕参见王全兴：《劳动法》（第2版），法律出版社2017年版，第35页。

位利益、不断提高劳动技能、服从用人单位劳动纪律的义务；另一方面产生了用人单位保护劳动者生命、身体健康和职业培训的义务”[1]。在实践中，劳动关系的人身关系或者不平等关系属性也是各级法院在劳动关系认定[2]及劳动关系法律适用[3]时均会提及的重要论据。可以认为，劳动关系的法律属性是当前理论和实践将劳动法和其他法律部门相区分并决定其制度设计和法律适用的基本问题，本书第二部分的讨论也将展示劳动关系法律属性的不同认识对劳动关系协调机制教义学结构与功能定位的巨大影响。但何为劳动关系的人身关系属性、不平等关系、从属关系或者隶属关系属性？仅从术语使用来看多少就能发现一些随意，更重要的是其内涵所指具体是什么。作为用于论证劳动法的特殊调整对象、制度设计、法律适用的概念，其如何以及能否在逻辑上完成其论证使命。例如，人身属性为何就能产生上述劳动者不断提高劳动技能、服从用人单位劳动纪律的义务以及用人单

---

〔1〕《劳动与社会保障法学》编写组：《劳动与社会保障法学》，高等教育出版社 2017 年版，第 18 页。

〔2〕最常见的表述一般是：“劳动关系是在劳动过程中形成的一种稳定的、兼有人身关系和财产关系的特定的社会关系，其中人身隶属性是劳动关系的本质特征。”景黎明与北京岸科云视信息技术有限公司劳动争议再审审查与审判监督民事裁定书，北京市高级人民法院民事裁定书，(2019)京民申 1022 号；类似的表述在各级法院的判决中俯拾即是，参见杨萍、郫县涵鑫建材经营部劳动争议再审审查与审判监督民事裁定书，四川省高级人民法院民事裁定书，(2016)川民申 2663 号；卢如刚、卢海彬等与闻喜县民生建筑安装有限公司确认劳动关系纠纷再审复查与审判监督民事裁定书，山西省高级人民法院民事裁定书，(2015)晋民申字第 209 号；艾则孜沙吾提与喀什市市场开发建设服务公司劳动争议纠纷申请再审民事裁定书，新疆维吾尔自治区高级人民法院民事裁定书，(2016)新民申 485 号；再审申请人甘肃大禹节水集团股份有限公司(以下简称大禹公司)因与被申请人岳进生委托合同纠纷申请再审民事裁定书，甘肃省高级人民法院民事裁定书，(2015)甘民申字第 38 号；王红军、铁岭阀门(集团)制造有限公司劳动合同纠纷再审审查与审判监督民事裁定书，辽宁省高级人民法院民事裁定书，(2020)辽民申 1066 号。

〔3〕例如，对劳动合同违法解除后的继续履行问题，法院就认为，“劳动合同所确立的劳动关系既具有一般民事关系平等自愿的性质，又具有一定人身关系的特点；平等自愿的性质决定了民事主体不能强迫相对方建立民事关系，如不能强买强卖，不能强行建立劳动关系等；人身关系更是不能强制建立和维持，如婚姻关系，劳动关系也是如此，劳动合同的履行是用人单位和劳动者之间双向选择的结果”。唐健与广州市华师附中番禺学校劳动争议二审民事裁定书，广州市中级人民法院民事判决书，(2015)穗中法民一终字第 5510 号。类似的说理参见黄大鹏、义乌市南剑袜业有限公司劳动争议、人事争议二审民事判决书，浙江省金华市中级人民法院民事判决书，(2019)浙 07 民终 4044 号。

位为劳动者培训的义务？从目前的理论和实践来看，人身关系和不平等关系本身只能说是一种未经理论鞭挞的说辞，仅凭这种说辞一方面不足以证成劳动法调整对象的独立性。例如，最简单的，我国民事法律向来就将身份关系纳入自己的调整对象，《民法典》第2条延续了这一传统。另一方面这反而掩盖了劳动法自身的逻辑和本身的问题：劳动法如何沿着自身法律关系的特殊性展开？如本书第一章所述，从更宏大的劳动法发展史和思想史来看，身份、契约、平等、不平等恰好正是百年劳动法发展中不断面对并在思想和方法上促进整个劳动法完善的命题。有鉴于此，本章从对我国现有劳动法理论和实践中关于身份关系、不平等关系内涵的厘定入手，探究该内涵背后的法学思想及其妥当性，并进而提出社会主义市场经济条件下劳动关系的应然属性及其在构建劳动法的制度体系时的内在原理。

一、劳动关系法律属性确定的方法论与目的论：从描述到规范与体系

（一）现有理论和实践观点的梳理

如上所述，劳动关系具有人身关系和不平等（隶属、从属）关系属性是现有理论和实践对劳动关系法律属性最基本且统一的认识，但梳理相关论述，该人身关系和不平等关系的内涵却是五花八门。就人身关系而言，在现有论述中其内涵至少包含以下方面：其一，也是最具共识的观点是，劳动力的存在与劳动者的人身无法分离。[1] 其二，劳动者提供劳动时，将人身交给了用人单位。[2] 其三，劳动力所有权交换过程以及交换的目的具有人身保障性，涉及劳动者的人身安全。[3] 其四，劳动者加入用人单位组织，成为其

---

〔1〕 参见林嘉主编：《劳动法和社会保障法》，中国人民大学出版社2016年版，第11页；郭捷等：《劳动法学》，高等教育出版社2014年版，第14页；王全兴：《劳动法》（第2版），法律出版社2017年版，第33页；常凯：《论个别劳动关系的法律特征——兼及劳动关系法律调整的趋向》，载《中国劳动》2004年第4期；罗茂雄与酉阳县轻质碳酸钙厂确认劳动关系纠纷二审民事判决书，重庆市第四中级人民法院民事判决书，(2016)渝04民终40号。

〔2〕 参见郭捷等：《劳动法学》，高等教育出版社2014年版，第14页。

〔3〕 参见林嘉主编：《劳动法和社会保障法》，中国人民大学出版社2016年版，第11页。

劳动组织的成员。[1] 其五,在实现劳动的过程中,劳动者的人身在客观上也受到一定程度的限制。[2] 其六,劳动者要听从用人单位的指挥。[3] 这种听从指挥在司法实践中,也被称为用人单位和劳动者之间的管理与被管理关系[4]、"行政隶属关系"、"人身关系即行政隶属关系"。[5] 就不平等关系而言,不平等关系、从属关系或隶属关系在一定程度上处于混用状态,有的学者偏好于使用不平等关系[6],而有的偏好于使用隶属关系[7]或者从属关系[8],还有的交叉使用,[9]但无疑它们包含的都是与平等关系相对的含义。与人身关系含义的多样性相比,不平等、从属或隶属关系的内涵相对

---

〔1〕 参见王全兴:《劳动法》(第2版),法律出版社2017年版,第33页;彭勇与嘉兴清创科技有限公司劳动争议二审民事判决书,江苏省南京市中级人民法院民事判决书,(2018)苏01民终7492号。

〔2〕 参见《劳动与社会保障法学》编写组:《劳动与社会保障法学》,高等教育出版社2017年版,第18页。

〔3〕 参见常凯:《论个别劳动关系的法律特征——兼及劳动关系法律调整的趋向》,载《中国劳动》2004年第4期。

〔4〕 参见东建建设集团有限公司与李四郎安尖确认劳动关系纠纷案再审民事判决书,青海省高级人民法院民事判决书,(2016)青民再11号。

〔5〕 参见武汉顺诚物业管理有限公司、李福平劳动争议再审审查与审判监督民事裁定书,湖北省高级人民法院民事裁定书,(2017)鄂民申1982号;何永琳确认劳动关系纠纷再审审查与审判监督民事裁定书,广东省高级人民法院民事裁定书,(2016)粤民申6330号;刘凤明与赤峰建设建筑(集团)有限责任公司劳动争议纠纷再审民事裁定书,内蒙古自治区高级人民法院民事裁定书,(2015)内民申字第2206号。

〔6〕 参见王全兴:《劳动法》(第2版),法律出版社2017年版,第34页。

〔7〕 参见郭捷等:《劳动法学》,高等教育出版社2014年版,第15页。

〔8〕 参见林嘉主编:《劳动法和社会保障法》,中国人民大学出版社2016年版,第11页;《劳动与社会保障法学》编写组:《劳动与社会保障法学》,高等教育出版社2017年版,第18页。

〔9〕 参见常凯:《论个别劳动关系的法律特征——兼及劳动关系法律调整的趋向》,载《中国劳动》2004年第4期。

统一，一般认为其主要表现用人单位对劳动者的管理。[1] 但也有学者将对劳动者自行决定的自由之限制、劳动者纳入雇主的组织机构、经济上的不独立[2]、劳动者弱势地位、成为成员[3]等称为从属关系。

评估上述概念内涵的表述，首先发现很多表述是似是而非的，故而本身无法实现确定劳动关系法律属性的功能，"劳动者提供劳动时，将人身交给了用人单位"，在法律上是无法完成的；"劳动者的人身在客观上也受到一定程度的限制"，在任何法律关系中都会发生，法律关系就是一种法律约束；"劳动给付必须由劳动者亲自完成"是所有亲为行为的法律特征。更重要的是，上述关于劳动关系法律属性内涵的确定总体是零散、混乱的；人身关系和从属关系在一些时候不被明确区分，用工管理、成为成员等有时被称为人身关系[4]，有时被称为从属关系[5]，或者既被称为人身关系，又被称为从属关系。[6] 与这种概念内涵混乱相关，为何上述内涵被称为人身关系或者

---

〔1〕 参见李景森、贾俊玲主编：《劳动法学》，北京大学出版社1995年版，第66页；《劳动与社会保障法学》编写组：《劳动与社会保障法学》，高等教育出版社2017年版，第18页；常凯：《论个别劳动关系的法律特征——兼及劳动关系法律调整的趋向》，载《中国劳动》2004年第4期；郭捷等：《劳动法学》，高等教育出版社2014年版，第15页；再审申请人朱双喜与被申请人山西晋技建筑工程有限公司劳动争议纠纷案再审审查裁定书，山西省高级人民法院民事裁定书，(2016)晋民申152号；卢如刚、卢海彬等与闻喜县民生建筑安装有限公司确认劳动关系纠纷再审复查与审判监督民事裁定书，山西省高级人民法院民事裁定书，(2015)晋民申字第209号。

〔2〕 参见林嘉主编：《劳动法和社会保障法》，中国人民大学出版社2016年版，第12页。

〔3〕 参见王全兴：《劳动法》(第2版)，法律出版社2017年版，第34页。

〔4〕 参见王全兴：《劳动法》(第2版)，法律出版社2017年版，第33页；武汉顺诚物业管理有限公司、李福平劳动争议再审审查与审判监督民事裁定书，湖北省高级人民法院民事裁定书，(2017)鄂民申1982号；何永琳确认劳动关系纠纷再审审查与审判监督民事裁定书，广东省高级人民法院民事裁定书，(2016)粤民申6330号；刘凤明与赤峰建设建筑(集团)有限责任公司劳动争议纠纷再审民事裁定书，内蒙古自治区高级人民法院民事裁定书，(2015)内民申字第2206号。

〔5〕 参见郭捷等：《劳动法学》，高等教育出版社2014年版，第15页；再审申请人朱双喜与被申请人山西晋技建筑工程有限公司劳动争议纠纷案再审审查裁定书，山西省高级人民法院民事裁定书，(2016)晋民申152号；卢如刚、卢海彬等与闻喜县民生建筑安装有限公司确认劳动关系纠纷再审复查与审判监督民事裁定书，山西省高级人民法院民事裁定书，(2015)晋民申字第209号。

〔6〕 参见常凯：《论个别劳动关系的法律特征——兼及劳动关系法律调整的趋向》，载《中国劳动》2004年第4期。

从属关系也鲜有深入解释,仅有个别学者在论述劳动力的存在与劳动者的人身无法分离故而构成人身关系时,提出其理由在于“人身关系一般是指与人身不可分离的没有财产内容的权利义务关系”[1]。但与人身不可分离就是人身关系吗?其与一般债的关系中的亲为义务又有何区别?这种不作深入解释,一方面导致论证乏力;另一方面意味着放弃了对上述概念进行体系归入的可能,也放弃了将劳动关系融入整个法律体系的可能。此外,对财产关系兼具人身关系、平等关系兼具从属关系等中的“兼具”如何理解:是同时存在吗?如果同时存在,二者关系如何?为了说明该问题,有学者提出,“个别劳动关系中的财产性和人身性以及平等性和隶属性并不是兼具,而是形式上的财产关系和实际上的人身关系,形式上的平等关系而实际上的隶属关系”,[2]从而引入了新的概念:形式与实际或者形式与实质。但一种法律关系的形式与实质具有什么含义与功能?如果不解释,就又陷入了自说自话中。

(二)从描述到规范与体系:劳动关系法律属性确定的范式转换

劳动关系法律属性确定问题的讨论之所以存在上述问题,根本上是因为既有理论多将劳动关系界定为一种社会关系、社会事实,以描述“事实”特征的方式而不是确定法律关系规范属性的方式来开展。就特定事实而言,因为不同论者有不同观察视角,必然千人千面,无确定标准,导致零散而无法对其进行论证和规范体系的归入。同时,现有理论讨论劳动关系法律属性的方法,更多是将劳动关系与民事关系进行比较,通过比较强调劳动关系与民事关系的不同,论证劳动法调整对象的独立性和劳动法的独立性,这是一种“破”而不是“立”的思路。这种方法即使回答了劳动关系不是民事关系,也没有办法回答劳动关系是什么的问题。

---

[1] 参见常凯:《论个别劳动关系的法律特征——兼及劳动关系法律调整的趋向》,载《中国劳动》2004 年第 4 期。

[2] 参见常凯:《论个别劳动关系的法律特征——兼及劳动关系法律调整的趋向》,载《中国劳动》2004 年第 4 期。

故此,劳动关系法律属性问题的研究应实现研究范式转换。从法学角度探究劳动关系的法律属性首先应坚持规范视角,“法律关系就是法律所规定的法律主体之间的规范性关系”[1],劳动关系本身是一种法律关系,一种权利和义务关系,[2]故其法律属性界定不是在发现事实,而是应从当事人之间关系的规范内涵,也即权利和义务内涵展开。其次应坚持体系视角。探究法律关系的法律属性,本质上是在法律制度体系中对法律关系进行归入,“任何法律关系都处于相应的法律制度之下,也即其类型之下,并被类型以同样的方式支配……所有法律制度都关联着存在于一个体系中,并且只有在该体系的大关联中其才能被理解,其在该关联中也展示了同样的互相关联、不可分割的属性”。[3] 而从法律体系生成的角度来看,当代法学家进一步提出,多个特定类型的法律关系被结合起来成为一个统一法律制度(Rechtsinstitut)。多个法律制度形成一个法律题材(Rechtsmaterie),多个法律题材形成了法典。[4] 总体而言,劳动关系法律属性的分析不应是在描述以及“破”而是要对其进行体系归入。坚持体系思维,则讨论劳动关系法律属性就既要说明其特殊性,又要说明其一般性。一般性说明其与相关制度的共性,解决向上的体系归入问题;特殊性说明其与相关制度的差异性,解决向下的特有制度和内部体系生成问题。通过探究法律关系属性而完成体系归入,一方面可以实现法律规范自洽的逻辑体系构建;另一方面有助于对法律关系本身的理解,在体系中才可以准确理解法律关系的实质。这些正是法律属性研究的目的所在。坚持规范视角和体系视角,本质上就是法教义学的视角。[5]

---

〔1〕 朱虎:《萨维尼视野中的法律关系的界定——法律关系、生活关系和法律制度》,载《比较法研究》2009 年第 3 期;亦可参见韩光明:《论民事法律关系的内容构建:一个基本概念的范式分析》,载《比较法研究》2009 年第 5 期。

〔2〕 参见沈建峰:《劳动关系作为法律关系:兼论劳动法学研究的范式转换》,载《中国人力资源开发》2022 年第 4 期。

〔3〕 Savigny, System des heutigen Römischen Rechts, Band 1, Deik und Camp, 1840, S. 11.

〔4〕 Kaufmann, Rechtsphilosophie, C. H. Beck, 1997, München, S. 104.

〔5〕 参见许德峰:《法教义学的应用》,载《中外法学》2013 年第 5 期。

按照上述思路,所谓劳动关系法律属性的确定,是指从劳动关系当事人权利和义务的特定内涵出发探究劳动关系的制度归入和体系生成。而劳动关系与其他法律关系相比,其权利义务内涵的最大特点在于劳动者承担的是一种提供从属性劳动的法律义务,“劳动从属性是劳动法的基础概念,是决定劳动法基本性质的要素”〔1〕。因此,应从从属性劳动角度讨论劳动关系的法律属性:从属性劳动是什么,从什么性质的法律关系中可以产生一方当事人提供从属性劳动这一法律义务,则劳动关系就具有这种法律关系属性。

二、从属性劳动的基本内涵:从多元到一元

(一)从属性劳动的多元内涵

对劳动关系法律属性的确定应从从属性劳动展开,但关于从属性劳动的形态与内涵本身在现有文献中却存在两个方面的不确定。其一,形态不确定。主要存在二元论和三元论的分歧,二元论认为劳动关系中的从属性就是人格从属性和经济从属性,〔2〕不认为有组织从属性存在或者主张“组织从属性并非劳动者的特有属性,雇主和雇主代表同样也是企业、经济组织的成员,这样的界定标准显然不够合理”〔3〕。三元论则主张“对劳动关系的从属性,有人格从属性、组织从属性和经济从属性三种理解”〔4〕。其二,人格从属、经济从属和组织从属具体内涵的不确定。不论是二元论还是三元论或者同样主张三元论的学者都在使用上述三个从属性概念,但其所述的

〔1〕田思路:《技术从属性下雇主的算法权力与法律规制》,载《法学研究》2022年第6期。

〔2〕参见董保华、邱婕:《论劳动法主体的界定》,载董保华主编:《劳动合同研究》,中国劳动社会保障出版社2005年版;林嘉:《劳动法的原理、体系与问题》,法律出版社2016年版,第95页;冯彦君、张颖慧:《“劳动关系”判定标准的反思与重构》,载《当代法学》2011年第6期。

〔3〕参见董保华、邱婕:《论劳动法主体的界定》,载董保华主编:《劳动合同研究》,中国劳动社会保障出版社2005年版。

〔4〕参见王全兴:《劳动法》(第2版),法律出版社2017年版,第36页;郭捷等:《劳动法学》,高等教育出版社2014年版,第15页。

内容却并非一致，同样的概念之下掩盖的差异化内容导致分歧进一步加剧。就人格从属性而言，相关观点比较一致之处在于，认为“人格从属性相对于人格独立或者自主决定而言，其侧重点在于，劳动者受雇主控制程度较高而失去独立人格，即劳动者从事何种劳动、运用何种手段劳动、工作时间和地点等事项，受到雇主比较高程度的控制”〔1〕。也有学者在上述用人单位指示、决定劳动者劳动内容，控制劳动者等人格从属性的内涵之外，增加了用人单位将劳动者纳入其生产组织这一内涵。〔2〕但劳动者加入用人单位组织，在有些学者看来，指的其实是组织从属性。“组织从属性的侧重点在于，劳动者的劳动被纳入雇主的生产经营系统，而成为其中的一个组成部分或必要环节；劳动者因而就成为雇主的劳动组织成员，在劳动中承担作为劳动组织成员所应负的遵守雇主的规则制度、保守雇主的商业秘密等义务。”〔3〕而有些学者却将这种劳动者加入用人单位组织称为经济从属性。“经济的从属性，即劳动者纳入雇主的组织机构，劳动者并不是为自己劳动，而是从属于他人，为他人之目的劳动，因此显然表明了经济上的不独立性。”〔4〕该观点中的为他人劳动，在有的学者观点中又被作为人格从属性，“劳务给付的利他性”是从劳动者角度确定的人格从属内涵。〔5〕此外，关于经济从属性尚存在种种其他不同观点，如“经济实力强弱差异说”，主张“经济从属性的侧重点在于，把经济实力强弱的差异作为具有从属性的原因”〔6〕。“经济上的依赖关系说”认为经济从属性“即劳动者对其相对人存在经济上的依赖关系，主要表现在：(1)利他性，即为他人，而非为自己提供劳动；(2)工作供给，即利用他人提供原料、工具设备或其他条件从事劳动；(3)收入从属性，

〔1〕参见王全兴：《劳动法》(第2版)，法律出版社2017年版，第36页。
〔2〕参见林嘉：《劳动法的原理、体系与问题》，法律出版社2016年版，第95页。
〔3〕参见王全兴：《劳动法》(第2版)，法律出版社2017年版，第36页。
〔4〕参见林嘉主编：《劳动法和社会保障法》，中国人民大学出版社2016年版，第12页。
〔5〕参见肖竹：《劳动关系从属性认定标准的理论解释与体系构成》，载《法学》2021年第2期。
〔6〕参见王全兴：《劳动法》(第2版)，法律出版社2017年版，第36页。

即以他人给付的劳动报酬作为其主要生活来源"[1]。以及"经济地位附属说"认为,"经济的从属性,是指劳动者在提供劳动、参与经济活动时,处于附属于用人单位的经济地位,其劳动活动从属于用人单位的经营活动,其自身亦是用人单位组织结构的组成部分"[2]。

总体来看,目前关于从属性劳动内涵的研究观点不一,经典教科书关于从属性内涵的分析多是点到即止,其他理论文献关于从属性的研究更多关注认定从属性的具体指标,[3]对从属性的抽象内涵近一两年才开始有专门讨论。[4]也许潜意识里从属性劳动问题就被认为是个无法说清楚的问题。果真如此,则从属性劳动就沦为了一个可任意粘贴的标签,劳动关系范畴在出发点上已陷入不清,各种定性也就更是没有可评价性和可论证性了。但从法学理论角度来看,从属性劳动的内涵决定了劳动关系进行体系归入和规范推演的可能;从法律规范构成要件的角度看,从属性劳动是劳动法律规范所有法律效果依赖的构成要件;从法律适用的角度看,从属性劳动的内涵是识别从属性认定具体标识的指引,尤其是类型化方法[5]或者综合认定劳动关系[6]的方法引入后,确定从属性劳动质的定性就更加必要了。因此,有必要改变从属性劳动认识的标签状态,回归其本质内涵的认识。

(二)从属性劳动的一元内涵:人格从属性劳动

不纠结于上述人格从属、经济从属以及组织从属等名称和分类,从相关

---

[1] 参见侯玲玲、王全兴:《劳动法上劳动者概念之研究》,载《云南大学学报(法学版)》2006年第1期。

[2] 参见林嘉:《劳动法的原理、体系与问题》,法律出版社2016年版,第95页。

[3] 参见沈建峰:《论劳动关系的实践界定——以中德司法机关的判决为考察重点》,载《法律适用》2012年第12期。

[4] 参见田思路:《技术从属性下雇主的算法权力与法律规制》,载《法学研究》2022年第6期;肖竹:《劳动关系从属性认定标准的理论解释与体系构成》,载《法学》2021年第2期。

[5] 参见沈建峰:《数字时代劳动法的危机与用工关系法律调整的方法革新》,载《法制与社会发展》2022年第2期。

[6] 参见冯彦君、张颖慧:《"劳动关系"判定标准的反思与重构》,载《当代法学》2011年第6期。

概念的内涵来看,我国学者总体是将以下内容确定为从属性劳动的内涵:其一,劳动者服从用人单位指示,遵守用人单位规章;其二,劳动者处于经济弱势地位,收入是生活的基本来源;其三,劳动者纳入用人单位组织,使用他人工具为他人工作,成为用人单位成员。就上述三者而言,“劳动者来服从用人单位指示,遵守用人单位规章”是最没有争议的从属性劳动的内涵。我国现行规则也将“用人单位依法制定的各项劳动规章制度适用于劳动者,劳动者受用人单位的劳动管理”作为认定劳动关系的标准。而从其他国家和地区的情况来看,“德国法和欧盟法界定的共同标准在于指示权,指示权通常表达了从属性关系”〔1〕。唯需进一步讨论的是后两者。

“劳动者处于经济弱势地位,收入是生活的基本来源”是最直观、最早进入从属性内涵考量的内容。工业时代初期的社会问题主要体现为用人单位掌握生产资料、劳动者作为无产者以收入为生活基本来源、劳动者的贫困等经济现象。最早关注劳动者问题的是经济学、社会学等研究者,其主要是从经济社会现象的角度展开对从属性劳动的探究。例如,在德国就是 Schmoller、Brentano、Loening、Schönberg、Herkner 等从事经济学、社会学和社会政策研究的讲坛社会主义者(Kathedersozialisten)最先开始抽象和提炼从属性的内涵。〔2〕 在我国,劳动法研究的政治经济学语境也会促使将经济方面的考量纳入从属性内涵确定中。不可否认的是,时至今日上述经济因素依然是劳动关系问题产生的深刻根源,很多时候也是从属性劳动的“因”。首先,现代社会劳动者的收入来源越来越多元化,很多应然意义上的劳动者已不再依赖于工作收入而生存。其次,随着服务业等的兴起,轻资产的企业越来越多,传统意义上的用人单位对生产资料的控制在这些企业中必然陷入解释困境。再次,生产资料和劳动力的依附在一定程度上是相互的,“劳动合同满足了企业主和劳动者相互需求。它为企业家创造了必要的生产要素:劳

〔1〕 Rinck, Der Arbeitnehmerbegriff im Wandel-Entwicklungen und Perspektiven, RdA 2019, S. 129.

〔2〕 Martin Becker, Arbeitsvertrag und Arbeitsverhältnis in Deutschland, Vittorio Klostermann Frankfurt am Main, 1995, S. 213.

动力;为劳动者创造了对生产过程的参与,进而是其生计的维持"[1]。将上述意义上的从属性引入劳动关系就会得出劳动者和用人单位相互依附的结论,这样一来,劳动者特殊保护的基础荡然无存。最后,从规范角度来看,直接将上述社会经济方面的现象纳入从属性劳动的法学内涵中也存在以下问题:在规范设计上,从劳动关系构成要件角度看,劳动者处于经济弱势地位,劳动收入是生活的基本来源等在不存在劳动关系的地方也能出现,很多国家承认的类劳动者,其重要特点就在于"类雇员从该合同关系中获得的收入构成了他主要的经济来源"[2]。从法律效果角度看,劳动关系作为法律关系,其结构特点在于当事人满足了从属性劳动的构成要件则在其之间产生以劳动者提供从属性劳动,用人单位提供劳动报酬为主义务的法律关系。[3] 但劳动者处于经济弱势地位,劳动收入是生活的基本来源等无法成为权利和义务内容,无法作为劳动者承担的义务决定作为相对义务的用人单位义务范围,也无法作为劳动者承担主义务的内容决定劳动者还应承担哪些保障主义务效果实现的其他义务。此外,经济上处于弱势地位,法律就让对方当事人承担更多义务,似乎难以解释劳动法存在的正当性基础,对其他劳动力提供者来说也是不公平的;在认定劳动关系的裁判中,裁判者不会也不应该根据劳动者的收入状况决定其是不是劳动者,也不应根据劳动者的收入状况决定用人单位的义务范围。所以,劳动者处于经济弱势地位,收入是生活的基本来源不应成为从属性劳动的内涵。从其他国家的理论和司法实践来看,目前基本上对将其排除在从属性劳动的内涵之外。[4]

就"劳动者纳入用人单位组织、使用他人工具为他人工作、成为用人单

---

〔1〕 Wolfgang Gast, Das Arbeitsrecht als Vertragrecht, R. v. Decker & C. F. Müller, 1984, S. 43.

〔2〕 参见王倩:《德国法中劳动关系的认定》,载《暨南学报(哲学社会科学版)》2017 年第 6 期;亦可参见 Wolfgang Hromadka, Frank Maschmann, Arbeitsrecht, Band1, Individualarbeitsrecht, Springer, 2015, S. 14。

〔3〕 参见沈建峰:《劳动关系作为法律关系:兼论劳动法学研究的范式转换》,载《中国人力资源开发》2022 年第 4 期。

〔4〕 Zöllner, Loritz, Hergenröder, Arbeitsrecht, 5. Auflage, C. H. Beck. 2015, S. 45;王倩:《德国法中劳动关系的认定》,载《暨南学报(哲学社会科学版)》2017 年第 6 期;郑爱青:《法国劳动合同法》,光明日报出版社 2010 年版,第 26 页。

位成员”而言，在工厂工业时代，劳动者需要进入工厂，围绕烟囱和流水线开展工作，存在具象的生产组织形式，因此劳动者纳入用人单位组织、使用他人工具为他人工作、成为用人单位成员这些普遍而可观测的现象作为从属性劳动的内涵具有其一定的独立价值。一些市场经济国家的理论〔1〕和实践将其作为从属性劳动的内涵。但此处的问题是，生产组织首先不是一个物质上的存在，而是一个制度上的存在，是用人单位的管理、安排、用工规则等将静态的生产工具和劳动力组合起来形成生产组织。当生产组织依赖于用人单位的指挥、安排等权力时，劳动者加入组织、成为组织的成员等实际上也就表现为听从用人单位指挥、遵守用人单位规章等。这样一来，加入用人单位组织，成为其成员作为从属性劳动独立内涵的意义就大大降低了。对此有学者总结：“没有对劳务提供者的指示权就不可能存在劳动关系，反过来加入组织是以指示权为前提的。完全不受指示约束的雇员通常不是劳动者。因此加入组织这一标识一直备受批评。”〔2〕也有学者明确提出“加入组织并不是劳动者概念实质性的构成标志”〔3〕。尽管有上述不同的意见，加入组织这个从属性的内涵在一些国家的理论和实践中很长时间都一直存在。其理由主要在于虽然“加入他人的劳动组织和遵从指示是相关的，因为加入他人组织也在指示权的范围内得以展示。但加入他人组织却不仅仅源自服从指示，也可能源自合同建构的特别情况和合同的实施”〔4〕。

数字时代到来后，随着有形劳动组织体的解构，加入组织的观念受到进一步挑战，“随着数字化的进行，加入他人组织在确定劳动关系时的作用越来越小”〔5〕。在此背景下，人们不再讨论抽象的组织从属性，以上理论和实务为了论证组织从属性的必要性提出的“因为合同建构的特别情况和合同

〔1〕 参见[德]雷蒙德·瓦尔特曼：《德国劳动法》，沈建峰译，法律出版社2014年版，第47页。

〔2〕 Zöllner, Loritz, Hergenröder, Arbeitsrecht, 5. Auflage, C. H. Beck. 2015, S. 49.

〔3〕 Hueck/Nipperdey, Lehrbuch des Arbeitsrechts, Band1, 7Auflage, Verlag Franz Vahlen, 1963, S. 43.

〔4〕 Junker, Grundkurs Arbeitsrecht, 15. Auflage, C. H. Beck. 2016, S. 54.

〔5〕 Rinck: Der Arbeitnehmerbegriff im Wandel-Entwicklungen und Perspektiven, RdA 2019, S. 129.

的实施”产生的从属被称为“他人决定”(fremdbestimmt)而单独进行讨论,用以解决不存在用人单位指示时,劳动者被他人决定进而应认定劳动关系的问题。“在个别情况下受指示约束完全不存在时,只要活动以其他方式被他人决定——例如详细规定工作的时间和地点——并因此表现出上下级关系,则也不能排除劳动者的身份。”[1]这里的其他方式包括业务流程、生产组织结构等。这基本上也是欧盟法院的立场。“欧盟法院判决中使用的从属关系(Unterordnungsverhältnisses)这一概念和他人决定这一标识相近。它是德语中使用的他人决定概念的同义词。通过依赖于继续性债的关系的工作就出现了他人决定或者从属关系。”[2]上述理论和裁判实践的认识也反映在了立法中。在2017年《德国民法典》新增加的界定劳动合同的第611a条中,被提到的仅有人格从属(persönlicher Abhängigkeit),同时将“他人决定”和“受指示约束”予以并列表述(zur Leistung weisungsgebundener, fremdbestimmter Arbeit)。在数字化生产过程中,在用人单位更多的不通过具体指示而通过算法等系统程序进行劳动力提供者控制的生产模式下,他人决定的意义将不断得到提升。“他人决定这一标识在如下合同关系中也能发挥重要作用,在这些合同关系中,就内容、地点、时间状况等的指示约束在数字世界中作为区分标识是苍白的。”[3]但这绝不意味组织从属性的复归,去组织体化是数字时代用工的趋势。[4] 就我国而言,加入组织这个内涵始终未在规范性文件中出现,我国规范性文件中出现的“劳动者提供的劳动是用人单位业务的组成部分”实际上发挥的是和“他人决定”一样的功能。劳动者的劳动是用人单位业务的构成部分,因此其劳动的提供和作用的实现为用人单位的业务所决定,不是具象地加入组织,而是抽象的业务和功能上的依赖导致了从属性劳动的产生。

---

[1] Rinck: Der Arbeitnehmerbegriff im Wandel-Entwicklungen und Perspektiven, RdA 2019, S. 129.

[2] ErfK/Preis, § 611a BGB, C. H. Beck. 2018, S. 1385.

[3] ErfK/Preis, § 611a BGB, C. H. Beck. 2018, S. 1375.

[4] 参见沈建峰:《去组织体化用工及其主体与责任承担》,载《政治与法律》2022年第8期。

综上所述,可以认为在当下,将受指示约束或他人决定作为从属性劳动内涵,同时受指示约束是基本内涵,他人决定是补充性内涵的立场[1]是值得赞同的,也符合我国现行法的实际,能满足数字时代从属性劳动认定的需要。就术语使用而言值得注意的是,上述“受指示约束或他人决定”两种从属性的内涵可以都归入人格从属性之下,而不需要提出单独的组织从属性内涵。其理由主要包括以下方面:其一,无论是加入组织还是他人决定都往往和服从指示相互交叉,难以清晰区分,是服从指示的结果。这也是以上我国不同学者在组织从属和人格从属问题上交叉使用相关内容的原因。其二,增加新概念对于问题的解决并无理论或实践意义,劳动关系认定并未因为组织从属还是人格从属发生变化,相关术语只是增加了区分负担。其三,从属性所表达的是劳动者因为法律上的原因而不能自主劳动的状态,人格的本质是自由,使一方当事人的自由受到另一方指示或者安排的生产过程和义务的限制,实际上等于将一方的人格受制于另一方,所以这种从属就是人格从属性。故此,本书以人格从属性指称上述内涵,形成一元的、与经济从属性对立的从属性内涵——人格从属性。

三、人格从属性劳动的制度归入:从人法到共同体

在确定受指示约束或他人决定的劳动是从属性劳动的基本内涵,而承担从属性劳动的义务是劳动关系最具特征性的内容后,则探究劳动关系的法律属性,对其进行制度归入,就需要讨论从什么性质的法律关系中可以产生这种受指示约束或他人决定的劳动的义务,这也是对劳动关系法律属性探究的核心问题。在此,首先,必然产生的是法律思想上的冲突,如上所述,“劳动法的历史开始于19世纪营业自由的引入以及随之而来的工业化”[2],劳动法的制度以自由用工为前提,但劳动法产生之后却要在当事人

---

〔1〕 Rinck: Der Arbeitnehmerbegriff im Wandel - Entwicklungen und Perspektiven, RdA 2019, S. 129.

〔2〕 Martin Becker, Arbeitsvertrag und Arbeitsverhältnis in Deutschland, Vittorio Klostermann Frankfurt am Main, 1995, S. 27.

之间产生一种从属性劳动的法律关系？这是团体主义的复归还是个人自由的特殊形式？其次，也涉及劳动关系的教义学结构展开：如何从从属性劳动这个原点推演出整个劳动法的权利和义务体系并解释其正当性。正因如此，这一问题成为百年来劳动法发展中最基础的理论问题，对其认知反映了劳动关系法律本质的变迁史，反映了本书导言部分提出的解决社会问题的不同思潮对劳动法的影响，甚至也反映着近代以来法律和社会思潮的变迁史。

（一）人法的残留与兴衰

在受指示约束或他人决定的劳动出现之后，对其所在的法律关系进行法律定性和制度归入时，〔1〕尽管也有从公法视角的认识，认为“在为了生产的利益，这种支配权力不可或缺之处，人们应在法律上承认这种控制权力，并且不能采用私法的形式”〔2〕。但在承认企业是独立的市场主体后，学者们更多主张并且对后世影响深远的是从传统人法或身份法中寻求对劳动关系进行体系归入的努力。因为“人法保障权利人对他人人格本身的权力。在此作为直接客体的是人”〔3〕。例如，在德国，无论是日耳曼学派的基尔克还是罗马法学派的萨维尼都力图从人法角度解释劳动用工中的受指示约束或他人决定现象。基尔克认为，“德意志法上的雇佣合同植根于人法。其前身及细胞都是忠诚劳役合同（Treudiestvertrag）”〔4〕。其原因在于，“忠诚劳役合同是保留自由并自我委身于他人的监护权之下以换取持续的保护和供

〔1〕　此处强调法律属性界定，有别于从政治学或者社会学角度出发进行的认识。在劳动法发展早期，一种重要的思潮其实是从社会学角度展开分析。“劳动法以通过阶级归属而确定的具体的人的从属性为出发点，对人而言，适用的不仅仅是抽象的意志秩序，而必然存在着特别的存在秩序，该存在秩序的法律效果不是与意志相关，而是与人所处的状态相关。”Hugo Sinzheimer，Der Krisis des Arbeitsrecht，in：H. Sinzheimer Arbeitsrecht und Rechtssoziologie，Band1，S. 138.

〔2〕　Bornhak，Das gewerblich Arbeitsverhältnis，in：Georg Birth und Max Seydel，Hsg. Annalen des Deutschen Reiches 1890，S. 647（658）.

〔3〕　Gierke，Deutsches Privatrecht，Band 1，Verlag von Dunker & Humblot，1895，S. 261.

〔4〕　Gierke，Deutsches Privatrecht，Band 3，Verlag von Dunker & Humblot，1917，S. 593.

养的允诺”[1]。除了这种权利和义务的类似,同时重要的是“德意志法上的雇佣合同保留了创设主人和仆从观念上的内在忠诚纽带”[2]。而在萨维尼的理论中,“当下,我们不能满足于将任何其他劳动合同与受到限制的行为一样看待(受到限制的行为指债的关系——作者注),所以普鲁士一般邦法非常正确地没有将劳务供给法置于合同法中,而是将其置于人法中”[3]。对萨维尼来说,“至少对于劳务提供关系(Dienstbotenverhältnis)是有必要通过人法性的家庭法给予特殊保护的。对部分劳动合同应通过家长式组织起来的人法来具体解决其自由的不充分问题”[4]。

人法思想进入从属性劳动的解释中,在当时的社会观念上本已是自然而然的,“工厂主承接了家父和师傅的家长权,阶层统治倾向也被完全自然地转嫁到企业家和劳动者的关系中”[5]。再加上学术巨擘的论证,其直接进入形成期的劳动法理论中,劳动关系作为人身关系的观点应是滥觞于此。德国“劳动法之父”辛茨海默在解释劳动关系中的从属性劳动时承继基尔克的思路,主张“从属性劳动是劳动着的人在一种法律上的权力关系(Gewaltverhältnis)中提供的劳动。它起源于旧的家族或者领主团体,在此家父或者领主的权力将个体联合成社会统一体。尽管时至今日整个法律关系发生了根本性变化,旧的家庭或领主权力不再存在,但在旧的父权(patria potestas)和监护权力中体现出来的权利内核在当今也并未死亡,它以从属性劳动的新形式继续存在”[6]。人法思路是“一战”后很长一段时间劳动法理论中最主流的关于从属性劳动的解释方案。当时的学者认为,“所有为了区分不同合同类型而确立的新学说在这个问题上是一致的:本来意义上的劳

---

〔1〕 Gierke, Deutsches Privatrecht, Band 3, Verlag von Dunker & Humblot, 1917, S. 594.

〔2〕 Gierke, Deutsches Privatrecht, Band 3, Verlag von Dunker & Humblot, 1917, S. 596.

〔3〕 Savigny, System des Heutigen Römischen Rechts, Band 1, Deit und Camp, 1840, S. 367.

〔4〕 Martin Becker, Arbeitsvertrag und Arbeitsverhältnis in Deutschland, Vittorion Klostermann, 1995, S. 124.

〔5〕 Hermann Reichold, Betriebsverfassung als Sozialprivatrecht, München: C. H. Beck, 1995, S. 22.

〔6〕 Sinzheimer, Grundzüger des Arbeitsrechts, 2. Auflage, Jena: Verlag von Gustav Fischer, 1927, S. 11.

动合同构成了劳动法的核心,劳动合同所产生的是劳动力的接受者对提供者的支配和权力关系,在该关系内其被命令和被要求听话。该支配关系架起了通往雇佣合同以及忠诚劳役合同这一德意志法上的人法性法律行为的桥梁"[1]。直到"二战"后,人法性关系观念在人法性共同体(personenrechtliches Gemeinschaftverhältnis)幌子下依然若隐若现地继续存续着。[2]在我国,史尚宽先生于1934年出版的《劳动法原论》也已经提到,"劳动关系于债的经济要素之外,实含有身份的、社会的要素,与民法上单纯的债之关系及纯经济的雇佣关系不同"[3]。从其所处年代和文献使用来看,这依然是德国当时理论影响的结果。尽管无法考证我国现代理论中人身关系这一定性从哪里来,但考虑我国法学对德国法学的继受以及日本法学和我国台湾地区法学的影响,上述人法的观念也应该是我国现行理论中人身关系论的来源。

无疑,传统的人法包含对人本身进行支配的观念,可以解释"受指示约束或他人决定的劳动"这一现象。但从法学和劳动法发展的历史过程来看,人身关系的命题却存在以下难以克服的不足:其一,劳动法之所以生成,其基本的使命应当是劳动者的解放和自由,但通过以身份法为基本内容的人法定性,劳动者却要回归到身份关系中,成为工业时代用人单位的仆从!这种定性方案在思想取向上是根本逆历史潮流的。其二,人身关系定性并没有解决其要解决的问题。对传统债法关系用工的批评在于其将人作为交易对象,劳动力被商品化,人被"物化",因此才提出人法的解释方案。但"人法性的观察方式则根本上设置了对人的支配。人本身被置于雇主支配权之

[1] Erwin Jacobi, Grundlehren des Arbeitsrechts, A. Deichertsche Verlagsbuchhandlung Dr. Werner Schnoll, 1927, S. 49. Vgl. Richter, Arbeitsrecht als Rechtsbegriff, A. Deichertsche Verlagsbuchhandlung Dr. Werner Schnoll, 1923, S. 24. Hueck – Nipperdey, Lehrbuch des Arbeitsrechts, Band 1, 7. Auflage, Verlag Franz Vahlen G. m. b. H., 1963, S. 129.

[2] Hueck – Nipperdey, Lehrbuch des Arbeitsrechts, Band 1, 7. Auflage, Verlag Franz Vahlen G. m. b. H., 1963, S. 129.

[3] 史尚宽:《劳动法原论》,世界书局1934年版,第2页。

下,其本身物化了。物化并没有清除,而是借助于人法因素而被掩盖了"[1]。其三,从法律效果看,将劳动关系论证为人法关系是试图通过类推家庭法的规则,进一步引申出用人单位对劳动者的照顾和保护义务。但"对合同当事人利益的顾及和人法并没有关系,它最终以民法上的所有保护规范为基础……在这种情况下,最好是不要兜圈子,追溯到合同的保护特征或者照顾义务,而不是提所谓的人身结构"[2]。更重要的是,传统家庭法通过血缘、道德关系等纽带,不仅带来了对人的支配,更带来了对人的照顾,而劳动关系因为缺乏血缘、道德关系的纽带,将其论证为人身关系,就只能带来支配,却不能带来保护和照顾。其四,人法本身在内涵上是一个不确定的概念。人法的提法既在罗马法的传统文献中出现,[3]也在日耳曼学者的文献中被讨论,但现代法中却并没有人法的具体制度体现,包括萨维尼尽管认为劳动合同应归入人法,但在其著述体系中并无人法的论述。当人法的内涵不清楚并因此而不稳定时,所谓人法性逐渐就沦为了一个谁都可以贴的标签,而无法展开论证。其五,人法中包含的身份思想会被进一步移用到其他社会身份和阶级身份中,从历史发展来看,"归入人法(的观点)同时为阶级法的萌芽所补充并且实质性地决定着。劳动关系就被追溯到劳资对立上去了"[4]。正是因为上述种种原因,尤其是随着"二战"后对人的尊严和自由的再次发现,上述人法的解释日渐衰微。尽管人法性共同体的概念直到20世纪60年代依然在劳动法中被使用,但此时人法性的内涵已经发生了根本性的变化,"通过人法性也只是想强调,劳动关系在特定程度上涉及劳动者的人格"[5]。或者,"人法性经常被指称劳动关系中的劳动必须由劳动者亲

[1] Simitis Spiros, Die faktischen Vertragsverhältnisse, Vittorio Klostermann, 1957, S. 281.

[2] Wiedemann, Das Arbeitsverhältnis als Austausch – und Gemeinschaftsverhältnis, Verlag C. F. Müller, 1966, S. 37.

[3] 也即罗马法人法物法债法的体系。

[4] Fischinger, in: Münchener Handbuch zum Arbeitsrecht, Band 1: Individualarbeitsrecht, 4. Aufl., 2018, § 3 Rn. 18.

[5] Hueck – Nipperdey, Lehrbuch des Arbeitsrechts, Band 1, 7. Auflage, Verlag Franz Vahlen G. m. b. H., 1963, S. 131.

自尽已可能的完成”。[1] 此时,一方面,人法一开始所包含的身份关系内涵已经丧失已尽,从属性劳动已很难说是一种人身关系中的劳动。另一方面,这种意义上的人法因素是所有具有亲为义务特点的债权合同共同的特征,而不只是劳动关系的特征。人法性或者人身关系属性已经名存实亡了。

(二)共同体关系的缘起与内涵蜕变

在一个组织体中也可以实现成员受指示约束或被他人决定。所以,在从人法或者人身关系角度讨论劳动关系的法律属性时,一种劳动关系的共同体关系认识已经开始出现。这是因为人法或者人身关系本身是一种具有共同体因素的法律范畴,在基尔克的理论中,共同体法都属于人法。[2] “基尔克已经认识到,劳动者通过进入劳动关系不仅缔结了劳动合同,而且进入了一个统治团体。”[3] 只是在一段时间内,人们认识的重心在于强调其人身关系属性。在人法中人身关系的面向逐渐衰退的过程中,其团体主义,也即共同体关系的一面逐渐主导,“人法性源自全部人身受约束,被人支配或者共同体思想。在没有人身全部受约束,没有支配性时,就回到了共同体上”。[4] 共同体关系成为解释受指示约束或他人决定的劳动的新基础。在此过程中,法外因素,也即社会学、经济学[5] 以及政治经济学视角,对企业的认识也在支撑共同体学说。“在过去数十年的发展中,劳动合同法经历了彻底的变迁。其当今面孔在实质上被打上了如下社会学的发展烙印:劳动

---

〔1〕 Wiedemann, Das Arbeitsverhältnis als Austausch – und Gemeinschaftsverhältnis, Verlag C. F. Müller, 1966, S. 37.

〔2〕 Gierke, Deutsches Privatrecht, Band 1, Verlag von Dunker & Humblot, 1895, S. 261.

〔3〕 Sinzheimer, Otto von Gierkes Bedeutung für Arbeitsrecht, in: Hugo Sinzheimer Arbeitsrecht und Rechtssoziologie, Band 1, Europäische Verlagsanstalt, 1976, S. 405.

〔4〕 Wiedemann, Das Arbeitsverhältnis als Austausch – und Gemeinschaftsverhältnis, Verlag C. F. Müller, 1966, S. 40.

〔5〕 Heinz Potthoff, Die Einwirkung der Reichsverfassung auf das Arbeitsrecht, in: Ramm Hsg. Arbeitsrecht und Politik, Luchterhand, S. 24.

关系是一种人法性共同体关系。”[1]从社会学或者经济学的角度来看，生产过程中的劳动关系是在一个组织体中完成的。此外，在一定时期内团体主义主导的意识形态也会促进将劳动关系作共同体关系理解。“劳动关系根据其本质是一种人法性的共同体关系的观点与纳粹的世界观一致，在第三帝国的劳动法学说中得到贯彻。”[2]在上述种种因素影响下，劳动关系是一种共同体法律关系或者人法性共同体关系的观点成为“二战”前后非常主流的关于劳动关系法律属性的认识。[3] 关于劳动关系具有不平等关系等的认识，基本都是从劳动者在共同体中的地位角度展开的。

尽管共同体或人法性共同体观念在很长时间都是解释劳动关系法律属性的主流意见，但共同体关系内涵的重心却处于迁移过程中，大概经历了从以具象的组织体为意义重心到以抽象忠实和照顾义务为意义重心的变迁；同时共同体观念的内涵也在不断溢出劳动者和用人单位之间的关系。在该学说兴起之时，基尔克及受其直接影响的学说和实践更多强调劳动关系是一个组织体，认为“劳动关系不是带有人法特点的单个债的关系，而完全主要的是社会性组织关系；劳动法的主要任务不是调整工资和给付的交换而是将很多人组合成工厂中的劳动共同体；它更多是组织法而不是合同法”[4]。尽管此时也强调当事人之间的忠实和照顾义务，但忠实和照顾义务只是组织性共同体的结果。但在“二战”后，尼佩代等对劳动法现代理论影响至深的学者更多是认为“人法性共同体关系更多要表达的是，劳动关系不能穷尽于单纯的财产价值性给付的交换，也即劳动对工资，而是它在双方当事人之间建立了密切的人身关系（persönliche Beziehungen），从该关系中

---

〔1〕 Kaskel/Dersch, Arbeitsrecht, 5. Auflage, Springer, 1957, S. 113; Vgl. auch Otto Schmidt, Kritische Gedanken zu Kollektivwirkung, Individualbereich und personenrechtlichem Gemeinschaftsdenke, in: AcP, 1963, S. 331.

〔2〕 Ernst Wolf, Das Arbeitsverhältnis, N. G. Elwert Verlag Marburg, 1970, S. 41.

〔3〕 Vgl. Kaskel/Dersch, Arbeitsrecht, 5. Auflage, Springer, 1957, S. 113; Hueck – Nipperdey, Lehrbuch des Arbeitsrechts, Band 1, 7. Auflage, Verlag Franz Vahlen G. m. b. H., 1963, S. 131; Nikisch, Arbeitsrecht, Band 1, J. C. B. Mohr, 1961, S. 162.

〔4〕 Heinz Potthoff, Die Einwirkung der Reichsverfassung auf das Arbeitsrecht, in: Ramm Hsg. Arbeitsrecht und Politik, Luchterhand, S. 24.

对当事人双方产生了远超诚信原则的忠实义务"[1]。组织体的一面退居幕后,忠实和照顾义务成为共同体关系的基本内涵,并从忠实义务影影绰绰地再次看到人身关系的影子。在共同体理论和实践蓬勃发展的过程中,其内涵也在不断膨胀,超越了劳动者和用人单位之间的关系。根据学者们的总结,在劳动关系的运行中,"存在三种共同体约束:经营共同体、员工共同体和雇主与劳动者的关系。经营共同体是一种包含雇主和所有工厂成员的社会群体;员工共同体指的是同一工厂中所有员工的整体。这两种共同体与劳动关系明显区别的特征是,经营共同体和员工共同体涉及一种事实上的,通过用工自动出现的共同体;而劳动关系是与合伙一样方式的合同共同体,它们仅通过参与人的意志建立起来"[2]。很显然,这三种共同体约束并不都是劳动者和用人单位之间的关系。

共同体学说可以很好地解释劳动关系中受指示约束或他人决定的劳动这一现象,并基于其组织法特点进一步衍生出当事人之间的忠诚和照顾义务,经营共同体、员工共同体的观念也有助于解释工厂委员会、停工时的风险负担等集体劳动法上的现象。但在德国,"在新的文献中,人法性共同体关系这一概念已经被抛弃了。它对于解释劳动合同的内容并无贡献"[3]。而在司法实践中,"联邦劳动法院在 1985 年的一份判决中默示地放弃了人法共同体的观点"[4]。究其原因,主要包括以下方面:其一,制度论上的缺陷。共同体学说在实证法上并没有制度基础作为依据,也不能解决劳动关系的法律适用问题。在现代法律中并没有一般性的共同体制度:劳动法自己并未设计出共同体的规则,民法中也没有一般性的共同体规则。"《德国

---

〔1〕 Hueck – Nipperdey, Lehrbuch des Arbeitsrechts, Band 1, 7. Auflage, Verlag Franz Vahlen G. m. b. H., 1963, S. 131.

〔2〕 Wiedemann, Das Arbeitsverhältnis als Austausch – und Gemeinschaftsverhältnis, Verlag C. F. Müller, 1966, S. 40; Vgl. auch Otto Schmidt, Kritische Gedanken zu Kollektivwirkung, Individualbereich und Personenrechtlichem Gemeinschaftsdenke, in: AcP, 1963, S. 331.

〔3〕 Schaub, Arbeitsrechts – Handbuch, 18. Auflage, 2019, § 29. Arbeitsvertrag und Arbeitsverhältnis, Linck, Rn. 6.

〔4〕 [德]沃尔夫冈·多伊普勒:《德国劳动法》,王倩译,上海人民出版社 2016 年版,第 161 页。

民法典》并未包含关于共同体法的一般规则，而是仅有特别是涉及社团、公法性机构、合伙、按份共同体（第741条以下）、婚姻和财产共同体的特殊规则，在这些规则中，也未对共同体进行法律界定。"[1]我国《民法典》也是如此。将劳动关系论证为共同体关系的目标本是进行制度体系归入和法律适用，但其在结果上向更抽象没有归入的对象；向更具体也没能生成更多自有的规则。其二，价值论上的矛盾。劳动法的目标在于在市场配置劳动力资源的前提下，实现劳动者的自由和自治。但共同体关系之下，"劳动关系最终被视为社会法上的组织关系，它不仅通过当事人的意思来建构，而且通过大众的需要和工厂的需求来建构"[2]。在一定时期的发展中，"必然导致劳动合同从劳动关系的首要前提转换为只具有边缘意义的现象，秩序和工厂用实际提供的劳动代替了劳动合同，劳动合同失势下台了"[3]。共同体学说发展的重要趋向就是从实际用工、加入企业或者劳动者的劳动中推导出共同体的存在，再从共同体的存在和需要中推导出当事人的权利和义务。其直接的效果就是从用工事实、社会需要等直接发现劳动关系中的权利和义务。[4] 劳动关系双方，包括劳动者的意志完全被忽视，自由、自治与市场也就无从谈起了。其三，目的论上的瑕疵。以保护劳动者为主要目标的制度经这样的解释，反而给劳动者带来更多的负担。"该学说的基础是如下确信：只有这样劳动者的特殊保护需求才能有着落；因为从劳动关系的属性是人法性共同体中可以推演出广泛的与共同体有关的法律义务。该义务在极具特色的程度上远超债法上的交换关系。"[5]其中最重要的就是劳动者承担忠诚义务和用人单位承担照顾义务。但共同体包含的支配内涵，也即受指示约束或他人决定的劳动这一本源含义，导致劳动者没有边际的所谓忠

---

〔1〕 Ernst Wolf, Grundlagen des Gemeinschaftsrechts, in: AcP, 1973, S. 97.

〔2〕 Simitis Spiros, Die Faktischen Vertragsverhaeltnisse, Vittorio Klostermann, S. 321.

〔3〕 Simitis Spiros, Die Faktischen Vertragsverhaeltnisse, Vittorio Klostermann, S. 321.

〔4〕 Heinz Potthoff, Die Einwirkung der Reichsverfassung auf das Arbeitsrecht, in: Ramm Hsg. Arbeitsrecht und Politik, Luchterhand, S. 24.

〔5〕 Preis, Arbeitsrecht, Individualarbeitsrecht Lehrbuch für Studium und Praxis, 5. Auflage, Otto Schmidt, 2017, S. 25.

诚义务。“狭义的忠实义务遍布于一个真正的共同体将人相互约束之处。它使所有成员不去从事任何伤害共同体利益以及为共同体目的所涵盖的成员的利益之事,除此之外,还应在共同体所引发的活动框架内促进上述利益。”[1]劳动者的义务被无限扩大化。最终的结果是“否认劳动关系是一种法律上的关系(Rechtliche Beziehungen),并主张其是内容不受限制的支配关系”[2]。其四,方法论上的不足。共同体的学说更多是将社会学、政治经济学等领域的概念直接使用于劳动法学中。但“在社会学中并不存在确定的、科学上可靠的关于共同体结构和内容的观点。相关的意见更多是相互不一的”[3]。这就导致共同体的概念进入法学后依然处于内涵不确定状态。“不论是人法性还是共同体关系都不是精确的法学概念。”[4]经常被引以为据的共同体关系更多已经不是劳动者和用人单位之间的关系,而是经营共同体、员工共同体的观念在发挥作用。这实际上也导致从对劳动法中的共同体问题的讨论并不在一个范畴中展开。另外,共同体学说也存在循环论证的嫌疑。之所以认为劳动关系是共同体,是因为劳动者和用人单位之间存在忠诚和照顾义务,“这种法律关系双方承担着忠实义务,也就是说,在劳动者一方要为雇主的利益而投入,在雇主一方要照顾劳动者。基于双方的这种具有约束力的忠诚纽带,人们也可以称其为共同体关系”[5]。但是论证劳动关系为共同体的目的也是论证劳动关系中存续忠诚和保护义务。“忠实和照顾义务仅可以通过共同体关系的存在得以证成。”[6]

---

〔1〕 Alfred Hueck, Der Treuegedanke im modernen Privatrecht, Verlag der Bayerischen Akademie der Wissenschaften, 1947, S. 19.

〔2〕 Ernst Wolf, Das Arbeitsverhältnis, N. G. Elwert Verlag Marburg, 1970, S. 32.

〔3〕 Otto Schmidt, Kritische Gedanken zu Kollektivwirkung, Individualbereich und Personenrechtlichem Gemeinschaftsdenke, in: AcP, 1963, S. 333.

〔4〕 Klaus Adomeit, Gesellschaftsrechtliche Elemente im Arbeitsverhältnis, Walter de Gruyter, 1986, S. 6.

〔5〕 Hueck – Nipperdey, Lehrbuch des Arbeitsrechts, Band 1, 7. Auflage, Verlag Franz Vahlen G. m. b. H., 1963, S. 129.

〔6〕 Nikisch, Arbeitsrecht, Band1, J. C. B. Mohr, 1961, S. 169.

(三)劳动关系作为合伙关系:合作生产的乌托邦

在共同体关系的思想陷入困境之时,一种将劳动关系解释为合伙关系的观念开始出现。实际上,尼佩代在论证劳动关系的共同体属性时,也多少提到了该思路:"劳动关系是一种人法上的共同体关系,劳动合同是一种建立共同体的合同,与其相似的不是买卖合同,而是合伙合同(Gesellschaftvertrag)。"[1]只是并未深入讨论。1986 年,Adomeit 教授提出,"典型劳动关系是一种混合法律关系,被混合的是雇佣合同的因素和民事合伙的因素——在合伙内部关系的意义上;《德国民法典》第 705 条以下的规定可以补充雇佣合同的规定。在劳动法的问题上,可能合伙法的特征是如此突出,以至于只能适用合伙法的规定"[2]。他的理由主要在于:其一,雇主的管理等也是一种劳动,雇主的劳动和劳动者的劳动共同指向于经营目的,经营结果是劳动者和雇主劳动所得的基础;[3]其二,劳动者之间也是休戚与共,追求共同目标的关系;[4]其三,"通过劳动合同的缔结设定了一个共同目标,企业家的经营领导和资本投入与员工劳动力协作以实现分配和分红"[5]。总体来看,劳动者、用人单位共同投入劳动力和资本,追求共同目标,这些都是劳动关系中的合伙因素。尽管 Adomeit 教授对共同体的观点有些批评意见[6],并且其更多强调劳动者和用人单位的合作,而不是用人单位对劳动者的支配,但这种合伙关系的观点在一定程度上依然只是共同体思想的变种,合伙

---

〔1〕 Hueck – Nipperdey, Lehrbuch des Arbeitsrechts, Band 1, 7. Auflage, Verlag Franz Vahlen G. m. b. H., 1963, S. 129.

〔2〕 Klaus Adomeit, Gesellschaftsrechtliche Elemente im Arbeitsverhältnis, Walter de Gruyter, 1986, S. 11.

〔3〕 Klaus Adomeit, Gesellschaftsrechtliche Elemente im Arbeitsverhältnis, Walter de Gruyter, 1986, S. 8.

〔4〕 Klaus Adomeit, Gesellschaftsrechtliche Elemente im Arbeitsverhältnis, Walter de Gruyter, 1986, S. 10.

〔5〕 Klaus Adomeit, Gesellschaftsrechtliche Elemente im Arbeitsverhältnis, Walter de Gruyter, 1986, S. 9.

〔6〕 Klaus Adomeit, Gesellschaftsrechtliche Elemente im Arbeitsverhältnis, Walter de Gruyter, 1986, S. 6.

本身只是共同体的一种具体形态。

就合伙而言，如果将一个企业中的所有劳动者和用人单位都作为合伙人，追求共同目标，其首先是在根本上掩饰了劳动者和用人单位之间利益的对立，“雇主和劳动者之间的法律关系从不同角度看更多是一种利益对立，在人们正确地不再将其称为阶级对立的情况下，这种利益对立也是不应掩盖的”[1]。也拟制了一个单位中的劳动者追求共同利益的意愿，但劳动者订立劳动合同的目的并非要与其他劳动者形成利益共同体。其次，从共同管理的角度来看，尽管民主管理等在一些市场经济国家，包括在我国都在积极推进，但民主管理始终未达到劳动者和用人单位作为“合伙人”共同经营的地步。最后，从共享收益和共担风险角度看，尽管劳动结果的状态必然会影响劳动者和用人单位的利益，但劳动者在现行法的体系中，从来不是生产结果的共有人，劳动关系中风险和利益分担的规则是用人单位享有经营管理权限，因此享受经营利润并承担经营风险；而劳动者不享有管理权限，领取相对固定的工资并原则上不承担经营风险。总体而言，劳动关系的合伙关系学说作为共同体学说的变种，看到了劳动关系中的合作因素，但过度夸大了这种合作因素，只是劳动关系作为合作生产关系的乌托邦。实际上，从合同本身来看，所有合同均包含合作和共赢的因子。

四、劳动关系作为继续性债之关系

无论是人身关系还是共同体关系都试图用市场交易以外的因素配置劳动力资源，决定劳动关系中的权利和义务，在经过近百年的探索又不断陷入理论困境，甚至政治经济恶果之后，重回交易关系或者债的关系成为认识劳动关系属性的新思考方向。在此过程中，有些问题的解决只是正本清源，有些则涉及债法的理论升级。

---

〔1〕 Zöllner, Loritz, Hergenröder, Arbeitsrecht, 5. Auflage, C. H. Beck. 2015, S. 185.

(一)债作为对人的约束

当我们强调劳动关系涉及人本身,具有人身性时,更多的是为了强调其相对于债的关系的特殊性,这种特殊性建立在一个一再重复的命题基础上:债和合同不涉及人本身,是财产关系,属于财产法。无疑,债法属于财产法,债的关系属于财产关系;但认为债的关系不涉及人本身却是完全错误的。从法教义学角度来看,在现代债法理论形成之时,萨维尼就指出:"我们可能与他人处于完全不同的两种关系中。第一种与他人的可能关系是一种以与物类似的方式将其置于我们的意志领域,也就是处于我们的支配之下。如果这种支配是绝对的,这就以另外的方式摧毁了他人的自由和人格……如果不可以这样的话,我们就应思考一种特别的法律关系。该法律关系可以是对他人的支配,但又不摧毁他人的自由……因此,这种支配必须不是对他人整体的支配,而是涉及其单个的行为。这种行为被从行为人的自由中区分出来,置于我们的意志之下。这种对他人单个行为的支配,我们称之为债。"〔1〕在此基础上,形成了现代债法的基本认识:"债权的客体是债务人的行为,称为给付。"〔2〕可以认为,债法通过将人本身和人的行为相区分,完成了协调债以人为对象与人是目的不是客体这一道德命题之间关系的第一步。但无论如何不能否认,债以与人不可分离的人的行为为客体,而不是不涉及人本身。对合同来说也是如此。"合同的客体(Gegenstand)不是物,而是给付……劳动关系的客体是劳动给付,其也是给付。一个人将自己置于雇主的劳务中并且在此其人格的发展为劳动关系所涉及,不外乎意味着劳动给付的义务。"〔3〕

在债以人的行为为客体这一命题的基础上,债法协调债以人为对象与人是目的不是客体这一道德命题之间关系的第二步,是将债的效力设计为

---

〔1〕 Savigny, System des heutigen römischen Rechts, Band 1, Deit und Camp, 1840, S. 339.

〔2〕 梁慧星:《民法总论》(第5版),法律出版社2017年版,第151页。

〔3〕 Ernst Wolf, Das Arbeitsverhältnis, N. G. Elwert Verlag Marburg, 1970, S. 37.

请求权。也就是说，行为作为债权的客体，并不意味着债权人对债务人行为的直接支配，而是指债权人有权请求债务人履行特定行为。回到劳动关系，则意味着用人单位有权请求劳动者提供劳动给付，而给付作为人的行为依然取决于劳动者的意志。用人单位的请求权与劳动者履行劳动给付的意愿，最终使劳动者成为主体而不是客体。上述人法或者共同体法的理论一方面将人作为用人单位支配权的对象，另一方面希望通过模糊的身份、道德或者价值命题来限制支配权限或者要求据此给予劳动者特殊照顾，最终依然未改变劳动者本身作为他人实现利益的工具的格局。所以，劳动关系的债法定位比人法或者共同体法的定位更能维护劳动者的尊严和自由。

从上述思路出发，可以认为债通过将人本身与人的行为分离，同时将对人的行为的效力从支配设计为请求，最终解决了一个价值哲学（人是目的，不是客体）与经济利益（劳动创造价值）之间的冲突，债的关系成为实现人的劳动向财产权利转化的桥梁，是人本身创造价值的法律工具。债以人的行为为客体，与人本身紧密相关并不意味着对人的矮化，反而是对人的价值的承认。劳动关系作为以人的劳动给付为内容的法律关系，其与债的本质并不相左。就与人相关这点而言，其与一般债的差异仅在于劳动给付必须由债务人本人完成，属于债的关系中的亲为债务，而这依然是债的关系中比较普遍的现象。

（二）劳动关系作为继续性债的关系

劳动关系是一种以劳动给付为主给付义务内容的亲为性债的关系这一命题，可以将劳动关系纳入债的关系之中，但其制度进一步融入尚需在债法中找到更准确的位置。除亲为性义务特征外，劳动关系另一重要特征在于其以时间为计算受指示约束或他人决定的劳动的基本标准，“当合同典型的主给付义务仅通过时间因素辅助确定并且给付结果和合同结束之间并不存在自动关联时则出现了继续性债的关系”[1]。劳动关系是一种典型的继续

〔1〕 Oetker, Das Dauerschuldverhaeltnis und Seine Beendigung, J. C. B. Mohr (Paul Siebeck), 1994. S. 706.

性债的关系。长期以来劳动关系融入债法的困境,不仅源自劳动法对债法的误解,也源自债法本身制度模型的偏颇。传统债法以买卖合同为原型,不在一般制度中考虑继续性债的关系的制度设计〔1〕引发其在劳动法的制度、理论和法律适用上的困境,从而导致对劳动关系的定位需不断在其他领域中寻找。〔2〕劳动关系在债法中的不适,不是源于劳动关系是债的关系,而是源于劳动关系不是以买卖为原型的一时性债而是一种继续性债的关系。

作为一种继续性债的关系,一直以来导致一般债法规则不能适用于劳动关系的问题则可以得到合理解释:因时间是给付的计量单位,劳动给付一旦履行不能互相返还,由此引发了事实劳动关系和有瑕疵劳动关系理论的出现;时间和劳动不能分离,因此其履行障碍规则和风险负担规则不同于一般买卖合同等。更重要的是,继续性债的关系可以很好地证成劳动者和用人单位之间的忠诚和照顾义务。“为了得到执行,继续性债大部分要求充满信任的合作(vertrauensvolles Zusammenwirken)或者在实现自己利益和完成所承担的行为时需要特别的顾及和谨慎,因为在长时间的约束中任何人都比其他时候在更强程度上依靠于其他人的善意及保持融洽。在此,保持诚信的义务,人身性的顾及,忠实义务获得了提升的意义。”〔3〕而忠诚和照顾义务一方面被认为是劳动关系作为特殊法律关系的重要依据;〔4〕另一方面是上述认为劳动关系是人法或者共同体关系的重要支撑,共同体的核心内涵之一就是忠实和保护义务。当忠诚和照顾义务可以源自继续性债的关系时,足以说明一方面,“承认忠诚和照顾义务并不足以证成应选择共同体关系作为教义学论证的出发点”〔5〕;另一方面,人法和共同体观念更加没有必

〔1〕 Oetker, Das Dauerschuldverhaeltnis und Seine Beendigung, J. C. B. Mohr(Paul Siebeck), 1994. S. 13.

〔2〕 Klaus Adomeit, Gesellschaftsrechtliche Elemente im Arbeitsverhältnis, Walter de Gruyter, 1986, S. 5.

〔3〕 Larenz, Lehrbuch des Schuldrechts Bd. 1, Allgemeiner Teil, 14. Aufl., C. H. Beck, 1987, S. 32.

〔4〕 Hueck – Nipperdey, Lehrbuch des Arbeitsrechts, Band 1, 7. Auflage, Verlag Franz Vahlen G. m. b. H., 1963, S. 131.

〔5〕 Münchener Handbuch zum Arbeitsrecht, Band 1: Individualarbeitsrecht I4. Auflage 2018, § 3 Gegenstand und Leitprinzipien des Arbeitsrechts, Fischinger, Rn. 19.

要。通过继续性合同引入的忠诚和照顾义务成为劳动法上很多制度设计的基础。例如,“从双方信赖和持续和睦的必要性中产生结果是,如果这些东西被一方破坏了,必须给他方拒绝继续性关系继续存在,也即无期限解除的可能”[1]。

(三)受指示约束或他人决定作为单方确定债的关系内容的形成权

要将劳动关系定性为债的关系还必须解释债的关系的请求权效力如何与上述“受指示约束或他人决定”相协调。从传统债法的角度看,这里涉及由一方当事人单方确定债的内容的现象。由于债是一种可期待的信用,其面对未来而展开,在债的关系建立时未必所有细节都可以即刻确定下来。因此,在传统债法中存在一方当事人单方补充和明确债的内容的现象,如《德国民法典》第315条、《奥地利民法典》第1063B条的规定。在该债法一般制度的前提下,对劳动关系这种继续性债的关系而言,可以认为“劳动者的受指示约束与雇主的指示权包含的内容是:雇主作为劳动债权的债权人可以通过单方法律行为性的意思表示在约定的种类标识内进一步确定劳动义务的内容和形态”[2]。用人单位的指示权并不是一个支配权而只是确定当事人之间劳动关系内容的内容填补型形成权。[3] 上述劳动者的“受指示约束或他人决定”与用人单位的指示权,一方面没有改变当事人之间债的关系的请求权关系属性,另一方面未改变当事人之间法律上的平等地位。在通过指示权确定劳动给付具体内容后,劳动者有义务按照被具体化后的劳动关系内容来履行,这是债的效力的体现。

(四)劳动关系作为用人单位享有劳动给付具体化权的继续性债的关系

劳动关系作为一种继续性债的关系,其与其他提供劳动的、需亲为的继

---

〔1〕 Larenz, Lehrbuch des Schuldrechts Bd. 1, Allgemeiner Teil, 14. Aufl., C. H. Beck, 1987, S. 32.

〔2〕 Ernst Wolf, Das Arbeitsverhältnis, N. G. Elwert Verlag Marburg, 1970, S. 15.

〔3〕 参见沈建峰:《论用人单位指示权及其私法构造》,载《环球法律评论》2021年第2期。

续性债的关系的区别在于用人单位单方享有劳动给付具体化的权利,劳动者承担受用人单位指示约束或决定的劳动的义务。尽管在许多债的关系中都存在单方确定债的内容的现象,但劳动关系中上述现象却有两个方面影响深远的特征:其一,劳动关系作为债的关系,其突出特点在于劳动关系长期存续,劳动关系中劳动的方式、时间、地点和内容等往往无法实现预定,劳动合同空洞化,[1]这就导致在劳动关系运行的过程中需要用人单位单方确定的内容的对象和广度远超一般债的关系,也超越了自主雇佣关系(劳务关系)。自主雇佣也是一种继续性债的关系,但在自主雇佣关系中,劳动力提供者享有较大的自由决定空间,劳动力使用者更多只是通过雇佣合同和相对人一起设计劳动力提供的基本框架,却不对劳动力提供者完成劳动给付的时间、地点等进行具体指示,不发生"受指示约束或他人决定"的劳动这一现象。劳动关系中用人单位的这种指示权是如此的重要,以至于无用人单位对劳动的安排和具体化,劳动义务可能就无法实现,劳动者对用人单位的依附由此而生。从劳动法的制度设计来看,在空洞化的劳动合同基础上,所有其他协调劳动关系的机制,包括集体合同、劳动基准、用人单位规章等都是围绕着该单方确定权利的限制而展开的。劳动关系协调机制的体系因此得以建立。其二,单方确定债的内容的权利由用人单位享有。用人单位因此可以根据经济形势而组织生产,规避经济风险并享有其利益;与用人单位这种权利相匹配,其也应承担相应的义务,其相对人也应享有相应的权利和保护,如解雇保护、劳动条件的法律控制等。

继续性债的关系+用人单位指示及由此引发的"受指示约束或他人决定"的劳动构成了劳动法制度设计的基本出发点。此处确立的依然是一个交易关系模型:用人单位享有单方决定劳动者义务的权利,作为对价其承担保护劳动者的义务,只是这种交易不是在一个时间点体现出来,而是在劳动关系存续的整个时间段中展开。因此,以下观点是值得赞同的:"劳动合同

---

[1] Münchener Handbuch zum Arbeitsrecht, Band 1: Individualarbeitsrecht I4. Auflage 2018, § 3 Gegenstand und Leitprinzipien des Arbeitsrechts, Fischinger, Rn. 27.

在其整个领域具有交换性合同的特征,即使不与劳动给付处于相对关系的给付,也是双务合同中的给付。为劳动者提供的保护不应理解为人道的或家长制的给付,或者是指望雇主出于对自己利益的正确理解而为的保护;也不需要将其建立在宪法中的社会国家原则、人类的人格尊严或者公共福祉基础上。它是为支配劳动力而承担的等价物。据此,社会保护根据其性质不是交换关系异质的东西。"〔1〕

五、结论

劳动关系中的从属性劳动是以"受指示约束或他人决定"为基本内涵的人格从属性。这种人格从属性既不源于人法的人身关系,也不源于共同体的不平等关系,而源于用人单位享有劳动给付具体化权的继续性债的关系。劳动法的教义学结构应据此展开。具体而言,一方面,应将继续性债的一般理论和规则运用于劳动关系领域,劳动关系的无效规则、履行障碍规则、解除规则等都应以此为起点;考虑到一般债法中继续性债的关系规则缺失,劳动关系研究应同时推动继续性债的理论完善。另一方面,应着眼于用人单位的劳动给付具体化权的控制构建劳动法的规范体系:集体合同、用人单位规章、劳动基准法以及忠实和照顾义务等均已以此为基点展开。从债的交易性结构出发,劳动关系也属于交易关系的范畴,只不过是一种长期性交易,用人单位承担的保护和照顾义务及其他社会负担的正当性基础更多是其享有劳动给付具体化权的对价。

〔1〕 Wiedemann, Das Arbeitsverhältnis als Austausch – und Gemeinschaftsverhältnis, Verlag C. F. Müller, 1966, S. 16.

第四章　劳动关系与社会保险的关系

劳动法理论体系构建的困境之一源于“与劳动关系密切联系的其他社会关系”被纳入劳动法的调整对象，其导致劳动法调整对象的松散和不确定。而“劳动法调整与劳动关系有密切联系的其他社会关系”这一命题的确立在很大程度上与社会保险关系被纳入劳动法调整对象的立法实践相关。中华人民共和国成立初期，通过《劳动保险条例》建立的是一种企业办理劳动者保险，承担社会保险中的部分或全部给付义务，[1]社会保险被劳动关系涵盖的模式；1995年通过的《劳动法》继续将社会保险纳入其第九章之中，并且在制度上形成了劳动关系和社会保险并存，同时社会保险以劳动关系为前提的制度结构。[2] 在这些时期，实证法

---

〔1〕《劳动保险条例》第7条规定，“本条例所规定之劳动保险的各项费用，全部由实行劳动保险的各企业行政方面或资方负担，其中一部分由企业行政方面或资方直接支付，另一部分由企业行政方面或资方缴纳劳动保险金，交工会组织办理”。在具体待遇方面，如就工伤而言，该条例第12条第甲项规定，“工人与职员因工负伤，应在该企业医疗所、医院或特约医院医治。如该企业医疗所、医院或特约医院无法治疗时，应由该企业行政方面或资方转送其他医院医治，其全部诊疗费、药费、住院费、住院时的膳费与就医路费，均由企业行政方面或资方负担。在医疗期间，工资照发”。

〔2〕参见郑尚元：《我国社会保险制度历史回眸与法制形成之展望》，载《当代法学》2013年第2期；董保华：《社会保障法与劳动法的界定》，载《华东政法大学学报》2001年第3期。

中社会保险是纳入劳动法的。如果说上述立法实践支撑着劳动法调整社会保险关系的理论观点尚勉强可理解,[1]但2010年我国完成了社会保险法相对于劳动法的独立立法,就最后通过的《社会保险法》而言,有学者认为,"《社会保险法》是我国第一部明确规定社会保险制度突破劳动关系界限而扩及全体居民的法律"[2]。似乎该法实现了劳动关系和社会保险的分离。然而,在立法发生这种变化之后,社会保险关系属于与劳动法密切相关的法律关系,应由劳动法调整的观点却依然并不罕见。[3] 为此,从劳动法的体系建构角度看,依然有必要澄清社会保险关系和劳动关系之间关系的原理。而这一澄清过程,可以进一步说明劳动法解决社会问题的私法路径,也可以展示劳动法与社会保险法之间的互动关系,并最终有助于纯化劳动法的调整对象。

一、劳动关系与社会保险:社会问题的内化解决与外化解决

(一)法治框架下解决社会问题的两种不同路径

从历史发展来看,[4]劳动法和社会保险法都是为了在法治框架下解决工业化过程中出现的社会问题而产生的;[5]在工业化早期,劳动者问题与社会问题具有同一性,所谓社会问题主要就是工业化过程中的劳动者问题。所以,也可以认为劳动法和社会保险法都是为了解决劳动者问题而产生的。"在'劳工问题'这一当时的'典型社会福利问题'下存在两种表现形式:劳

〔1〕 之所以说勉强可以理解,是因为法律在形式上的表现形式与部门法的范畴并不具有完全的对应性。

〔2〕 王全兴、赵庆功:《我国社会保险制度深化改革的基本思路选择》,载《江淮论坛》2018年第3期。

〔3〕 参见郭捷等:《劳动法学》,高等教育出版社2014年版,第44页;常凯主编:《劳动法》,高等教育出版社2011年版,第38页。

〔4〕 Martin Becker, Arbeitsvertrag und Arbeitsverhältnis in Deutschland, Vittorio Klostermann, 1995, S. 68ff.

〔5〕 Köhler, Zacher, Ein Jahrhundert Sozialversicherung, Duncker & Humblot, Berlin, 1981, S. 15;郑爱青:《法国"社会法"概念的历史缘起和含义》,载《华东政法大学学报》2019年第4期。

动、劳动条件和劳动报酬问题；劳动能力、劳动和劳动报酬的缺乏问题。”[1]从制度发展来看，在这两个问题中，前者是劳动法所要解决的问题，后者是社会保险法等社会法所要解决的问题。由于社会问题具体表现形式不同，二者解决问题的思路也各不相同：劳动法采取的是内化解决方案；社会保险法则采取的是外化解决方案。“内化解决方式，在问题产生的场内解决问题；外化解决方式出现在与这个天然问题场有关的其他地方，他们把对社会劣势的补偿任务转移到了更广泛的团结集体中，其有些是已经存在的（如社区和国家），还有些是专门为此成立的（如社会保险机构）。”[2]具体而言，劳动法通过劳动基准法、集体合同、民主管理等具有劳动者保护功能的措施直接在劳动者和用人单位之间实现力量和利益的均衡，解决依附性劳动所带来的社会问题；而社会保险法则是在劳动者和用人单位之外通过设立第三方组织——社会保险基金——等解决工业化时的社会问题。终极目标的一致性——解决依附性劳动引发的社会问题与解决问题路径的差异性——通过当事人之间利益均衡解决问题抑或通过第三方介入解决问题，成为决定劳动法和社会保险法、劳动关系和社会保险关系之间关系的基本出发点。

（二）内化解决和外化解决的技术方法

上述内化解决和外化解决社会问题的路径从法律技术角度来看，天然蕴含私法和公法两种不同的技术方法。[3]“社会保险法是强制性、公法性构建起来的，相应的程序规则、特别是职权调查原则以及社会法院程序等都遵循这个思路；与此相反，劳动关系并非建立在缔约强制和制度强制基础

---

〔1〕［德］汉斯·察赫：《福利社会的欧洲设计》，刘冬梅、杨一帆译，北京大学出版社2014年版，第240页。

〔2〕［德］汉斯·察赫：《福利社会的欧洲设计》，刘冬梅、杨一帆译，北京大学出版社2014年版，第342页；Vgl. Auch Bernd Baron von Maydell，Eberhard Eichenhofer Hsg. Abhandlungen zum Sozialrecht，C. F. Müllner Juristische Verlag，S. 457。

〔3〕参见郑尚元：《社会保险法定位——社会保险法与相邻法律关系探析》，载《法治研究》2015年第5期。

上，而是建立在私人自治原则基础上。”[1]这是因为内化解决方式是在两个私的市场主体之间进行利益分配，这已经为其奠定了私法的根基；从规制的技术和目标来看，尽管在形式上其通过劳动基准、集体合同等制度对私人自治进行了限制，但其基本出发点依然是市场主体的自由和自治，其根本目的不是消灭当事人之间的自治，而是通过法律社会化的技术最终实现当事人通过自身之力解决社会问题。正如本书第二部分所要说明的那样，劳动法所包含的所有劳动关系协调机制都在私法的轨道上运行：劳动合同和集体合同本身都是自治机制，劳动基准作为强行法以尊重私人自治的底线形式出现，所谓的公法性劳动基准法最终通过公法的私法效力而对劳动关系发生作用。[2] 从利益的角度来看，劳动法的制度安排首先反映的是社会问题私人利益一面。与此不同，外化解决路径通过将“对社会劣势的补偿任务转移到了更广泛的团结集体中”而解决社会问题，这种广泛的团结尽管可能通过私人行为建立起来，如商业保险，但基于社会问题与公共秩序的关系等原因，国家也积极介入，通过公权力之手建立这种社会团结，社会保险应运而生：它因公权力的组织而建立，形成一种公法性的组织体，通过公给付实现社会问题的解决。通过社会保险而实现的外化解决更多是一种实现分配正义的公法性制度设计，[3]“社会保险法是典型的社会行政给付法之一”[4]。

上述两种解决社会问题时法的技术方法差异是分析劳动关系和社会保险的关系时必须考虑的维度。在我国，企业办社会保险的历史传统等原因导致长期以来内化解决和外化解决在功能上的勾连为立法和理论所重视，二者在法律技术上的区分却被忽视，劳动关系和社会保险关系的理论和实

---

[1] Preis, Koordinationskonflikte zwischen Arbeits - und Sozialrecht, in: NZA 2000, S. 915; Wank, Arbeitsnehmer und Selbständige, C. H. Becker, 1988. S. 342.

[2] 参见沈建峰：《劳动法作为特别私法：〈民法典〉制定背景下的劳动法定位》，载《中外法学》2017 年第 6 期。

[3] 参见黄越钦、黄鼎佑：《劳动法新论》，台北，翰芦图书出版有限公司 2015 年版，第 552 页。

[4] 郑尚元、扈春海：《社会保险法总论》，清华大学出版社 2018 年版，第 67 页。

践出现一种技术层面的混同:理论界多认为,"《社会保险法》将社会保险费征缴法律关系的性质界定为公法关系和私法关系的混合,其中征缴主体和用人单位之间,征缴主体和被保险人之间都是公法关系,准确地说是行政法律关系,而用人单位和职工(被保险人)之间是私法关系"〔1〕。在此基础上,围绕着社会保险费缴纳的义务就是一个双重义务:社会保险费征缴机构和用人单位之间公法性缴纳义务以及劳动关系中用人单位对劳动者承担的缴纳义务。当社会保险缴纳义务是劳动者和用人单位之间权利和义务内容时,将其纳入劳动法的调整对象就有正当性了。这种缴纳义务的特殊双重义务结构同时决定了社会保险费欠缴时救济途径的双重性——既可以行政救济也可以作劳动争议处理,进行仲裁和司法救济(《社会保险法》第83条)。从双重救济形式上看,似乎有利于社会保险缴纳义务的实现,但从实践来看,这种公法和私法义务并存的格局并没有给社保欠缴的救济带来更多可能,反而引发了在救济上"踢皮球"的现象,因为存在行政救济途径,裁判机构多不受理劳动者因补缴社会保险而向用人单位提出的劳动争议。〔2〕不仅如此,更重要的是,这种双重义务设计导致从劳动者和用人单位之间法律关系的角度,也即从劳动关系角度理解社会保险关系,引发以下两个方面不合理的效果:其一,将劳动者享受社会保险待遇与用人单位缴纳社会保险的义务履行挂钩,最终形成用人单位不履行缴纳义务,国家不行使征缴权力,其最重要的后果却是劳动者不能享受社会保险待遇的结局;〔3〕其二,通过私人之间的仲裁和诉讼来解决社会保险缴纳问题,引发劳动者和用人单位之间更多的争议,而如下文所述,之所以在劳动关系之外引入社会保险,其中的重要原因之一就是社会保险的社会和平功能。将社会保险缴纳作为

〔1〕 林嘉、张士诚主编:《社会保险立法研究》,中国劳动社会保障出版社2011年版,第26页。

〔2〕 参见沈建峰:《社会保险费欠缴的法律救济》,载《中国工人》2016年第3期;张姝:《对我国社会保障争议解决机制的理论反思——基于权利救济的考察》,载《当代法学》2009年第6期。

〔3〕 参见李海明:《工伤救济先行给付与代位求偿制度探微——兼评〈社会保险法〉工伤保险基金先行支付制度的得与失》,载《现代法学》2011年第2期。

劳动者和用人单位之间的权利和义务关系,根本上妨碍了该社会和平功能的实现。

(三)外化解决和内化解决的功能结构

总体目标上的同一性与法律技术设计上的异质性,必然要求在理顺劳动关系和社会保险关系过程中协调好二者的功能关系。“在功能和目标上二者难以实现脱钩,对其应做体系思考和功能协调。反思外化解决与内化解决的紧密关系对一个国家社会保障的整体图景具有非常重要的意义。”[1]从各国和地区的理论和实践来看,在此存在多种组合可能性。德国学者提出,“内化解决与外化解决之间可以被认为是选择关系,也可以次第相接,还可以平行结合”[2]。我国台湾地区学者黄越钦认为,劳动法和以社会保险法为核心的社会法之间存在并存关系、取代关系、优先关系、互补关系、竞合关系、过渡关系等不同关系形态,[3]这种劳动法和社会保险法的关系其实也是劳动关系和社会保险的关系形态。尽管上述梳理比德国学者的提法要丰富很多,但概括起来也无外乎择一使用、次第结合、平行结合三种形态。

就具体社会问题解决而言,内化解决方案(劳动法)与外化解决方案(社会保险法)之间具体采取哪种关系形态并没有逻辑上的必然性。有学者提出,“两个法律领域(指劳动法和社会保险法——作者注)的目的都是依附性劳动者的社会保护。在两个领域功能等效(funktionale Äquivalenz)的范围内,这种保护可以通过这个或者那个法律领域实现”[4]。从域外立法来看,

---

〔1〕 Bernd Baron von Maydell, Eberhard Eichenhofer Hsg., Abhandlungen zum Sozialrecht, C. F. Müllner Juristische Verlag, S. 458. 亦可参见[德]汉斯·察赫:《福利社会的欧洲设计》,刘冬梅、杨一帆译,北京大学出版社2014年版,第344页。

〔2〕 Bernd Baron von Maydell, Eberhard Eichenhofer, Hsg., Abhandlungen zum Sozialrecht, C. F. Müllner Juristische Verlag, S. 458. 亦可参见[德]汉斯·察赫:《福利社会的欧洲设计》,刘冬梅、杨一帆译,北京大学出版社2014年版,第344页。

〔3〕 黄越钦、黄鼎佑:《劳动法新论》,台北,翰芦图书出版有限公司2015年版,第554-558页。

〔4〕 Wank, Arbeitsnehmer und Selbständige, C. H. Becker, 1988. S. 336.

在各个国家和地区,甚至不同国家或地区的不同时期,二者功能关系都没有必然结论,它更多的不是一个逻辑问题,而是建立在历史传统等因素基础上的社会政策选择问题。以劳动者在劳动过程中发生工业事故为例,是通过外化解决方式——工伤保险,还是内化解决方式——劳动者和用人单位之间的侵权责任来解决,欧洲各国就呈现出巨大的制度差异。“在社会保障法发挥作用的领域中,英格兰与威尔士、荷兰、西班牙以及瑞典没有以任何形式正式的限制侵权法,被调查研究的其他国家已经部分的在劳动事故及职业病领域废除了侵权法。但废除的程度有所不同:法国、希腊以及意大利仅在雇主和雇员或同事之间废除了侵权法;比利时似乎也是如此;奥地利、德国和瑞士还在其他受害者及侵权人群间废除了侵权法。此外,有的国家将取代侵权法限制在轻过失或中等过失的情况下(瑞士),但有些也达到了重大过失(奥地利、比利时、德国)。”〔1〕在我国,工伤保险和民事赔偿的双倍、单赔还是补充模式,在本质上也涉及此问题。

尽管有上述纷繁复杂的模式,但从制度选择来看,有以下规律值得关注:其一,各个市场经济国家和地区在传统上几乎都选择了内化解决方案优先的模式。“在运用外化的解决方案前,应尽可能穷尽内化的解决方案”〔2〕,其中的原因首先在于市场和国家的关系。内化解决方式,也即劳动法的方式更多的还是一种市场化的方式,通过当事人之力实现当事人之间利益的平衡;而社会保险这种解决方式则是一种国家主导方式,无论何种社会保险都涉及国家对私人生活的干预。从维护市场自由的角度出发,社会问题首先在其发生之处,也即当事人之间解决;只有当事人之间无法解决时,才应考虑第三方的介入。其次,也是技术上非常重要的一点,外化解决方式主要通过一般规则建立一般标准来完成,但在现代社会中,各个地区不同时段何谓应然的一般标准本身就是个极具争议的问题。“内化解决方案

---

〔1〕［德］乌尔里希·马格努斯:《社会保障法对侵权法的影响》,李威娜译,中国法制出版社2012年版,第360页。

〔2〕Bernd Baron von Maydell, Eberhard Eichenhofer Hsg. Abhandlungen zum Sozialrecht, C. F. Müllner Juristische Verlag, S. 465.

更可能贴近个体及其近亲属生活于其中的常态;与此相反,外化的解决方案因为其一般性,则趋向于错失决定个人生活的常态。”[1]这一点也导致社会保险制度与劳动法制度相比在解决社会问题的制度选择中处于劣后地位。其二,外化解决和内化解决在功能上应作总体协调。尽管社会保险法和劳动法解决问题的方式不一,但“劳动法和社会保险法如同连体双胞胎一样紧密且不可分割的捆绑在一起”[2]。在劳动法的制度安排中不能忽视其对社会保险法的影响,反过来也是一样。例如,在对历史发展的回顾中,学者们正确地指出,“失业保险保护的不仅是失业者免受饥饿和困苦,它也保护工厂中的劳动者免遭劳动条件的恶化。失业保险的额度构成了某种形式的最低工资,工资不可以比它还低”[3]。同样,对未来而言,“不分析社会保险,就无法理解当前标准劳动关系的危机;反过来也是如此”[4]。在我国备受批评的因社会保险法上的判断而影响劳动关系的认定等劳动法上判断的现象在一定程度上正是上述规律的表达,在其他国家的司法实践中这一点也并不罕见,“劳动法让步于社会法的政策关切,尝试着不去通过劳动法的观念妨碍该关切”[5]。重新重视非典型用工对社会保险制度的冲击,也是近年来其他国家学者不断强调的观点。[6] 社会保险和劳动关系在功能上的协调,决定了二者不可能完全独立存在,近年来提出的劳动关系和社会保险关系的分离绝不应是对其功能协调的割裂。

---

〔1〕 Bernd Baron von Maydell, Eberhard Eichenhofer Hsg. Abhandlungen zum Sozialrecht, C. F. Müllner Juristische Verlag, S. 465.

〔2〕 Hanau, Peters – Lange, Schnittstellen von Arbeits – und Sozialrecht, in: NZA 1998, S. 785.

〔3〕 Martin Becker, Arbeitsvertrag und Arbeitsverhältnis, Vittorio Klostermann, 2005, S. 133.

〔4〕 Birgit Geissler, Normalarbeitsverhältnis und Sozialversicherung – eine überholte Verbindung, in: MittAB3/98, S. 550.

〔5〕 Preis, Koordinationskonflikte Zwischen Arbeits – und Sozialrecht, in: NZA 2000, S. 916. Vgl. Wank, Arbeitsnehmer und Selbständige, C. H. Becker, 1988. S. 338.

〔6〕 Waltermann, Abschied vom Normalarbeitsverhaeltnis Gutachten B fuer den 68. DJT 2010, C. H. Beck, 2010, S. 116.

二、社会保险的功能扩张及其对劳动法的功能替代

(一)社会保险的扩张趋势

尽管对于社会保险法和劳动法在历史上出现的先后有不同观点,有学者认为,“一般来讲,先有劳动法,后有社会保险法。社会保险的产生是在劳资关系调整遇到僵局之后的结果,劳资关系的调整在劳资关系不能维持或者劳资关系中断后陷入僵局”〔1〕。据此,社会保险是解决劳动关系这种内化解决社会问题的制度设计本身的不足而出现的制度。但也有学者提出,“特别的社会保险法法典化(俾斯麦的社会法典)的历史比劳动法要老,劳动法发端于魏玛共和国时期的辅助性立法”〔2〕。但自二者并立开始,社会保险就表现出功能扩张,〔3〕不断替代劳动法功能的趋势。从社会保险制度的起源国德国来看,俾斯麦社会保险立法的思路是一方面压制劳动者结社等劳动法的解决社会问题方案,另一方面进行社会保险立法,“俾斯麦的社会保险政策在德国替代了同样必要的劳动保护立法”〔4〕。从具体制度来看,如社会保险中最先发展出来的工伤保险制度在一定程度上就是为了替代劳动者和雇主之间的民事赔偿。〔5〕在此后的发展中,“在德国、奥地利和瑞

---

〔1〕 郑尚元:《社会保险法定位——社会保险法与相邻法律关系探析》,载《法治研究》2015年第5期;类似的观点参见黄越钦、黄鼎佑:《劳动法新论》,台北,翰芦图书出版有限公司2015年版,第554页。

〔2〕 Preis, Koordinationskonflikte zwischen Arbeits - und Sozialrecht, in: NZA 2000, S. 916.

〔3〕 社会保险从产生起就向两个方面扩张,一方面,向其他社会保障制度扩张,承担其他社会保障制度的功能,“五国的比较显示,在社会保险创建初始阶段,它确实在取得成功的地区被认识到是巨大的社会进步,但是整体社会政策空间实际上也的确因此而被挤占了”。([德]汉斯·察赫:《福利社会的欧洲设计》,刘冬梅、杨一帆译,北京大学出版社2014年版,第248页。)另一方面,向劳动法扩张,承担劳动法的功能。

〔4〕 [德]汉斯·察赫:《福利社会的欧洲设计》,刘冬梅、杨一帆译,北京大学出版社2014年版,第248页;Martin Becker, Arbeitsvertrag und Arbeitsverhältnis in Deutschland, Vittorio Klostermann, 1995, S. 90。

〔5〕 [德]乌尔里希·马格努斯:《社会保障法对侵权法的影响》,李威娜译,中国法制出版社2012年版,第356页。

士，虽然存在差异，但共同的是，社会保险起步伊始便开始了它的制度扩张"[1]。不断有新的社会保险制度被创设出来替代传统劳动法上的制度安排。

在当代，社会保险的功能扩张一直延续，以在我国备受争议的经济补偿为例，有学者提出我国建立的是"经济补偿广覆盖＋高标准与失业保险窄覆盖＋低标准的并列模式"，因此应对现行法进行"经济补偿缩范围＋降标准以及失业保险扩范围＋升标准的双向改革"[2]。也有学者认为，"完善失业保险制度之后，可以取消经济补偿金制度"[3]。上述思路都是扩张社会保险中的失业保险替代劳动关系中的经济补偿。从其他国家的立法实践来看，也出现通过社会保险替代经济补偿的现象。在奥地利，从1920年开始高级雇员——从1979年开始一般劳工——在工作三年后，劳动关系解除时就享有经济补偿请求权。[4] 但该国2003年通过《工友与独立劳动者照顾法（BMSVG）》引入一种新的替代传统由雇主支付经济补偿的劳动者补偿机制，据此雇主在劳动关系开始两个月后将月薪中的一定数额通过医疗保险划拨给工友照顾基金（Mitarbeitervorsorgekasse），在劳动关系存续三年后而结束时，劳动者可以要求工友照顾基金将这笔钱支付给自己，或者由该基金继续管理或者拨付给新雇主或保险公司。[5] 德国学者认为，这是一种具有社会保险性质的制度安排，"奥地利新补偿（neue Abfertigung）的保险属性体现在，劳动者即使在自己解除劳动合同时也可以主张它"[6]。

在当代，社会保险的扩张之势如此明显，在解决社会问题上，社会保险法的勃兴与劳动法式微的观点不断出现。我国有学者提出，"劳动法和社会

〔1〕［德］汉斯·察赫：《福利社会的欧洲设计》，刘冬梅、杨一帆译，北京大学出版社2014年版，第247页。

〔2〕董保华、孔令明：《经济补偿与失业保险之制度重塑》，载《学术界》2017年第1期。

〔3〕王倩：《经济补偿金制度修改的制度替代及方案设计》，载《法学》2017年第3期。

〔4〕Rebhahn: Abfindung statt Kündigungsschutz? —Rechtsvergleich und Regelungsmodelle, in: RdA 2002, S. 277.

〔5〕Vgl. Franz Marhold, Michael Friedrich, Oesterreichisches Arbeitsrecht, Springer, 2012, S. 142.

〔6〕Junker, Arbeitsrecht zwischen Markt und gesellschaftspolitischen Herausforderung, Verlag C. H. Beck, 2004, S. B79.

法在历史上的发展是由衍生到共生,而近世以来且颇有取而代之的态势"[1]。也有学者认为,"学界对于劳动法和社会法一直存在此消彼长的判断。可以这样讲,劳动法领域的问题越来越传统,新出现的问题或非常态性问题则成为学界的热点。未来随着科技进步和信息技术、智能科技的发展,人类劳动方式将发生翻天覆地的变化,劳动法的式微是不可抗拒的潮流"[2]。

(二)社会保险功能扩张的根源

社会保险功能扩张本质上是通过公权力之手解决社会问题的思路对通过私人之手解决社会问题的思路的替代。其根源主要在于以下方面:其一,社会保险的社会和平功能。劳动关系作为一种有组织生产中存在的社会关系,具有很强的合作、信赖色彩,维持这种合作和信赖是实现劳动关系和谐的重要保障。与直接在劳动者和用人单位之间分蛋糕易于引起二者之间利益冲突的内化解决思路相比,社会保险这种外化方式则在劳动者生老病死等情况下,劳动者无须直接向用人单位主张权利,这可以避免利益冲突,维护劳动关系和谐。这一点可以被称为社会保险的社会和平功能。我国学者在论述用失业保险替代经济补偿时,也提出"过于依赖经济补偿,容易制造摩擦,诱发劳动争议和群体性事件,影响社会稳定"[3]。而失业保险则不存在这样的问题。这也是对社会保险的社会和平功能的认可。其二,父爱国家与福利国家(Sozialstaat,或称社会国家)的思想。从国家和社会问题解决的关系来看,不仅在中国,而且在其他国家的历史中,解决社会问题都会被认为是国家的任务和使命,无论是中国古代"父母官"的思想还是其他国家开明专制时期的"好政策"(good police)思想都将弱势群体的保护或者社会问题的解决托付给国家,而国家解决问题的路径自然首先是公法路径。近

---

〔1〕 黄越钦、黄鼎佑:《劳动法新论》,台北,翰芦图书出版有限公司2015年版,第554页。

〔2〕 郑尚元:《社会保险法定位——社会保险法与相邻法律关系探析》,载《法治研究》2015年第5期。

〔3〕 董保华、孔令明:《经济补偿与失业保险之制度重塑》,载《学术界》2017年第1期。

现代国家建立之后，尽管上述父爱国家的情节有所削弱，但福利国家思想又得到很大发展，为国家主导的社会问题解决，而不是当事人自己主导的社会问题解决找到了新的依据和正当性基础，通过社会保险解决社会问题而不是通过劳动法解决社会问题的路径也因此继续扩张。其三，从企业办社会保险向社会办社会保险的转化。对我国来说——在其他国家历史上也有类似的现象，社会保险的功能扩张也是改革过程中从企业办社会保险向社会办社会保险发展过程的结果。在国有企业时代，企业解决劳动者生老病死等所有社会问题，这就意味着社会问题在劳动关系的框架下解决；[1]但随着社会保险制度的建立，社会保险开始承接上述解决社会问题的功能，也因此出现社会保险功能的扩张。和发达市场经济国家不同的是，其他国家更多是社会保险替代了本应由劳动关系承接的功能，而在我国，社会保险的功能扩张更多是一种补课：补上其本应承担的功能。我们的问题不是社会保险过渡替代而是社会保险应然功能发挥得不足与过渡替代的共存。

（三）社会保险功能扩张的限度

尽管因为上述制度或者政策出现了社会保险扩张的现象，但是否会出现社会保险法对劳动法的无限扩张以及因此引发的劳动法危机呢？本书认为这种扩张会有而且应有必要的限度，与上述社会保险和劳动关系的功能定位一致，在市场经济条件下，社会保险一定是解决劳动关系不能解决的问题的制度安排，具有相对于劳动法的制度劣后性。这一观点不仅得到其他市场经济国家实践的支持，如在“奥地利，即便建立了社会保险，劳工保护措施依然始终被看成是必要的、甚至是首要的社会政策”[2]。更重要的是有其事理上的正当性：其一，所有社会保险都是对私人的干预。“从历史的角

---

〔1〕 需要注意的是，在国有企业改革之前，国家和企业是不分离的，所以通过企业解决社会问题和通过国家解决社会问题在此大概是合一的。很难用现代社会保险的观念评价当时企业解决社会问题制度安排的优劣。

〔2〕 [德]汉斯·察赫：《福利社会的欧洲设计》，刘冬梅、杨一帆译，北京大学出版社 2014 年版，第 249 页。

度看,社会保险是国家帮助组织的强制性自我预防。”[1]社会保险本身不创造财富,只是财富的再分配,这种分配通过公权力之手实现,也即通过公权力之手强制收取社会保险费用,并通过公权之手进行公共给付。强制性的费用征收和待遇支付蕴含着侵害私人自由和利益的天然风险。对此,德国学者指出,“任何强制保险制度以及强制保险的覆盖都是国家对《基本法》第2条第1款意义上的个人自由的干预”[2]。因此,社会保险的功能扩张必须有其限度。其二,福利国家的困境。由于社会老龄化等,公权主导下的社会问题解决存在缺少资金来源等困难,福利国家的思路多少存在各种困境。在此背景下,社会保险发展的趋势不是继续扩张,似乎更多的是收缩。从德国、瑞士、奥地利、芬兰、法国、英国等欧洲国家的情况来看,“被调查国家未来很可能缩减社会保障保护的范围,而且这似乎的确是无法避免的……福利国家的局限已经变得明显起来。打消任何试图依赖所谓社会吊床念头的政策已经开始取代先前加强扩大社会保障保护的想法”[3]。其三,技术上的限度。劳动法和社会保险法以为劳动者提供社会保护为主要目标,但二者在保护对象上有所区别,“劳动法规定的是职业保护和生存保护;社会保险法规定的主要是生存保护”[4]。尽管社会保险法也可以提供一定的职业保护,如工伤保险,但劳动法职业保护的核心之一是有组织生产过程中因结构性力量不均衡以及管理和被管理而引发的社会问题,这些通过集体合同、参与管理等实现。在此范畴内,社会保险法将无法介入。背离二者功能区分的社会保险法向劳动法的扩张,将引发法的体系冲突。针对目前出现的社会保险法扩张,已有学者提出,“许多一般认为自然属于劳动法或者劳动者概念构成部分的东西,却被通过社会保险法解决。从积极的角度看,这种

---

〔1〕 Schlegel: Wen soll das Sozialrecht schützen? —Zur Zukunft des Arbeitnehmer – und Beschäftigtenbegriffs im Sozialrecht, in: NZS 2000, S. 421.

〔2〕 Schlegel: Wen soll das Sozialrecht schützen? —Zur Zukunft des Arbeitnehmer – und Beschäftigtenbegriffs im Sozialrecht, in: NZS 2000, S. 426.

〔3〕 [德]乌尔里希·马格努斯:《社会保障法对侵权法的影响》,李威娜译,中国法制出版社2012年版,第388页。

〔4〕 Wank, Arbeitsnehmer und Selbständige, C. H. Becker, 1988. S. 341.

功能等效可能产生制度的替代;从消极的角度看,也可以产生体系的不一致以及规则的功能障碍"[1]。基于以上原因,社会保险对劳动关系扩张和功能替代的每一步都需要进行专门的社会政策、基本权利、法律体系的论证和平衡,替代是例外而不是原则。

三、社会保险关系对劳动关系的超越及其体现

就社会保险和劳动关系的关系而言,不仅存在社会保险对劳动关系的侵蚀和功能替代,而且存在以下原因同时出现社会保险对劳动关系的超越,劳动关系和社会保险关系在一定程度上的分离:其一,用工形式的变化。在工业化时代最典型的用工关系就是通过劳动关系用工;但在服务业、互联网、平台用工等兴起后,以非劳动关系方式用工,如经济依附的类劳动者、自雇者等的比例越来越高,这些劳动力提供者所面临的社会问题如何解决成为各方需要回答的问题。社会保险作为一种最早生成、相对成熟的制度成为首先被考虑的制度安排之一。其二,功能主义和问题导向的思路。社会保险制度的目的是解决劳动过程中出现的社会问题,尽管在传统上其与劳动关系紧密相关,但这种技术安排只是厘定社会问题的手段而不是目的,用工过程中的社会问题本身才是社会保险所要针对的对象。其三,"劳动法和社会保险法承担不同的保护任务,所以劳动法上的考虑不能不加考虑地转用到社会保险法上"[2]。这种不同的社会任务如上所述体现在"劳动法规定的是职业保护和生存保护;社会保险法规定的主要是生存保护"[3],劳动法不仅要解决劳动力丧失期间劳动者的生存保障问题,还要解决劳动关系存续劳动力提供期间的劳动者保护问题;而社会保险法主要解决劳动能力丧失期间的社会问题,但又不只解决劳动者劳动能力丧失期间的社会问题。

---

〔1〕 Wank, Arbeitsnehmer und Selbständige, C. H. Becker, 1988. S. 336.

〔2〕 Brose: Von Bismarck zu Crowdwork: Über die Reichweite der Sozialversicherungspflicht in der Digitalen Arbeitswelt, in: NZS, 2017, S. 7.

〔3〕 Wank, Arbeitsnehmer und Selbständige, C. H. Becker, 1988. S. 341; 田思路:《日本"社会法":概念·范畴·演进》,载《华东政法大学学报》2019年第4期。

基于以上原因,可以认为劳动关系和社会保险的彻底绑定具有特定历史发展阶段的必然性,但却不具有逻辑上的必然性。社会保险对劳动关系的超越,具体体现在以下方面。

(一)劳动关系与雇佣关系的概念分离

工业化时代早期,劳动者问题与社会问题的同一性以及立法技术原因导致社会保险和劳动关系从一开始就天然地密不可分。"劳动者概念的法律后果是生存和状态保护,也属于社会安全的领域,而该领域同时也是社会保险法的领域。在此程度上,劳动法和社会保险法实质上以同样的功能、同样的考量涉及同一群体范围。"[1]这种密不可分,导致在两种制度发展的初期,不仅在我国,社会保险曾被认为是劳动法的构成部分,社会保险法被纳入劳动法;而且在其他国家,如"在德国著名学者尼佩代(Nipperdey)早期的理论中,个别劳动法就由劳动合同法、公法性的劳动者保护法以及社会保险法构成"[2]。在此后的发展中,尽管劳动关系和社会保险关系发生了分离,劳动法和社会保险法出现了分立,但在经典的立法和理论中,分离后二者却依然以劳动关系为纽带紧密地关联在一起,"社会保险是以曾经存在的劳动关系为基础而确立的保障制度"[3]。从其他国家和地区的情况来看,也是如此。在德国,"在社会保险法的基本案件中,社会保险关系的产生和存续是与劳动者的雇用关系(Beschäftigungsverhältnis)捆绑在一起的。根据《德国社会法典》第4卷第7条第1款第1句的规定,雇佣被界定为非自主劳动,尤其是指劳动关系中的劳动。这样一来,公法上的社会保险与私法(劳动法)上的建构就被绑定在了一起"[4]。而在我国台湾地区,"由于其(劳工保险)为最典型的职业团体保险,并且实行强制保险的合法性又在于当事人的保障需求无法以他人方式解决,因此从属性劳动(abhängige Beschäftigung)乃

---

〔1〕 Wank, Arbeitsnehmer und Selbständige, C. H. Becker, 1988. S. 336.

〔2〕 Martin Becke, Arbeitsvertrag und Arbeitsverhältnis, Vittorio Klostermann, 2005, S. 295.

〔3〕 董保华:《社会保障法与劳动法的界定》,载《华东政法大学学报》2001 年第 3 期。

〔4〕 Waltermann, Sozialrecht, 13. Auflage, C. F. Müller, 2018, S. 62.

成为劳工保险被保险人的要件"[1]。这种以劳动关系为前提建构社会保险关系在工业化时代是如此普遍，以至于学者们提出，"法定社会保险和标准劳动关系的结合是一种工业社会的职业模式。它不仅促成了劳动法和社会法安排的制度化和一般化，而且标准劳动关系和社会保险也影响了主导的关于正确的劳动、工厂中劳动关系以及社会公正的典型形象"[2]。

但是，"在百年之交（指 20 世纪——本书作者注）出现了将雇工的概念和劳动者概念剥离的发展趋势"[3]。上述思路最终落实在相关立法和司法实践中。以德国为例，《德国社会法典》第 4 卷第 7 条第 1 款的表述是"雇佣（Beschäftigung）是指非自主的劳动，尤其出现在劳动关系中"。这样一来，首先，在术语上区分了劳动关系和雇佣关系；其次，从术语内涵来看，一般认为作为社会保险关系起点的雇佣范围比劳动关系大。[4] 在德国司法实践中，"德国社会法院在其社会保险法中雇佣关系概念的学说中疏远了劳动法，并且尽管多有交集但依然不回归劳动法"[5]。而在我国，《社会保险法》关于参保义务人使用的术语向来是"职工"而不是"劳动者"，至少从术语上看，社会保险关系的立足点和劳动关系并不完全一致。这种术语的分离是劳动关系和社会保险分离的直接体现，也为这种分离提供了技术可能。

（二）社会保险相对劳动关系的扩张与限缩

在雇工（职工）和劳动者概念分离的基础上，社会保险对劳动关系的制度超越从两个角度展开：扩张与收缩，其中扩张是社会保险超越劳动关系的主要趋势。从历史发展的角度来看，社会保险涵盖的人群也具有天然的扩张趋势。例如，"在德国，社会保险所涵盖的人群一开始占到劳动者的 40%

---

〔1〕 台湾社会法与社会政策学会主编：《社会法》，台北，元照出版股份有限公司 2015 年版，第 162 页。

〔2〕 Birgit Geissler, Normalarbeitsverhältnis und Sozialversicherung – eine überholte Verbindung, in: MittAB3/98, S. 552.

〔3〕 Wank, Arbeitsnehmer und Selbständige, C. H. Becker, 1988. S. 340.

〔4〕 Stefan Muckel, Sozialrecht, Verlag C. H. Beck, 2003, S. 56.

〔5〕 Preis, Koordinationskonflikte Zwischen Arbeits – und Sozialrecht, in: NZA 2000, S. 917.

或者全体居民的10%,但如今所有劳动者以及全体居民的约90%被它所涉及"[1]。在我国,根据历年的《人力资源和社会保障事业发展统计公报》,也是越来越多的人被纳入社会保险。[2] 所以,社会保险法的历史就是其覆盖主体扩张的历史。具体到与劳动关系的关系,支撑这种扩张的首先是一个功能主义的视角:劳动关系本身不是社会保险法的目的,劳动关系不能解决的社会问题才是社会保险法要解决的问题。所以,没有劳动关系,但有类似社会问题之处也是社会保险法可以进入的领域。"社会保险模式并非仅适用于原先的设定,也即是由劳动关系所衍生的福利社会问题的外化解决。只要自雇者(如农民、渔民、商人等)也如雇佣劳动者一样,有预防风险的需求和以同样方式进行预防的能力,那么社会保险亦可适用于他们的福利社会问题。换言之,就如雇佣劳动者一样,端视自雇者是否依赖于受法律规制且由国家负责的行政体制提供的保障且能够承担缴费。"[3]符合该条件的自雇者也应成为社会保险的保障对象。以这个思路为标准,则"产业工人这个保险原始覆盖的人群被证明还是太狭窄了,所以制度扩张到了所有雇佣劳动者。边缘人群(家庭手工业者)与其他类似需要保障的人群(如小作坊从业者)也必须被保险体系覆盖"[4]。从我国《社会保险法》的规定来看,其也显示出明显的扩张趋势,无雇工的个体工商户、其他灵活就业人员等在《社会保险法》中被纳入养老、医疗等社会保险的范畴。

同样是从功能和目的论出发,在上述扩张趋势之外,社会保险相对于劳动关系也出现收缩现象,即存在劳动关系却不需要缴纳社会保险,建立社会保险关系。"根据传统的理解,社会保险中的保险义务服务于依附性雇佣是

---

〔1〕 Köhler, Zacher, Ein Jahrhundert Sozialversicherung, Duncker & Humblot, Berlin, 1981, S. 170.

〔2〕 参见中华人民共和国人力资源和社会保障部网, http://www.mohrss.gov.cn/SYrlzyhshbzb/zwgk/szrs/tjgb/。

〔3〕 [德]汉斯·察赫:《福利社会的欧洲设计》,刘冬梅、杨一帆译,北京大学出版社2014年版,第265页。可以参见台湾社会法与社会政策学会主编:《社会法》,台北,元照出版有限公司2015年版,第163页。

〔4〕 [德]汉斯·察赫:《福利社会的欧洲设计》,刘冬梅、杨一帆译,北京大学出版社2014年版,第257页。

其生活基础之人的社会保护。从依附性雇佣中立法者推断出了社会保护需求。如果缺乏这种典型情况，从雇员社会保护的角度来看，则不再要求社会保险义务。出于这个理由，法律规定了保险义务的例外。”〔1〕这种例外在各国立法中主要体现为各种非典型劳动关系，如小微劳动关系，“处于小微雇佣社会保险自由背后的是原初的规范目的：小微雇佣者不需要社会保护，因为其生活费用通常情况下可以通过其他收入来源得到确保，而社会保险同时也是与该生活费相关联的”〔2〕。因此，在德国“如果雇佣非常小，也就是人们常说的迷你工作（Mini – Jobs）的情况下，医疗保险、照顾保险、失业保险不存在保险义务，养老保险从 2013 年开始存在一个无条件的保险义务免除”〔3〕。而在我国，非典型劳动关系中的非全日制用工也不存在强制性的社会保险缴纳义务。

（三）自愿社会保险的引入

社会保险对劳动关系的分离还表现在自愿社会保险制度的引入中。从各国发展来看，“总体的趋势是，各项社会保险都在不断开放自愿参与保险的可能性”〔4〕。例如，在德国，“个别（社会）保险分支在过去越来越向自愿参保开放，这尤其适用于法定养老保险，当代它几乎向所有人开放”〔5〕。我国《社会保险法》在养老保险等领域也规定了自愿参加社会保险的制度。自愿社会保险的重要特征之一是可以自由选择是否参加社会保险的用工关系都并非传统的典型劳动关系，更多是非劳动关系的用工方式。这样一来，自愿社会保险也成为社会保险和劳动关系分离的特殊形式。从目前各个国家和地区立法和理论来看，自愿社会保险主要适用于以下情况：首先，将更多

---

〔1〕 Igl, Welti, Sozialrecht, 8. Auflage, Werner Verlag, 2007, S. 60.

〔2〕 Waltermann, Sozialrecht, 13. Auflage, C. F. Müller, 2018, S. 67. Vgl. auch Konrad Grillberger, Österreichisches Sozialrecht, 8. Auflage, Springer, 2010, S. 18.

〔3〕 Waltermann, Sozialrecht, 13. Auflage, C. F. Müller, 2018, S. 65.

〔4〕 郑尚元主编：《社会保障法》，高等教育出版社 2019 年版，第 93 页。

〔5〕 Waltermann, Sozialrecht, 13. Auflage, C. F. Müller, 2018, S. 55.

弱者吸收进社会保险的适用范围。强制社会保险的目的在于"一方面在避免保险产生逆选择的情形,形成弱体保险的现象,一方面则籍此达到危险分配以及所得重分配的理想"[1]。让更多更弱势者能够参加社会保险并不妨碍上述目的的实现。我国法中灵活就业人员纳入自愿养老保险等即是其例。其次,当事人之间已经长期形成了共同社会风险群体,发生社会风险变化时不应轻易将其排除在社会保险之外,而应建立自愿社会保险。德国法中医疗保险和工伤保险在例外情况下可以通过自愿社会保险建立。之所以如此,就医疗保险而言,"自愿社会保险为特定人群提供了在社保和私人疾病保险之间的选择可能。长期作为法定社会保险成员的人,在其作为疾病保险义务人的前提不存在时不应被强迫离开社会共同体而去参加私人保险"[2]。最后,其他社会政策目标。例如,"自愿养老保险首先服务于完善社会保险谱系的完整(Versicherungsbiografien),避免漏洞。此外,还为此前不属于养老保险义务人群的人员提供了获得法定养老保险保护的可能"[3]。

四、社会保险超越劳动关系的限度与未来

上述发展,无论是劳动关系和雇佣关系的分离、社会保险的限缩和扩张,还是自愿社会保险的引入,在根本上都以例外的形式出现,只是社会保险覆盖范围相对于劳动关系覆盖范围的波动,并不意味着二者彻底地分离。但在当下,尤其是随着新业态等的进一步发展,一种社会保险和劳动关系彻底分离,实现全民社会保险的观点出现。有学者提出,"社会保险主体的发展趋势是由劳动者向全体公民扩展,无论社会成员是否有能力参加劳动、是否从事雇佣劳动,其都有资格参保"[4],或者认为"在一般意义上,各国社会

[1] 台湾社会法与社会政策学会主编:《社会法》,台北,元照出版股份有限公司 2015 年版,第 128 页。
[2] Stefan Muckel, Sozialrecht, Verlag C. H. Beck, 2003, S. 108.
[3] Stefan Muckel, Sozialrecht, Verlag C. H. Beck, 2003, S. 245.
[4] 杨思斌:《社会保险权的法律属性与社会保险立法》,载《中州学刊》2010 年第 3 期。

保险制度都经由工资劳动者—全体劳动者—全民的路径扩张”[1]，在此，需要反思的是，不考虑劳动关系的社会保险或者不考虑社会保险的劳动关系真的可能吗？

（一）社会保险的制度要求

社会保险法作为一种解决社会问题的制度安排，有其发挥作用的前提、逻辑和技术要求，“社会保险是特定的社会群体（最开始是产业工人群体）为了预防相同的生存风险而形成的保障机制，这一制度建立在预防未来风险的共同需要上，前提是存在可以被典型化的社会风险，主要资金来源是群体成员的缴费”[2]。传统而典型的社会保险以具有典型共同社会风险和缴费能力的社会群体为制度前提，同时“法定社会保险的标志是它是强制保险。只有这样才可以保护大众免受个体不进行风险防范之累，保障风险共同体的广度，而该广度同时使社会平衡成为可能”[3]。共同社会风险、缴费能力、强制性成为传统社会保险的基本要求。从这个角度看，社会保险与典型劳动关系的勾连不仅因为二者具有解决同一社会问题的功能，而且因为传统典型劳动关系在技术上完全满足了社会保险制度设计的上述要求。[4]在社会保险与典型劳动关系分离时，上述技术上的限度成为能否分离以及分离程度的边界。“除了它的所有社会—政策性变化，社会保险依然受到保险原则的基本要求的约束，即存在缴费、被保险人以此在某种程度上避过风险、缴费与待遇之间的关联。由于具有在预防需求和预防能力之间建立关联的特殊标准，社会保险始终倾向于覆盖特定群体，虽然其范围未必一定等

[1] 栗燕杰：《中国社会保险广覆盖的趋势及其法理意义——以基本养老保险为例的考查》，载《中国劳动关系学院学报》2012 年第 6 期。

[2] 刘冬梅：《新挑战与新应对：社会保险筹资机制的变迁及其在中国的发展》，载《武汉大学学报（哲学社会科学版）》2017 年第 4 期；[德]汉斯·察赫：《福利社会的欧洲设计》，刘冬梅、杨一帆译，北京大学出版社 2014 年版，第 259 页；Stefan Muckel, Sozialrecht, Verlag C. H. Beck. 2003, S. 44。

[3] Waltermann, Sozialrecht, 13. Auflage, C. F. Müller, 2018, S. 55. Vgl. auch Konrad Grillberger, Österreichisches Sozialrecht, 8. Auflage, Springer, 2010, S. 13.

[4] 李志明：《社会保险权与社会权、劳动权的分野》，载《重庆社会科学》2012 年第 6 期。

同于雇佣劳动者群体。”[1]如果无法形成典型的共同社会风险群体和具有缴费能力的群体,则扩张的社会保险本身将发生变异,独具社会保险之名而无社会保险之实。

(二)全民社会保险的本质是社会保险关系对社会救助的制度替代

按照上述社会保险制度的逻辑和技术要求,本书认为,不考虑共同社会风险、缴费能力而提出的向全体公民扩张的社会保险制度,与其说是社会保险与劳动关系的分离,不如说是社会保险对社会救助的制度替代和混同。社会保险由于其制度优势和较早成熟的特点,本身就有一种相对于其他社会保障制度的制度扩张趋势。“现代国家可能基于管理便利或者社会公平,将需要通过社会救助解决的社会风险纳入社会保险。”[2]尤其是在我国,目前由于一些社会救助制度未能建设完成,更是易于出现通过社会保险制度扩张解决没有社会保险者的救助问题的思路,实践中出现的不断扩张工伤保险现象,一定程度上就是这种思路的直接体现。另外,社会保险制度中大量国家补贴的引入从另外一个角度推动了社会救助和社会保险的混同,因为按照传统逻辑,社会保险的经费来源主要是具有共同社会风险和缴费能力的群体的缴费,社会救助的经费来源主要是国家通过税收筹集的财政经费。在社会保险经费来源中国家补贴增大的情况下,其与社会救助的经费来源差异就会减小,对其扩张的障碍就会降低。不仅如此,在国家社会保险补贴增加的情况下,扩张社会保险同时获得了更多社会政策上的正当性——它可以削弱社会保险的不公平性。国家社会保险补贴增加原本存在的问题是,“国家补贴来自税收,补贴的增加也意味着全体纳税者负担的增加,而其中有些人并非社会保险的被保险人。由于社会保险是对特定社会群体提供超出基本生活保障待遇的制度,这种由整个社会共同承担(部分)

---

〔1〕[德]汉斯·察赫:《福利社会的欧洲设计》,刘冬梅、杨一帆译,北京大学出版社2014年版,第265页。

〔2〕熊伟、张荣芳:《财政补助社会保险的法学透析:以二元分立为视角》,载《法学研究》2016年第1期。

社会保险支出的做法其实强调了中产阶级的特权，使社会保险这一设计中潜在的不平等因素被强化”[1]。而扩大社会保险的覆盖面则可以弱化这种不平等因素。在上述原因基础上进行的社会保险扩张，导致“社会保险已经从传统的保险团体成员自助解决风险的方式，演变为国家实现非保险类福利目标和功能的重要工具”[2]。我国的社会保险已大大偏离了传统社会保险的制度结构。[3] 实际上，从法律比较的角度看，推行所谓全民社会保险的国家，在一定程度上都会出现社会保险对社会救助的功能替代。以推行全民社会保险的英国为例，学者们认为，“其（社会）保险目标通常以提供被保险人的基本生活所需为准，甚至在功能上就是为了取代社会救助”[4]。

尽管有上述一系列历史和现实原因，但本书认为且不论我国已经形成的社会保险和社会救助等其他社会保障制度并存的格局，从制度技术来看，脱离社会保险技术结构而进行的社会保险替代社会救助或者全民社会保险的方案，存在以下问题：其一，忽视了社会保险保护一般大众免遭个体缺乏预防能力之害的功能。社会保险不仅是要保护面临社会问题的个体，更重要的是通过个体缴费实现这种保护，从而使国家和大众免遭税收负担。“社会保险当今实际上发挥着保护大众免遭个体缺乏自我预防能力之害的功能。在疾病、需要照顾、失业以及伤残的情况下享有从社会保险获得至少达到社会救助水平的给付请求权的人，是不需要保护的，也不能在社会保险之外求助于社会救助作为辅助性的给付。在社会保险的情况下，在社会救助

---

〔1〕 刘冬梅：《新挑战与新应对：社会保险筹资机制的变迁及其在中国的发展》，载《武汉大学学报（哲学社会科学版）》2017年第4期。

〔2〕 熊伟、张荣芳：《财政补助社会保险的法学透析：以二元分立为视角》，载《法学研究》2016年第1期。

〔3〕 刘冬梅：《新挑战与新应对：社会保险筹资机制的变迁及其在中国的发展》，载《武汉大学学报（哲学社会科学版）》2017年第4期。

〔4〕 周怡君、钟秉正：《社会政策与社会立法》，台北，洪业文化事业有限公司2006年版，第57页。

规定的水平之前,它首先涉及通过自我照管义务避免对大众提出请求。”[1]其二,弱化了社会保险的社会团结功能。社会保险通过共同社会风险群体的共同风险和强制缴费制度,将该共同风险群体构建为共同抵御社会风险的共同体,推动了该群体的社会团结,在一定程度上甚至可以减少和预防风险的发生。“社会保险使生产性活动与社会团结转化成为对个人可预见的社会保护,并因此而激发了参与社会团结的动机。”[2]不以特定风险群体为前提的社会保险不利于社会团结的形成,也不利于形成同抵御社会风险的动力,忽视了作为社会保险基础的社会连带原则。[3] 当当事人不能自由选择是否参保时,强制性的社会保险必然以合理而适当的社会风险群体为其存在的重要正当性基础。其三,弱化了社会保险缴费的动力。社会保险不仅强调社会连带原则,还强调等值原则,[4]以此强化当事人缴费的动力,因此社会保险以缴费能力为前提。这一原则体现在建立缴费数额和待遇享受之间的联系;也体现在待遇方面,以保费缴纳为基础的社会保险待遇应当比不以缴费为基础的社会救助待遇要好,社会救助属于具有照顾特点的第二等的社会安全制度;[5]还体现在社会保险以缴费为前提,所以“社会保险不可能成为对贫困进行社会吸收的工具,社会保险只能防止不穷的人变穷,却不能将穷人从贫困中解脱出来”[6]。不以缴费能力为前提的所谓社会保险

---

〔1〕 Schlegel: Wen soll das Sozialrecht schützen? —Zur Zukunft des Arbeitnehmer – und Beschäftigtenbegriffs im Sozialrecht, in: NZS 2000, S. 427. Schlegel: Beschäftigte versus Selbstständige – Deutsches Sozialrecht, in: NZA – Beilage, 2016, S. 13. Waltermann, Sozialrecht, 13. Auflage, C. F. Müller, 2018, S. 54. Brose: Von Bismarck zu Crowdwork: Über die Reichweite der Sozialversicherungspflicht in der digitalen Arbeitswelt, in: NZS, 2017, S. 8.

〔2〕 [德]汉斯·察赫:《福利社会的欧洲设计》,刘冬梅、杨一帆译,北京大学出版社2014年版,第266页。

〔3〕 Birgit Geissler, Normalarbeitsverhältnis und Sozialversicherung – eine überholte Verbindung, in: MittAB3/98, S. 552.

〔4〕 Birgit Geissler, Normalarbeitsverhältnis und Sozialversicherung – eine überholte Verbindung, in: MittAB3/98, S. 552.

〔5〕 Birgit Geissler, Normalarbeitsverhältnis und Sozialversicherung – eine überholte Verbindung, in: MittAB3/98, S. 554.

〔6〕 [德]汉斯·察赫:《福利社会的欧洲设计》,刘冬梅、杨一帆译,北京大学出版社2014年版,第260页。

将在根本上不能实现上述制度设计要求，弱化有缴费能力的当事人的缴费动力。综上，不以被保险人的风险共同体以及缴费能力为前提而进行的社会保险覆盖范围扩张，本质上背离了社会保险的基本逻辑，必然会带来制度的扭曲。本书认为，与其以全民社会保险之名行社会救助之实，不如坚持传统社会保险的基本逻辑，同时积极发展社会救助制度。

（三）自愿保险只是强制社会保险的补充形态

如上所述，在劳动关系和社会保险关系的问题上，一个重要的发展趋势是自愿社会保险的引入。自愿社会保险的重要特征在于其并不以劳动关系为前提，是要为其他就业人群提供参加社会保险的可能性。自愿社会保险的引入是否为实现全民社会保险的新路径？本书认为，自愿社会保险主要是扩大社会保险对非劳动关系的覆盖，并不改变传统有劳动关系原则上就应缴纳社会保险的格局，并不能在核心地带改变劳动关系和社会保险的紧密联系。另外，从各国的理论和立法来看，“自愿社会保险的首要目的是弥合并填补法定强制保险的漏洞”[1]。因此，其出现具有例外性，其以特定的社会政策原因作为支撑，通过逐一论证而建立起来，“与此相应，存在着不同类型的自愿社会保险”[2]。它并不能成为社会保险的典型或者一般形态，也不会肆意扩张到所有国民。

（四）社会保险关系与劳动关系的未来

从社会保险的功能来看，社会保险和劳动关系并不具有完全的对应性；但从社会保险以具有共同社会风险和具有缴费能力的群体作为技术前提的这一要求出发，传统劳动关系为社会保险提供了最典型、最标准的前提。在当今，“在世界就业形式多样化、非正规就业日益增加并成为一种重要趋势的情况下，传统的社会保险关系与劳动关系相对固定、统一的状态已经有所

---

〔1〕 Konrad Grillberger，Österreichisches Sozialrecht，8. Auflage，Springer，2010，S. 25.

〔2〕 Konrad Grillberger，Österreichisches Sozialrecht，8. Auflage，Springer，2010，S. 25.

改变。因此必须研究劳动关系的柔性化、多元化和不确定性与社会保险关系的确定性、唯一性如何对接的问题”[1]。也即新的时代,我们更需要站在用工关系图景变迁的大背景下考虑社会保险,而不是简单地建立告别劳动关系的社会保险制度。在此,必须承认尽管生产方式快速变迁,但劳动关系依然是最典型的用工形态,所谓社会保险关系和劳动关系的分离并不是不再考虑劳动关系而重新设计社会保险建立的前提条件,而是在“劳动关系+社会保险”这一基本模式的基础上,增加新的可以建立社会保险关系的可能性。面对新业态的发展等劳动世界的变化,在我国,这种新可能应按照以下思路展开:其一,非典型劳动关系之外的劳动者能否强制纳入社会保险关系,应根据社会政策需要逐一进行具体制度安排。从其他国家的情况来看,“立法者通过《社会法法典》第9卷第7条第1款坚持了如下原则:只有依附性职工才可以为社会保险义务所覆盖,并且被认为是特别值得保护的。独立劳动者需要逐个确定是否纳入社会保险义务中,并且仅适用与立法者认为和依附性职工一样需要保护的群体”[2]。其二,考虑到现代社会以及新业态背景下,个人需要的差异化和个性化以及保持社会保险基本技术结构的需要,在坚持社会救助和社会保险区分的前提下,可以“向从业者保险过渡同时降低给付的水平(超过社会救助),以便同时为个人的自我预防留下经济上的空间”[3]。其三,特定条件下,非劳动关系人群的自愿社会保险是实现柔性化、多元化和不确定性的用工关系与社会保险关系对接的可考虑方案。

五、结论

劳动关系和社会保险是解决工业时代社会问题的两种不同思路,同时

[1] 华迎放:《非正规就业群体的社会保障》,载《中国劳动经济学》2009年第1期。

[2] Brose, Von Bismarck zu Crowdwork: Über die Reichweite der Sozialversicherungspflicht in der Digitalen Arbeitswelt, in: NZS, 2017, S. 8.

[3] Schlegel, Wen soll das Sozialrecht Schützen? —Zur Zukunft des Arbeitnehmer - und Beschäftigtenbegriffs im Sozialrecht, in: NZS 2000, S. 429.

二者也采取不同的技术方法：私法的技术和公法的技术。二者存在互动关系，但是社会保险关系显然不应纳入劳动法的调整对象之中，劳动法是调整劳动关系的法律规范。在功能上，不论是从历史发展还是二者的制度逻辑来看，都存在择一使用、次第结合、平行结合三种关系形态，在结构上通过劳动关系相互勾连，这是二者关系最基本和核心的状态。从发展的角度来看，二者之间关系出现两种新现象：其一，社会保险对劳动关系存在功能替代，但这种功能替代有其限度，市场经济条件下仍应坚持劳动关系解决社会问题的功能优先地位。其二，劳动关系与社会保险关系的分离，但这种分离并不能根本改变社会保险以劳动关系为前提的格局，在坚持社会保险基本制度设计要求的前提下，所有分离都应当是例外，通过特殊论证才可以建立。据此，劳动关系和社会保险的关系不再是最传统的紧密捆绑，也不是激进的彻底分离，而是第三条道路：社会保险以劳动关系为前提是原则，但可以通过特别论证建立不以劳动关系为前提的社会保险，或者有劳动关系但无社会保险的二者关系形态。

第二编

劳动关系协调机制及其教义学结构

引　言

传统民法秉持“法无明文禁止即自由”的理念，因此，调整民事关系、决定民事主体之间权利和义务的制度是二元的，包括国家法律规定和当事人通过法律行为进行的自主安排。但在劳动法中，围绕劳动关系双方当事人权利和义务的决定，在国家强制(劳动基准法)、私人自治(劳动合同、用人单位指示权)之外，还存在集体合同、用人单位规章等集体劳动法的现象。[1]故此，劳动法和民法的差异不只是广为流传的、价值层面的、标签式的弱者保护，也不只是本书第一部分提出的调整对象是一种用人单位享有劳动给付具体化权的继续性债的关系，更重要的还在于其多元化的权利和义务决定制度，即多元化的劳动关系协调机制。这种在历史发展中形成的多元机制有其历史偶然性，因此不同国家中不同制度的发育并不同一，但是又有其必然性，它为不同主体参与劳动关系协调提供了工具，反映了劳动者个体、劳动者和用人单位利益代表组织、国家在协调劳动关系，平衡劳动者和用人单位的利益，维护劳动者权益和促进企业发展中的多元利益、立场和视角。正是这种多元机制把劳动法的价值命题变成了制度和现实，实现了市场化用工、劳动者保护等多种价值的平衡，解决了继续性合同内容不确定可能引发的问题。可以认为，多元的劳动关系协调机制是劳动法的制度内核之所在。劳动法和私法之间关系的讨论以及劳动法的教义学归入，从制度层面来看，需要解决的是劳动合同、用人单位指示权、劳动基准法、集体合同、用人单位规章等制度能否通过传统私法的逻辑进行理论解构。在此过程中，我们将不仅能看到本书开篇所提出的不同思潮对劳动法制度的影响，也能看到各劳动关系协调机制的教义学结构，还可以进一步明晰各种不同制度之间的关系，最终形成协调劳动关系的多元制度的教义学体系。

---

〔1〕 参见沈建峰:《个人自治、国家强制与集体自治在劳动关系协调中的互动——基于对德国劳动关系协调机制的梳理》,载《中国人力资源开发》2015 年第 9 期。

第五章　重申劳动合同在劳动关系协调中的地位

1978年改革开放，我国开始建立市场经济，劳动领域也逐渐引入劳动合同制度；至1995年《劳动法》制定，在制度层面上我国全面确立了劳动合同制度。[1]《劳动法》"就是把劳动力市场改革成果变成立法条文，打破了不同所有制企业和职工不同身份的界限，体现了公平竞争的市场经济共同原则，开始与国际习惯接轨"[2]。在《劳动法》实施11年后，《劳动合同法》起草的过程中，立法者对劳动合同制度赞誉有嘉："11年来的实践证明，劳动法确立的劳动合同制度，对于破除传统计划经济体制下行政分配方式的劳动用工制度，建立与社会主义市场经济体制相适应的用人单位与劳动者双向选择的劳动用工制度，实现劳动资源的市场配置，促进劳动关系和谐稳定，发挥了十分重要的作用。"[3]但从理论和立法实践来看，劳动合同在劳动关系协

---

〔1〕关于劳动合同制度在我国引入的过程，参见郑尚元：《劳动合同法的制度与理念》，中国政法大学出版社2008年版，第71页以下。

〔2〕张左己：《在劳动部召开的学习〈劳动法〉宣讲动员大会上的讲话》，载李伯勇、张左己主编：《中华人民共和国劳动法讲座》，中国劳动出版社1994年版，第9页。

〔3〕田成平：《关于〈中华人民共和国劳动合同法（草案）〉的说明》，载中国人大网2006年3月21日，www.npc.gov.cn。

调中的地位却令人不无疑问，至少有以下现象在挑战实现“当事人双向选择”的劳动合同在劳动关系协调中的地位：其一，《劳动法》第16条规定，“劳动合同是劳动者与用人单位确立劳动关系、明确双方权利和义务的协议”，但《劳动合同法》第7条却规定，“用人单位自用工之日起即与劳动者建立劳动关系”。言外之意，劳动合同不能建立劳动关系。《劳动合同法》第10条更是进一步明确，不论是先签合同后用工、订立合同即用工还是先用工后签合同，都是用工建立劳动关系。其二，有劳动合同不能建立劳动关系，但没有书面合同，甚至没有当事人合意时，法律却承认当事人之间存在劳动关系。[1] 学界广为流传的事实优先原则从另一个角度进一步推动了这种观念的发展，“事实优先原则要求在判断是否存在劳动关系时应优先以执行劳动和支付报酬的事实为指导，而不考虑当事人达成明示合意的合同名称与合同条款……”[2]其三，关于劳动合同的功能，学者们提出，“劳动合同只是起到劳动关系的触发作用，契约是一个过程，契约的内容不可能全部包含于当初的合意之中，约定不能成为契约约束力的一元根据”[3]。劳动合同不能决定劳动关系的内容？其四，《劳动合同法实施条例》禁止约定劳动合同终止事由，《劳动合同法》封闭式地列举了劳动合同解除事由。在解除的问题上，似乎劳动合同也无太大空间。总结上述现象，在自1995年全面引入劳动合同制度开始已达30年之后的今天，我们却发现劳动合同在劳动关系协调中的地位面临危机，它既不能建立劳动关系，又不能确定劳动关系当事人双方的权利和义务，在劳动关系消灭方面几乎无用武之地。对此，人们经常基于劳动者和用人单位的所谓强弱失衡，非常确信地反问：一个强者和一个弱者何来协商可言？基于以上现象，我们必须反思劳动合同在劳动关系协调中有什么意义？该问题不仅涉及法律规范设计的技术性问题，例如，如果劳动合同没有建立劳动关系，那从劳动合同订立到用工开始之间当事人

---

〔1〕 劳动和社会保障部《关于确立劳动关系有关事项的通知》（劳社部发〔2005〕12号）第1条。

〔2〕 陈靖远：《事实优先原则的理论展开与司法适用——劳动法理论中的一个经典问题》，载《法学家》2021年第2期。

〔3〕 姜颖：《劳动合同法论》，法律出版社2006年版，第12页。

之间的关系如何？如果用人单位不用工或者劳动者不入职应如何救济？而且涉及劳动关系协调机制的总体安排以及个人自治在劳动关系协调中的地位问题。

一、劳动合同的本质：合意抑或形式

当我们讨论劳动合同对劳动关系协调的意义时，我们首先面临的困惑是我们在讨论什么？是在讨论劳动合同书这样一张纸对劳动关系协调的意义，还是当事人的合意对劳动关系协调的意义？当前的状况是，劳动合同的书面形式要求、缺失书面形式的劳动合同无效的理论、未签订书面劳动合同应从第二个月开始支付双倍工资的规则等，将劳动合同的表现形式“合同书”推上了神坛，劳动合同书被等同为劳动合同。这一认识状况成为讨论劳动合同在劳动关系协调中地位时首先需要澄清的问题。

（一）合意对劳动合同的意义

在传统法中，合同被界定为“多个达成一致的意思表示，通过该意思表示，法律关系的内容得以确定”[1]。合同的本质是合意，正因如此，在当事人之间没有合意或合意存在瑕疵等时，合同不存在、可撤销或者待追认。本书认为，劳动合同也是一种合同，其本质依然是合意。首先，这是由劳动合同的功能定位决定的。作为一种法律机制，劳动合同制度所要实现的是“建立与社会主义市场经济体制相适应的用人单位与劳动者双向选择的劳动用工制度”[2]，所谓双向选择的过程，就是当事人达成合意的过程。其次，劳动合同的本质是合意，也直接体现在《劳动合同法》中。该法第 3 条第 1 款规定，“订立劳动合同，应当遵循合法、公平、平等自愿、协商一致、诚实信用的原则”。所谓“自愿平等，协商一致”表明的无非就是订立合同要实现合

---

〔1〕 Savigny, System des heutigen Römischen Rechts, Band 3, Bei Deit und Comp, 1840, Berlin, S. 309.

〔2〕 田成平：《关于〈中华人民共和国劳动合同法（草案）〉的说明》，载中国人大网 2006 年 3 月 21 日，www. npc. gov. cn。

意——意思表示的合致。在具体制度安排方面,该法在劳动合同的内容、期限、变更、解除等方面,无不提到"协商一致"。当存在欺诈、胁迫或者乘人之危等情况导致当事人的合意存在瑕疵时,该法宣布该劳动合同无效。所有这些都足以表明当事人的意思表示合意对劳动合同的核心意义。劳动合同在技术上依然是合意的产物,其本质是合意,没有合意就没有劳动合同。

(二)形式的功能

与普通合同不同的是,从《劳动法》开始,我国立法就确立了劳动合同的书面形式规则——劳动合同应当以书面形式订立。但法律对违反书面形式要求后的合同效力并无规定,当时对此即存在不同意见,而主要参与立法的部门认为,合法包括形式合法,缺失形式劳动合同无效,"应当坚持以法律规定为准,维护劳动合同形式的法律效力"[1]。这是一种刚性而又宽泛的关于形式违法的认识,它建立在不符合法律规定就是违法,合同违法就无效的认识基础上。这也是当时我国民法学者关于合同形式效力的主流观点。"从我国民法通则及其他民事立法来看,在我国,不遵守法定形式的民事行为也是原则上无效。"[2]根据这种合同形式效力的理论,劳动合同书面形式是劳动合同的成立条件,缺乏书面形式的劳动合同将不存在,因此产生事实劳动关系(以下简称无书面形式的事实劳动关系)。[3] 这一观点也成为时至当下,劳动法学界的主流理论。

但本书认为这种认识是不合理、不正确的。[4] 关于合同形式的效力,首先,应区分创设性效力和宣示性效力:只有违反具有创设效力的形式要求的合同才是无效的,而宣示效力的形式的缺失并不影响合同效力。[5] 法律

---

〔1〕 李伯勇、张左己主编:《中华人民共和国劳动法讲座》,中国劳动出版社 1994 年版,第 44 页。

〔2〕 陶希晋主编:《中国民法学·民法总则》,中国人民公安大学出版社 1990 年版,第 248 页。

〔3〕 关怀、林嘉:《劳动法与社会保障法学》,法律出版社 2011 年版,第 86 页。

〔4〕 关于将书面形式作为劳动合同成立要件的批评,参见沈建峰:《论事实劳动关系的解除》,载《中国劳动》2015 年第 12 期。

〔5〕 Preis, Arbeitsrecht, Individualarbeitsrecht, 4. Auflage, Dr. Otto Schmidt Verlag, 2017, S. 188.

关于合同形式的规定是宣示效力还是创设效力,在根本上取决于形式规定的功能和目的:是保存证据,促使缔约人谨慎,还是保护第三人利益或社会秩序?只有在后两种情况下,合同形式才具有创设效力,缺失形式将导致合同无效。从《劳动法》开始,我国大部分学者就认为这种书面形式就是为了保存证据,方便证明劳动关系。[1] 因此,从上述合同形式理论出发,没有必要动辄将形式缺失的合同归于无效。其次,在传统法中存在合同形式瑕疵可以通过履行补正的规则,如我国《民法典》第 490 条的规定。在劳动合同领域,最高人民法院也接受了这样的观念。《最高人民法院关于审理劳动争议案件适用法律问题的解释(一)》第 43 条规定,变更劳动合同未采取书面形式,但已经实际履行一个月的,变更有效,等于将合意提到了比形式更重要的地位。再次,即使就我国《劳动合同法》的规定而言,从一些条文中也能解释出未采取书面形式的劳动合同约定依然有效的规则。例如,《劳动合同法》第 11 条规定,"用人单位未在用工的同时订立书面劳动合同,与劳动者约定的劳动报酬不明确的,新招用的劳动者的劳动报酬按照集体合同规定的标准执行……",根据该规定,未订立书面劳动合同并不立即就适用集体合同规定进行补充,而是还要满足"与劳动者约定的劳动报酬不明"这一条件。如果约定明确,应当按照约定支付。此处的约定显然就是未采取书面形式的约定,它具有法律约束力而不是无效。最后,即使在严格的形式主义立场下,理论界也主张根据形式缺失的原因判断缺乏形式的后果,而不是一揽子地认为没有形式就是无效合同。"如果一方当事人以未遵守形式要求为由而拒绝履行其诺言,而正是他恶意地阻挠了对形式规定的遵守,那么免去形式强制的确是正当的。在这里应优先适用任何人都不得从他自身的恶意行为中获得法律利益的原则。同样,如果一方当事人利用其经济上的优越地位或者利用某种依赖关系,不让对方当事人遵守形式规定,那么即使他

---

〔1〕 王全兴:《劳动法》(第 2 版),法律出版社 2017 年版,第 146 页;关怀、林嘉:《劳动与社会保障法学》,法律出版社 2011 年版,第 86 页;中华全国总工会法律工作部、中华人民共和国劳动部政策法规司编著:《中华人民共和国劳动法讲话》,中国工人出版社 1994 年版,第 41 页。

从一开始就没有打算以此给自己留一扇后门，他亦不得主张合同因未遵守形式规定而无效。”[1] 基于以上理由，应承认缺失书面形式的劳动合同的效力，[2] 形式仅具有证据功能。

（三）小结

劳动合同的本质依然是合意，有合意就存在劳动合同。劳动合同的书面形式是为了方便劳动关系证明而引入法律机制，这种形式具有宣示效力而不是创设效力，违反形式要求的后果是违反者承担法律上的不利益，而不是导致合同本身无效或者不存在。这种不利益，在现行法中就表现为支付一定期间的双倍工资和转化为无固定期限合同的制度。基于该认识，讨论劳动合同在劳动关系协调中的地位就是讨论合意在劳动关系协调中的地位。

二、劳动关系的建立：用工还是合意

如上所述，《劳动法》规定劳动合同确立劳动关系，但《劳动合同法》规定的却是用工建立劳动关系。《劳动合同法》颁布后，理论和实践大概也确立了用工建立劳动关系的观点。[3] 在此，需要思考的问题是，如果用工建立劳动关系，那劳动合同发挥怎样的作用？用工建立劳动关系是《劳动合同法》对《劳动法》的完善还是误解？

（一）加入理论与合同理论：一个旧争议

用工建立劳动关系还是合意建立劳动关系的问题并不是中国学者首先

---

〔1〕 [德]卡尔·拉伦茨：《德国民法通论》，王晓晔等译，法律出版社2002年版，第565页。

〔2〕 最新版的马工程教材已经接受了该观点，认为“劳动合同的口头、推定形式具有建立劳动关系的合法性”。《劳动与社会保障法学》编写组：《劳动与社会保障法学》，高等教育出版社2017年版，第85页。

〔3〕 《劳动与社会保障法学》编写组：《劳动与社会保障法学》，高等教育出版社2017年版，第84页；林嘉主编：《劳动法与社会保障法学》，中国人民大学出版社2016年版，第126页。

面临的问题。20 世纪 20 年代至 60 年代，上述问题在德国法中就引起了所谓的合同理论（Vertragstheorie）与加入理论（Eingliederungstheorie）的激烈争论。加入理论以莫利托（Molitor）、西伯特（Siebert）、尼基舍（Nikische）、毛斯（Maus）等为代表，尽管该理论主张者的观点细节并不相同，而且在争论过程中被不断修正：早期的主张者莫利托教授以从属性是劳动关系的基本特征为着眼点，认为“从属更多是一种纯粹的事实状态，尽管它经常植根于法律，但没有法律基础也可以产生，该事实状态不像服从义务一样源自承担劳动义务的合同，而是源自劳动给付的事实，该劳动给付通常以合同为基础，但一定情况下，没有合同义务也可能进行，也就是说，该事实状态在非合同性工作中也可能出现，并且在尽管存在合同义务但没工作时不出现”[1]。而后期最著名的主张者尼基舍（Nikische）教授则在与合同理论的争议中一再修正其观点，最终认为，“劳动者和雇主之间紧密的人身约束使我们可以将其称为共同体。通过将劳动者接纳入工厂或者雇主的私人领域该共同体才得以产生，共同体的信赖和照顾义务植根于劳动者归属于雇主。劳动合同本身尚不足以建立共同体关系。只有劳动者步入工厂，劳动关系才可以具有共同体关系的特征”[2]。但上述加入理论的核心观点共同之处在于，从劳动关系是一种人身共同体（Personenrechtliches Gemeinschaftsverhältnis）关系出发，认为劳动关系不是通过劳动者和雇主之间的合同建立，而是通过劳动者事实上加入（雇主）的工厂而建立，合同对于建立人法性的共同体是不重要的。[3]在本质上，由合同建立的仅是一种债权性的财产交换关系。

合同理论以迪茨（Dietz）、许克（Hueck）、曼斯菲尔德（Mansfeld）、尼佩代（Nipperdey）等为代表，他们认为，“劳动关系作为法律关系通过劳动合同

---

〔1〕 Erich Molitor, Das Wesen des Arbeitsvertrags, A. Deichertsche Verlagsbuchhandlung, 1925, S. 82.

〔2〕 Arthur Nikisch, Arbeitsrecht, Band 1, 3. Auflage, J. C. B. Mohr, 1961, S. 163.

〔3〕 Abbo Junker, Grundkurs Arbeitsrecht, 15. auflage, C. H. Beck, 2016, S. 96; München Kommentar BGB/Rudi Müller - Glöge, Band 4, Schuldrecht Besonderer Teil, 611 - 704, Rn. 163.

的缔结而建立"[1]。这一时期的合同理论代表者并不反对劳动关系是一种人法性共同体关系,但他们认为从当时的法律来看,这种人法性共同体关系并不否定劳动关系是一种持续性的债权债务关系。债权债务关系不只是一种财产性关系。[2] 债法和合同法的规则适用于劳动关系并不存在障碍。在合同理论主张者看来,合同理论和加入理论的根本差异在于,"按照合同理论,对于劳动合同的建立来说,劳动合同既是充分的,也是必要的;而对加入理论来说,建立劳动关系除了需要合同之外,还需要实际的加入行为,但是没有合同也可以建立劳动关系"[3]。

上述争论延续30多年后,终于在20世纪60年代得以沉寂。争论的结果是,加入理论基本上被抛弃,[4]尼基舍(Nikische)在其名著《劳动法》最后一版提出,"应当是将该共同体关系视为劳动合同生效后已经开始的劳动关系的晚一点的阶段"[5],等于承认了劳动合同足以建立劳动关系。与此同时,合同理论本身也有进一步完善,"'二战'之后,合同理论的代表者考虑了事实劳动关系的学说,以使劳动关系在有瑕疵的合同基础上得以恰如其分的处理"[6]。而事实劳动关系学说是支撑加入理论的最重要制度设计。

与德国稍有不同的是,在我国,从劳动合同建立劳动关系这一合同理论向用工建立劳动关系这一加入理论的变迁,更多是为了解决应订立书面劳

---

〔1〕 Hueck – Nipperdey, Lehrbuch des Arbeitsrechts, Band 1, 7. Auflage, 1963, Verlag Franz Vahlen Gmb H, S. 116.

〔2〕 Hueck – Nipperdey, Lehrbuch des Arbeitsrechts, Band 1, 7. Auflage, 1963, Verlag Franz Vahlen Gmb H, S. 132.

〔3〕 Hueck – Nipperdey, Lehrbuch des Arbeitsrechts, Band 1, 7. Auflage, 1963, Verlag Franz Vahlen Gmb H, S. 118.

〔4〕 Hueck – Nipperdey, Lehrbuch des Arbeitsrechts, Band 1, 7. Auflage, 1963, Verlag Franz Vahlen Gmb H, S. 120; Abbo Junker, Grundkurs Arbeitsrecht, 15. Auflage, C. H. beck, 2016, S. 96; München Kommentar BGB/ Rudi Müller – Glöge, Band4, Schuldrecht besonderer Teil, 611 – 704, Rn. 164.

〔5〕 Arthur Nikisch, Arbeitsrecht, Band 1, 3. Auflage, J. C. B. Mohr, 1961, Vorwort S. 2.

〔6〕 München Kommentar BGB/ Rudi Müller – Glöge, Band 4, Schuldrecht besonderer Teil, 611 – 704, 2009, Rn. 163.

动合同而未订立的问题。[1] 按照刚性的书面劳动合同要求，没有书面形式就没有劳动合同，因此法律需要回答没有劳动合同时劳动关系如何建立。立法给出的答案就是：用工建立劳动关系。这其实是一个倒洗澡水顺便把孩子也倒掉的方案。解决了一个问题，但引发了更多的问题，直接否定了合同在劳动关系建立中的地位。

（二）为什么加入理论是不正确的

合同理论和加入理论的分歧首先涉及法律技术问题，但同时在更深层次上涉及法律价值问题。市场经济条件下，从社会法治国家的背景来看，合同理论应更值得赞同。

1. “二战”后的人的尊严和发展的回归

“二战”后，全世界对人的尊严和人格自由发展的尊重再次回归到法律体系的中心。这种基本价值的回归影响了立法，也影响了相关法律理论的重构。在加入理论和合同理论的选择问题上，德国学者提出，“合同理论和当代的基本观念相适应，该基本观点在《基本法》第 1 条和第 2 条中得到了表达……在当前，个人的人格、个人的尊严和通过自由意志决定实现的自我决定走向前台。合同自由原则与人格自由发展的基本权利相符合。个体原则上通过表达其法律行为意志才受到约束。这特别适用于劳动合同，劳动合同隐含着对劳动者进一步的人格约束”[2]。在很大程度加入理论产生并勃兴于一个限制合同效力，甚至将法律效果系于事实过程而不是人的意思的时代。在这个时代，私人间利益关系的协调不再取决于私人意志，而取决于其他因素，这就为纳粹的领袖观念进入劳动关系协调提供了基础。加入

---

〔1〕《全国人民代表大会法律委员会关于〈中华人民共和国劳动合同法（草案二次审议稿）〉修改情况的汇报》，载中国人大网 2007 年 8 月 14 日，www. npc. gov. cn。

〔2〕 Hueck – Nipperdey, Lehrbuch des Arbeitsrechts, Band 1, 7. Auflage, 1963, Verlag Franz Vahlen GmbH, S. 120.

理论更深层的问题在于它“和纳粹的劳动关系观念相符合”[1]。所以,在纳粹倒台、人的尊严和人格自由发展回归的背景下,加入理论自然就式微了。

2. 人法上共同体学说的衰微

尽管在当时合同理论和加入理论都认为在劳动过程中劳动者和雇主之间存在一种人法性的共同体关系,但合同理论认为这种关系和债权关系并不矛盾,只是其饱含信赖和照顾义务。[2] 而加入理论的主流意见认为,这种共同体关系并不是一种债权债务关系,而是一种独立的、特别的关系。但如本书第三章所提出的那样,在劳动关系学说发展的过程中,这种人法性共同体学说逐渐被放弃。“‘人法性’这一套话并没有太大说服力,因为并不存在具有确定规范构成和原则、对解决劳动合同问题大有助益的‘人法’。劳动关系也不能被称为‘共同体关系’,因为它既不符合法律共同体的构成要件(《民法典》第741条以下),也不符合合伙的构成要件(《民法典》第705条)。共同体的概念也掩盖了劳动合同当事人的利益对立。”[3]此外,人法上的共同体观念也使当事人之间产生了大量的与共同体有关的法律义务。[4] 在该人法上共同体的思想被放弃后,当下的理论和实践更多认为劳动关系是一种持续性债的关系(Dauerschuldverhälnis),或者债权性的交换关系(schuldrechtliches Austauschverhälnis)。[5] 这也是本书对劳动关系法律属性的基本认识。在作为加入理论出发点的人法性共同体观点被放弃时,加入理论本身的正当性根基也就失去了。

3. 加入理论本身存在的技术性难题

加入理论被放弃的直接原因在于其技术上的难题。“加入理论的贯彻

---

〔1〕 München Kommentar BGB/Rudi Müller - Glöge, Band 4, Schuldrecht besonderer Teil, 611 - 704, 2009, Rn. 163.

〔2〕 Hueck - Nipperdey, Lehrbuch des Arbeitsrechts, Band 1, 7. Auflage, 1963, Verlag Franz Vahlen GmbH, S. 129.

〔3〕 München Kommentar BGB/Rudi Müller - Glöge, Band 4, Schuldrecht Besonderer Teil, 611 - 704, 2009, Rn. 161.

〔4〕 Preis, Arbeitsrecht, Individualarbeitsrecht, 4. Auflage, Dr. Otto Schmidt Verlag, 2017, S. 25.

〔5〕 Preis, Arbeitsrecht, Individualarbeitsrecht, 4. Auflage, Dr. Otto Schmidt Verlag, 2017, S. 25.

将导致劳动法在许多问题产生令社会难以容忍的结果。"[1]主要表现在以下方面：

其一，在劳动合同约定的时间，用人单位不让劳动者入职或者劳动者拒绝入职时如何处理？按照加入理论，此时劳动关系尚没有建立，"如果后来才开始劳动，则该劳动合同是一个附始期的合同，根据当事人的意志，劳动关系在约定的开始期限到来后才生效"[2]。在此产生的问题是，当事人之间此时是什么关系？如何进行救济？为了解决此问题，尼基舍(Nikisch)又不无矛盾地提出，"但是需要注意的是，当事人已经受到合同的约束，合同的生效不依赖于当事人的意志"[3]。这正是加入理论的尴尬之处之一，也是在用工建立劳动关系从规则下，我国学者同样面临的问题。为了解决此问题，我国学者提出，"劳动合同订立后，即使劳动用工未发生，该劳动合同已经不是处于'事实状态'的劳动合同，而是一个处于'法律状态'的劳动合同。由此引发的劳动争议应该以《劳动合同法》为依据解决"[4]。事实状态的劳动合同或者法律状态的劳动合同其实都不是规范的法律用语，从其下文的论述来看，该观点似乎认为劳动合同此时已经生效，因为该论者主张，"对于劳动合同订立后劳动关系未实际发生前，劳动者明确表示或者以自己的行为表明不履行劳动合同，这在合同法理论上被称为'预期违约'"。既然谈预期违约，那就意味着合同肯定已经成立并生效，否则何谈违约？但已经生效的劳动合同为何不能产生劳动权利和义务关系？该观点解决了劳动合同订立后当事人拒绝履行合同的救济问题，但却没有对此问题作进一步解释。

其二，如果劳动关系没有建立，劳动合同缔结后入职前当事人之间是否存在必要的义务？劳动关系绝对不仅是劳动力和报酬的交换关系，而且是

---

〔1〕 Hueck - Nipperdey, Lehrbuch des Arbeitsrechts, Band 1, 7. Auflage, 1963, Verlag Franz Vahlen GmbH, S. 122.

〔2〕 Arthur Nikisch, Arbeitsrecht, Band 1, 3. Auflage, J. C. B. Mohr, 1961, S. 166.

〔3〕 Arthur Nikisch, Arbeitsrecht, Band 1, 3. Auflage, J. C. B. Mohr, 1961, S. 166.

〔4〕 王立明:《劳动合同订立与劳动关系建立的法律识别》，载《中国劳动》2008 年第 1 期。

由一系列生生息息动态存在的权利和义务构成的体系。入职前,劳动者是否要承担必要的保护等义务,以维护劳动关系中的信赖?从实践来看,这是必要的。但加入理论显然无法解决该问题。

其三,合同到期后入职前发生生病以及其他法定的免于劳动的情况时如何处理?由于劳动关系的特殊信赖和保护特征,在劳动关系存续期间,特定情况下,劳动者可以免除劳动义务并继续获得部分或者全部工资,如病假期间等。这正是劳动关系社会性的体现。但如果严格贯彻加入理论,未用工就没有劳动关系,而没有劳动关系,就不可能产生劳动关系中的照顾、信赖和社会性给付。但一方面,如果该员工入职一分钟,却可以享受上述待遇;另一方面,合同约定的用工期限到来,劳动者因病未入职时,支付工资是"社会合理性如何显而易见的要求",持加入理论的学者也赞同该结果,但是却无法在逻辑上对其进行解释。西伯特(Siebert)教授甚至提出了"事实上的加入",用以解释该现象。[1] 但是其在逻辑上都是难以令人满意的。

其四,劳动关系如何终止?按照加入理论,劳动者加入用人单位组织,则劳动关系建立。由此反推,则劳动关系终结的方式是否应当为劳动者不再加入或者退出用人单位?由此产生的风险是,当用人单位将劳动者拒之门外,在用人单位违法解除时,劳动者无法加入用人单位组织,则劳动关系似乎就终止了?这对劳动者的保护是极其不利的。

(三)合同理论在技术上何以可能?

合同理论将劳动关系的建立系于当事人合意。这不仅符合尊重人的自治和选择,尊重人格发展的现代法律思潮,而且在技术上可以解释劳动关系领域的特殊现象。

1. 合同订立和用工分离如何解释?

按照合同理论,合同在达成合意时就已经成立并生效,在合同订立后即

---

〔1〕 Hueck - Nipperdey, Lehrbuch des Arbeitsrechts, Band 1, 7. Auflage, 1963, Verlag Franz Vahlen GmbH, S. 122.

刻用工的情况下,不存在任何问题。需要分析的是用工和合同订立分离的情况。对此,有论者提出用工中的口头合同概念,认为“存在于用工行为中的口头(推定)劳动合同具有建立劳动关系的效力,于是,在先订立书面劳动合同后用工和先用工后订立书面劳动合同的情形下,书面劳动合同生效与口头(推定)劳动合同生效就发生相对分离”[1]。按照这种观点,将存在两个合同。如何协调二者关系呢?本书认为这种解释的努力方向和思路是可取的,是在现行法框架下不得已的一种选择。但从根本上我们需要重新认识用工和书面合同的意义。在此可以分两种情况分析:其一,合同已成立但尚未用工。此时合同成立并生效,发生法律约束力,但是劳动和报酬支付的义务履行期限尚未到来,所以当事人双方并不承担相应义务。履行期限是所有合同类型都存在的普遍现象,它并不同于合同生效期限。履行期限到来前,合同成立并生效,只是当事人享有期限利益,无须履行,一旦履行期限到来,则发生全面实际履行的效力。在劳动合同中,劳动者拒不入职,构成旷工行为;用人单位拒绝劳动者入职,构成受领迟延,应按照约定支付工资。社会保险法上的义务也从这个时间点开始发生。这种安排很好地平衡了劳动者和用人单位之间的关系。其二,先用工后签订书面劳动合同。在此,劳动关系在用工时建立。但必须明确,实际上并不存在没有合意的用工,在所有用工开始之前或同时,当事人之间存在劳动的合意,只是该合意没有书面化而已。没有合意的用工,只会是强迫劳动。因此,在严格意义上并不存在先用工后有合意的情况,只存在先用工后签订书面合同的情况。上述先用工后签订书面合同现象应该这样理解:书面合同仅是对用工开始时已经达成的合意的记录,这也符合上述关于书面形式仅具有证据功能的观点。

2. 合同瑕疵导致合同无效或者被撤销时如何解释?

加入理论最具优势之处在于解释劳动合同因违法、意思瑕疵等无效或者被撤销以后的处理问题。加入理论不考虑合同的效力,只要加入用人单

---

〔1〕 王全兴、黄昆:《劳动合同效力制度的突破和疑点解析》,载《法学论坛》2008 年第 2 期。

位,开始用工就存在劳动关系,因此即使合同无效也无须返还已经受领的工资、福利待遇等。而按照传统合同法的理论,合同被撤销或者无效之后,就是自始无效,也就是不存在,因此已为的给付丧失了权利基础,应当予以返还。但对于劳动关系而言,劳动力付出后不可返还,如何处理这种现象?单纯的不当得利法或者损害赔偿法并不能令人满意地解决该问题。[1] 在经过多年讨论后,德国劳动法学界最终确立了"有瑕疵的劳动合同"(Lehre vom felherhaften Arbeitsvertrag)学说,据此,"劳动合同意思瑕疵和违反法律规定的主张应作限制,不论基于何种原因而无效,劳动关系的无效原则上不可以主张对过去发生效力"[2]。有瑕疵的劳动合同理论和此前的事实劳动关系理论的根本差异在于,根据有瑕疵的劳动合同理论,"当事人必须达成了劳动合同合意,该合意包含正常情况下导致合同无效的瑕疵。也就是说,必须存在一个合意,如果该合意不存在瑕疵,将会产生有效的劳动合同"[3]。而和加入理论紧密相关的事实劳动合同理论将劳动关系建立在社会接触这个社会事实基础上,根本不考虑合意问题。加入理论在此无法解释的问题是,在劳动关系都是根据加入理论而建立的情况下,为何这种事实劳动关系可以随时解除,而有瑕疵的劳动合同理论却解决了劳动合同无效、撤销之后面临尴尬问题?实际上,合同瑕疵导致合同无效或者被撤销时出现的问题,不只是劳动合同的问题,而是所有继续性合同共同的问题。这种合同用时间作为一方义务的计量单位,必然都会发生无效原则上面向未来发生的问题,在此需要一套继续性合同的共同理论来解决,而不是劳动合同通过自己所谓的加入理论来完成。

---

〔1〕 Hueck - Nipperdey, Lehrbuch des Arbeitsrechts, Band 1, 7. Auflage, Verlag Franz Vahlen GmbH, 1963, S. 184.

〔2〕 Zöllner, Loritz und Hergenroeder, Arbeitsrecht, C. H. Beck Verlage, 2015, S. 181; Wolfgang Hromadka, Frank Maschmann, Arbeitsrecht Band 1, Individualarbeitsrecht, Springer, 2012, S. 169.

〔3〕 Wolfgang Hromadka, Frank Maschmann, Arbeitsrecht Band 1, Individualarbeitsrecht, Springer, 2012, S. 170.

3. 事实优先如何理解

事实优先是劳动法理论中非常主流的意见。“事实优先原则是各国判断劳动关系存在与否时普遍适用的原则……事实优先原则要求在判断是否存在劳动关系时应优先以执行劳动和支付报酬的事实为指导，而不考虑当事人达成明示合意的合同名称与合同条款……”〔1〕为此，在德国这样将劳动合同的界定放在民法典中的国家，在界定劳动合同的第611a条末尾也明确规定，“合同关系的实际履行显示涉及的是劳动合同的，合同名称则不再重要”。可以认为这是对事实优先原则的立法表达。事实优先原则是否意味着上述按照意思表示来判断当事人之间是否建立劳动关系这一命题的失灵？本书认为，事实优先和按照意思表示判断当事人之间是否建立劳动关系并不存在实质性冲突。这是因为，首先，事实优先并不是认为用工关系性质不用考虑当事人的意思表示——作为需要亲自履行的法律关系，如果其建立不考虑当事人的意思，则其会成为一种强迫劳动的制度。其所强调的是实际上的履行行为和明示的意思表示冲突时，以实际的履行行为为准判断当事人之间是否存在劳动关系。但实际上，实际履行行为从来不是简单的事实，而是本身承载着当事人真实意思的事实。事实优先不如说是真实意思优先。这恰好是法律行为制度的题中应有之义。其次，法律行为属性的判断从来不是个事实问题而是个法律判断问题。当事人只可以决定意思表示的内容，但不能决定因该意思表示形成的法律关系的性质。“私法自治性的法律行为建构的形式和可能内容都是通过法律秩序确定的……当事人只可以建构得到法律秩序承认的法律关系，对于私法自治性的建构而言，法律秩序包含着行为类型和由其建构的法律关系类型限制。”〔2〕在其他法律关系的认定上如此，在劳动关系的认定上也是如此。所以事实优先原则并非劳动法领域的所谓特殊规则，而是传统法律行为理论在劳动关系领域的

〔1〕 陈靖远：《事实优先原则的理论展开与司法适用——劳动法理论中的一个经典问题》，载《法学家》2021年第2期。

〔2〕 Werner Flume, Allgemeiner Teil des Bürgerlichen Rechts, Zweiter Band, Das Rechtsgeschäft, 4. Auflage, Springer - Verlag, 1992, S. 2.

具体运用。

（四）小结

以用工事实作为劳动关系建立标准不符合个人的尊严和通过自由意志决定实现的自我决定等基本价值，并且导致一系列不合理的社会效果。在正确认识劳动合同的合意本质基础上，应承认合意在劳动关系建立中的核心地位，没有合意就没有劳动关系的建立；只有事实上的用工而没有合意，则不可能发生劳动关系。在我国现行法明确将用工而不是合同订立作为建立劳动关系的制度前提下，应重新去发现和解释用工中的合意，进而重回合同理论。“用工是劳动者和用人单位的双方行为，隐含着口头或者推定的劳动合同，且意味着口头或者推定的劳动合同开始履行。”〔1〕

三、劳动关系的内容确定：合意、事实抑或规则

劳动合同在劳动关系协调中地位的第二个疑虑，来自劳动合同决定劳动关系内容的可能性。这种担心立足于对劳动关系的主体、调整机制和存续等特征的关注，但在很大程度上，它只看到了劳动关系的特性，却忽视了劳动关系和其他法律关系的共性。

（一）劳动者和用人单位力量失衡导致劳动合同失灵？

劳动者和用人单位通过合意安排劳动关系内容的第一项担忧在于双方当事人力量失衡：劳动关系中用人单位和劳动者之间被认为实质上是不平等的，劳动者对用人单位存在人格从属性。学者们据此认为，“劳动者在用人单位提供的劳动合同文本面前，只有同意和不同意的选择，难以确定劳动者的真实意思”〔2〕。由此，潜含的结论是以合意为基础的劳动合同很难合

---

〔1〕《劳动与社会保障法学》编写组：《劳动与社会保障法学》，高等教育出版社2017年版，第85页。

〔2〕姜颖：《劳动合同法论》，法律出版社2006年版，第12页。

理决定劳动关系的内容。但已有学者正确批评道,“对劳动法来说,从属性这一点不应被用于证明通过私人自治缺乏将劳动者融入社会和经济秩序的功能,而只能证明劳动法应尽力恢复在劳动生活中通过合同建立秩序的前提”〔1〕。毕竟私人才是自己利益的最好判断者。劳动法上的所有其他机制都因私人自治受到了挑战而出现,其目的是恢复私人安排自身利益的可能,而不是消灭私人自治。“限制用人单位的意思自治,是为了保障劳动者充分的意思自治。”〔2〕因此,在私人可以自主安排个人利益的范围内,必须承认和保护这种可能性。“劳动合同须遵循合同的一般规律和价值取向。劳动合同毕竟是一种合同,劳动合同双方当事人仍享有一定程度的意思自治。”〔3〕当事人之间的力量失衡,并不能排除双方安排劳动关系内容的可能。其实在社会化大生产的背景下,在私法的其他领域,如消费合同领域,也出现了当事人双方的力量失衡,但这并没有导致排除当事人通过意思自治安排合同内容的可能性。在所有这些领域,法律所努力的重要方向之一都是重建实现真实意思自治的可能。

(二)劳动关系调整的多元机制导致劳动合同失灵?

如上文所述,劳动关系协调机制的一个重要特点在于其多元性:国家立法(劳动基准)、劳动合同、集体合同、用人单位规章、用人单位指示权等共同确定着劳动关系的内容。在劳动关系协调实践中,“对劳动关系发生效力的是大量制定法规范(特别是劳动保护法)和司法机关发展起来的劳动法规则,以及集体劳动法(团体协议、工厂协议等)的规范”〔4〕。在这种背景下,劳动合同似乎被压缩到了一个可有可无的空间中,“大量劳动关系往往建立

---

〔1〕 Richardi, Der Arbeitsvertrag im Zivilrechtssystem, in: ZfA, 19. Jg, 3/1988, S. 237.

〔2〕 王全兴:《劳动法》(第2版),法律出版社2017年版,第135页。

〔3〕 郑尚元:《劳动合同法的制度与理念》,中国政法大学出版社2008年版,第13页。

〔4〕 München Kommentar BGB/Rudi Müller - Glöge, Band 4, Schuldrecht besonderer Teil, 611 - 704, 2009, Rn. 159.

在内容空洞的劳动合同基础上”[1]。这是否意味着劳动合同在劳动关系内容确定上已经失灵？本书认为，主张其失灵的观点并没有正确认识其他劳动关系协调机制和劳动合同之间的关系，并没有认识二者不同的定位和效力。

1. 国家立法、集体合同、用人单位规章仅具有功能上的辅助性

如上所述，从劳动法的发展过程来看，私人自治在实现劳动者和用人单位利益分配时的不充分性，导致国家立法强制、集体合同和用人单位规章等制度的出现，但上述机制并不是要排除劳动合同的效力和功能，而是在劳动合同有失灵之虞时，对其予以控制。因此，不论是国家立法、集体合同还是用人单位规章都不是用以排除个体之间安排的可能性，而是在个体不能合理安排时对其予以限制：个人能自主完成的由个人完成，个人不能完成的，通过国家立法、集体合同和用人单位规章予以保障。从这个现象来看，劳动合同之外的其他机制在协调劳动关系中都具有功能的辅助性。

2. 符合有利原则的劳动合同比国家立法、集体合同、用人单位规章具有效力优先性

由上述功能辅助性所决定，在效力上，符合有利原则的劳动合同约定原则上可以排除国家立法、集体合同、用人单位规章的规定。对此，《劳动合同法》第55条后半句规定，“用人单位与劳动者订立的劳动合同中劳动报酬和劳动条件等标准不得低于集体合同规定的标准”。在用人单位规章的问题上，德国等国家依然适用有利原则，劳动合同约定有利于劳动者时，适用劳动合同。[2] 在我国，《最高人民法院关于审理劳动争议案件适用法律问题的解释(一)》第50条第2款规定，“用人单位制定的内部规章制度与集体合同或者劳动合同约定的内容不一致，劳动者请求优先适用合同约定的，人民法院应予支持”。将劳动合同与用人单位规章冲突时的适用选择权赋予劳

---

[1] München Kommentar BGB/Rudi Müller – Glöge, Band 4, Schuldrecht besonderer Teil, 611 – 704, 2009, Rn. 159.

[2] 参见[德]雷蒙德·瓦尔特曼：《德国劳动法》，沈建峰译，法律出版社2014年版，第608页。

动者,其实质也是遵循了有利原则条件下劳动合同的优先性的规则。各种劳动基准法也是如此,它更多的是一种单方强制的法律设置,允许对劳动合同作有利于劳动者的变更。总体而言,与劳动合同相比,劳动基准、集体合同、用人单位规章发挥的都是兜底保障的作用;在兜底保障之上,劳动者和用人单位享有通过劳动合同自由安排的空间。

3. 用人单位的指示权效力劣后于劳动合同

在国家立法(劳动基准)、集体合同、用人单位规章和用人单位之外,在劳动关系协调实践中非常重要的一种机制是用人单位的指示权,服从用人单位指示是劳动关系的重要标志。但用人单位指示权作为一种用人单位单方决定劳动关系内容的机制,如本书第六章所述,立足于劳动合同,并且在效力上劣后于劳动合同,以末位阶权的方式存在。如果劳动合同已经对有关劳动条件作出了约定,用人单位只能在合同限定的范围内进行指示,否则就是在变更合同。指示权的劣后地位,清楚地表现在《德国工商业条例》第106条中:只有劳动合同、工厂协议和可适用的团体协议的规定或法律规范对该劳动条件没有确定时,雇主才可以根据公平裁量进一步确定劳动给付的内容、地点和时间。在我国司法实践中,有关司法机关在用人单位根据指示权单方调岗的案件中也正确地指出不得违反劳动合同进行调岗:“某贵州分公司对穆某进行岗位调整,是对双方签订的《劳动合同书》附件《岗位合同书》的变更,该分公司应与劳动者协商一致。某贵州分公司未经协商而单方调整穆某至某铝厂电解工岗位,不符合法律规定。”〔1〕一些地方法院在相关的会议纪要中明确用人单位单方调岗的前提条件是劳动合同对相关岗位没有约定或者约定不明,〔2〕这都是对用人单位指示权效力劣后于劳动合同约定的明确表达。

〔1〕 贵州省高级人民法院民事裁定书,(2015)黔高民申字第190号。

〔2〕 例如,北京市高级人民法院、北京市劳动人事争议仲裁委员会《关于审理劳动争议案件法律适用问题的解答》(京高法发〔2017〕142号)第5条规定,“用人单位与劳动者在劳动合同中未约定工作岗位或约定不明的,用人单位有正当理由,根据生产经营需要,合理地调整劳动者工作岗位属于用人单位自主用工行为”。

（三）劳动关系存续的过程性导致劳动合同失灵？

关于劳动合同在劳动关系内容确定上失灵的另外一个经典表述是，"劳动合同只是起到劳动关系的触发作用，契约是一个过程，契约的内容不可能全部包含于当初的合意之中，约定不能成为契约约束力的一元根据"〔1〕。其核心思想在于，基于劳动关系的继续性，初始的劳动合同约定并不能确定劳动关系实施过程中的所有问题，因此劳动合同只是启动劳动关系。在此需要明确的是：其一，即使静态地看，劳动合同也完全可以对劳动关系的内容作出安排。《劳动合同法》规定了劳动合同应当具备的内容，这些内容就是劳动合同对劳动关系未来的安排。其二，尽管劳动关系运行过程具有持续性，劳动合同订立时不可能完全确定所有事项，但在合同履行过程中，当事人完全可以达成新的合意补充或者变更原合同，不断应对新的情况。劳动合同从来不是静态的一个合意，而是动态的一系列合意，一系列不断达成、不断变更的合同。认为劳动合同不能应对劳动关系持续变化特性的观点，恰好是静态和孤立地认识了合同和合意的结果。

（四）合同约定和实际履行的分离导致劳动合同失灵？

合同约定和实际履行的分离是劳动法律实践中常见的现象，实践中甚至可能出现，当事人明确约定"双方形成委托代理关系，不形成劳动关系或劳务关系"，但是用人单位却对劳动者进行深度管理，形成了依附性劳动的现象。在实际履行和合同约定不一致时，坚持事实优先原则，则需要根据实际履行的情况判断当事人之间法律关系的性质。〔2〕这是否意味着劳动合同在确定劳动关系内容上是失灵的，甚至是不必要的？这种现象其实并不是劳动法中特有的现象，在民法的其他领域也存在大量这种现象。这种行

---

〔1〕　姜颖：《劳动合同法论》，法律出版社2006年版，第12页。

〔2〕　Rebhahn, Der Arbeitnehmerbegriff in Vergleichender Perspektive, RdA 2009, S. 154；我国司法实践可参见北京市第二中级人民法院民事判决书，(2014)二中民终字第00708号。

为和意思的冲突在德国首先通过事实合同关系理论解决。联邦法院首先采用该理论解决的就是著名的“停车费案”，在该案中，车主将汽车停在停车场，并明确告诉管理员不需要其看管，也不付酬。[1] 但在目前看来，通过意思表示的解释规则，人们已经将其纳入传统合同的框架中。在本质上此处存在一个履行变更合同规则。如上所述，实际履行行为从来不是简单的事实，而是本身承载着当事人真实意思的事实。在当事人同意不按照劳动合同约定履行时，劳动合同的履行行为中包含着劳动者和用人单位之间达成的变更劳动合同的新约定。实际上，如果劳动者不同意履行，是没有办法强迫他劳动的，所以，不同于劳动合同约定的实际履行之中包含变更劳动合同的合意。在实践中唯一需要区分的是，不按照合同约定来履行是违约还是变更合同，但这仅涉及证据问题，并不影响问题本身的判断。

（五）结论

劳动法中存在多元劳动关系协调机制，在所有这些机制中，劳动合同不仅可以决定劳动关系的内容，而且在与其他机制的关系问题上，在遵守有利原则的基础上具有优先性。从劳动合同本身的动态性和合意达成的连续性出发，劳动合同也可以应对劳动关系的持续性以及实际履行和合同约定的分离问题。总之，“劳动合同制度中许多领域限制了双方当事人的自由，限制了双方当事人的意思自治的范围，但并不等于说，有了上述限制就完全没有了自由；相反，正是自由的存在，使得这种限制才有价值和必要”[2]。

四、劳动合同的消灭：通过合意安排劳动合同消灭的可能与限度

广义的劳动合同终止涵盖了狭义的劳动合同终止和劳动合同解除，[3] 包括双方协议解除、单方行使解除权解除以及符合法定条件时的自动终止。

---

〔1〕 王泽鉴：《事实上之契约关系》，载王译鉴：《民法学说与判例研究》（第1卷），中国政法大学出版社2005年版，第98页以下。

〔2〕 郑尚元：《劳动合同法的制度与理念》，中国政法大学出版社2008年版，第14页。

〔3〕 参见关怀、林嘉：《劳动法与社会保障法学》，法律出版社2011年版，第86页。

但为了避免终止这一术语引发的概念混乱，本书将上述广义劳动合同终止称为劳动合同消灭。在劳动合同消灭问题上，合同约定有多大的适用空间？在此，可以从消灭事由和消灭后果两个方面展开分析。

（一）消灭事由和程序法定

在劳动合同消灭三大类型中，首先比较明确的是，现行法对协商一致解除并没有限制，这是一个充分自治的领域。[1] 对狭义的劳动关系终止而言，《劳动合同法实施条例》第13条明确排除了当事人约定终止条件的可能性；而在单方解除问题上，该条例在第18条、第19条也明确规定了解除的事由，在解除事由中并没有规定“当事人约定的其他事由”。不仅如此，法律还规定了不同解除权的行使的严格程序。所以，初看起来，在单方解除和终止的问题上，我国劳动法确立了消灭事由和消灭程序法定的原则，并没有为当事人留下通过合同进一步安排的空间。但果真如此吗？在法律规定之外，当事人能否约定进一步的劳动合同消灭事由以及能否通过劳动合同对消灭程序做进一步的安排？

上述问题的回答，应回归劳动法的基本定位。劳动法是为了解决劳动者与用人单位相比的结构性力量失衡而出现的，所以，劳动法的重要功能是劳动者的保护法。[2] 因此，除涉及公共利益和国家利益的规范外，劳动法规范大部分是单方强制的，允许作有利于劳动者的变更。[3] 在该总体认识背景下，则应当承认，当事人完全可以在法定的消灭事由和程序之外，作出更有利于劳动者的安排，如延长用人单位解除的预告期限、限制用人单位的解除事由等。这些都不违反法律规定，因此有效。它恰好就是当事人通过合同对解除程序和解除事由的安排。

---

〔1〕 但这个恰好却是令人充满担心的，忽视了劳动者和用人单位的结构性不平等。因此，我国台湾地区学者认为，“合意终止契约此一制度应做如何地规范始为妥当，尤值探讨”。郭惠玲：《劳动契约法论》，台北，三民书局2011年版，第275页。

〔2〕 Preis, Arbeitsrecht, Individualarbeitsrecht, 4. Auflage, Dr. Otto Schmidt Verlag, 2017, S. 1.

〔3〕 参见［德］雷蒙德·瓦尔特曼：《德国劳动法》，沈建峰译，法律出版社2014年版，第83页。

（二）消灭效果法定

在劳动关系消灭的法律效果方面，首先应明确，消灭效果也适用上述单方强制规范的认识，如果当事人在劳动合同中对消灭后用人单位的责任做了加重安排，其应当有效。实践中劳动合同约定用人单位承担违约金，约定用人单位解除劳动合同后加重效果的情况并不罕见。[1]

需要讨论的是，当事人在消灭效果上能否做不利于劳动者的安排？从劳动者保护法的角度来看，在订立劳动合同以及劳动关系存续期间，当事人不可以做不利于劳动者的安排，不能对经济补偿等作出不利于劳动者的约定。例如，我国台湾地区的司法实践就持类似态度。“劳雇双方不得预先约定抛弃资遣费及预告期间工资之请求权，如事先抛弃，因违反劳基法及预告期间工资之最低工资保障规定，应属无效。”[2]有争议的是，在劳动合同解除或者终止时，当事人能否通过合同对解除或者效果做不利于劳动者的安排？大陆理论界对该问题并没有太多探讨，实务部门的主流意见似乎并不对劳动关系当事人解除时达成的协议内容按照法律规定的标准进行审查。在胡某与北京某农工商公司的争议中，最高人民法院认为，“两份协议的内容均明确了该调解协议为双方间劳动关系争议事项的终局性解决方案，即涵盖了胡某与农工商公司间过往和未来一切债权债务事项的处理结果，意味着在农工商公司一次性支付经济补偿金 60,000 元之后，双方即放弃就劳动关系的任何权利义务主张，不再存有任何债权债务关系”[3]，并未对该金钱数额是否低于法定标准进行审查。此外，从许多省份和城市颁布的相关劳动人事案件指导意见来看，多认为只要不显失公平就应当认可其效力。例如，浙江省高级人民法院民一庭《关于审理劳动争议纠纷案件若干疑难问

---

〔1〕参见安徽省滁州市中级人民法院民事判决书，(2015)滁民一终字第 00527 号；吉林省长春市中级人民法院民事判决书，(2014)长民五终字第 00300 号。

〔2〕台湾劳动法学会编：《劳动基准法释义——施行二十年之回顾与展望》，台北，新学林出版股份有限公司 2009 年版，第 341 页。

〔3〕中华人民共和国最高人民法院民事裁定书，(2014)民申字第 735 号。

题的解答》(2012 年 12 月 26 日)第 14 条就规定,“用人单位和劳动者协商或经调解组织调解,就工伤待遇、加班工资、经济补偿金等达成和解或调解协议后,劳动者以数额过低要求用人单位补足差额的,不予支持”。比较特别的是,根据《北京市劳动和社会保障局、北京市高级人民法院关于劳动争议案件法律适用问题研讨会会议纪要》(2009 年 4 月)第 30 条,它一方面似乎主张对合意用劳动基准进行控制,规定“用人单位与劳动者就经济补偿金的给付标准自行达成的协议,如约定的给付标准低于法定标准,劳动者领取后,又在仲裁时效内主张权利,要求用人单位补足差额部分,应予以支持”;另一方面认为,“但如果用人单位在协议中已明确告知劳动者相关法律或政策规定的标准,劳动者明确表示放弃权利,对其主张则不应予以支持”,认可了充分合意的可能性。我国台湾地区的实践和理论似乎也持与此相同的意见。台北地方法院认为,“唯劳工之资遣费及预告期间工资请求权一旦发生,则为独立之债权,依私法上‘契约自由’之大原则,劳雇双方自得就此一债权互相让步,成立和解”〔1〕。而学者们则认为上述做法在“合法性上是无所疑虑的”〔2〕。其实,即使司法实践根据劳动基准法的标准对当事人合意安排的消灭效果进行控制,也只是限制了合意安排消灭效果的可能,而不是排除合意安排消灭效果的可能。

(三)小结

立足于劳动立法保护性规范的定位,则可以认为无论是劳动合同消灭事由还是消灭的法律效果,都存在当事人合意安排的可能性。劳动关系的消灭依然存在可以合意安排的空间。

---

〔1〕 台湾劳动法学会编:《劳动基准法释义——施行二十年之回顾与展望》,台北,新学林出版股份有限公司 2009 年版,第 341 页。

〔2〕 台湾劳动法学会编:《劳动基准法释义——施行二十年之回顾与展望》,台北,新学林出版股份有限公司 2009 年版,第 341 页。

五、劳动合同单方解除的合同逻辑

（一）劳动合同单方解除制度的困境

劳动合同的解除制度是劳动合同法的核心制度，[1]在我国现行法中，单方解除制度也是最有争议的制度。在此问题上，备受批评的莫过于，首先，根据现行法，劳动者无须理由可以随时预告解除劳动合同，合同无须信守，打破了合同法的基本逻辑。其次，《劳动合同法》从第38条至第41条规定的解除事由杂乱无章，缺乏内在体系。对劳动合同为何可以无理由单方解除，人们只是从价值的角度提出解释：对劳动者而言人身是自由的，劳动是自由的，劳动不可强制，所以劳动者可以随时解除；[2]而对上述第38条至第41条解除事由之间的逻辑关系，目前的论述多仅就用人单位而言，将其解除区分为过失性解除、无过失解除以及经济性裁员。对劳动者的任意预告解除权，目前以各种价值为基础提出的论证，都是站不住脚的：劳动是自由的以及劳动无法强制执行等，都不妨碍期限的约束力，合同约束力不仅体现在实际提供劳动上，也可以体现在无法履行的劳动合同可以不实际履行而进行损害赔偿上。就雇主的法定解除权，上述分类只是描述性的分类，并没有探知雇主解除的根本原因和尺度。上述问题的产生在根本上是因为目前的劳动合同单方解除制度只是从简单的价值判断出发进行制度分析，缺乏持续性合同及其履行不能的视角，缺乏教义学基础而迷失于不同的价值之中。实际上，劳动合同是一种持续性合同，而"解除(Kündigung)是持续性合同具有显著标志性的制度"[3]。以民法中持续性债的关系理论为基础，预告解除、即时解除等都可以找到自己的法教义学基础。

---

〔1〕 Preis, Prinzipien des Kündigungsrechts bei Arbeitsverhältnissen, Dissertation, 1987, S. 1.

〔2〕 参见黎建飞：《从雇佣契约到劳动契约的法理和制度变迁》，载《中国法学》2012年第3期。

〔3〕 Otto von Gierke, Dauernde Schuldverhältnisse, in: Jherings Jahrbücher für die Dogmatik des Bürgerlichen Rechts, 1914, S. 386.

（二）预告解除正当性的教义学基础

预告解除是指劳动者或用人单位提前预告而解除劳动合同的现象。预告解除的正当性植根于持续性债的关系的特殊性之中。持续性债的关系是指以给付义务在一个时间段内延续，总给付义务取决于时间长度的债的关系。[1] 持续性债的关系存续时间的确定方式有两种：有明确期限和无确定期限。对无确定期限的持续性债的关系，当事人单方可以在合同存续期间确定期限预告终止，其本质是当事人通过单方行为为这种没有期限的债的关系确定了期限，所以无确定期限的持续性债的关系的预告解除，名为解除实为单方确定法律关系终止期限。确定期限的持续性债的关系因为已经合意约定了期限，合同必须信守，原则上期限具有约束力，当事人应遵守该期限，不得预告解除。但由于持续性债的关系的特殊功能，"持续性债的关系具有唤起持续性的权力关系并保持它实现的力量"[2]。为了防止对义务人自由的过度限制，[3] 在各种持续性债的关系中都存在达到一定长度的持续性债的关系的当事人可以通过特殊预告期间而解除的规则，如《德国民法典》第544条规定，长于30年的租赁合同，当事人任何一方可以在遵守法定期间的情况下解除。《德国民法典》对雇佣合同也有相同原理的规定。以上解除的规则及其原理表明，并不存在无须信守而可以随时解除的持续性债的关系。持续性债的关系本身的特殊性决定了预告解除的正当性。无固定期限劳动合同作为持续性合同应可以预告解除；而固定期限劳动合同则原则上不应预告解除，除非合同期限过长给劳动者带来了过重的自由约束。从这个角度来看，我国有期限劳动合同不分存续长度均可以任意预告解除

---

〔1〕 Dirk Looschelders, Schuldrecht, Allgemeiner Teil, Carl Heymanns Verlag, 2009, S. 275; Otto von Gierke, Dauernde Schuldverhältnisse, in: Jherings Jahrbücher für die Dogmatik des Bürgerlichen Rechts, 1914, S. 359.

〔2〕 Otto von Gierke, Dauernde Schuldverhältnisse, in: Jherings Jahrbücher für die Dogmatik des Bürgerlichen Rechts, 1914, S. 407.

〔3〕 Palandt Kommentar, Weidenkaff, 2009, S. 916.

的规则确实欠缺正当性,而从实践来看,用人单位的批评也主要围绕这一点展开。

(三)即时解除正当性的教义学说明

除预告解除外,劳动合同尚可以无须预告立即解除。对这种解除权我国现行法作了列举式的规定,理论界更多从劳动者或者用人单位存在过失等论证这种解除权的正当性。但存在过失为何就可以解除?怎样的过失程度可以解除?这些问题在现行法中都无法得到回答。在实践中,裁判机关运用《劳动合同法》第 39 条时对"未依法为劳动者缴纳社会保险费""未及时足额支付劳动报酬"的疑问"少缴纳 1 块钱也可以解除?""拖欠 1 块钱也可以解除?"足以说明没有体系支撑的法律条文本身面临的困境。实际上,完全可以从传统合同法解除的基本理论出发理解即时解除问题。按照传统合同法的理论,"合同有效成立后,有时会因为主客观情况变化而使合同的履行成为不必要或者不可能,使得当事人一方甚至双方订立合同的目的无法实现,如仍固守合同拘束力,不但于一方或者双方当事人没有好处,于整个社会利益也没有任何增益。因而,通过法律手段让合同提前终了,并处理善后事宜,承属必要。为此目的,法律上创设了合同解除制度"[1]。从我国《民法典》第 563 条的规定来看,合同解除的前提是拒绝履行或者因不可抗力以及迟延履行等违约行为导致合同目的不能实现。《劳动合同法》第 38 条、第 39 条规定的即时解除事由,也应当回到根本违约或者合同目的不能实现的角度去把握。一方面,在体系建构上也应按照这个思路展开;另一方面,用人单位轻微地违反支付报酬的义务或者缴纳社会保险的义务并不足以导致解除。唯一比较特别的是,劳动合同建立的是一种持续性债的关系,并且劳动给付具有很强的信赖色彩,因此认定义务违反以及合同目的不能实现时,应顾及持续性债的关系的特点,也即"如果出现了一定事实,顾及个案中的所有情况并权衡双方当事人的利益,该事实使得对解除人来说劳动

---

〔1〕 韩世远:《合同法总论》(第 4 版),法律出版社 2018 年版,第 648 页。

关系继续存续至解除期限或约定的劳动关系终止难以合理期待,则基于该重要原因双方当事人可以不遵守解除期限进行解除”[1]。

(四)小结

综上所述,在解除这一劳动合同法核心制度的体系建构和制度解释上,我们应回归合同的一般原理,从继续性合同的法律约束力出发,排除短期固定期限合同中双方预告解除权;从根本违约和合同目的不能实现出发,分析和建构即时解除制度;从持续性债的关系出发,讨论长期固定期限合同预告解除的特殊规则、无固定期限合同自由预告解除的规则以及即时解除时合同目的不能实现的认定。在上述基础上,从社会保护的视角,引入无固定期限劳动合同解除时的解雇保护制度。劳动法作为私法的一般属性和社会化的特殊规则将得到充分的体现。

六、结论

劳动合同是建立劳动关系、确定劳动关系内容以及终止劳动关系的重要法律机制,劳动合同解除也遵循合同解除的一般理论逻辑。只有从劳动合同的合意本质及其动态性出发,从国家强制、集体合同、用人单位规则等一系列调整劳动关系内容的机制基准地位出发,才可以正确地把握劳动合同以及私人合意在劳动关系协调中的上述地位。我国法律中一系列贬低劳动合同功能的规则,最直接的根源在于将劳动合同与劳动合同书等同,而不是从劳动合同的本质是合意出发分析问题。劳动合同的上述地位,从微观角度看,在根本上是因为劳动者依然是一个私人,劳动者利益的最好判断者依然是其个体,而不是国家、团体,国家和团体应尊重个人的自治,只有在其靠其力量无法实现自治时,其他机制才予以介入。劳动合同的上述地位,从宏观的角度看,是由市场经济所决定的。市场经济就是契约经济,在市场经济条件下,不仅资本、生产资料、商品需要通过缔结合同来实现优化配置,而

---

〔1〕 [德]雷蒙德·瓦尔特曼:《德国劳动法》,沈建峰译,法律出版社2014年版,第252页。

且劳动力也应通过市场手段，通过合同来实现优化配置。因此，只要存在市场经济，存在私人利益的维护和尊重，就无法否认劳动合同以及私人合意在劳动力资源配置中的重要地位。

第六章　用人单位指示权的私法构造

一般认为劳动关系是劳动者加入用人单位组织，遵守用人单位规章，服从用人单位指挥，提供有偿劳动过程中产生的社会关系。在实践中广为使用的《关于确立劳动关系有关事项的通知》（劳社部发〔2005〕12 号）明确将“用人单位依法制定的各项劳动规章制度适用于劳动者，劳动者受用人单位的劳动管理，从事用人单位安排的有报酬的劳动”作为认定劳动关系的主要条件。据此，劳动者接受管理、服从安排以及与此相对用人单位的用工管理、安排劳动是劳动关系的认定标志，也是劳动关系内涵的题中应有之义。但上述用工管理、安排劳动的现象在法律上如何定位？它只是一个事实还是本身就是一种决定劳动关系当事人之间权利和义务的法律机制？如果是前者，这个事实通过怎样的法律路径决定劳动者权利和义务？如果是后者，这个法律机制如何进行法律定性？从用工管理、安排劳动对劳动关系近乎要素式的地位出发，这些问题本应为劳动法立法和研究中的根本问题，但从目前对中文文献的检索来看，相关研究却非常匮乏，仅有零星关于个别用工管理行为，尤其是调岗等行为法律效力的探究[1],相关立法也几乎没有。与理论研究和立法匮乏截然相反的是,在用工实践中因用人单位安排加班、安排休假、安排调岗等用工管理而引发的争议较为多见,人们在用工自主和合同约束之间左右为难,相关各地的政策性文件在不断尝试解决这一问题,[2]但因缺乏一般理论和立法支撑,裁判思路和意见并不统一,说理也不足以服人。以用人单位用工管理的最典型形态调岗为例,实践中一直在用人单位享有用工自由所以可以单方调岗与契约必须信守所以调岗需要变更合同、需要双方协商一致这两个极端之间摇摆。立法上规定的变更合同规则和用工实践中的单方调岗现象直接发生冲突,合法性和合理性也在不断碰撞。在此背景下,有必要回到用人单位用工管理、安排劳动这一现象本身,探究其法律本质与构造,从法律的规则体系而不是单纯的价值出发,协调用工管理与其他法律规则之间的冲突与关系。在此,我们将看到一个被我国劳动法研究忽视的制度现象——用人单位指示权。重新发现该权利存在的意义、基础、定性以及行使限度将不仅系统解决上述用工中的问题,也将完善对劳动关系协调机制的认识,并对形成权理论和持续性合同理论完善有所贡献。

一、用人单位指示权的缺失及其制度定位

(一)被制度化遗忘的用工管理、安排劳动

如上所述,以用人单位用工管理和安排劳动为具体表现形式的依附性劳动是劳动关系的标志,但依附性劳动对劳动关系的意义在目前却仅停留在了劳动关系认定层面,作为认定劳动关系的因素而被认识,在劳动关系运行过程的制度设计中依附性劳动的具象表现——用工管理、安排劳动——

---

〔1〕 参见丁建安:《论企业单方调岗行为法律效力的判断》,载《当代法学》2015 年第 3 期;孙国平:《论雇主劳动合同条款变更权之控制》,载《比较法研究》2016 年第 1 期。

〔2〕 例如,《山东省高级人民法院、山东省人力资源和社会保障厅关于审理劳动人事争议案件若干问题会议纪要》第 11 条,载 http://rshj. yantai. gov. cn/art/2019/6/21/art_23404_2457690. html。《天津市高级人民法院关于印发〈天津法院劳动争议案件审理指南〉的通知》(津高法〔2017〕246 号)第 19 条等。

几乎被完全遗忘:被讨论和关注的劳动法制度主要是劳动合同、集体合同、民主管理、劳动保护和劳动基准,用工管理、安排劳动的法律地位不会单独讨论,也很少在相关制度中被论及。这一现象首先源于劳动法仅作为劳动者保护法而理解的制度传统,人们更多关注劳动者如何被保护,劳动者享有怎样的权利,用人单位享有的权利或者劳动者承担的义务并不被过多关注。其次,用人单位用工管理、安排劳动更多是劳动合同履行过程中的现象,但现有劳动法律关于劳动合同的履行仅有几项原则性规定,劳动合同履行的具体规则以及当事人的权利和义务在立法中几乎未被涉及,用人单位用工管理、安排劳动这一现象的法律地位也就无处安放了。再次,源于目前劳动法学的研究偏重于讨论客观法(制度)而忽视从法律关系角度展开的状况,包括劳动合同制度的分析,多关注劳动合同的订立、变更、履行、解除等制度,不从法律关系,也即当事人之间权利和义务的角度展开。劳动法总论中仅有的关于权利的讨论也都是空洞的、义务主体和权利内容不明的列举。在经典的教科书中,劳动关系的法律内涵仅在所谓劳动法律关系的命题下进行粗线条的描述,在具体制度讨论中基本处于架空状态。[1] 法律关系这一最重要的法律分析工具在劳动法中被边缘化了,用人单位用工管理、安排劳动的法律地位问题也无从谈起。最后,这种现象也源于承认用人单位用工管理和安排劳动的权利会引发的理论难题。用人单位用工管理、安排劳动以劳动者为对象,承认这种现象为一种权利是否将导致对人的支配?违背将任何人作为目的而不能作为手段的道德命题?可以说劳动法的研究范式、制度现状以及价值困境等共同因素,导致用人单位用工管理、安排劳动这一现象在劳动法的体系和研究中有意无意地被遗忘掉了,作为一种事实它运行着,并实质性地影响着当事人的权利和义务,却从未获得法律制度地位。只有在极端的案件中人们才对其冠以用工自主权之名进行讨论,但此

---

〔1〕 参见《劳动与社会保障法学》编写组:《劳动与社会保障法学》,高等教育出版社 2017 年版,第 1 章第 2 节;关怀、林嘉:《劳动法》,中国人民大学出版社 2016 年版,第 4 章;王全兴:《劳动法》(第 2 版),法律出版社 2017 年版,第 5 章。

时的用工自主权表达的更多是一种用工自由的观念，而不是制度。

（二）用工管理、安排劳动的制度地位

回归对劳动关系进行法律调整的现实，用人单位用工管理、安排劳动这一现象应不仅在事实层面上存在，而且应进入法律制度的体系。从用人单位用工管理、安排劳动可以对当事人权利和义务发生效力的角度看，如劳动者应完成单位安排的工作时，拒绝听从安排，则可能导致严重违反用人单位规章而被解除劳动合同，可以看出用工管理、安排劳动是决定劳动关系双方当事人之间权利和义务的制度，和劳动合同、集体合同、劳动基准等劳动法的制度具有同样的功能。如将劳动合同等称为协调劳动关系的法律机制或者权利（法律）渊源的话，[1]则用人单位用工管理等也属于其中。与此同时，用工管理和安排劳动由用人单位根据企业经营需要自由进行，因此它又属于一种权利。“所谓权利，是指得享有利益之法律上之力。”[2]鉴于用工管理或者安排劳动本身都通过用人单位的具体指示完成，本书采用其他国家和地区的通行称谓，将这种权利称为“用人单位指示权”。准确而言，用人单位指示权是指在劳动关系存续过程中，用人单位进行用工管理、安排劳动的权利，它涵盖了用人单位安排劳动的具体形态以及调整工作时间、工作岗位、劳动报酬、工作地点等有组织生产背景下用人单位的各种用工管理行为。用人单位指示权一方面是决定他人权利和义务的制度，“指示权属于劳动关系中的法律渊源”[3]；另一方面属于一种权利。这似乎突破了规范和权利相区分，通过规范的适用，在当事人之间产生法律关系，法律关系包含

---

〔1〕 关于劳动关系协调机制，参见 Waltermann, Arbeitsrecht, 20. Auflage, Verlag Franz Vahlen, 2021, S. 49ff；沈建峰：《个人自治、国家强制与集体自治在劳动关系协调中的互动——基于对德国劳动关系协调机制的梳理》，载《中国人力资源开发》2015 年第 9 期。

〔2〕 梁慧星：《民法总论》（第 5 版），法律出版社 2017 年版，第 69 页；王泽鉴：《民法总则》，北京大学出版社 2015 年版，第 94 页。

〔3〕 Junker, Grundkurs Arbeitsrecht, 15. Auflage, München: C. H. Beck, 2016, S. 112; Waltermann, Arbeitsrecht, 20. Auflage, Vahlen, 2021, S. 55; Adomeit, Rechtsquellenfragen im Arbeitsrecht, Verlag C. H. Beck, 1969, S. 99ff.

着权利,这一逻辑结构,形成了一种既是法律渊源又是主观权利的特别状态。但这却不违反传统法中法律制度与权利的既有逻辑,反而彰显了传统法最重要的一个命题:“权利为主观化的法律(Subjektives Recht),法律为客观化的权利(Objektives Recht)。”[1]

承认用人单位用工管理、安排劳动的自由是一种法律上的权利和调整劳动关系的法律机制,将首先填补劳动关系协调机制研究的制度空白,在劳动合同、集体合同、民主管理、劳动基准等制度之外,增加用人单位指示权制度;其次,将实现对用工管理行为分析的范式转换,不只谈用工自由等抽象价值,更是落地到当事人之间法律关系内容,也即权利义务分析;最后,承认用人单位指示权也不存在上述从制度上固化用人单位对劳动者支配权利的担忧。这不仅是因为不论法律是否将其设置为一个权利,用人单位对劳动者的管理都是劳动关系中必然会存在的客观现象,没有用工管理的用工关系将不再是劳动关系,这一点不会因为法律将头埋在沙子里而改变。而且因为如下文所展示的那样,用人单位指示权本身的功能并不是对劳动者的支配,它仅是劳动给付内容的确定权,不改变劳动关系的已有结构。另外,不是将用工管理作为一个社会事实看待,而是将它设计成法律的具体制度和权利,让实现依附性劳动的权利在权利行使的法律规则框架下运行,可以在制度上实现劳动者权益的维护和当事人之间利益的平衡。诚如我国台湾地区学者在批评将用人单位指示权具体运用——调职——认定为事实行为时所指出的,“在过去,调职常被认为只是雇主人事权的自由裁量运用。为雇主之固有权限,属于事实行为之一种;而既然是事实行为,故除非雇主所为之调职命令系明显不合理之裁量权滥用行为,否则没有评断调职命令法律效力之余地”[2]。劳动法应在承认用人单位指示权和劳动者的主体地位、尊严和发展等价值可以共存的基础上进行制度安排,并消解有组织生产

---

〔1〕 王泽鉴:《民法总则》,北京大学出版社2015年版,第95页。

〔2〕 邱骏彦:《调职法理之探讨》,载刘志鹏、黄程贯主编:《劳动法裁判选辑》,台北,月旦出版股份有限公司1998年版,第243页。

所需要的用工自由和人格平等、人格尊严等价值之间的紧张关系。其功能不是消灭或者不承认这种指示权，而是在承认这种指示权的前提下实现劳动权益的维护，这也是本书讨论的根本目标。

二、用人单位指示权存在的正当性基础

（一）正当性论证的两个层面及合理性论证的主要观点

在以人的平等、自由和尊严等为基本价值的现代法律秩序中，承认以管理、安排为主要表现形式的用人单位指示权之后，其所面临的首要问题是该权利从哪里来？其正当性基础是什么？在一定程度上，该正当性基础揭示着指示权与人的平等和尊严等价值之冲突协调的方向，是劳动法的本源性问题。早在20世纪20年代，德国“劳动法之父”辛茨海默就提出，“让劳动成为依附性劳动的支配权力建立在什么权利基础上？当提出该问题时，我们将触及劳动法的隐蔽根基，该根基决定着劳动法的结构，并可以解释其内容在历史中的变迁”〔1〕。正因如此，其他大陆法系国家和地区涉及指示权正当性基础的文献可谓汗牛充栋，论证角度也是形形色色。但从总体上来看，其讨论主要在两个层面展开：其一，从社会、经济、历史、政治、文化等角度论证用人单位享有指示权有其正当性，本书称其为“合理性”；其二，从现行法的体系出发，论证用人单位指示权可进行体系归入，融入现行法的框架，在现行法中找到自己的规范基础，本书称为“合体系性”。从法律方法上看，前者属于外部视角，“是从其他学科的视角对法和法律现象进行的研究”〔2〕；后者属于法内视角、法教义学的视角，“运用法律自身的原理，遵循逻辑与体系的要求，以原则、规则、概念等要素制定、编纂与发展法律以及通过适当的解释规则运用和阐释法律的做法”〔3〕。在逻辑上，法外视角的论

〔1〕 Sinzheimer, Grundzüger des Arbeitsrechts, 2. Auflage, Jena: Verlag von Gustav Fischer, 1927, S. 22.

〔2〕 雷磊：《作为科学的法教义学？》，载《比较法研究》2019年第6期。

〔3〕 许德峰：《法教义学的应用》，载《中外法学》2013年第5期。

证,也即合理性论证构成了现行法律体系存在的前理解,现行法律体系建立在其认可的合理性基础上;而法内视角,法教义学角度的合体系性论证则解决法律体系的自洽和周延问题。

从法外视角对用人单位享有指示权进行论证的观点,最典型的主要包括:[1]其一,所有权说。该观点认为,"依附性劳动的基础是所有权,对生产资料的所有权带来了依附性,也是决定依附性的支配权限"[2]。劳动者的依附性与用人单位指示权产生的具体逻辑是"作为生产资料,物是劳动着的人的劳动工具,没有物该人无法运用其劳动力。他需要物来劳动,通过劳动来谋生。如果生产资料不在劳动者的手上,而是在其他人手上,则就会出现劳动和所有权之间的关系,尽管该关系未在法律中明确规定,但却以前提形式出现"[3]。正因为所有权对依附性劳动和指示权的基础性作用,所以"劳动法是劳动和所有权的关系在不同时代的反映,其历史也是所有权的历史"[4]。其二,风险承担说。其认为,"雇主的指示权源自其作为企业家对风险的承担"[5]。用人单位承担了经营风险,所以享有组织生产的指示权,"从对劳动成果在合同当事人之间的分配中产生的自然结果是,以同样的方式在他们中间分配劳动的组织(权力)。承担劳动无法实现预期成果之风险的一方,自然也应享有通过相应安排排除这种风险的权限,不论这一点在合同中是否有明确表示"[6]。其三,事物本质的学说。其认为,将用人单位享有指示权是劳动关系这一事物本质(Natur der Sache)所要求的,"雇主的指

---

〔1〕 除本书梳理外,还可以进一步参见 Rolf Birk, Die Arbeitsrechtliche Leitungsmacht, Köln: Carl Heymanns Verlag KG, 1973, S. 23 以下的梳理。

〔2〕 Sinzheimer, Grundzüger des Arbeitsrechts, 2. Auflage, Jena: Verlag von Gustav Fischer, 1927, S. 27.

〔3〕 Sinzheimer, Grundzüger des Arbeitsrechts, 2. Auflage, Jena: Verlag von Gustav Fischer, 1927, S. 23.

〔4〕 Sinzheimer, Grundzüger des Arbeitsrechts, 2. Auflage, Jena: Verlag von Gustav Fischer, 1927, S. 22.

〔5〕 Kaskel, Dersch, Arbeitsrecht, 5. Auflage, Berlin: Springer – Verlag, 1957, S. 146.

〔6〕 Molitor, Das Wesen des Arbeitsvertrages, Leipzig: A. Deichertsche Verlagsbuchhandlung, 1925, S. 40.

示权源自劳动关系的本质"[1]。与此类似的观点如,"工业企业的组织可能会赋予一些人对其他人的命令权力……该关系不是来自合同,而是来自企业内部的组织,国家立法并未直接顾及它"[2]。机制说(Institutionenlehre)也即劳动关系或者有组织生产的这种事物本质上就要求这样配置指示权限。

这些从合理性出发所作的论证,探究了法律将指示权分配给用人单位的社会学、经济学以及政治学根源,说明了法律规范背后的原因,但却无法从法律的规范体系出发为指示权找到基点。从这个角度来看,学者对机制说或者事物本质说的批评是有其道理的。"无论是机制说(Institutionenlehre)还是从本质或者事物的属性出发提出的论证都不能被认为是法律上对指示权的论证,因为它们都建立在超法律的假设基础上。"[3]所有权说也是如此。从政治经济学角度来看,有其一定说服力,但问题在于此处的所有权是什么?法律意义上的所有权作为一种对物占有、使用、收益和处分的权利显然并未包含对物之外的人的指示或者支配。所有权的政治、经济、社会功能和所有权作为一种规范现象混为一谈。在人们还要为谁应享有指示权论证的时代,理论关注的重点应当是其合理性,但在宪法、劳动法已将组织生产的权限配置给用人单位之后,该问题已经解决。我们面临的问题是如何将指示权融入现行法的框架,完成其规范设计,成为当事人行为的规则,也即用人单位指示权的合体系性问题。为了避免上述不同学科概念交叉带来的论证困境,着眼于本书的目的和现行宪法的已有制度前提,以下仅从法教义学视角,也即上述合体系性论证的层面讨论指示权的基础。

(二)用人单位指示权法教义学论证的逻辑与学说梳理

在以市场主体平等和人的尊严和发展为基本判断的制度体系中,要论

[1] Nikisch, Arbeitsrecht, Band I, Tübingen: J. C. B. Mohr, 1961, S. 255.

[2] L'odinamento giuridico, 2. Aufl, Firenze, 1967, S. 201, Zitiert nach Rolf Birk, Die Arbeitsrechtliche Leitungsmacht, Köln: Carl Heymanns Verlag KG, 1973, S. 39.

[3] Rolf Birk, Die Arbeitsrechtliche Leitungsmacht, Köln: Carl Heymanns Verlag KG, 1973, S. 42.

证一个私主体对另外一个主体享有指示权，梳理现行法的体系，主要有以下可能：其一，公法性的权力授予，因为公法的基本特点就是隶属与服从。其二，组织体中的组织和管理权限。组织体要保持正常运作，必然会存在管理和指示等权限。其三，私法性的意志根源。私法以私人自治为基本价值，在不违反公序良俗和现行法律秩序的前提下，通过私人的意志安排服从和指示有其逻辑上的可能性。理论界关于用人单位指示权法教义学基础的学说，[1]基本涵盖了上述所有逻辑可能，而这些可能性在一定程度上也反映了人们对劳动关系本质的认识。具体而言，具有代表性的学说主要包括以下几种。

其一，国家授权理论。当认为企业是公共利益的承载者时，就会从国家和社会秩序的角度考虑用人单位指示权的规范依据，形形色色的国家授权学说就会产生。例如，“E. Stein 在企业家作为企业的领导者与国家的公法性关系中看到了领导权的法律基础。该权力是为了公共利益而托付给他的。据此，企业领导人同时被国家授予了领导权”[2]。在现代法学理论中，国家将权力授予私人本身存在很大的障碍；而且该理论将在一定程度上导致私人企业的国家化，劳动关系的公法化，其不合理之处显而易见，但其也绝非奇谈怪论。从来都不缺乏“国家之手”介入企业管理关系的立法和实践，不管是工业化早期为了解决社会问题国家干预企业内部管理关系，还是我国在计划经济时期企业秩序与国家秩序同质化，国家制定企业内部奖惩规则等都是这种思路的体现。

其二，组织体中的组织与管理权限：团体理论。如本书此前章节所示，

---

〔1〕 在德国的文献中，涉及指示权正当性基础的论述参见 Rolf Birk, Die Arbeitsrechtliche Leitungsmacht, Köln: Carl Heymanns Verlag KG, 1973, S. 23－79 的梳理；我国台湾地区学者主要在用人单位调职的问题上讨论该用人单位指示权的依据，但其也基本涵盖了上述各种逻辑上的可能性，参见邱骏彦：《调职法理之探讨》，载刘志鹏、黄程贯主编：《劳动法裁判选辑》，台北，月旦出版股份有限公司 1998 年版，第 243 页。

〔2〕 Rolf Birk, Die Arbeitsrechtliche Leitungsmacht, Köln: Carl Heymanns Verlag KG, 1973, S. 45.

将劳动关系视为组织体的学说历史久远,而且不断以各种新形式出现。[1]当认为劳动关系是一种组织体关系时,从团体法的角度思考用人单位指示权的基础则水到渠成。这种思考方向有两个紧密相关的源流。一方面是身份法的历史源流。"依附性劳动是劳动着的人在一种法律上的权力关系(Gewaltverhältnis)中提供的劳动。他起源于旧的家族或者领主团体,在此家父或者领主的权力将个体联合成社会统一体。尽管时至今日整个法律关系发生了根本性变化,旧的家庭或领主权力不再存在,但在旧的父权(patria potestas)和监护权力中体现出来的权利内核在当今也并未死亡,它以依附性劳动的新形式继续存在。"[2]在这种思路指引下,劳动关系被理解为一种忠诚劳役关系[3],"工厂主承接了家父和师傅的家长权,阶层统治倾向也被完全自然地嫁接到企业家和劳动者的关系中"[4]。用人单位指示权据此找到了身份法上的依据。另一方面是现代团体法理论在劳动法中的运用。也是在上述历史源流的影响下,以基尔克等为代表的学者从团体法、共同体等角度理解劳动关系。"企业就其本质而言无外乎是一种统治团体(Herrschaftverband)"[5],直到"二战"之后依然有学者主张"劳动者和雇主之间紧密的人格约束允许将劳动关系称为共同体关系(Gemeinschaftverhältnis)"[6]。在我国,当学者们主张劳动关系是一种身份关系时,其前提出发点也是共同体或者团体的思维。在共同体或者各种团体中,团体本身享有对成员管理的权限,这就成为用人单位指示权的依据。

其三,私法性的意志根源:合同理论。在当代劳动法学说中,人们更多从个体意志,尤其是从劳动合同中寻找用人单位指示权的依据:通过劳动合

---

〔1〕 Wiedemann, Das Arbeitsverhältnis als Austausch-und Gemeinschaftsverhältnis, Verlag C. F. Müller, 1966, S. 25 ff.

〔2〕 Sinzheimer, Grundzüger des Arbeitsrechts, 2. Auflage, Jena: Verlag von Gustav Fischer, 1927, S. 11.

〔3〕 参见[德]雷蒙德·瓦尔特曼:《德国劳动法》,沈建峰译,法律出版社2014年版,第27页。

〔4〕 Hermann Reichold, Betriebsverfassung als Sozialprivatrecht, München: C. H. Beck, 1995, S. 22.

〔5〕 Gierke, das deutsche Genossenscahftsrecht, Band1, 1868, S. 1037.

〔6〕 Nikisch, Arbeisrecht, Band1, J. C. B. Mohr, 1961, S. 7.

同,个体服从于用人单位的指示,用人单位获得了对劳动者的指示权。“近代劳动关系理念下,咸认为劳资双方权利义务关系之成立,必须基于劳动契约等之合意,而雇主之劳动力处分权,也必须经由劳工自由意思之媒介始能发生。因此雇主对劳工得为调职命令之法律依据,必须由劳动契约订立后所取得之劳动力处分权决定,此种见解目前已成为学说判例上确定之原则。”〔1〕在法律已经明确规定用人单位指示权的国家,如德国,理论和实务依然认为,“指示权的法律基础是劳动合同,指示权属于劳动合同概念的实质性内容。《德国工商业条例》第 106 条的制定法规范只是一种识别标签”〔2〕。

(三)回归劳动合同:本书的理论选择

上述国家授权理论、团体理论以及合同理论,在根本上代表了认识劳动关系本质的三种思潮:超个人主义、团体主义和个人主义,〔3〕也在方法上分别采纳了公法、团体法(早期的社会法)和个体法三种不同方案。不同论证思路都是直击劳动法甚至法学的根本性问题。正因如此,社会和国家的主流思潮以及法律体系总体思路的变化自然会影响用人单位指示权正当性基础的选择。本书此前章节分析了从劳动关系角度对这些学说的不同认识和讨论,本书所持劳动关系作为继续性债的关系的命题已经预设了从债的角度认识指示权的必要性。此处主要从用人单位指示权的角度对其作进一步回应。

在此,首先需要明确的是,在现代市场经济条件下,虽然劳动关系的运行涉及公共利益,但劳动关系本身在根本上依然是劳动者和用人单位这一

〔1〕 邱骏彦:《调职法理之探讨》,载刘志鹏、黄程贯主编:《劳动法裁判选辑》,台北,月旦出版股份有限公司 1998 年版,第 243 页。

〔2〕 Junker, Grundkurs Arbeitsrecht, 15. Auflage, Verlag C. H. Beck, 2016, S. 112; Zöllner, Loritz, Hergenröder, Arbeitsrecht, 5. Auflage, C. H. Beck. 2015, S. 78; Preis, Arbeitsrecht, Individualarbeitsrecht Lehrbuch für Studium und Praxis, 5. Auflage, Otto Schmidt, 2017, S. 157.

〔3〕 关于这三者的论述参见[德]拉德布鲁赫:《法学导论》,米健译,商务印书馆 2013 年版,第 34 页。

私人间的权利和义务配置关系。国家授权用人单位进行用工管理的观念在根本上与现行法律体系不相匹配。就团体法的解释而言,从古代身份团体出发进行的论证将使劳动关系重归身份依附,有悖于现代社会人的自由、平等等基本观念;而劳动关系作为共同体的学说,经历对忽视人的意志,将人通过命令等安排进入生产过程的用工模式的反思,尤其是经历德国纳粹时期的反思,也逐渐被各国和地区放弃,[1]从生产共同体之中不可能产生用人单位天然的权利。"不是企业和它的秩序构成了(劳动)给付确定权的基础。"[2]在教义学上,人们认为,"劳动关系不能被称为'共同体关系',因为它既不符合法律共同体的构成要件(《德国民法典》第741条以下),也不符合合伙的构成要件(《德国民法典》第705条)。共同体的概念也掩盖了劳动合同当事人的利益对立"[3]。因此,在目前各国和地区的理论中,主流意见完全从当事人的意志,尤其是劳动合同出发解释用人单位指示权的来源:劳动合同中包含用人单位进一步安排劳动给付内容的权利,劳动者有听从用人单位指示、管理和劳动安排的义务,劳动合同中包含的合意是用人单位指示权的正当性基础,劳动合同是用人单位指示权的规范基础。从这个角度来看,用人单位指示权并非私法的异类,而是依然建立在私法的体系和原则基础上。"在劳动法中,私人自治不是被废止了,它只是在很大程度上不再以合同的形式,不以要约和承诺的形式出现,而是以服从和权利建构(Rechtsgestaltung)的形式出现。"[4]在我国,用人单位指示权正当性基础的解释应顾及我国法律体系和思潮的变迁过程。在计划经济和全部公有制的时代,指示权可以说是源自国家授权,企业的管理者由国家安排而来,同时通

〔1〕 关于对加入理论的反思,参见沈建峰:《论劳动合同在劳动关系协调中的地位》,载《法学》2016年第9期。

〔2〕 Alfred Söllner, Einseitige Leistungsbestimmung im Arbeitsverhältnis, Mainz: Verlag der Akademie der Wissenschaften und der Literatur, 1966, S. 62.

〔3〕 München Kommentar BGB/ Rudi Müller – Glöge, Band4, Schuldrecht Besonderer Teil, 611 – 704, Rn. 161.

〔4〕 Alfred Söllner, Einseitige Leistungsbestimmung im Arbeitsverhältnis, Mainz: Verlag der Akademie der Wissenschaften und der Literatur, 1966, S. 62.

过职代会、工会等限制其权力滥用。[1] 但社会主义市场经济和社会主义法律体系建立之后,应遵从市场经济的一般法则和其他市场经济国家和地区的一般经验,从劳动合同出发,论证用人单位指示权的权利基础。从劳动者和用人单位法律上的平等以及劳动者的尊严和发展出发,没有什么比劳动者同意更能让一个法律上的负担正当化了。

需要进一步讨论的是,在劳动关系中,决定当事人权利和义务的制度来源具有多样性,由此产生的问题是,劳动合同是否为用人单位指示权的唯一规范基础?用人单位的所有指示是否都来自劳动合同?从劳动关系通过劳动合同而建立的角度来看,[2]指示权的来源应限于劳动合同。劳动法上的其他法律机制,包括集体合同、用人单位规章、劳动基准法等,尽管有规定用人单位指示权的可能性,但这些制度只是在劳动合同基础上,对劳动关系内容的进一步确定,而且这些制度对劳动关系发生作用的前提是当事人之间已经存在劳动关系,所以,其不能成为用人单位指示权的法律基础,[3]更多是对源于劳动合同的指示权的明确或者限制。"劳动义务的法律基础,也即劳动给付的请求权基础,一如既往是原则上通过劳动合同建立的劳动关系。团体协议、工厂协议或者其他法律渊源,尽管可以对雇主给劳动者安排特定工作的指示权进行扩张、限制或者对给付义务进行具体化,但基于基本法对劳动者职业自由的保护,其本身不可以成为劳动义务的权利基础。"[4]正因如此,德国学者正确地指出,"尽管有《德国工商业条例》第 106 条明确创设的法律基础,指示权还是直接源自劳动合同"[5]。

---

〔1〕 我国改革开放之前企业领导权变迁的文件,参见全国总工会政策研究室编:《中国企业领导制度的历史文献》,经济管理出版社 1986 年版。

〔2〕 沈建峰:《论劳动合同在劳动关系协调中的地位》,载《法学》2016 年第 9 期。

〔3〕 不同意见参见 Alfred Söllner, Einseitige Leistungsbestimmung im Arbeitsverhältnis, Mainz: Verlag der Akademie der Wissenschaften und der Literatur, 1966, 第 40 页以下,认为法律规定、集体合同等均为用人单位指示权的法律基础。毫无疑问,这些协调机制中可能也会规定用人单位指示权的行使,但其不是本身就可以成为指示权的权利基础。

〔4〕 Boemke, Studienbuch Arbeitsrecht, München, C. H. Beck, 2003, S. 196.

〔5〕 Zöllner, Loritz, Hergenröder, Arbeitsrecht, 5. Auflage, C. H. Beck. 2015, S. 78.

（四）物权作为指示权基础的特殊现象

此外，尚需厘定一个特殊的现象。在企业中，经常会出现和用人单位没有劳动关系或者劳务派遣关系的其他人员也需要遵守用人单位指示和秩序的现象。这是否为用人单位的指示并非源自劳动合同而是源自所有权或者其他财产权益的反证？本书认为，上述现象并未推翻指示权源于劳动合同这一基本命题，却展示了企业中用人单位指示的另外一种可能性。企业是一个生产组织体，也是一个社会组织。能够进入企业的不仅是具有劳动关系或者劳务派遣关系的劳动者，还可能有其他人。当离开劳动关系这个范畴，企业还是企业家的私人领地，其享有物权法等财产法的保护，根据其作为物权人或其他从物权衍生出来的财产权利享有人的法律地位，其自然可以发布指示，确定进入和使用企业中特定物的条件和方式。“享有居住权（Hausrecht）的人在允许他们停留在其空间的同时，可以将该居留取决于特定前提条件的满足，如不得吸烟，保持鞋子干净等。”[1]源于物权的指示权应运而生。在这种情况下，在企业中活动的劳动者毫无疑问也应遵守这些指示，这是否意味着用人单位指示权源于所有权，“物的所有人不是作为雇主而是作为所有权人使用它”？[2]该命题并不正确。因为在劳动关系中，提供生产资料、提供生产工具等劳动条件是用人单位的基本义务，所有人和用人单位身份是合一的，所有权和劳动条件也是合一的。因此，不能简单认为是所有人就不能是用人单位发布指示，不能认为是所有权行使就不能是劳动条件提供。在用人单位和所有权人身份合一、所有权和劳动条件合一的背景下，用人单位针对劳动者行使这类指示权时不仅要遵守物权法的规则，更要遵守劳动法的规则。对劳动者来说，遵守指示，与其说是对基于物权而发布的指示的遵守，不如说是对基于劳动关系而产生的用人单位指示的遵守。这是因为物权本身并不发生对人的支配，从对物的支配到对人的效力

〔1〕 Rolf Birk, Die Arbeitsrechtliche Leitungsmacht, Köln: Carl Heymanns Verlag KG, 1973, S. 29.

〔2〕 Rolf Birk, Die Arbeitsrechtliche Leitungsmacht, Köln: Carl Heymanns Verlag KG, 1973, S. 26.

需要一个媒介,这个媒介是合意。通过劳动合同,物变成了生产工具,用人单位从物权人成为用人单位,所以,对劳动者来说不是物权,而是劳动合同是指示权的法律基础。上述基于物权也可以产生指示权的现象,对用人单位指示权研究的意义在于,可能在极端例外情况下,劳动者对物的使用规则的遵守和劳动关系没有关系,也即使用不是作为其劳动条件的物,此时其遵守的是源自所有权人的指示。此时用人单位指示权的行使遵守物权法和财产权的规则,而不是劳动关系的规则。但这种情况已经不是本书关注所在了,本书仅关注用人单位对使用作为生产工具的物的指示,这依然是一种基于劳动合同的指示权行使。

三、填充型形成权:用人单位指示权的法律属性

在明确用人单位指示权不是公权授予的权力,也不是对成员的管理权,而是一种基于劳动合同产生的权利,尚需进一步探究这种合同权利的结构和性质。在此,我们将看到劳动关系中用人单位用工管理的法学本质,消除指示权对人支配的顾虑,也将看到传统法上的权利形态在劳动关系这种继续性法律关系中的发展。

(一)指示权作为形成权

从"用工管理""组织劳动"等表述来看,用人单位的指示权似乎直接针对劳动者本身或劳动力,指示权出现一种以人为对象的支配权现象。人们对用人单位指示权的隐忧也由此发生。但这种表象并不符合指示权运作的机理。典型的用人单位指示权运作的前提和过程是,"一般而言,劳动合同订定时,并未就各种工作场所与内容为具体约定,而仅是由劳工将劳动力使用权概况的委由雇主处分,雇主依此权利的作用,可决定工作场所与工作内容"[1]。因此,用人单位指示权并非直接针对劳动者进行支配,而是一种由

[1] 邱骏彦:《调职法理之探讨》,载刘志鹏、黄程贯主编:《劳动法裁判选辑》,台北,月旦出版股份有限公司1998年版,第243页。

用人单位享有的对劳动关系内容进行单方具体确定的权利。[1] 这样一种对劳动关系内容进行具体化的权利是传统私法中的形成权。[2] “形成权是指权利人依自己的行为,使自己与他人间的法律关系发生变动的权利……形成权之主要功能,在于权利人依其单方之意思,使已成立之法律关系之效力发生、变更或消灭。”[3] 以典型的用人单位行使指示权的形态——调职为例,“雇主基于劳动指挥权所为调职命令即为决定劳工工作场所与工作内容之具体化,故其性质为形成行为”[4]。因此,用人单位指示权被承认后,它既未改变劳动关系是一种请求权关系的形态,又未改变劳动关系是一种私人合意建立的法律关系的形态,更不会对劳动者产生支配,用人单位指示权是一种建立在合同基础上的形成权。在德国,传统中这种形成权被归入《德国民法典》第 315 条债的关系中一方当事人确定债的内容的规则之中。“雇主形成劳动条件的权限涉及《德国民法典》第 315 条的给付确定权。”[5] 作为形成权,指示权的行使首先应遵循形成权行使的一般逻辑:以意思表示的方式做出,到达对方当事人时即发生效力等,对此本书不做进一步展开。

如果用人单位指示权是形成权,则需要进一步解释,在劳动法的规则和实践中,经常存在的需经劳动者申请或者须经劳动者及其利益代表组织同意用人单位才可以“安排”劳动者从事特定行为的现象,它为何不是双方合意或者请求权行使?例如,《职工带薪年休假条例》第 5 条第 3 款规定,“单位确因工作需要不能安排职工休年休假的,经职工本人同意,可以不安排职工休年休假”。另外,实践中的事假、病假规则莫不是劳动者提出申请用人单位同意。这些“同意 + 安排”“申请 + 同意”的模式如何与形成权的定位

---

〔1〕 具体化完成后,劳动者和用人单位按照最终确定的劳动关系的内容来履行劳动合同,也即用人单位有权请求劳动者履行劳动给付,而劳动者有义务履行劳动给付。劳动合同产出的法律关系属于请求权的属性并未变化。

〔2〕 Junker, Grundkurs Arbeitsrecht, 15. Auflage, Verlag C. H. Beck, 2016, S. 112.

〔3〕 梁慧星:《民法总论》(第 5 版),法律出版社 2017 年版,第 74 页。

〔4〕 邱骏彦:《调职法理之探讨》,载刘志鹏、黄程贯主编:《劳动法裁判选辑》,台北,月旦出版股份有限公司 1998 年版,第 243 页。

〔5〕 Alfred Söllner, Einseitige Leistungsbestimmung im Arbeitsverhältnis, Mainz: Verlag der Akademie der Wissenschaften und der Literatur, 1966, S. 30.

相协调？本书认为，上述申请、同意等仅是用人单位形成权行使中的程序性要求：在根本上“假”是用人单位自主决定放的，劳动者请假只是提出一个豁免劳动义务的请求，用人单位是否准予休假、休多长时间完全是单方决定的结果。将上述现象理解为用人单位的形成权行使，既有利于用人单位进行用工管理，也不会对劳动者权益产生损害，因为如下文所述，用人单位指示权的行使原则上应受到本书如下所述的各种制度控制。

（二）继续性法律关系中形成权的特殊规则

指示权作为一种形成权，却在以下方面面临传统形成权规则和理论的挑战。其一，根据传统的形成权理论和规则，形成权是使既存的法律关系生效、变更或消灭的权利，[1]但指示权本身在严格意义上并未使劳动关系的内容发生变更，而是将不确定的内容进行具体化。其二，为了保护形成权的相对人，防止其利益处于不确定状态，形成权不可以撤销。[2] 但是在劳动法中，用人单位行使指示权发出指示后完全可能再次发布不同的指示。其三，传统形成权理论认为，形成权一经行使就会消灭，即使不行使，也会因为除斥期间的存在而在一定期间后消灭；但在劳动关系存续期间，用人单位指示权会一直存在。显然只有解释了上述矛盾，用人单位指示权才能融入传统法的体系中，而这种解释的过程是将以一时性法律关系为原型发展起来的形成权适用于继续性法律关系并完善形成权理论的过程。

形成权是民事权利体系中形成较晚的权利类型，Seckel 教授在 1903 年的演讲中才系统论证了形成权问题。[3] 因此，在一定程度上，它属于成长于 20 世纪的法学概念。而在此过程中，“尽管 Seckel 的形成权体系不仅涵

---

〔1〕 参见梁慧星：《民法总论》（第 5 版），法律出版社 2017 年版，第 74 页；朱庆育：《民法总论》（第 2 版），北京大学出版社 2016 年版，第 518 页；王泽鉴：《民法总则》，北京大学出版社 2015 年版，第 106 页。

〔2〕 参见朱庆育：《民法总论》（第 2 版），北京大学出版社 2016 年版，第 518 页；王泽鉴：《民法总则》，北京大学出版社 2015 年版，第 106 页。

〔3〕 Emil Seckel, Die Gestaltungsrecht des Bürgerlichen Rechts, Darmstadt: Wissenschaftliche Buchgeminschaft, S. 1ff.

盖了撤销和废止权,也涵盖了建立和变更权——在关于形成权的例子中,他也提到了雇佣权利人的命令权,但在此后人们却只注意到了那些消极的形成权,很少努力系统地考虑给付确定、具体化以及内容变更的形成权”[1]。在不考虑给付确定、具体化以及内容变更形成权的前提下,通说逐渐形成了形成权的行使不可撤回、不可重复的观点。但当人们再次将目光移转到以劳动关系中的指示权,以及其他《德国民法典》第315条意义上“填充性(ausfüllende)的形成权”时,则会发现该理论的不适应性。1964年,当Eduard Bötticher再次沿着Seckel的思路研究形成权时,为了解决上述问题,他再次以雇主的指示权为例,提出了母权性形成权(Mutter - Gestaltungsrecht)概念。他认为,“可以考虑的是存在允许权利人作出替换规则的形成权。一个母权性形成权在此可以渐次行使。Seckel将雇主的指示权归入形成权,通过该权利雇主将劳动义务具体化。在此就涉及这种母权性形成权。据其本质,它不是通过一个形成的意思表示就可以用尽,而是承载着延续性的规则”[2]。这是一种持续适应权(laufendes Anpassungsrecht),“当提出给付确定权不可撤销时,这对单个适应表示(Anpassungserklärung)是正确的,但却不能阻止它被后来的适应表示所替代”。Bötticher通过母权性形成权和持续适应权的区分,解释了形成权的行使不可撤回、不可重复和用人单位指示权等可以重复存在并可以重新做出的问题:不可撤回、不可重复的是适应的意思表示,一直存在的是母权。在此之后,Herschel等学者进一步发展并优化了Bötticher的观点,但放弃了母权性形成权的思路,而是直接提出“如果前后一贯地将《德国民法典》第315条的法律思想运用到继续性债的关系,则必须承认通过一次使用无法用尽的适应权”[3]。在上述研究基础上,

[1] Alfred Söllner, Einseitige Leistungsbestimmung im Arbeitsverhältnis, Mainz: Verlag der Akademie der Wissenschaften und der Literatur, 1966, S. 27.

[2] Eduard Böttiche, Gestaltungsrecht und Unterwerfung im Privatrecht, Berlin: Walter de Gruyter & Co., 1964, S. 6.

[3] Alfred Söllner, Einseitige Leistungsbestimmung im Arbeitsverhältnis, Mainz: Verlag der Akademie der Wissenschaften und der Literatur, 1966, S. 29.

Söllner 教授最终提出，"雇主规制劳动条件的权限涉及《德国民法典》第 315 条意义上的给付确定权，同时显然也是涉及适应权，它不再一次使用后就用尽，而是可以根据需要重构劳动条件"[1]。

在上述发展过程中显然不是用人单位指示权被修正从而适应了形成权的传统理论，而是形成权传统理论针对以劳动关系为代表的继续性法律关系的特点得到了进一步的发展和完善，在此前的消极形成权类型之外，形成了积极的、填充型的形成权——适应权。这种基于继续性法律关系特性而出现的形成权类型用以填充法律关系内容，可以重复行使并在继续性法律关系存续期间一直存续。用人单位指示权属于这种类型形成权的典型形态。[2] 适应权形态的形成权之所以可以重复行使，并可以通过新行使替代此前的行使结果，除了继续性法律关系本身的特性外，尚有风险承担方面的原因。"形成性意思表示的不可重复性和不可撤回性是人们为通过如此简单的意思表示就能实现其权利所付出的代价。"[3] 消极的形成权的基本特点在于通过单方意思表示就能使既存法律关系发生变更、消灭等效果，为了保护相对人，其必须确定。但这一点在填充型形成权是不存在的，填充型的形成权并不改变法律关系的内容，只是对原有内容进行了具体化。

填充型形成权并不因一次行使而消灭，也不因长期不行使而消灭。因此，在劳动合同履行过程中，仅因为其行使或者不行使而形成的状态并非因时间流逝而变得不可以再次通过用人单位指示权改变，也不能简单地因为其行使或者不行使就认为当事人之间达成了默示的变更合同的合意。持续性合同中填充型形成权的上述属性决定了只有在例外情况下，如果长期地

---

[1] Alfred Söllner, Einseitige Leistungsbestimmung im Arbeitsverhältnis, Mainz: Verlag der Akademie der Wissenschaften und der Literatur, 1966, S. 30.

[2] Münchener Kommentar zum BGB, BGB § 611a Arbeitsvertrag, Spinner, 8. Auflage 2020, Rn. 931.

[3] Eduard Bötticher, Gestaltungsrecht und Unterwerfung im Privatrecht, Berlin: Walter de Gruyter & Co., 1964, S. 6.

(不)行使指示权并结合其他事由导致劳动者对劳动给付的状态产生了信赖,[1]才可能排除用人单位指示权,固化劳动者劳动给付的内容。“在时间流逝之外,必须有其他的情况或者意思表示出现,他们能将劳动者如下值得保护的设想正当化:雇主将来只会依然以特定的方式使用它或者它将不会被以其他方式用工。”[2]

四、用人单位指示权的法律限度

从目的论的角度看,承认用人单位指示权的权利地位,在很大程度上是为了将其行使纳入法律限制的轨道;用人单位指示权的填充型形成权定位进一步强化了这种限制的必要性。在劳动法的制度体系中,用人单位指示权的限制是平衡企业有序、灵活生产需要与劳动者保护需求之间冲突的最重要制度安排之一。这种限定应从确定用人单位指示权的效力位阶、功能定位、指示对象以及行使限制等角度展开。

(一)效力位阶:末位阶权

用人单位指示权作为用人单位单方确定劳动关系中权利和义务的机制,其受到的限制首先来自劳动关系协调机制的体系本身。如前所述,在现代主要市场经济国家的劳动法中存在包括用人单位指示权、劳动合同、劳动基准、集体合同、民主管理等多元的建构当事人权利和义务的法律机制,协调这些法律机制之间关系的方法之一就是机制效力位阶排序。在上述劳动关系协调机制序列中,用人单位指示权属于效力位阶最低的一个,“位于劳动法律秩序层级结构最底端的是雇主基于其劳动关系中的指示权而发布的

---

[1] Boemke, Studienbuch Arbeitsrecht, München, C. H. Beck, 2003, S. 204; Löwisch, Caspers, Klumpp, Arbeisrecht, München, Vahlen, 2017, S. 67.

[2] Lakies: Das Weisungsrecht des Arbeitgebers und Vertragsgestaltungsoptionen (Versetzungsklauseln), ArbR Aktuell, 2013, 3(3).

指示"[1]。这种处于位阶最底端就意味着用人单位指示权必须在劳动合同、劳动基准、集体合同、用人单位规章等其他劳动关系协调机制所划定的范围之内来行使,"必须遵守所有其他法律、集体合同、单个合同规则设置的界限"[2]。用人单位指示权构成一种其他调整机制未明确规定时才能发挥作用的"末位阶权",这也被称为"用人单位指示权的辅助性效力"(subsidiäre Geltung)[3]。末位阶权的定位可以很好地解决劳动合同和所谓用工自主权的冲突。以最典型的调岗为例,只有劳动合同未明确规定岗位时,用人单位才能享有单方调岗的可能。在日本,"在劳动契约没有约定职种、勤务地的前提下,原则上雇主有调动员工职务的权利,此种权利的行使应受权利滥用法理的规范"[4]。在我国目前的调岗实践中,很多地方法院也要求调岗的前提是劳动合同对工作岗位和地点没有明确约定。[5] 但也有一些地区的裁判机关在劳动合同有明确约定的情况下也允许调岗,等于用人单位的单方安排可以打破双方合意,合同的法律约束力荡然无存,其不合理性显而易见。[6]

末位阶权的定位意味着用人单位指示权和其他劳动关系协调机制在决定劳动关系中权利和义务时,其能力处于此消彼长状态。以劳动合同为例,

---

[1] Franz Marhold/Michael Friedrich, Österreichisches Arbeitsrecht, Springer, 2012, S. 7; Junker, Grundkurs Arbeitsrecht, 15. Auflage, München: C. H. Beck, 2016, S. 33.

[2] Zöllner, Loritz, Hergenröder, Arbeitsrecht, 5. Auflage, C. H. Beck. 2015, S. 78 ; Hueck/Nipperdey, Lehrbuch des Arbeitsrechts, Band1, 7Auflage, Verlag Franz Vahlen, 1963, S. 158; Nikisch, Arbeitsrecht, Band I, Tübingen: J. C. B. Mohr, 1961, S. 255.

[3] Frank Vischer, Scheizerisches Privatrecht Obligationenrecht Besonderer Teil Der Arbeitsvertrag, Helbing & Lichtenhahn, 2005, S. 139.

[4] 黄馨慧:《日本调职法理的形成与发展》,载《劳动法判例选辑(三)》,台北,元照出版有限公司2000年版,第104页。

[5] 例如,《北京市高级人民法院、北京市劳动人事争议仲裁委员会关于审理劳动争议案件法律适用问题的解答》(京高法发〔2017〕142号)第5条;《天津市高级人民法院关于印发〈天津法院劳动争议案件审理指南〉的通知》(津高法〔2017〕246号)第20条,认为调岗违法情况之一就是"违反劳动合同对工作地点约定的"。

[6] 例如,《广东省高级人民法院、广东省劳动人事争议仲裁委员会关于印发〈广东省高级人民法院、广东省劳动人事争议仲裁委员会关于审理劳动人事争议案件若干问题的座谈会纪要〉的通知》(粤高法〔2012〕284号)第22条。

“劳动合同越是具体,留给指示权的空间就越小;合同越是一般性的达成合意,指示权就越大”[1]。这样一种关系导致立法者为了保护劳动者权益会追求劳动合同的内容应尽可能完备,我国《劳动合同法》第17条规定,“劳动合同应当具备以下条款”,第81条规定劳动合同未具备上述条款的应由劳动行政部门责令改正的原因即在此。而对用人单位来说,则会尽可能减少劳动合同约定内容从而增加用人单位指示权空间;在必须具备的合同条款被限定的情况下,用人单位则会通过将条款做宽泛约定获得自主权,工作地点为“全国”、岗位为“工人”等实践现象应运而生。[2] 立法者和用工者在末位阶权法理指引下的博弈在此表现得淋漓尽致。从这个角度来看,我国目前一些企业的调职困境很多是由没有很好地约定合同条款,导致作为末位阶权的指示权过小而引发的。

用人单位指示权作为依附性劳动的法律规范表达,其剩余空间大小在根本上决定了劳动者保护必要性的多少。如果劳动合同细致到事无巨细,用人单位没有指示空间,则劳动关系依附性已经无从谈起了,劳动者的保护需要则会下降;如果劳动合同被通过宽泛约定淘空,则劳动者对用人单位的依附性就会大大提升,对其保护也应强化。实际上,劳动法的相关制度也在进行着这种调试:如就劳动合同法的核心制度——解雇保护而言,当劳动合同约定的工作岗位非常宽泛时,用人单位获得了较大的指示权,但同时因为岗位非常宽泛,用人单位是很难认定劳动者不能胜任工作,也很难主张客观情况发生重大变化需要解除劳动合同。“一般指示权越是宽泛,纳入社会选

[1] Landmann/Rohmer, Gewerbeordnung, Gewo § 106 Weisungsrecht des Arbeitgebers, Neumann, C. H. Beck, 2019, Rn. 8; Boemke, Studienbuch Arbeitsrecht, München, C. H. Beck, 2003, S. 199; Preis, Genenger: Die unechte Direktionsrechtserweiterung, NZA, 2008, S. 969 (972); Frank Vischer, Scheizerisches Privatrecht Obligationenrecht Besonderer Teil Der Arbeitsvertrag, Helbing & Lichtenhahn, 2005, S. 139.

[2] 例如,《山东省高级人民法院、山东省人力资源和社会保障厅关于审理劳动人事争议案件若干问题会议纪要》第12条,载 https://www.thepaper.cn/newsDetail_forward_3724016;《北京市高级人民法院、北京市劳动人事争议仲裁委员会关于审理劳动争议案件法律适用问题的解答》(京高法发〔2017〕142号)第6条。

择的劳动者范围则越大,进而被直接涉及的劳动者不被解除的机会就越大。”[1]

(二)功能定位:合同约定劳动义务的具体化权

当用人单位指示权可以确定劳动关系中当事人的权利和义务时,其可以确定的内容范围在理论和实践中会出现两种观点:一种观点认为,指示权本身是独立的决定权利和义务的机制,只要劳动合同、集体合同等其他机制没有明确,则剩余的都是用人单位指示权可以自由决定的空间,无限制则用工自由。“雇主不仅可以对约定的劳动进行具体化,而且可以借指示权来确定劳动者义务的范围有多大。”[2]另外一种观点则认为,用人单位指示权只能是对劳动合同约定的具体化,不能在劳动合同确定的范围之外创设权利和义务。“不是指示权确定劳动义务的范围,而是应根据劳动合同的内容确定指示权的范围。”[3]本书认为,从上述对用人单位指示权教义学基础的探究来看,用人单位的指示权来自劳动合同,因此用人单位指示权的范围原则上应受到劳动合同的限定。如果指示权可以在劳动合同限定之外确定权利和义务,那就意味着指示权有合同之外的权利基础,有违上述关于用人单位指示权法律基础的认识。所以,不仅雇主指示权的权源是劳动合同,而且雇主指示权的功能限于具体化劳动合同约定的给付,受到劳动合同内容的限制。

正因为指示权只是对劳动合同约定的具体化,所以指示权本身不能打破劳动合同确定的权利和义务框架。这种不能打破,有学者认为主要体现为双方义务的比值不能打破,“在适应劳动分工组织要求而确立的劳动关系中,劳动给付和报酬双务式的连接表现为以下方式:雇主尽管可以单方决定

---

〔1〕 Preis, Genenger: Die unechte Direktionsrechtserweiterung, NZA, 2008, S. 969(973).

〔2〕 Hromadka, Grenzen des Weisungsrechts: Zur Auslegung des § 106 Gewo, NZA 2012, 233 (234).

〔3〕 Hromadka, Grenzen des Weisungsrechts: Zur Auslegung des § 106 Gewo, NZA 2012, 233 (234).

劳动给付的范围和形态，但无权单方介入约定的主给付义务比例关系"[1]。在这种思路下，只要不改变当事人之间义务的比例，用人单位可以对劳动者的报酬等主给付义务进行调整。[2] 但问题是如何确定主给付义务之间的比例关系？这本身是一个难以解决的问题；另外只要维持主给付义务之间的固定比例就可以调整劳动报酬，将使劳动者最关心的报酬问题完全处于用人单位安排之下。所以，除非法律另有特别规定，应将具有交换关系的主给付义务等排除出用人单位指示权确定的范围，"指示权并未给雇主权限单方做出持续调整给付和对待给付价值的命令。双方主给付义务，即工资和劳动义务（的量），不处于指示权的范围之中"[3]。主给付义务量的调整应通过变更劳动合同来实现。据此，"指示权仅涉及劳动义务，而不涉及雇主承担的对待给付——工资。雇主不能单方确定他的给付义务，尤其是不能减少"[4]。而就劳动义务而言，决定劳动义务量的最重要标准——工时的范围，也应通过劳动合同确定，"因为工作时间的长度和工资紧密相关，属于交换关系，不处于雇主指示权处置的范围"[5]。这样一来，用人单位指示权不能用以安排用人单位的义务，对劳动者的义务也主要仅围绕劳动给付的形式状态而展开，包括劳动给付的时间状态、地点、类型等。用人单位指示权属于约定劳动给付义务履行状态的具体化权。

---

〔1〕 Alfred Söllner, Einseitige Leistungsbestimmung im Arbeitsverhältnis, Mainz: Verlag der Akademie der Wissenschaften und der Literatur, 1966, S. 53.

〔2〕 Alfred Söllner, Einseitige Leistungsbestimmung im Arbeitsverhältnis, Mainz: Verlag der Akademie der Wissenschaften und der Literatur, 1966, S. 92.

〔3〕 HWK, Lembke, Gewo § 106, Verlag Dr. Otto Schmidt, 2014, Rz. 13; Münchener Kommentar zum BGB, BGB § 611a Arbeitsvertrag, Spinner, 8. Auflage 2020, Rn. 940; Hueck/ Nipperdey, Lehrbuch des Arbeitsrechts, Band1, 7Auflage, Verlag Franz Vahlen, 1963, S. 159.

〔4〕 Wolfgang Hromadka Frank Maschmann, Arbeitsrecht, Band1, Individualarbeitsrecht, Springer, 2015, S. 202.

〔5〕 Preis, Arbeitsrecht, Individualarbeitsrecht Lehrbuch für Studium und Praxis, 5. Auflage, Otto Schmidt, 2017, S. 158. 不同观点参见 Landmann/Rohmer, Gewerbeordnung, Gewo § 106 Weisungsrecht des Arbeitgebers, Neumann, C. H. Beck, 2019, Rn. 23。在我国，偶尔的加班因为有法律的特别授权，可以认为它因为法律的规定已进入劳动合同的内容中，用人单位享有安排加班的权利。

在上述前提下，用人单位如果想在一般的指示权范围之外获得更多的空间，则应在劳动合同中做出进一步的明确安排。[1] 有学者称此种约定的合同条款为真正的指示权拓宽（echte Direktionsrechtserweiterung）条款。“真正的指示权拓宽涉及使雇主有权就工作的内容和地点发布不能被《德国工商业条例》第106条规定的一般指示权所涵盖的指示。据此，雇主有权发布超越根据劳动合同承担的工作义务的指示。”[2] 这种指示权的拓宽需要以当事人明确约定为前提，同时其受到格式条款规制规则等的限制。同样以调岗为例，在目前实践中存在大量在劳动合同中约定调岗权限条款的现象。当有此约定的时候，用人单位获得了调岗权限，但如果该条款通过格式条款引入，其应适用格式条款的审查规则，具体确定条款本身的有效性。[3] 需要注意的是，并不是劳动合同中所有关于指示权的约定都构成真正的指示权拓宽条款。在很多时候，当事人在合同中关于指示权的约定仅是明确指示权的存在、范围，甚至对其进行了限制。这种指示权约定条款被称为不真正的指示权拓宽（Unechte Direktionsrechtserweiterung）条款。[4] 对其不需要进行格式条款的合理性审查。

在根据劳动合同确定用人单位指示权范围时，其范围具体有多大，根本上涉及劳动合同解释问题。如劳动合同中无特别约定，应根据该劳动合同通常情况中涵盖的劳动给付义务范围确定个案中指示权的范围。“哪些劳动者的给付属于合同规定的职业或工作图景范畴，需要在顾及交易习惯的

---

〔1〕 我国一些地方的司法裁判实践要求调整劳动者工作岗位的前提条件之一是“符合劳动合同的约定或者用人单位规章制度的规定”，参见《天津市高级人民法院关于印发〈天津法院劳动争议案件审理指南〉的通知》（津高法〔2017〕246号）第19条。

〔2〕 Preis, Genenger: Die unechte Direktionsrechtserweiterung, NZA, 2008, S. 969(972).

〔3〕 例如，《北京市高级人民法院、北京市劳动人事争议仲裁委员会关于审理劳动争议案件法律适用问题的解答》（京高法发〔2017〕142号）第5条，《山东省高级人民法院、山东省人力资源和社会保障厅关于审理劳动人事争议案件若干问题会议纪要》第11条均规定，“用人单位与劳动者在劳动合同中明确约定用人单位可以单方变更工作地点的，仍应对工作地点的变更进行合理性审查”。

〔4〕 Preis, Genenger: Die unechte Direktionsrechtserweiterung, NZA, 2008, S. 969(970).

基础上通过解释来探求。"[1]本书对该劳动合同解释问题不做进一步展开。就本书主题而言,在此需要强调的是,在合同解释过程中应顾及劳动合同作为一种当事人之间具有较强信赖色彩的合同,诚实信用等在解释中的特有功能。这也就解释了为什么一方面"在紧急情况下,劳动义务以及雇主的指示权可能超越劳动合同狭窄的范围,在着火的情况下,商人的高级雇员也应参与灭火"[2];另一方面这并非劳动者合同义务的突破。因为此时的义务属于根据诚信原则解释得出的劳动者合同义务范围。

(三)指示对象:生产组织权

用人单位指示权服务于劳动过程的组织,其可以涉及的对象应围绕生产组织展开,是一种生产组织权限。所以,毫无疑问,"雇主的指示权不涵盖劳动者私人生活领域"[3],不能涉及劳动者在工厂之外的行为。就生产组织而言,用人单位指示权首先可以确定劳动给付义务本身的时间状态、地点、类型和内容等,对此不再赘述。但劳动关系中的劳动作为一种有组织劳动,劳动给付义务的完成不仅体现在按照用人单位确定的时间、地点等提供劳动,而且依赖于与其他人的劳动协作和配合,工厂秩序是劳动给付的相伴条件,在一定程度上也决定了劳动给付的质量和实现可能。因此,"除了直接明确劳动——也是劳动的类型和完成劳动的方式——外,雇主也可以就与劳动相伴的行为给出指示。对与劳动相伴行为的指示是为了保障协作劳动没有摩擦,劳动者在工厂中不受干扰地一起生活以及保护经营工具、劳动工具和雇主的商业利益"[4]。与劳动相伴的行为包括劳动者在厂房逗留、

---

〔1〕 Preis, Genenger: Die unechte Direktionsrechtserweiterung, NZA, 2008, S. 969(971).

〔2〕 Münchener Kommentar zum BGB, BGB § 611a Arbeitsvertrag, Spinger, 8. Auflage 2020, Rn. 934; Landmann/Rohmer, Gewerbeordnung, Gewo § 106 Weisungsrecht des Arbeitgebers, Neumann, C. H. Beck, 2019, Rn. 8.

〔3〕 Münchener Kommentar zum BGB, BGB § 611a Arbeitsvertrag, Spinger, 8. Auflage 2020, Rn. 934.

〔4〕 Wolfgang Hromadka Frank Maschmann, Arbeitsrecht, Band1, Individualarbeitsrecht, Springer, 2015, S. 202.

使用工厂设备等时的行为规则,[1]与其他劳动者以及用人单位交往的规则等,共同构成了工厂秩序。劳动关系具有的组织体色彩在此得到了体现;用人单位指示权将与工厂组织法发生关联,劳动者一方民主管理或参与管理的对象也在此发生。但对与劳动给付相伴的工厂秩序做出指示的权限也依然来自劳动合同,是劳动合同赋予了用人单位组织生产的权限,而不是生产组织本身就能产生对劳动给付相伴行为的指示权。

(四)行使限制:裁量权

对用人单位指示权进行限制的最后一个视角是其作为裁量权的视角。所谓裁量权,是指在上述几方面限定的框架中,用人单位可以根据生产经营需要在自由裁量基础上行使指示权来组织生产。作为一种裁量性权利,只要在法律的框架中行使,其合法性将不再有疑问,但合法性没有问题并不意味着不会出现合理性问题。尤其是在因为劳动合同等空洞化导致指示权膨胀的情况下,貌似合法的行使却可能带来不合理的结果。因此,在上述合法性控制的基础上,现代劳动法对用人单位指示权的行使从程序和实体内容两个方面进行了合理性控制。

程序性的合理性控制主要体现为针对一些对劳动者个体或者群体影响较大的用人单位指示权,在其行使过程中引入单个劳动者或者劳动者利益代表组织的参与。这种参与并非要求当事人就具体指示权的行使达成合意,往往是要求提前通知劳动者或其利益代表机构,进行必要的意见听取和意思沟通,是一种单纯协商的形态。根据用人单位指示权行使是针对个别劳动者还是针对不确定数量劳动者,劳动者一方参与的方式也有所区别。针对不确定劳动者群体行使指示权,本质上已是进行规范设置,“这种规范设置(Normsetzung)只是决定给付内容的形成权的变种”[2]。这种情况下

---

[1] Nikisch, Arbeitsrecht, Band I, Tübingen: J. C. B. Mohr, 1961, S. 256.

[2] Alfred Söllner, Einseitige Leistungsbestimmung im Arbeitsverhältnis, Mainz: Verlag der Akademie der Wissenschaften und der Literatur, 1966, S. 31.

劳动者一方的参与主要通过劳动者利益代表实现。我国目前用人单位规章制定的理论逻辑即是如此。[1] 在此,用人单位指示权再次与集体劳动法发生关联。而针对特定劳动者的指示权行使,其劳动者一方的意志参与可能是劳动者本人,也可能是劳动者的利益代表。在法律规定了程序性正当性控制情况下,如用人单位行使指示权未经过该程序,则构成形式违法,除非可以补正,否则指示行为不发生效力。

对指示权的合理性控制更加具有意义的是对其进行实体合理性控制,这种控制主要通过要求用人单位在公平裁量的基础上行使指示权来完成,在发生纠纷后由裁判机关对其进行合理性审查。对此,有的国家立法有明确规定,如《德国工商业条例》第 106 条规定,"雇主享有单方通过指示单方确定劳动条件的权利。当劳动合同、工厂协议和可适用的团体协议规定或法律规范对该劳动条件没有确定时,雇主可以在公平裁量的基础上进一步确定劳动给付的内容、地点和时间"。而即使在法律没有明确规定的国家和地区,其司法实践也会引入合理性审查的相关规则。以调职为例,在日本,"在劳动契约没有约定职种、勤务地的前提下,原则上雇主有调动员工职务的权利,此种权利的行使应受权利滥用法理的规范"[2]。在我国台湾地区,"企业事务上,员工之采用、配置、人事异动、人事考核等,为雇主依劳动契约取得一方裁量行使之权利,人事权既为雇主依劳动契约取得之权利,雇主行使之际,自应依劳动契约合意内容谨慎判断其权利之有无或界限,并应受权利禁止滥用原则限制"[3]。我国司法机关也已经在调职等用人单位指示权

[1] 参见沈建峰:《论用人单位劳动规章的制定模式与效力控制——基于对德国、日本和我国台湾地区的比较分析》,载《比较法研究》2016 年第 1 期。

[2] 黄馨慧:《日本调职法理的形成与发展》,载《劳动法判例选辑(三)》,台北,元照出版有限公司 2000 年版,第 104 页。

[3] 台湾高等法院 2008 年重劳上字第 27 号判决。转引自陈金泉:《违法调职之司法救济》,载台北大学法律学院、劳动法研究中心主编:《劳动法精选判决评释》,台北,元照出版有限公司 2013 年版,第 111 页。

行使问题上开始引入合理性审查的规则。[1] 这种合理性控制的基础应回到用人单位指示权行使的一般法理中。

五、结论

用人单位的用工管理和安排劳动现象,应纳入劳动法的制度体系和法律关系来认识。据此,用人单位的指示既是一种权利,又是决定劳动关系当事人权利和义务的法律机制。在现代市场经济条件下,用人单位指示权并非源于公权力,也非源于团体法,而是建立在劳动合同基础上,是基于劳动合同产生的用人单位通过单方意思表示对劳动者的劳动给付义务具体化的权利。该权利属于形成权,而不是对劳动者的支配权或者请求权;基于劳动关系的持续性法律关系属性,这种形成权是一种不同于传统形成权的填充型形成权,在劳动关系存续期间,该权利将一直存续,不因一次行使而消灭,可以根据生产经营需要对劳动给付的内容进行不断调整,也因此被称为适应权。为防止这种用人单位单方行使即可确定劳动者义务的权利侵害劳动者权益,在现代,用人单位指示权只能在劳动合同、用人单位规章、集体合同、劳动基准法限定的范围内行使,除非法律另有规定或者合同另有约定不得超过劳动合同一般的权利和义务内容而行使,并且只可以针对劳动给付和与劳动给付相关的工厂秩序行使,同时在行使过程中应遵守法定程序并受到合理性控制。通过承认用人单位指示权,将其建立在劳动合同基础上,定性为填充型的形成权并对其行使进行限制,劳动法实现了用工自主权和劳动者保护两种利益的平衡。

〔1〕 例如,《北京市高级人民法院、北京市劳动人事争议仲裁委员会关于审理劳动争议案件法律适用问题的解答》(京高法发〔2017〕142 号)第 5 条,《天津市高级人民法院关于印发〈天津法院劳动争议案件审理指南〉的通知》(津高法〔2017〕246 号)第 20 条等。

第七章　劳动基准法的私法效力

劳动基准法，也称基本劳动标准法，[1]是劳动法的核心制度之一，有些国家和地区甚至是以劳动基准法为中心构建劳动法的制度体系。在我国，制定劳动基准法的呼声由来已久，[2]但直到十三届人大，其才被列入第三档立法规划，[3]也即“立法条件尚不完全具备、需要继续研究论证的立法项目”，“经研究论证，条件成熟时，可以安排审议”的立法项目。2020年以来，学界围绕《基本劳动标准法》的起草先后出现过三四个专家建议稿。但该法最终并未进入十三届人大的立法程序。十四届人大继续将其保留在第三档立法规划中，基本定位与上一届人大相同。[4] 劳动基准法立法的障碍之一在于该法的规范结构、效力等问题依然没有得到很好的解决。根据现有通行学说，劳动法的特点是“公法和私法相兼容”[5]，其中的劳动基准法属于公法，而

---

〔1〕 为了行文统一，本书统一使用国内外学术界惯常使用的“劳动基准法”这一术语，而未使用现有立法规划中“基本劳动标准法”的表述。

〔2〕 王文珍、黄昆：《劳动基准立法面临的任务和对策》，载《中国劳动》2012年第5期。

〔3〕 《十三届全国人大常委会立法规划》，载中华人民共和国中央人民政府网，https://www.gov.cn/xinwen/2018-09/08/content_5320252.htm。

〔4〕 参见《十四届全国人大常委会立法规划》，载新华网，http://www.news.cn/politics/2023-09/07/c_1129851114.htm。

〔5〕 《劳动与社会保障法学》编写组：《劳动与社会保障法学》，高等教育出版社2017年版，第18页。

在法的一般理论中,公法是"规定国家之间,国家机关之间以及国家机关和私人之间关系的法"[1]。由此引发的问题是:作为公法的劳动基准法如何调整劳动者和用人单位这一对私主体之间的权利和义务关系?这一问题不仅涉及将私法学界讨论颇多的公法对私法的效力理论[2]运用到劳动关系协调这一具体问题中;而且涉及在现代社会公私法交融现象日益普遍背景下,以劳动基准法对私人的效力这一典型现象为例进一步具体讨论公法义务进入私人关系的多种可能与路径,以及公私法的效力协调等法的一般性问题——现有公法对私法的效力学说更多只是围绕公法规范对法律行为的效力问题展开,忽视了公法对私法效力的其他可能及二者的效力协调。

但从公法对私人的效力角度分析劳动基准法效力问题,却建立在预设的劳动基准法是公法的观点基础上,然而劳动基准法就是公法吗?为何是公法?梳理现有文献,该观点更多是一种来自德国劳动保护法且未经深入论证的自说自话。仅从公法对私人效力角度讨论劳动基准法的私法效力在起点上就已陷入片面。为此,有必要讨论中国法框架下劳动基准法的规范定性及规范结构,澄清劳动基准法私法效力的不同类型,回应法的一般理论中公法和强行法的区分以及国家强制实现的公、私法技术。本书将以劳动基准法的规范定性及规范结构为起点展开。

劳动基准法效力问题的探究不仅事关我国现有劳动基准性法律的教义学梳理以及未来我国劳动基准法总体思路的建构,也事关从理论上回答当

---

〔1〕 张文显主编:《法理学》,高等教育出版社、北京大学出版社2008年版,第104页。Larenz/Wolf, Allgemeiner Teil des Bürgerlichen Rechts, C. H. Beck, 2004, S. 1.

〔2〕 苏永钦:《私法自治中的国家强制:从功能法的角度看民事规范的类型与立法释法方向》,载《中外法学》2001年第1期;苏永钦:《民事立法者的角色——从公私法的接轨工程谈起》,载苏永钦:《民事立法与公私法的接轨》,北京大学出版社2005年版,第1页以下;谢鸿飞:《论法律行为生效的"适法规范"——公法对法律行为效力的影响及其限度》,载《中国社会科学》2007年第6期;钟瑞栋:《民法中的强制性规范:公法与私法"接轨"的规范配置问题》,法律出版社2009年版;耿林:《强制性规范与合同效力:以合同法第52条第5项为中心》,中国民主法制出版社2009年版;许中缘:《民法强行性规范研究》,法律出版社2010年版;黄忠:《违法合同效力论》,法律出版社2010年版;孙鹏:《论违反强制性规定行为之效力——兼析〈中华人民共和国合同法〉第52条第5项的理解与适用》,载《法商研究》2006年第5期。

下劳动基准法领域实践急需解决的实体问题，如未经审批而约定的特殊工时有效吗？或者程序问题：因劳动基准问题发生争议后应通过劳动监察处理还是通过劳动争议仲裁处理？其也将以一个具体制度更具象地厘清现代市场经济条件下国家干预在私人之间产生效力的路径和方式。

一、劳动基准法作为保护劳动者利益的强行法

（一）劳动基准法作为强行法抑或公法

如前文所述，劳动基准法属于公法是一种非常流行的学说。但劳动基准法是否为公法却不无疑问。回答此问题之前应首先明确强行法〔1〕和公法的区别。强行法是指“无论当事人的意思如何，都强制性地调整当事人的法律关系”的法律，〔2〕或者排除当事人处置可能性的规范。〔3〕强行法的核心在于其不可被当事人意志安排排除。在该前提下，“如果强行法涉及的是权利主体之间的法律关系而不是主体与国家的法律关系，则强行法依然属于私法”〔4〕。与此不同，公法则强调其所调整的是公权力机关和公权力机关以及公权力机关和私人之间的关系；〔5〕其中调整公权力机关和私人关系的规则主要体现为规范公权力在对私人进行监督、强制、处罚过程的权利和义务。为了制约公权力，实现公共利益目的，公法规范原则上都具有强行

---

〔1〕在私法学界的研究中，有一些强行法和强制性法律区分的尝试。但是本书认为，有些分歧只是翻译和表述习惯造成的，现有文献中二者也往往混用，另外这种分歧基本不影响本书问题的讨论，所以本书不对二者进行区分，此点请读者注意。

〔2〕参见谢鸿飞：《论法律行为生效的“适法规范”——公法对法律行为效力的影响及其限度》，载《中国社会科学》2007 年第 6 期；孙鹏：《论违反强制性规定行为之效力——兼析〈中华人民共和国合同法〉第 52 条第 5 项的理解与适用》，载《法商研究》2006 年第 5 期；钟瑞栋：《民法中的强制性规范——兼论公法与私法“接轨”的立法途径与规范配置技术》，载《法律科学（西北政法大学学报）》2009 年第 2 期；朱庆育：《民法总论》（第 2 版），北京大学出版社 2016 年版，第 294 页。

〔3〕Larenz/Wolf, Allgemeiner Teil des Bürgerlichen Rechts, C. H. Beck, 2004, S. 69.

〔4〕Von Tuhr, Der Allgemeine Teil des Deutschen Bürgerlichen Rechts, Band 1, Verlag von Dunker & Humblot, 1910, S. 27.

〔5〕张文显主编：《法理学》，高等教育出版社、北京大学出版社 2008 年版，第 104 页；Larenz/Wolf, Allgemeiner Teil des Bürgerlichen Rechts, C. H. Beck, 2004, S. 1。

性;[1]但强行性规范并不都是公法规范,二者并不在同一纬度展开。同样,从劳动者和用人单位之间结构性力量失衡这个前提出发,为了实现劳动者保护的目的,劳动基准法应当具有强行性,属于强行法;但劳动基准法是强行法却未必就是公法,要成为公法规范必须配备公权力的监督、强制和惩罚。

按照上述标准,分析对我国劳动基准法理论有深刻影响的日本、韩国以及德国等涉及劳动基准的立法,则可以看到两种不同的法律技术模式:以日本、韩国为代表的劳动基准法模式与以德国为代表的劳动保护法。日本、韩国劳动基准法属于强行法,而不全部具有公法属性,德国的劳动保护法则坚持了其公法性,是真正的公法。具体而言,在日本、韩国,劳动基准法的界定立足于规范的强行性,只要是国家强制规定的标准都属于劳动基准法,并不问这些规范规定的是市场主体之间的权利和义务还是国家机关与市场主体的权利和义务。梳理这些国家的劳动基准法规则可以发现,其不乏直接规定劳动者和雇主权利和义务的条款,甚至有些规则仅规定当事人权利和义务。而对德国等其他大陆法系国家,[2]劳动保护法则不仅强调强行性更是立足于公法性。"狭义的劳动保护法是指所有其遵守处于行政机关监督、强制以及刑罚或违例制裁之下的保护劳动者的法定规则。"[3]只有公法性的,也即因需要通过公权力保障实现,所以规定公权力机关和雇主之间权利义务关系的规范才属于劳动保护法。正因为劳动保护法的这种严格公法定性要求,劳动合同制度、休息休假制度等仅具有强行性,但未规定公权力介入的规则不被作为劳动保护法的内容。以带薪休假制度为例,《德国联邦休假法》的制度围绕劳动者的带薪休假请求权展开。该法第 1 条规定,"劳动者每个日历年度都享有请求带薪休假的权利"。同时该法并未规定任何公权力机关介入的规则,因此其不是公法,也不是劳动保护法讨论的对象。对最

---

〔1〕 Koziol/Welser, Bürgerliches Recht, Band 113. Auflage, Manzsche Verlags-und Universitätsbuchhandlung, 2006, S. 43.

〔2〕 Otto Kahn – Freund/Bob Hepple, *International Encyclopedia of Comparative Law*, Labour Law, Mohr Siebeck, 2014, 7 – 5.

〔3〕 Zöllner, Loritz, Hergenröder, Arbeitsrecht, C. H. Beck, 2015, S. 445.

低工资制度这种既规定私人请求权又规定公权力救济的制度，在归入劳动保护法时理论上则是犹豫不决。从具体规则来看，《德国最低工资法》第1条第1款是一个请求权模式的规范："劳动者有权要求雇主支付不低于最低工资额度的工资。"一种重要的理论认为，"《德国最低工资法》第1条第1款规定的最低工资请求权是一个法定的，在劳动合同和团体协议规定之外独立存在的请求权"〔1〕。它规范的是劳动者和雇主的关系，而不是公权力和雇主之间的关系，因此很难称其为公法。回到问题的起点，可以认为称日本、韩国的劳动基准法属于公法，在一定程度上只是用一个德国式的定性套用了起源于美国的劳动基准法。〔2〕

强行法和公法两种不同规制思路对教义学发展会有直接影响。对公法思路的劳动保护法而言，它必须回答公法性的劳动保护法对劳动者和用人单位何以发生效力的问题，这是劳动法发展中非常重大的理论问题；而对于强行法意义的劳动基准法而言，有些法律规范本身就直接规定了私法效力，未规定私法效力的可能才涉及公法规范对劳动者和用人单位的效力问题。遗憾的是，建立在不区分公私法的美国法传统上的劳动基准法，在继受过程中又受到德国等劳动保护法理论的影响，因此理论界多仅在公法对私法的效力角度展开对劳动基准法效力的分析，忘却了劳动基准法直接规定私法效力的可能性。

在上述思路之下，我国劳动基准立法应作何选择？本书认为，应摒弃劳动基准法是公法这一成见，从劳动基准法是强行法这一命题出发，对其进行制度设计。作为强行法的劳动基准法的规范结构可以进一步在公法规范和私法规范等不同方案之间进行选择或者组合，并在此基础上进行符合逻辑

〔1〕 Preis, Arbeitsrecht, Individualarbeitsrecht Lehrbuch für Studium und Praxis, 5. Auflage, Otto Schmidt, 2017, S. 260; Thomas Lakies, Mindestlohngesetz, Bund Verlag, 2017, S. 121.

〔2〕 劳动基准(Labor Standards)是一个源自美国法的概念，此后先后进入美军占领期间的日本立法、韩国立法，我国台湾地区1984年也制定了"劳动基准法"。参见阎天：《美国劳动法学的诞生》，中国民主法制出版社2018年版，第151页；Hans-Peter Marutschke, Einführung in das japanische recht, 2. Auflage, C. H. Beck, 2010, S. 197；林丰宝、刘邦栋：《劳动基准法论》，台北，三民书局2015年版，第5页。

的体系安排。这种路径选择的理由主要包括以下方面：首先，从我国现有立法来看，既有的劳动基准法规范在一定程度上采纳了公私法混合规范的路径。在实体法上，《劳动法》等法律中关于工资、工时等许多劳动基准的规定都同时规定了劳动者对用人单位的请求权和行政机关公权力介入的规则；从程序法来看，《职工带薪休假条例》《最低工资规定》等规定的救济途径都是既有行政救济，又有劳动争议处理程序。其次，从一些大陆法系国家和地区的立法动态来看，新出现的劳动保护法也不再单纯采纳公法的思路，而是同时涵盖了公法和私法效力。[1] 以2015年1月1日实施的《德国最低工资法》为例，该法第1条规定了劳动者对雇主的请求权，又在第三章专门规定了国家机关的检查和执行。最后，从强行法角度统合和整理具有不同效力结构的劳动基准法，对形成统一体系、解决公法和私法效力协调和配合问题具有重要意义。总之，从既有传统、其他国家的立法趋势以及法律技术来看，以强行法为标准来界定劳动基准法的范畴，同时对其效力根据公法和私法手段各自的优势进行组合和类型化处理可以作为未来我国劳动基准法发展的方向。

（二）劳动基准法作为保护性强行法

作为强行法的劳动基准法面临的进一步问题是其与其他强行法有何差异，足以导致需要形成自己特殊的理论和规范问题。毕竟在现代市场经济立法中，强行法是一种非常普遍的现象，即使在传统私法中，“从民法典到外于民法典的民事规范，国家的强制处处可见，只是强制的性格、目的和效果不近相同而已”[2]。就此，既有的理论和立法往往主要关注其规制对象的特殊性，在概念上，劳动基准法被定位为劳动条件规制法，“主要以规范劳动条件为其范畴，所称劳动条件，举凡劳动关系中之工资、工时、休息、休假、童

---

〔1〕 Otto Kahn – Freund/ Bob Hepple, *International Encyclopedia of Comparative Law*, *Labour Law*, Mohr Siebeck, 2014, p. 7 – 5.

〔2〕 苏永钦：《走入新世纪的私法自治》，中国政法大学出版社2002年版，第4页。

工、女工、学徒、安全卫生、灾害赔偿、劳动契约、劳工检查、劳工福利、退休资遣、伤病医疗、死亡抚恤以及其他有关事项均属之”[1]。在理论体系上，劳动基准法被置于劳动条件法的主题下讨论。[2] 在这种思路下，涉及劳动条件的事项自然可以纳入劳动基准法，同时决定相关事项是否纳入劳动基准法的，是其是否属于劳动条件，如工时、休假等。但基于以下原因，以劳动条件为限定区分劳动基准法这种强行法和其他强行法却很难实现其理论目标：首先，什么是劳动条件本身是一个很难准确界定的问题，从日本、韩国劳动基准法来看，在劳动合同、资遣费、退休等已被纳入劳动基准法时，劳动条件的范畴就已经非常宽泛而不确定了。其次，工资、工时等劳动条件不仅可以通过劳动基准法来确定，大陆法系国家和地区在劳动关系协调的历史发展中，形成了国家强制、集体自治和私人自治这一制度体系，集体合同、劳动合同等都可以决定劳动条件，认为劳动基准法属于劳动条件法是易于引人误解的。最后，区分作为劳动条件的强行法规定和不作为劳动条件的强行法并未展示劳动基准法的规范技术特点，导致对其法教义学特征和统一原理研究的忽视。

当劳动基准法的规制对象不足以说明其与传统强行法的差异时，则应回到其规制方法上。在此，一个颇有启发的现象是，德国等大陆法系国家劳动保护法的理论和立法并不纠结所涉事项是不是劳动条件，这是因为其已通过规制方法限定了劳动保护法与一般强行法的界限，“国家本身通过监督和强制确保劳动者免受来自工作岗位的危害”的法律属于劳动保护法。[3] 只要属于国家通过监督和强制保护劳动者的制度，如数据保护，[4] 就属于劳动保护法的范畴，劳动保护法的理论研究并不在乎一个个具体保护领域，而在乎从保护性规范角度阐明劳动保护法的效力。尽管根据本书以上论述，德国式的仅定位为公法的视角并不是我国劳动基准法应然的选择方向，

---

〔1〕 林丰宝、刘邦栋：《劳动基准法论》，台北，三民书局2015年版，第10页。

〔2〕 参见黄越钦、黄鼎佑：《劳动法新论》，台北，翰芦图书出版有限公司2015年版，第二部，第三、四章。

〔3〕 Dütz, Thüsing, Arbeitsrecht, 23. Auflage, C. H. Beck, 2018, S. 3.

〔4〕 Zöllner, Loritz, Hergenröder, Arbeitsrecht, 5. Auflage, C. H. Beck. 2015, S. 448.

但这种从规制方法和功能角度对其进行区分的思路却非常值得借鉴。劳动基准法的功能在于保护劳动者权益,以此为基础,在上述强行法认识的基础上,关于劳动基准法将可以进一步得出三方面的结论:其一,在定性上,劳动基准法属于保护性强行法,这在根本上有别于传统民事法中的一般强行法。传统民法中强行法的重要功能一方面是建立交易框架,如主体资格制度、合同订立和效力制度等,另一方面是实现公共利益和秩序,而劳动基准法更重要的功能在于保护劳动者利益。反过来,不以保护劳动者利益为目的的强行法不属于劳动基准法的范畴,而是一般的强行法。其二,在功能上,劳动基准法发挥劳动者权益保障的底线功能。从市场配置劳动力资源这一劳动法的制度前提出发,也是为了协调公权力和市场的关系,劳动基准法只是在保护劳动者的生存、健康等基本权益不受损害,并不是要在用人单位和劳动者之间进行合理的利益分配。"劳动基准法为规范劳动条件最低标准的法律。"[1]在劳动基准法这一底线之上,依然保留有劳动者和用人单位,劳动者利益代表和用人单位或用人单位联合会进行自治安排的空间。私人自治与国家强制在功能上以这种方式予以协调。其三,在效力上,劳动基准法具有单方强制性。由上述定性和功能所决定,"大部分劳动法的制定法规范原则上用于保护劳动者,是单方强制的"[2]。这是劳动基准法和一般强行法在效力上最根本的区别。当事人可以在劳动合同或集体合同中作出相较于劳动基准法更有利于劳动者的规定,而不能作出不利于劳动者的规定。

总结以上论述,吸收传统大陆法系国家劳动保护法和日本、韩国劳动基准法界定各自的优势,立足强行法的定位,不纠结哪些劳动条件应属于劳动基准法规范,也不拘泥于公法和私法的单一模式,则可以形成具有中国特色的劳动基准法的范畴和定性:劳动基准法是国家通过强制性规定保护劳动

---

〔1〕 林丰宝、刘邦栋:《劳动基准法论》,台北,三民书局2015年版,第10页;《劳动与社会保障法学》编写组:《劳动与社会保障法学》,高等教育出版社2017年版,第189页;林嘉:《劳动法的原理、体系与问题》,法律出版社2016年版,第287页;董保华:《中国劳动基准法的目标选择》,载《法学》2007年第1期。

〔2〕 [德]雷蒙德·瓦尔特曼:《德国劳动法》,沈建峰译,法律出版社2014年版,第83页。

者的法律规范总和。此概念强调“国家通过强行性规定”是为了区分集体合同等对劳动合同的强行性效力;强调“保护劳动者”是为了将其与规定劳动合同成立条件等的一般规则以及其他强行法区分开,这些都是一般私法研究的对象。按照上述定性,一方面可以将劳动基准法融入法教义学的整体框架中,另一方面可以很好地理顺劳动基准法和劳动合同、集体合同等自治机制的功能关系和规则关系。以劳动合同法的相关制度为例,日本、韩国的劳动基准法均包含劳动合同的内容[1],但其劳动基准法中涉及劳动合同的规则仅是国家保护劳动者的强行性规定,并不是劳动合同法的所有规则。据此,调整劳动合同的规则在意思自治的规则体系与国家强制的规则体系之间进行了分割。

二、劳动基准法的效力结构类型及其选择

(一)劳动基准法的效力结构类型

在上述劳动基准法性质确定的基础上,可以立足于保护性强行性规范[2]展开对劳动基准法的体系梳理。这种梳理的最好角度是强行性规范的效力结构类型。这是因为,首先,效力问题是规范的核心问题;其次,保护性强行性规范的效力不只是违反后行为无效,也可能发生各种公私法上的效果,从效力出发,可以全面分析劳动基准法的复杂结构。在此问题上,已有的研究是将劳动基准法意义上的强行性规范分为公法性质的保护规定和私法性质的保护规定。“若以法律规范之贯彻、落实手段来区分,则劳动保护法可再区分为公法性质劳动保护法与私法性质劳动保护法二者……私法性质劳动保护法乃对个别劳动契约的内容形成自由与消灭自由加以限制,同时并赋予劳工针对雇主享有强行性请求权……至于公法性质之劳动保护法的规定内容多是对雇主公法上的命令与禁止,对于该等命令与禁止的遵守,国家机

[1] 《日本劳动基准法》第13－32条,《韩国劳动基准法》第22－41条。
[2] 关于劳动合同法中强制性规范的认定,参见许可:《劳动合同的自治与规制——以“违反强制性规定的劳动合同”为中心》,载《法学家》2017年第2期。

关负有义务进行监督,必要时更应予以前置或者处罚,甚至刑事追诉。"[1]但本书认为,不仅在逻辑上,而且从现有劳动基准法立法的实践来看,在上述仅产生私法效力的劳动基准法规范和仅产生公法效力的劳动基准法规范之外,还存在第三种劳动基准法的规范类型,即既规定私法效力,又规定公法效力的强行性规范。

上述三种效力结构的劳动基准法在我国现行立法中都有出现。其一,仅有私法效力的强制性规范。劳动法中的解除权规则都基本属于这种类型的强行法。此外,比较典型的是现行法中的医疗期规则。它是一个强行性法律规定,并且该规定赋予劳动者请求给予病假的权利。但梳理现行法,违反该规则并无明确的公法责任和行政救济措施。另外,《国务院关于职工探亲待遇的规定》设置的探亲假规则同样是只有私人请求权,没有公法救济的规则。其二,仅有公法效力的强制性规范。在技术性劳动保护的领域,仅有公法效力没有私人请求权和救济的劳动基准法规范相对比较普遍。例如,《安全生产法》第二章"生产经营单位的安全生产保障"规定的生产经营单位的义务,很多是公法性义务,劳动者并不能提出请求和救济。另外,《禁止使用童工规定》规定的用人单位义务,也基本是纯公法性的义务,劳动者并不能提出私人请求和救济。其三,既包含私法效力又包含公法效力的强制性规范。这种类型的劳动基准法规范一方面规定了劳动者请求用人单位履行义务的权利,另一方面规定了公权力机关保障义务履行的规则,如带薪休假、工资支付、加班费等制度莫不如此。基于这种实体法上的双重义务结构,这些规则的救济机制也是双重结构,既可以通过劳动监察保障的责令改正、罚款等方式进行救济,也可以通过劳动争议处理程序进行救济。

在我国,双重效力结构的劳动基准法规范是最主要的劳动基准法类型。

---

[1] 黄程贯:《劳动基准法之公法性质与私法转化》,载政治大学法学院劳动法域社会法中心编:《劳动、社会与法》,台北,元照出版有限公司2011年版,第13页;Nipperdey, Die privatrechtliche Bedeutung des Arbeiterschutzrechts, in: die Reichsgerichtspraxis im deutschen Rechtsleben, Festgabe der Juristischen Fakultäten zum 50 jährigen Bestehen des Reichsgerichts 1929, Band IV, S. 204。

这一方面源于我国没有强烈的公私法分离传统。“因为没有民法典为全面的私法自治提供有力的支持，我国民商法律的一个突出特点是混合立法，私法中纳入了很多公法管制的内容，公法也常常代替私法来调控交易，以避免各种外部性。”[1]另一方面这也是从计划经济时期公法性劳动力配给到市场化改革后引入市场配置劳动力资源这一发展过程中必然会出现的现象。这种规范效力结构落实到具体立法体例上，就是劳动法的立法往往首先规定调整劳动者和用人单位之间权利和义务的规则，这是一种市场主体之间私的法律关系；同时一般会在相关法律最后部分规定法律责任规则，这些责任规则大部分是公法性规则；此外，我国还专门制定有一般性的通过公权力保障劳动法中强行性规则实施的《劳动保障监察条例》《农民工工资支付保障条例》等。在此意义上，通常所称的劳动法是公法和私法相结合，不是简单的劳动法既包含公法规范又包含私法规范，而是劳动者和用人单位之间权利和义务既通过传统私法机制进行安排，又通过传统公法机制进行保障，是一种有机结合。

（二）劳动基准法效力结构选择之考量依据

当劳动基准法的效力结构可以有三种时——仅有私法效力的强行性规范（以下简称私法性劳动基准法）、仅有公法效力的强行性规范（以下简称公法性劳动基准法）、既包含私法效力又包含公法效力的强行性规范（以下简称双重效力性劳动基准法），对立法和制度建构来说面临的问题是如何决定具体怎样的情况选择哪种规范结构形态。对此首先应明确，国家强制干预私人市场交往的方式可以是仅规定强行法，也可以是为强行法配备公权力保障。强行法已经是一种国家干预，配备公法效果则是国家干预的强化。从劳动关系本质上是一种继续性债的关系角度出发，要回答上述问题，在根本上还是应回到公权力介入私人之间法律关系的正当性上。

---

〔1〕　谢鸿飞：《论法律行为生效的“适法规范”——公法对法律行为效力的影响及其限度》，载《中国社会科学》2007年第6期。

首先需要考虑的是公共秩序和利益标准。作为公私法划分起源的利益说，道出了公法性规范存在的最原初根源，"公法涉及罗马国家的秩序；私法涉及个体的利益"[1]。公法性规则在传统上是要维护公共秩序和利益。据此，在劳动法领域，首先涉及公共利益，包括公共安全、公共秩序等利益的劳动基准法规则必须配置公法效力。从劳动基准法发展历史来看，最早颁布的国家强行性劳动者保护规范首先追求的也是公共利益，劳动者权益维护只是附带产生的效果。例如，1839 年德国颁布了该国最早的涉及童工保护的法律，但是"防止对教育和军事危害的主导思想促使国家介入年轻劳动者的健康维护问题"[2]。正因如此，早期的劳动保护法律和其他秩序法并无差异，以纯公法的形式建构，按照公权力行使的一般逻辑运行，私人并不可以基于劳动保护法提出请求，只能享受这种规范在维护公共利益过程中所反射出来的利益。这一历史经验一方面说明涉及公共利益的劳动基准应配备公法性效力，另一方面说明如果主要涉及公共利益，则相关劳动基准法可能并不应配备私人请求权。避免通过私人之手实现公共利益，不仅有利于防止道德风险，还可以维护劳动关系的和平，纯公法性劳动基准法存在的根源即在于此。

但从"二战"前后开始，国家的功能不仅在于维护公共利益和秩序利益，尤其是"二战"后社会国家的兴起，在社会国家原则[3]指引下国家权力对私人交往的干预日益深入，这种干预的目的之一是消减社会差异，保障不同群体的生活水平。其干预手段之一是通过国家之手在私人之间分配利益，以此为目的的相关立法首先具有私人利益分配功能而不只是秩序功能。相比上述为实现公共利益必然要求公法性强行法而言，实现社会国家原则的法律规范以实现私人利益为首要目的，故可以采取私法性强行法的结构，而

---

〔1〕 I. 1. 1. 4, Behrends, Knütel, Kupisch, Seiler, Corpus Iuris Civilis Die Insititutionen, 3. Auflage, C. F. Müller, 2007, S. 2.

〔2〕 Martin Becker, Arbeitsvertrag und Arbeitsverhältnis in Deutschland, Vittorion Klostermann, 1995, S. 86.

〔3〕 社会国家(sozialstaat)原则，也即"在立法、行政和司法中尽可能深入的追求实现社会公正的国家。其目的是在社会内部消解大的社会差别，保障每个民众群体适当的生活水平"。Vgl. Klaus Weber, Rechtswörterbuch, 22. Auflage, C, H. Beck, 2017, S. 1209.

非一定需要配备公权力的公法性强行法。

在上述或然性前提下，配备公权力保障的公法性劳动基准法生成需要根据劳动关系本身的特性以及行政权力行使的逻辑等作进一步权衡，在此过程中应考虑以下因素：其一，劳动者主张劳动基准法中权利的现实可能性。私法性劳动基准法规定的实现取决于劳动者本身，“但存在着劳动者因为畏惧雇主、因为担心被解雇、因为缺乏经费或者法律知识或仅因为忽视而不去主张其源自强行法规则的权利的可能性”〔1〕。其二，劳动者主张劳动基准法中权利的动力。“根据经验，大部分劳动者只会主张违反它则直接涉及其利益的规则……与此相反，违反保护性规定而面临的单纯危险则容易被劳动者忽视。在此公法必须发挥作用。”〔2〕其三，劳动关系和平的需要。劳动关系双方处于合作生产的关系中，维持劳动关系双方的信任与合作对于提高生产效率和劳动关系和谐等具有非常重要的意义。上述三种规范效力结构对劳动关系和平的破坏程度并不相同：通过当事人私人主张实现权利的私法性劳动基准法在实现后对当事人之间合作与信任的破坏力度最大，通过公权力主动落实的公法性劳动基准法对当事人之间信任与合作的破坏最小，双重效力劳动基准规范居于中间。其四，实际实现劳动基准法的诉求大小。上述三种规范结构本身代表了三种国家强制的程度，私法性劳动基准只是剥夺了当事人自主安排的空间，但最终能否实现国家强制效果取决于当事人是否主张权利，在劳动关系中劳动者处于加入用人单位组织，接受用人单位管理的依附性状态下，私法性劳动基准法落实的可能性因此大大降低。公法性劳动基准的落实不依赖于当事人意志由公权力实现，其实现和落实的可能性相对提升，但公权力本身也有行使惰性等问题。双重效力劳动基准法规范则得到公私法两种效力的保障，规范得到实现的可能性最高，但也可能出现公私两种机制互相扯皮，最终导致都无法保障。其

〔1〕 Hueck/ Nipperdey, Lehrbuch des Arbeitsrechts, Band1, 7Auflage, Verlag Franz Vahlen, 1963, S. 141.

〔2〕 Zöllner, Loritz, Hergenröder, Arbeitsrecht, C. H. Beck, 2015, S. 446.

五,成本承担因素。通过行政权力保障劳动基准法实现,涉及通过行政权力实现私人利益,而行政权力由全体国民支付的税收来支撑,因此就出现通过全体国民的负担来实现个别国民利益的情况;另外,在劳动基准法增加的情况下,是否有足够多的行政资源来保障其落实?因此,并不是所有劳动基准法都通过行政权力保障实施就是最合理的。其六,行政权力本身存在的问题。行政权力本身行使要考虑自身的行政风险,也存在选择性执法带来的不公、寻租以及因此增加的监督成本。基于以上分析,除主要涉及公共利益和秩序的劳动基准法必然要采取公法性劳动基准法效力结构外,主要以在劳动关系当事人之间分配利益为目的的劳动基准法采取哪种效力结构模式并无定式,但必须进行合理性评估。我国目前劳动基准法高标准、选择性执法问题的解决,也有赖于合理设计劳动基准法的效力结构。

三、公法性劳动基准法进入私人关系的路径

基于以上论述,可以认为无论是在逻辑上还是在立法实践中都会出现仅具有公法效力,即以调整国家和私人之间关系为对象的劳动基准法,本书称其为"公法性劳动基准法"。但"法律制度必须是没有矛盾的"[1]。从保持法的体系一贯性角度来看,无论是公法上禁止的还是想要实现的,不能对私人之间丝毫没有影响力,况且劳动法的根本目的是调整劳动者和用人单位之间的劳动关系。在此前提下,理论逻辑上立刻会产生一个本章开篇即提出的问题:公法性的劳动基准法如何对私人之间的劳动关系发生效力?这一问题的回答及其历史变迁,反映了公法和私法在劳动法领域日渐密切的协力与合作,共同解决社会问题的过程。

(一)公法性劳动基准法的反射效力:侵权责任的规范基础

在18世纪自由主义的背景下,"规范国家与人民关系的公法(含刑法)

〔1〕 [德]梅迪库斯:《德国民法总论》,邵建东译,法律出版社2000年版,第484页。

与规范人民与人民关系的私法，原则上互不相属，各成体系”[1]。因此，早期公法性劳动基准法仅在国家和雇主之间发生效力，规定雇主相对于国家而言承担的劳动保护义务，并通过国家强制力保障实施，个人不可以基于劳动基准法提出诉求。在德国，直到1928年的劳动保护法草案依然坚持这种思路，其立法理由提出：“本草案原则上不介入劳动合同法。赋予雇主的义务都是相对于国家而不是单个劳动者的义务；因此，运营保护（危险防护）通过劳动保护机关根据第47条以下进行的监管以及通过草案第6－9条规定的强制和处罚来实施。劳动保护法的规范并未赋予单个劳动者合同性质的请求权。”[2]作为一种解决劳动者问题而出现的制度，完全不对私人产生效力似乎也是不妥的。一种公法反射利益的思路应运而生：公法性劳动基准法对劳动者的保护作用被视为一种反射利益。

这种反射利益不仅表现为一种纯公法秩序实现的反射——国家通过执法落实秩序性规则导致劳动者受到实际保护。19世纪末以来，传统私法的侵权行为法为强化这种反射效力提供了进一步的通道。1900年《德国民法典》通过第823条第2款第1句规定“违反以保护他人利益为目的的法律的人，承担同样的（损害赔偿）义务”，从而引入了“违反保护他人利益的法律”这一侵权行为类型，并逐渐为日本、韩国民法典所继受，该侵权行为规则为进一步强化公法性劳动基准法的私法效力提供了路径：公法性劳动基准法往往属于保护他人利益的法律，违反它劳动者可以主张侵权损害赔偿。[3]我国《民法典》虽未像德国、日本、韩国等国家那样，设置违反保护他人利益型的侵权行为规则[4]，但《劳动保障监察条例》第21条第1款第1句却已

---

〔1〕 苏永钦：《违反强制或禁止规定的法律行为》，载苏永钦：《私法自治中的经济理性》，中国人民大学出版社2004年版，第33页。

〔2〕 Nipperdey, Die privatrechtliche Bedeutung des Arbeiterschutzrechts, in: die Reichsgerichtspraxis im Deutschen Rechtsleben, Festgabe der Juristischen Fakultäten zum 50 jährigen Bestehen des Reichsgerichts 1929, Band IV, S. 221ff.

〔3〕 参见王泽鉴：《侵权行为》，北京大学出版社2010年版，第291页。

〔4〕 根据民法学者的研究，我国现行法中也包含大量违反规制性规范（保护性规范）后的侵权责任规则，只是在体系上其被纳入保护客体的角度进行分析。参见朱虎：《规制性规范与侵权法保护客体的界定》，载《清华法学》2013年第1期。

经完成了该使命。该条规定:“用人单位违反劳动保障法律、法规或者规章,对劳动者造成损害的,依法承担赔偿责任。”保护劳动者利益的公法性劳动基准法结合该条规定,可以作为损害赔偿责任的请求权基础,公法性劳动基准法以这种方式产生私法效力。遗憾的是,该规则几乎被实践遗忘,在我国很少发生据此提起的损害赔偿之诉。

(二)公法性劳动基准法的双重效力:合同义务的发生根据

在公法性劳动基准法对劳动关系具有反射效力的观点形成不久后,一种新的观点就开始出现。1929 年,后来的德国联邦劳动法院院长尼佩代教授提出了公法性劳动基准法的双重效力理论,论证了劳动保护法规范成为劳动合同项下义务来源的可能性及其效力。〔1〕 目前,该学说已成为德国〔2〕、瑞士〔3〕、奥地利〔4〕、日本〔5〕的通行学说,也为我国〔6〕学者所主张。

与上述反射效力和侵权责任不同的是,双重效力理论是要论证调整国家和私人之间关系的公法规则进入劳动关系,成为劳动合同项下可以请求履行的权利和义务。据此,对劳动者来说公法性劳动基准法产生的不仅是

---

〔1〕 Nipperdey, Die Privatrechtliche Bedeutung des Arbeiterschutzrechts, in: die Reichsgerichtspraxis im Deutschen Rechtsleben, Festgabe der Juristischen Fakultäten zum 50 jährigen Bestehen des Reichsgerichts 1929, Band IV, S. 203ff.

〔2〕 Zöllner, Loritz, Hergenröder, C. H. Beck, 2015, S. 446;[德]雷蒙德 · 瓦尔特曼:《德国劳动法》,沈建峰译,法律出版社 2014 年版,第 341 页。也有少数学者主张“技术性劳动保护法的原始建构效力(originäre Gestaltungswirkung des technischen Arbeitsschutzrechts)理论”,但批评意见认为,“技术性劳动保护法的公法性规范结构原则上不能通过解释推演出原始的、直接的建构私法性合同关系的法律效力”。Vgl. Staudinger BGB, § 618, Hartmut Oetker, 2002, Rn. 16.

〔3〕 Frank Vischer, Scheizerisches Privatrecht Obligationenrecht Besonderer Teil Der Arbeitsvertrag, Helbing & Lichtenhahn, 2005, S. 13.

〔4〕 Franz Marhold /Michael Friedrich, Oesterreichisches Arbeitsrecht, Springer, 2012, S. 238ff.

〔5〕 Satoshi Nishitani, Vergleichende Einführung in das Japanische Arbeitsrecht, Carl Heymanns Verlag, 2003, S. 11.

〔6〕 林嘉:《劳动法的原理、体系与问题》,法律出版社 2016 年版,第 291 页;林嘉、陈文涛:《论劳动基准法的法律效力》,载《清华法学》2014 年第 4 期;黄程贯:《劳动基准法之公法性质与私法转化》,载政治大学法学院劳动法与社会法中心编:《劳动、社会与法》,台北,元照出版有限公司 2011 年版,第 22 页。

消极的反射利益和侵权保护，而且是可以积极向用人单位主张的权利。如何实现从公法效力到私法效力这一惊险的一跃？双重效力理论主要通过解释劳动合同中的照顾义务（Fürsorgepflicht）为公法义务进入劳动合同提供教义学基础。具体而言，在方法上，"劳动者保护法涉及相对国家存在的公法义务这一点并不排斥该义务同时成为相对于劳动者存在的私的合同义务。该观点并不是要混淆劳动合同和劳动保护之间的界限，只是强调劳动保护法的规范对劳动合同也有如下意义：解释劳动合同和劳动合同规范时必须将其考虑进来"[1]。在解释对象上，劳动法关于劳动关系是一种具有较强信赖和保护色彩，用人单位承担较多照顾和保护义务的论断，以及劳动合同相关立法中用人单位的保护义务规则为这种解释提供了适合的对象。据此，"规定积极作为义务的劳动保护法规范首先是强化了这些（规定照顾义务的）私法规范，但同时具体填补了它们的内容。它确定了以何种方式履行照顾义务。这样一来，这些劳动保护法规范同时就成了《德国民法典》第618条，《德国商法典》第62条，《德国工商业条例》第120a条，同时是劳动合同法的构成部分"[2]。在德国，具体到条文上，一般认为通过规定当事人之间保护义务的《德国民法典》第618条，公法性劳动保护法转化（transformiert）进了合同义务之中；[3]或者，"《德国民法典》第618条，形象地来说是一个私法性媒介，通过公法性的劳动保护法在民法中产生了法律效力"[4]。此外，传统私法默示义务的理论也可以进一步强化公法义务成为私法内容的可能，"劳动合同当事人默示地将积极的劳动保护法规范纳入了

---

〔1〕 Nipperdey, Die Privatrechtliche Bedeutung des Arbeiterschutzrechts, in: die Reichsgerichtspraxis im Deutschen Rechtsleben, Festgabe der Juristischen Fakultäten zum 50 Jährigen Bestehen des Reichsgerichts 1929, Band Ⅳ, S. 216.

〔2〕 Nipperdey, Die Privatrechtliche Bedeutung des Arbeiterschutzrechts, in: die Reichsgerichtspraxis im Deutschen Rechtsleben, Festgabe der Juristischen Fakultäten zum 50 Jährigen Bestehen des Reichsgerichts 1929, Band Ⅳ, S. 217;［德］雷蒙德·瓦尔特曼：《德国劳动法》，沈建峰译，法律出版社2014年版，第341页。

〔3〕 Münchener Kommentarzum BGB §618, Pflicht zu Schutzmaßnahmen, Henssler, 5. Auflage, 2009, Rn. 8.

〔4〕 Staudinger BGB, §618, Hartmut Oetker, 2002, Rn. 15.

劳动合同的内容中”〔1〕。

如上所述,公法性劳动基准法在传统上是从维护公共利益和秩序利益的角度展开的,让私人主张这些利益可能僭越了私权行使的界限。所以在公法性劳动基准法规则可以成为劳动关系当事人之间请求权的基础之后,需要进一步明确的是哪些公法规则可以产生这样的效力。这一界限可以从正反两方面展开:首先,具有私法上可请求履行的一定是适合成为劳动关系中权利和义务的规范,最直观的标准就是当事人可以在劳动合同中对其加以约定的内容。“当公法上保护劳动者的义务可以成为劳动合同约定的对象时,劳动保护法的条文将可以通过《德国民法典》第618条第1款的规定转化进劳动合同法中,并将确立劳动者履行保护义务的请求权。”〔2〕其次,也是上述标准的反面表达,下列公法性劳动基准法规则无法成为劳动关系的内容,也不具备私法上可请求履行的效力:其一,尽管保护劳动者,但首先也是指向劳动者义务履行的规范;其二,不涉及劳动合同义务履行的规范,如设置疾病检查手册的义务;其三,保护劳动者总体利益,而不是单个劳动者利益的规范等,如公示工作规程的规则;〔3〕其四,组织规则或者秩序规则意义上的公法性规范。〔4〕

---

〔1〕 Nipperdey, Die Privatrechtliche Bedeutung des Arbeiterschutzrechts, in: die Reichsgerichtspraxis im Deutschen Rechtsleben, Festgabe der Juristischen Fakultäten zum 50 Jährigen Bestehen des Reichsgerichts 1929, Band Ⅳ, S. 218.

〔2〕 Zöllner, Loritz, Hergenröder, C. H. Beck, 2015, S. 446; Nipperdey, Die privatrechtliche Bedeutung des Arbeiterschutzrechts, in: die Reichsgerichtspraxis im Deutschen Rechtsleben, Festgabe der Juristischen Fakultäten zum 50 jährigen Bestehen des Reichsgerichts 1929, Band Ⅳ, S. 219. [德]雷蒙德·瓦尔特曼:《德国劳动法》,沈建峰译,法律出版社2014年版,第341页; Münchener Kommentar zum BGB §618, Pflicht zu Schutzmaßnahmen, Henssler, 5. Auflage, 2009, Rn. 9。

〔3〕 Nipperdey, Die Privatrechtliche Bedeutung des Arbeiterschutzrechts, in: die Reichsgerichtspraxis im Deutschen Rechtsleben, Festgabe der Juristischen Fakultäten zum 50 jährigen Bestehen des Reichsgerichts 1929, Band IV, S. 219ff.

〔4〕 Münchener Kommentar zum BGB § 618, Pflicht zu Schutzmaßnahmen, Henssler, 5. Auflage, 2009, Rn. 9.

（三）认定行为违法的准据

公法性劳动基准法进入私法的第三个通道是其作为不得违反的禁止性法律的功能。在德国、日本、韩国等国的民法中，为了均衡公法和私法的效力关系，在法律行为的效力规则中都引入了违反禁止性法律的法律行为效力规则，如《德国民法典》第134条规定，“法律无另行规定的，违反法定禁止的法律行为无效”。在这些国家的理论中，该条中的法定禁止规定主要是公法性规定。[1] 借助此条款，公法性劳动基准法将成为劳动合同违法性控制的准据。对我国劳动法而言，《民法典》第153条、《劳动法》第18条第1项和《劳动合同法》第26条第3项规定了违反法律、行政法规强制性规定的（劳动）合同无效或者部分无效的规则，提供了实现公法性劳动基准法进入劳动合同对其进行效力控制的路径。劳动基准法的该功能，也是目前我国理论和实践关注较多，甚至唯一关注的功能，但该规则的内涵却有待在违反强行法的法律行为效力一般理论指引下进一步深入探究。

四、劳动基准法私法效力的具体形态

当公法性劳动基准法根据以上讨论可以具有私法效力，双重效力劳动基准法和私法性劳动基准法本来就具备私法效力时，则可以一揽子地提出：所有效力结构的劳动基准法都可以具有私法效力，只是因为其规范的效力结构不同，产生私法效力的法律技术不同，同时公法性劳动基准法的私法效力受到如上的一些限制而已。在此前提下，需要继续讨论作为保护性强行法的劳动基准法，其具体私法效力如何？

---

〔1〕［德］克劳斯－威廉·卡纳里斯：《法律禁令和法律行为》，赵文杰译，载《中德私法研究》（第13卷），北京大学出版社2016年版，第55页以下；［德］阿克塞尔·贝阿特：《〈德国民法典〉第134条中“法律”的概念》，载《中德私法研究》（第13卷），北京大学出版社2016年版，第83页以下。

(一)前提与思路

对于强行性规定的私法效力问题近年来私法学界已有较多讨论,[1]这些讨论中可以作为本章研究基础的认识主要包括如下方面:其一,强行性规范依其内容可以分为义务规范(Gebot)——它要求当事人必须履行特定的法律义务和禁止规范(Verbot)——它要求当事人不得为一定行为。[2]但由于在传统私法中,以义务履行为内容的强行法相对并不多见,现有相关研究主要围绕违反禁止性规范的法律行为,尤其是合同约定是否无效问题展开,对强行性义务规范的私法效力未见深入讨论。其二,并非违反强行性规定的法律行为就一定无效,"如果认为任何违反法律禁止规定的行为都自动地成为完全无效的行为,就完全错了"[3]。我国相关司法解释中出现的管理性规定和效力性规定的区分最先为违反强行法未必无效提供了制度依据,《民法典》第153条更是将其落实为具体的立法规则。其三,违反强行法的法律行为是否有效的讨论存在区分公法性强行法和私法性强行法进行分

---

[1] 例如,耿林:《强制性规范与合同效力:以合同法第52条第5项为中心》,中国民主法制出版社2009年版;苏永钦:《私法自治中的国家强制:从功能法的角度看民事规范的类型与立法释法方向》,载《中外法学》2001年第1期;钟瑞栋:《民法中的强制性规范:公法与私法"接轨"的规范配置问题》,法律出版社2009年版;许中缘:《民法强行性规范研究》,法律出版社2010年版;黄忠:《违法合同效力论》,法律出版社2010年版;谢鸿飞:《论法律行为生效的"适法规范"——公法对法律行为效力的影响及其限度》,载《中国社会科学》2007年第6期;姚明斌:《"效力性"强制规范裁判之考察与检讨——以〈合同法解释二〉第14条的实务进展为中心》,载《中外法学》2016年第5期;孙鹏:《论违反强制性规定行为之效力——兼析〈中华人民共和国合同法〉第52条第5项的理解与适用》,载《法商研究》2006年第5期。

[2] 谢鸿飞:《论法律行为生效的"适法规范"——公法对法律行为效力的影响及其限度》,载《中国社会科学》2007年第6期。

[3] [德]卡尔·拉伦茨:《德国民法通论》,王晓晔等译,法律出版社2001年版,第588页。

析[1]与不再区分而进行统一讨论两种思路。[2] 区分分析思路更多是建立在《德国民法典》规则传统基础上的分析，它纯化了讨论的对象，限于研究公法性强行法的私法效力问题，但从问题导向出发却不能彻底解释包括私法性强行法在内的强行法违反后的法律效力问题；从实际分析的结果来看，“区分民法内的强制规范与民法外的强制规范的理论，至多具有观念的价值，而于司法层面并不具多大的实益”[3]。在劳动基准法领域这种区分的意义也并不大。因此，本书选择统一的强行法观念分析劳动基准法对私人交往的效力。其四，违反强行法后法律行为是否无效问题，虽然有一些类型化处理的尝试，[4]但目前来看，所有类型化在个案中总有不能合理解释的情况，因此相关分类更多是归纳而不是逻辑推演，对行为效力判断仅具有辅助功能，该问题最终解决依赖于根据规范目的，在比例原则基础上进行利益权衡。本章关于强行法对劳动关系的效力也采用该思路。

就本章进一步研究而言，如前所述，现有关强行法私法效力的讨论主要是围绕违反禁止性规范的法律行为的效力问题展开的，但对劳动基准法来说，重要的规范类型就是直接规定用人单位向劳动者承担特定义务或者根据上述公法性劳动基准法的双重效力理论在限定范围内产生用人单位的给付义务。有鉴于此，本部分立足上述既有研究成果，但同时以禁止性规定和义务性规范为框架展开对劳动基准法私法效力的分析；对禁止性规范而言，考虑到主体资格在劳动法中的重要意义，本书将其区分出来单独讨论，从而

---

[1] 谢鸿飞：《论法律行为生效的“适法规范”——公法对法律行为效力的影响及其限度》，载《中国社会科学》2007 年第 6 期；孙鹏：《论违反强制性规定行为之效力——兼析〈中华人民共和国合同法〉第 52 条第 5 项的理解与适用》，载《法商研究》2006 年第 5 期；许可：《劳动合同的自治与规制——以“违反强制性规定的劳动合同”为中心》，载《法学家》2017 年第 2 期；许中缘：《禁止性规范对民事法律行为效力的影响》，载《法学》2010 年第 5 期。

[2] 黄忠：《违法合同的效力判定路径之辨识》，载《法学家》2010 年第 5 期；耿林：《论中国法上强制性规定概念的统一性——兼评金可可教授〈强行规定与禁止规定〉》，载《中德私法研究》（第 13 卷），北京大学出版社 2016 年版，第 41 页。

[3] 黄忠：《违法合同的效力判定路径之辨识》，载《法学家》2010 年第 5 期。

[4] 例如，王轶：《民法典的规范配置——以对我国〈合同法〉规范配置的反思为中心》，载《烟台大学学报（哲学社会科学版）》2005 年第 7 期；钟瑞栋：《民法中的强制性规范：公法与私法“接轨”的规范配置问题》，法律出版社 2009 年版，第 182 页以下。

将劳动基准法的私法效力区分为资质限制型劳动基准法、行为禁止型劳动基准法和义务规范型劳动基准法,依次讨论劳动基准法对劳动关系的效力。关于上述公法性劳动基准法作为保护他人利益的法律发生侵权法上效力的问题,其更多是侵权法的一般问题,[1]并不具有劳动法的特殊性,本书只在行文中提及,不再进一步深入展开。

(二)资质限制型劳动基准法规范的效力

所谓资质限制型劳动基准法,是指规定建立劳动关系特定资格前提的劳动基准法规则,这种资质可以是劳动者一方的资格要求,也可以是用人单位一方的资格要求;从其限制的范围来看,可以是建立劳动关系的一般资格要求,也可以是从事特定行业工作的资格要求。

1. 建立劳动关系的一般资格要求

现代劳动法为了保护劳动者权益,对能够建立劳动关系的双方主体资格作了必要限制。建立劳动关系的一般资格要求主要存在于劳动者一方,这种劳动者的资格限制不同于下述特定劳动者使用禁止制度:在资格限制的情况下,特定群体和用人单位建立劳动关系为劳动基准法所禁止;在特定劳动者使用禁止的情况下,劳动者和用人单位之间可以建立劳动关系,但用人单位不得在特定情况下使用该劳动者。劳动者资格限制中最主要的是雇佣年龄规则——禁止童工。我国《劳动法》和《禁止使用童工规定》均规定了禁止用人单位招用未满16周岁的未成年人的规则。从劳动法的立法目标以及《禁止使用童工规定》的行文来看,这种禁止性规范的目的就是不让招用行为在法律上和事实上发生,发生招用童工行为后,用人单位有义务“限期将童工送回原居住地交其父母或者其他监护人”。因此,违反该禁止性规定的效力是劳动合同无效。有问题的是,如果该童工劳动合同已经履行,此处的无效是溯及既往还是面向未来?如果自始无效,则按照现行法的

〔1〕 朱虎:《规制性规范与侵权法保护客体的界定》,载《清华法学》2013年第1期;朱虎:《规制性规范违反与过错判定》,载《中外法学》2011年第6期。

规则双方当事人应互相返还,但劳动显然无法返还。童工只能主张不当得利救济,权利行使的限制倍增。为此,立足于保护劳动者的立法目的,应坚持传统私法关于持续性合同面向未来无效的规则,[1]违反童工禁止等保护劳动者的劳动基准法规则后劳动合同面向未来无效。此处进一步的具体利益考量是:其一,“阻止违反缔约禁止的雇佣这一目的并不要求该合同自始无效”[2],不自始无效也能解决问题;其二,可以解决返还困境问题;其三,有助于保护劳动者的立法目标实现,即童工的工资将可以继续享受劳动法关于工资的特殊保护。

在我国未达到退休年龄或者未享受养老保险待遇也是广为流传的劳动者主体资格要求。对此,目前已有各种讨论,[3]从劳动基准法是保护性强行法角度看,如果认为退休年龄是保护劳动者的制度,就不应限制有完全行为能力的劳动者作出更有利的选择;如果认为其是不得违反的强行法,则还需讨论其作为强行法的功能。强制退出劳动关系是为了公共利益、第三人利益还是用人单位利益?从现有的各种论述和实践来看,都不是。因此,违反该规则达到退休年龄继续签订劳动合同并不应影响劳动合同的有效性。

我国现行法对建立劳动关系在用人单位一方的资质要求主要是其必须是单位。违反该规定,自然人与自然人能否签订劳动合同?此处涉及传统强制法理论中关于“能为”的理论。“能为”涉及“当事人订立法律行为的能力(如行为能力、处分能力),并不禁止当事人实施这些行为。但在法律上,当事人是无法完成这类法律行为的。更准确地说,当事人即使有这些行为,

[1] 韩世远:《合同法总论》(第4版),法律出版社2018年版,第88页;Flume, Das Rechtsgeschäft, 4. Auflage, Springer Verlag, 1992, S. 348。

[2] Nipperdey, Die Privatrechtliche Bedeutung des Arbeiterschutzrechts, in: die Reichsgerichtspraxis im Deutschen Rechtsleben, Festgabe der Juristischen Fakultäten zum 50 Jährigen Bestehen des Reichsgerichts 1929, Band IV, S. 210.

[3] 沈建峰:《论退休年龄的功能转型与劳动关系存续》,载《中国劳动》2015年第12期;董文军:《法定退休年龄与劳动合同关系之反思》,载《法学家》2019年第1期。

也因为欠缺法律行为的成立要件而不构成一个法律行为”[1]。我国整个劳动法体系都以用工者一方是单位为前提构建，非为单位的主体无法让自己与对方之间的合同符合《劳动合同法》规定的劳动合同要件，因此无法订立劳动合同，产生劳动关系。违反用人单位主体资格的强行性规定产生一种无效力(Unwirksamkeit)的效果。

2. 从事特定行业的资格要求

从事特定行业的资质同样存在于劳动关系双方。在劳动者一方这种资质主要体现为职业资格。对此，首先需要明确，我国的职业资格分为准入类职业资格和水平评价类职业资格。水平评价类资质并不影响当事人订立劳动合同，从事特定职业。唯有准入性资质“所涉职业(工种)必须关系公共利益或涉及国家安全、公共安全、人身健康、生命财产安全，且必须有法律法规或国务院决定作为依据”，缺乏这种资质将不能从事特定职业。但不能从事特定职业是否就不能缔结劳动合同？本书认为，劳动合同的缔结和劳动合同的履行并不同步，而且缔结劳动合同后再取得资格并非不可能；更重要的是，如果订立劳动合同后，劳动者缺乏资质无法工作，用人单位完全可以以不能胜任工作为由解除劳动合同。根据比例原则和法益权衡的思想，不以劳动合同无效就能实现立法目的的，不应让劳动合同无效。

用人单位从事特定行业的资质主要涉及特种行业准入问题。对一般行业而言，劳动合同签订与是否经营特种行业并无必然联系，让劳动合同无效并不能实现阻止未经许可经营特种行业的目的。因此，从手段和目的匹配角度看，一般性特许经营行业用人单位缺乏资质并不影响劳动合同效力。与一般性特许经营行业不同的是劳务派遣这种特许经营行业，因为劳务派遣经营的就是劳动力派遣，劳动合同是派遣单位获取劳动力的法律工具。当现行法规定经营劳务派遣必须有注册资金200万元并经人社部门审批才能实施后，实践中依然时常发生用人单位无劳务派遣资质却签订劳务派遣

---

〔1〕 谢鸿飞：《论法律行为生效的“适法规范”——公法对法律行为效力的影响及其限度》，载《中国社会科学》2007年第6期。

劳动合同的情况。无资质派遣在实践中认定无效[1]或有效[2]的案例都存在，但近年来出现越来越多的认可其有效的判决。本书认为，认定无派遣资质者签订的劳务派遣劳动合同无效，该单位将无法依法获得被派遣劳动力，合同无效有助于实现阻止劳务派遣滥用的立法目标。另外，按照《劳动合同法》用工建立劳动关系的规则，在劳务派遣劳动合同无效而用工单位用工的情况下，其将与劳动者建立劳动关系，有助于推动用工单位审查派遣单位资质，防止违法派遣。因此，违反劳务派遣许可准入规则，用人单位无派遣资质而签订的劳务派遣劳动合同无效。

（三）行为禁止型劳动基准法

强行法对法律行为的效力是传统私法讨论最多的问题，相关一般思路已如前述。具体到劳动基准法对法律行为限制的进一步研究而言，需要注意两个前提性问题：其一，尽管劳动法律在劳动合同等违法问题上的表述依然是"违反法律、行政法规强制性规定的"无效或部分无效，而无《民法典》第 153 条违法无效，"但是，该强制性规定不导致该民事法律行为无效的除外"这一规则，并不妨碍理论和实务如《民法总则》颁布之前那样，通过探究强制性法律的内涵，限定"违反"的含义从而对上述规则作其他解释。其二，劳动法中的法律行为除了劳动合同，还有集体合同等双方行为，解除权行使、用人单位指示权行使等单方行为。所以，禁止性劳动基准法的效力研究应从法律行为这一视角展开，而不应限于合同这一双方行为。考虑到用人单位指示权行使在劳动法中的特殊地位，有对其进行专门讨论的必要。

---

〔1〕 例如，广东省高级人民法院行政判决书，（2018）粤行终 30 号，江门市信旭五金工艺制品有限公司、江门市江海区社会事务局劳动和社会保障行政管理（劳动、社会保障）二审行政判决书。

〔2〕 例如，河南省高级人民法院民事裁定书，（2018）豫民申 8742 号，钱洪涛、中国联合网络通信有限公司范县分公司确认劳动关系纠纷再审审查与审判监督民事裁定书；吉林省高级人民法院民事裁定书，（2018）吉民申 1453 号，高洪超与中国人民财产保险股份有限公司农安支公司及吉林省海创人力资源服务有限公司、吉林省彩虹人才开发咨询服务有限公司劳动争议再审审查民事裁定书。

1. 违反形式限制的法律行为效力

现行劳动法律规定了比较多的形式强制规则，主要包括订立劳动合同、变更劳动合同、预告解除劳动合同、签订集体合同等应采取书面形式。传统劳动法学说中，违反形式强制被认为就是违法，违法则法律行为就无效。但近年来，将法律行为形式区分为创设效力和宣示效力的理论逐渐被劳动法学界接受，越来越多的观点认为订立和变更劳动合同未采取书面形式的，劳动合同并非无效，[1]最高人民法院在司法解释中也引入了变更劳动合同未采取书面形式可以通过履行行为补正形式瑕疵的规则。在既有各种论证理由外，从强行性规范效力理论的角度需要补充的是，现行法中未签书面劳动合同的后果是补签合同、支付双倍工资以及视为签订无固定期限合同等，立法的目的不是要消灭劳动合同而是让它更加有效，让其无效既不符合保护劳动者的目的，亦与上述规则设计矛盾。因此，违反形式强制规定的劳动合同并非无效。关于集体合同的书面形式要求，由于集体合同具有规范效力，[2]只有以书面形式签订才能让被其规范约束的劳动者知悉其内容，因此该书面形式具有创设效力，缺乏书面形式集体合同无效。[3] 关于预告解除权行使等单方行为违反书面形式的法律后果，理论界讨论较少，实践中的基本立场是行为无效。解除等行为本质上是形成权行使行为，“是依照权利人单方意思表示即可生效从而改变相应法律关系的权利”[4]，该权利行使效力强大，对对方当事人利益影响大，需要更多确定性，因此此处的书面形式属于具有创设效力的书面形式，[5]缺失该形式，解除权行使无效。

---

〔1〕 沈建峰：《论劳动合同在劳动关系协调中的地位》，载《法学》2016年第9期；沈建峰：《论缺失书面形式的劳动合同之效力》，载《人民法院报》2011年7月20日，第7版；范围：《劳动合同形式强制的反思与完善》，载《中国人民大学学报》2018年第1期。

〔2〕 沈建峰：《论集体合同的私法结构》，载《中国劳动关系学院学报》2019年第4期；林嘉：《劳动法的原理、体系与问题》，法律出版社2016年版，第278页。

〔3〕 王全兴：《劳动法》（第2版），法律出版社2017年版，第259页。

〔4〕 朱庆育：《民法总论》（第2版），北京大学出版社2018年版，第518页。

〔5〕 Preis, Arbeitsrecht, Individualarbeitsrecht, 3 Auflage, Dr. Otto Schmidt Verlag, 2009, S. 268.

2. 违反内容限制的法律效力

强行法对法律行为内容的限制本是强行法效力理论中最具争议的问题,但在劳动法中,因为劳动基准法作为保护法的功能以及各种专门立法具体规定的出现,劳动基准法对劳动法中的法律行为——劳动合同和集体合同内容限制的效力问题反而争议相对较小。由于这类劳动基准法的目标就是禁止用人单位在法律规定标准以下用工或者给劳动者超过法律要求的负担,因此如果违反内容限制型劳动基准法,也即合同约定的权利和义务比法定标准对劳动者更加不利,则这些约定应属无效。在此基本规则基础上,有以下特殊规则需要注意:其一,从劳动基准法的保护法属性出发,其强行性规范都是单方强制的强行法,“为了保护合同当事人中的弱者而不可排除,但却可以为不需要保护的另一方当事人增加负担”[1],做出不利于用人单位的变更。其二,劳动合同、集体合同违反劳动基准法而约定的由劳动者承担的义务如已履行,面向未来失效而不溯及既往。关于此观点的理由与上述童工合同面向将来无效一致。其三,违反劳动基准法的约定会出现同一劳动合同约定对劳动者无效,对用人单位有效的特殊情况,如延长预告解除期限或为法律未规定解除期限的解除行为约定解除期限的合同条款。这种特别现象可以从法律行为自身的理论结构得以解释。“私人自治建构的法律效果在如下程度上也是法律规定的效果:私人自治行为只有根据法律规定才能获得其法律效力。当然,法律秩序在此也仅限于在其承认私人建构的范围内赋予其法律效力。”[2]也就是说,法律行为作为自治工具,按照当事人意思表示的内容发生效力,但这种按照意思表示内容发生的效力却是法律赋予的,法律行为的效力来源是当事人意思和法律赋予。当事人合意可以是统一存在的,但法律在赋予效力时,根据劳动者保护的需要赋予了对违反劳动基准法的约定的用人单位的约束力,却未赋予对劳动者的约束力。

---

[1] Larenz/Wolf, Allgemeiner Teil des Bürgerlichen Rechts, C. H. Beck, 2004, S. 70.

[2] Flume, Das Rechtsgeschäft, 4. Auflage, Springer Verlag, 1992, S. 3.

3. 违反审批规则的法律效力

要求行政审批是一种日益多见的国家干预私人行为的措施，在劳动基准法中最重要的审批规则是工时制度中的非标准工时审批，《劳动法》第39条规定，不能实行标准工时的，“经劳动行政部门批准，可以实行其他工作和休息办法”。实践中因非标准工时未经审批，当事人约定是否有效而发生的争议也所在多见。一些判决认为，关于特殊工时审批的规定属于管理性规定，未经审批合同约定的非标准工时也应有效。[1] 分析未经审批而约定的法律行为效力应回归审批的性质和功能，审批与传统强行法的共性在于都是强行性的，但其在功能上和法定禁止相反，“审批的必要性意味着存在法定禁止；对当事人来说通过审批这一例外来打破禁止”[2]。审批的功能是弱化原本强行性规定的刚性。因此，未经审批的约定是否有效根本上取决于原本强行性规定的强行性。也就是说，如违反现行工时基准的约定无效，则未经审批的劳动合同约定就是无效的。根据上述约定内容违反劳动基准部分的观点，违反现行工时基准的约定是无效的，因此，未经审批而约定的非标准工时应当是无效的，无效的进一步后果是实施正常工时制度。

4. 违反报告规则的法律效力

与审批不同的是报告规则，现行劳动法中比较重要的报告规则主要有两个：用人单位解除劳动合同报告工会规则和用人单位裁员报告人社部门规则。如未报告，是否影响裁员或者解除这些形成权行使行为的有效性？尤其是报告工会制度，实践中出现较多，争议较大。报告规则是对法律行为提出的程序性强行性要求，这一点与审批相同；但报告规则中被报告机关或者机构接到报告后，没有权限同意或者否定法律行为，报告本身只发生信息传达功能。未履行报告义务对解除行为等的影响取决于保障信息传达的重要性。就裁员时的报告而言，因裁员行为可能涉及大规模失业进而影响社

---

〔1〕 例如，四川省高级人民法院民事裁定书，(2015)川民申字第2452号。

〔2〕 Lange, Die behördliche Genehmigung und ihre Zivilrechtlichen Auswirkungen, in: AcP, 1952, S. 241.

会秩序，报告人社部门以由其采取必要应对措施，涉及公共利益和秩序维护，因此必须保障该信息传达的实现，未报告则裁员行为违法无效。就单个劳动合同解除时的通知工会而言，更多是引入工会干预，维护个别劳动者利益的前措施。在我国，由于工会干预手段并无法律的刚性规定，不强化工会干预手段只强化未通知工会对解除的影响，必不能实现工会维护劳动者利益的目的；而且寻找工会帮助也可以通过劳动者自身信息通知实现，因此未通知工会不应影响解除行为效力。现行法的问题是，未为该通知规则配备公法责任，这就导致如果不通知既不发生私法效果，又不发生公法效果，该通知规则将成为具文，无太多价值；现行司法解释引入的补通知规则，只是在实证法规则基础上，不得已的选择而已。

5. 用人单位指示行为违反禁止规范的效果

对劳动关系具有标志意义的是用人单位享有组织劳动过程的权力，这种权力落实到个别劳动关系中就是用人单位指示权，用人单位指示权是用人单位通过形成权行使决定劳动关系中权利和义务内容的机制，[1]也是劳动者完成劳动给付的重要前提，劳动基准法对用人单位指示应当具有约束力。用人单位指示违反劳动基准法表现为两种形式：其一，有权使用劳动者但安排劳动者从事劳动条件不符合劳动基准标准的作业；其二，在根据劳动基准法规定不得使用劳动者的情况下使用劳动者，包括特定劳动者使用的禁止和特定时间使用劳动者的禁止。前者是指劳动基准法出于保护特定劳动者群体的需要，禁止在特定情况下使用特定劳动者，主要涉及女职工、未成年工等的劳动禁止问题；后者是指在特定时间不能使用劳动者，主要涉及劳动时间制度、休息休假制度等。

用人单位指示违反劳动基准法的情况下，现行劳动法律只是规定构成《劳动合同法》第 38 条第 2 款意义上的违章指挥、强令冒险作业时，劳动者

---

〔1〕 Söllner, Einseitige Leistungsbestimmung im Arbeitsverhältnis, Verlag der Akademie der Wissenschaften und der Literatur in Mainz, 1966, S. 1ff；[德]雷蒙德·瓦尔特曼：《德国劳动法》，沈建峰译，法律出版社 2014 年版，第 89 页。

可以解除劳动合同。从劳动基准法的私法效力来看,其还将产生以下效果:其一,用人单位的指示权限因违反法律规定不能发生确定劳动关系内容的效果,劳动者拒绝劳动的行为不构成不服从指示的违反规章行为,不发生违反用人单位规章解除的效果;其二,在用人单位指令违反劳动基准法时,如果劳动者屈从指令提供了劳动,则除了可以主张特别法规定的加班费、休假工资等之外,如有损害则既可以主张违反劳动合同中保护义务的损害赔偿请求权,又可以主张上述违反保护他人利益法律的侵权请求权。

(四)义务规范型劳动基准法

义务规范型劳动基准法以规定用人单位的给付义务为基本内涵,具体而言也即在劳动合同、集体合同等就相关劳动条件没有对劳动者更好安排情况下,用人单位应据此向劳动者履行特定义务,主要包括支付不低于最低工资标准的工资、安排法定带薪休假等给付义务以及提供合格劳动条件等。上述给付义务的逻辑结构尽管存在差异:在私法性劳动基准法和双重效力劳动基准法体现为法定私法义务,其请求权基础是法律规定,[1]而在公法性劳动基准法则体现为公法规范双重效力理论支撑下劳动合同中照顾义务的具体化,该义务的请求权基础是合同;但上述差异均不影响劳动者根据劳动基准法提出履行请求,用人单位违反该义务,应承担继续履行并损害赔偿的义务。

需要进一步解释的是,提供合格劳动条件义务的私法效果。对此义务,现行《劳动合同法》以“未按照劳动合同约定提供劳动保护或者劳动条件”则劳动者可以解除劳动合同的反面表达方式予以明确。此处劳动保护和劳动条件的内涵,如前所述,应按照劳动基准法的标准进行确定;据此《安全生产法》第二章规定的用人单位义务等均可进入劳动关系中。违反提供劳动条件的义务构成义务违反和保护他人利益法律的违反,给劳动者带来损害时应承担侵权或者违约赔偿责任,这些无须赘述。在此需要进一步探讨的

[1] Thomas Lakies, Basiskommentar zum MiLoG, 3. Auflage, Bund Verlag, 2015, S. 121.

是:其一,如果用人单位未提供上述劳动条件,劳动者能否拒绝劳动,拒绝劳动期间能否主张劳动报酬。其二,劳动者能否诉请用人单位提供合格劳动条件。在根本上这涉及提供合格劳动条件这一源自劳动基准法的义务是给付义务还是受领义务。有学者基于合格劳动条件对劳动力提供的前提意义,主张劳动条件的提供是受领劳动的准备行为,不提供劳动保护或劳动条件导致无法安全劳动的,用人单位陷入受领迟延。[1] 根据劳动关系中受领迟延的法理,在用人单位受领迟延的情况下,劳动者享有报酬给付请求权。但因为提供劳动条件属于受领行为,受领行为在传统私法中属于不真正义务,并不能诉请履行。因此,在用人单位不提供劳动保护和合格劳动条件的情况下,劳动者不能诉请履行,只能拒绝履行并寻求救济。也有学者从保护义务本身在劳动关系中的特殊地位以及公法性劳动基准法进入劳动合同的特殊路径出发,认为"劳动保护法上的义务属于保护义务,尽管它是债的关系中的从义务,但它也可以建立可诉请的履行请求权。由此也出现了《德国民法典》第 273 条第 1 款规定的履行拒绝权的前提"[2]。在用人单位不履行义务的情况下,劳动者可以诉请履行,[3]同时可以主张履行抗辩。在劳动者主张履行抗辩时,劳动给付作为一种绝对定期债务,随时间流逝而消灭,这种给付消灭是因用人单位原因导致劳动给付无法提供而引发的,因此用人单位应承担工资继续支付的风险。基于我国现行法的规定和义务型劳动基准法的特殊效力结构,将提供合格劳动条件的义务归入从给付义务具有更多的合理性。从现行法的规定来看,《安全生产法》第 51 条规定了劳动者可以拒绝强令冒险作业并不因此被降低劳动报酬的权利。这就意味着在用人单位不能提供合格劳动条件的情况下,劳动者可以解决履行并且工资请求权不受影响。同时,提供劳动保护是劳动者安全舒适劳动的保障,劳动

[1] Nipperdey, Die Privatrechtliche Bedeutung des Arbeiterschutzrechts, in: die Reichsgerichtspraxis im Deutschen Rechtsleben, Festgabe der Juristischen Fakultäten zum 50 Jährigen Bestehen des Reichsgerichts 1929, Band Ⅳ, S. 223.

[2] [德]雷蒙德·瓦尔特曼:《德国劳动法》,沈建峰译,法律出版社 2014 年版,第 341 页。

[3] ErfK /Wank, § 618 BGB Rn. 23.

保护义务可诉请才能更好地维护劳动者的权益,这也是义务规范型劳动基准法的应有之义。

五、私法效力与公法效力的协调

除仅有私法效力的劳动基准法外,无论是公法性劳动基准法还是双重效力性劳动基准法最终都既有公法效力又有私法效力,导致同一规则公私法效力共存的格局,劳动法公私法融合的特性在此得以充分地表达。但由于公法和私法运行的不同机理,二者追求的不同目标,在二者共存的格局下,应回答如何协调二者效力的问题。

(一)规范内容确定:公私法规范的统一解释

当同一个术语或者构成要件既可以产生私法效果,又可以产生公法效果时,如何确定该术语或者规范构成要件的内涵,明确劳动基准法规范的内容?此处存在的问题是:一方面,该构成要件或者术语是解决同一个社会问题而出现的,而且法律规范的术语如能统一和同义则更有利于法的体系协调,因此,人们往往倾向于认为这些术语和构成要件的含义具有统一性;另一方面,公法和私法因为调整利益和规范旨趣的不同,在规范解释方法以及规范内涵上可能会有很大差异,因此导致"同一个《劳动基准法》的规则可能有两种不同解释。也就是说,当涉及雇主刑法上的责任问题时,必须坚持禁止类推的原则,严格遵从条文文义;但是从私法的视角看,完全可以接受的是,可以将法律的规则灵活解释适用到相应的事实情况"[1]。

这一问题比较典型地体现在《刑法修正案(八)》增加的拒不支付劳动报酬罪的运用中。该法规定,"以转移财产、逃匿等方法逃避支付劳动者的劳动报酬或者有能力支付而不支付劳动者的劳动报酬"的应承担相应责任。该刑法规则作为支持和保障实现用人单位支付劳动者报酬这一私法义务的

---

〔1〕 Satoshi Nishitani, Vergleichende Einführung in das japanische Arbeitsrecht, Carl Heymanns Verlag, 2003, S. 11.

规则,在解释时面临的问题是,条文中的“劳动报酬”“劳动者”是否应作与劳动法一样的解释还是按照各自的逻辑运行?从理论解释和司法实践来看,认为应一体解释的有之,“劳动关系的界定是理解支付劳动报酬义务的基础,也是研究拒不支付劳动报酬罪的逻辑起点。就本罪而言,劳动报酬的认定应当以劳动法所调整的范围为准,从狭义的层面加以理解”〔1〕。认为劳动报酬应作不同解释的也有,应“适当拓展劳动报酬的外延”〔2〕。比如,“用人单位支付的‘补偿金’是劳动者在工作接续空窗期的基本生活保障,与‘劳动报酬’牵系劳动者的生存具有同质意义,应当将其纳入‘劳动报酬’中”〔3〕。之所以有上述观点差异,在根本上涉及刑法规范和私法规范本身的关系问题。将劳动法的倾斜保护思路纳入刑法,则会主张扩大劳动报酬的范畴,“从前述刑法秉承劳动法律法规的精神,对劳动者采取倾斜保护原则,此时赔偿金也应该重视其所具有的‘补偿性’,将其视为‘拒不支付劳动报酬罪’的对象,更全面地展开对劳动者权益的刑法保护”〔4〕。反过来,坚持刑法自身的逻辑,则会形成不同的判断。“刑法固然是其他部门法的保障法,但具有相对的价值独立性,在认定劳动报酬时,既应参考相关的法律规定,也要进行独立的价值判断。”〔5〕据此,一方面应坚持刑法的谦抑性品

〔1〕 赵秉志、张伟珂:《拒不支付劳动报酬罪立法研究》,载《南开学报(哲学社会科学版)》2012年第2期;李华斌:《推动劳动者权益保护的好〈解释〉:访北京师范大学刑事法律科学研究院常务副院长卢建平》,载《中国审判》2013年第3期。

〔2〕 王蓓、刘淼:《法律大数据视角下的拒不支付劳动报酬罪研究》,载《中国刑事法杂志》2017年第2期;张锋学:《拒不支付劳动报酬罪的司法检视与完善路径》,载《河北法学》2015年第11期;蒙娜:《拒不支付劳动报酬罪若干问题研究》,载《中国刑事法杂志》2013年第3期;黄继坤:《论拒不支付劳动报酬罪的几个重要问题》,载《当代法学》2012年第3期;周宝妹、郎俊义:《拒不支付劳动报酬罪的解读——以劳动法为视角》,载《人民司法》2012年第11期。

〔3〕 王蓓、刘淼:《法律大数据视角下的拒不支付劳动报酬罪研究》,载《中国刑事法杂志》2017年第2期;贾楠:《“拒不支付劳动报酬罪”的刑法分析》,载《学术探索》2011年第10期。

〔4〕 贾楠:《“拒不支付劳动报酬罪”的刑法分析》,载《学术探索》2011年第10期。

〔5〕 杜邈、商浩文:《拒不支付劳动报酬罪的司法认定》,载《法学杂志》2011年第10期。

质,[1]“对此处的劳动者进行严格解释,即劳动法律关系中的劳动者”[2]。另一方面从刑法的逻辑出发对相关概念赋予刑法上的内涵。“在非法用工的情况下,只要劳动者从事的劳动内容合法,又为用人者实际提供了劳动,就应对其合法权益进行刑法保护。”[3]

本章无意于探究拒不支付劳动报酬罪适用的问题,只想在上述分析的基础上提出,应回到公法和私法的逻辑去解决相关术语和构成要件的内涵确定问题。公法(包括刑法)规范国家和私人的关系;私法规范的是私人之间的关系。因此,尽管应尽可能追求法律概念内涵的统一性,劳动基准法规则在公法领域运用应以劳动法的术语内涵为出发点,但必须根据公法自有的精神对相关概念内涵进行评估和梳理;[4]反过来,公法领域的概念进入私法中时也应当作同样的处理。在劳动者和用人单位之间固然可以倾斜保护,但在国家和行为人之间似乎就不能再主张倾斜保护了,反而应探究公法性规范本身所保护的法益。实际上对不同法律中的同一术语作不同解释并不罕见,以工资范畴为例,劳动人事部门、统计部门、税务部门等具有自己的工资范畴。法的统一首先应体现为法的精神统一,而不只是术语内涵的统一。

(二)规范实施机制:行政救济和裁审救济的衔接

当劳动基准法既有公法效力又有私法效力时,必然的逻辑结论是其规

[1] 刘艳红:《当下中国刑事立法应当如何谦抑——以恶意欠薪行为入罪为例之批判性分析》,载《环球法律评论》2012 年第 2 期;姚万勤:《拒不支付劳动报酬罪立法之反思》,载《长白学刊》2017 年第 3 期。

[2] 杜邈、商浩文:《拒不支付劳动报酬罪的司法认定》,载《法学杂志》2011 年第 10 期。

[3] 杜邈、商浩文:《拒不支付劳动报酬罪的司法认定》,载《法学杂志》2011 年第 10 期。

[4] 最高人民法院的同志在对《关于审理拒不支付劳动报酬刑事案件适用法律若干问题的解释》进行解读时基本也采取了这样的思路,一方面参考劳动法的相关概念,另一方面主张,“本罪主要打击危及劳动者基本生活保障的行为,拒不支付社会保险福利、劳动保护等方面的费用尚不会危及劳动者的基本生活,故将此部分费用未纳入拒不支付劳动报酬罪的行为对象”。参见喻海松:《〈关于审理拒不支付劳动报酬刑事案件适用法律若干问题的解释〉的理解与适用》,载《人民司法》2013 年第 7 期。

范救济和实施机制应当既有公法措施又有私法措施。我国现行法遵从了这样的逻辑，除了如上通过刑法制度设计实现工资等的保护外，大部分劳动基准法规则都配备了公权性的行政救济和私人纠纷解决的劳动争议处理程序并行的救济程序体系。当两种救济程序并存时，则需要协调两种程序的关系。对此，现行法只是在《劳动保障监察条例》第 21 条第 2 款规定，对应当或已经进入劳动争议处理程序的事项，劳动行政部门应告知当事人按劳动争议处理程序处理。但何谓应当纳入劳动争议处理程序的事项并不明确。所以，该规则更多是回避了问题而不是回答了问题。这种两种救济途径关系不顺导致的结果是时常发生两种救济途径的承担机构互相推诿的情况。劳动基准法应由劳动监察保障不应进入劳动争议处理程序的观点也一再出现。有些地方甚至明确规定某些涉及劳动基准的案件，劳动争议处理程序不受理。〔1〕 这种程序法的不衔接进一步也引发了实体权利的冲突。例如，根据《劳动合同法》的规定，未签书面劳动合同从第二个月开始应支付两倍工资直到第十二个月。因双倍工资支付发生劳动争议，目前各地裁审机构都从第二个月开始计算仲裁时效，仲裁时效十二个月，所以如果用人单位没有签订书面劳动合同已经满 2 年则所有双倍工资均已经过时效，在用人单位时效抗辩的情况下，双倍工资请求将得不到支持。与裁审救济不同的是，《劳动合同法实施条例》第 34 条同时规定了劳动行政部门责令用人单位支付双倍工资的公法救济规则，而劳动行政部门责令改正违法行为的时效是 2 年，并且违法行为连续的时效不起算。如此一来，就可能出现根据劳动争议处理规则不能得到支持，但根据行政救济规则又必须责令支付的结果。

本书认为，劳动基准法的双重效力结构，必然意味着双重救济结构，因此，不存在劳动基准法规则只应通过行政救济途径进行实现的逻辑，甚至在

〔1〕 参见《江苏省高级人民法院 江苏省劳动争议仲裁委员会关于审理劳动争议案件的指导意见》（苏高法审委〔2009〕47 号）第 28 条。该条规定已被 2019 年 7 月 2 日江苏省高级人民法院审判委员会第 15 次全体委员会讨论通过的《关于审理带薪休假纠纷若干问题的指导意见》修改。

一定程度上双重救济正是劳动基准法公私法结合的优势所在。在公法救济和私法救济的关系问题上,除刑罚措施的最后手段色彩,[1]导致刑罚措施应在不得已时才启动外,行政救济和民事救济应处于并行而由当事人自愿选择的关系中。从其他国家的情况看,这种可选择性导致私法救济似乎并没有太大实践意义,[2]"对劳动保护法而言,比起求助于法院,求助于营业监督机关以及行政强制是一种更快更安全的救济方式"[3]。但逻辑上的双救济结构却不应否认。我国目前行政救济和劳动争议处理的冲突和不协调,首先,源自行政救济保障力度的相对不足:和实证法中存在大量可通过公法保障的劳动基准法规则相比,各地劳动基准法的行政执法力量太薄弱了。在设计劳动基准的公法效力时必须考虑行政执法力量问题。其次,源自公法和私法规则的不衔接。所以,应坚持对劳动基准法双重效力的把握,在技术上理顺公法效力和私法效力的关系,避免出现如上述时效问题引发的不协调。

六、结论

劳动基准法是保护劳动者利益的强行性法律规范的总合,属于强行法而不一定是公法。作为强行法,其在规范效力结构上可能仅配备私法效力,属于私法性的强行法;也可能仅配备公法效力,属于公法性强行法;还可能法律明确规定既有公法效力又有私法效力。立法如何在三者中选择取决于具体劳动基准法规则的直接功能是维护公共利益,还是保护劳动者利益,其也受到法律传统等其他因素影响,我国大部分劳动基准法是法律明确规定了公法和私法效力的劳动基准法规范,在一定程度上也带来了行政执法的

---

[1] 刘艳红:《当下中国刑事立法应当如何谦抑?——以恶意欠薪行为入罪为例之批判性分析》,载《环球法律评论》2012年第2期;姚万勤:《拒不支付劳动报酬罪立法之反思》,载《长白学刊》2017年第3期。

[2] ErfK /Wank, § 618 BGB Rn. 23.

[3] Nipperdey, Die Privatrechtliche Bedeutung des Arbeiterschutzrechts, in: die Reichsgerichtspraxis im Deutschen Rechtsleben, Festgabe der Juristischen Fakultäten zum 50 Jährigen Bestehen des Reichsgerichts 1929, Band Ⅳ, S. 222.

负担。不论是上述三种劳动基准法规范类型中的哪一种,其最终都可以具有私法效力;对公法性劳动基准法规范而言,这一点主要体现在反射效力引发的侵权责任,双重效力支撑的给付义务以及作为强行法的违法控制功能等方面。劳动基准法对劳动关系的具体私法效力分别表现在对劳动关系主体的准入、劳动法中法律行为的效力控制以及对用人单位给付义务履行的要求等方面。在劳动基准法同时具有公法和私法双重效力的前提下,协调二者关系实为必要。在此,就规范理解而言,应以劳动法上的理解为起点,但同时要考虑公法本身的价值和体系,相关规范的内涵在公私法领域可能并不相同;从实施机制的角度看,公法救济和私法救济并行不悖,应当通过当事人选择解决其中可能的冲突,但同时有关规范也应进一步完善。劳动基准法上述效力结构类型非常典型地展示了国家干预私人之间利益的可能路径和方式,劳动基准法对私人的生效方式也非常全面地展示了强行法的私法效力的不同方面,对理解现代市场经济条件下公私法的关系具有启发意义。

第八章 集体合同的私法属性

在劳动法和私法关系的讨论中，一种重要的观点认为，如果说劳动合同法属于私法尚可接受，但认为集体合同法也属于私法就不能接受了。实际上，早在100年前就有学者提出，劳动法应从民法中解放出来，这是因为“劳动法的领域不仅涉及单个劳动者与其雇主之间的劳动合同关系，而且还深受在一个工厂中互相结合在一块的劳动者的关系、员工整体和企业家的关系、员工整体和雇主整体的集体关系及其二者与国家的关系的影响”[1]。所以，要证成劳动法属于特别私法尤其要说明集体合同法与私法的关系问题。[2] 集体劳动法是否属于特别私法的讨论并非一个纯理论问题或者学理偏好，更重要的是它还涉及集体合同的功能、效力结构、效力控制等集体合同本身的制度安排问题。在此，一个有意思的现象是，一方面很多学者认为集体合同法不属于私法，但另一方面在集体合同的理论阐述[3]

---

〔1〕 Potthoff, Ist das Arbeitsverhältnis ein Schuldverhältnis, Zitiert nach Mertin Becker, Arbeitsvertrag und Arbeitverhältnis, Vittorio Klostermann, 2005, S. 194.

〔2〕 作者关于劳动法属于特别私法的论述参见沈建峰：《劳动法作为特别私法：〈民法典〉制定背景下的劳动法定位》，载《中外法学》2017年第6期。

〔3〕 《劳动与社会保障法学》编写组：《劳动与社会保障法学》，高等教育出版社2017年版，第174页。

和规则设计[1]上又大量使用传统民法概念、理论和现象,如“双务合同”“违约责任”等。如何认识这种现象?观念上的拒绝私法和具体制度上的悄然应用私法理论和概念的现象说明或者观念有问题,或者具体制度上尚有进一步完善的空间。因此,重新反思集体合同的法律属性,讨论其与传统私法的关系对理论和实践,尤其是集体合同制度的完善都大有裨益。

对此,从方法论上来看,劳动法学作为一个较年轻的学科,其发展的一个一般现象是理论发展滞后于规则形成,“劳动法越来越不是法学发展的结果而是发展着的劳动法学的前提”[2]。对集体合同这种缺乏历史根基,在19世纪后期随着工业化的深入进行而逐渐形成的制度而言,更是表现出极大的实践和立法先行,理论发展在后的格局,集体合同制度和概念等不是教义学建构和体系演绎的结果,教义学只是在其发展的现实基础上进行解释,这一现象导致对集体合同进行体系归入的困境。在此前提下,对集体合同进行体系归入就不应是简单地从概念归入开始,法学方法中关于体系构建的内部体系(Das innere System)学说[3]可以给我们以指引。据此,“(法律)体系可以界定为一般法律原则的价值论或者目的论秩序”[4]。“法律秩序的体系划分必须首先以对各个特定的规范群或法律关系适用的一般价值(原则)为导向。”[5]集体合同制度的体系归入应从探究集体合同的法律原则或者一般价值为出发点;在此基础上应梳理、比较现有的规则及已有解释方案,最终形成最符合中国法律规则和理论框架的解释方案。这也是本书的基本思路。

---

〔1〕 例如《江西省集体合同条例》第35条规定,“因一方过错导致集体合同未履行或者未完全履行的,有过错的一方除应当继续履行集体合同外,还应当承担因此给对方造成的经济损失。双方都有过错的,各自承担相应的违约责任”。《内蒙古自治区企业集体合同条例》第28条、《江苏省集体合同条例》第41条。

〔2〕 Martin Becker, Arbeitsvertag und Arbeitsverhältnis, C. H. Beck, 2005, S. 152.

〔3〕 Karl Larenz, Methodenlehre der Rechtswissenschaft, 6. Auflage, Springer – Verlag, S. 474ff; Canaris, Systemdenken und Systembegriff in der Jurisprudenz, Duncker & Humblot, 1982, S. 40ff; Bydlinski, Arbeitsrechtskodifikation und Allgemeies Zivilrecht, Springer – Verlag, 1969, S. 11ff.

〔4〕 Canaris, Systemdenken und Systembegriff in der Jurisprudenz, Duncker & Humblot, 1982, S. 47.

〔5〕 Bydlinski, Arbeitsrechtskodifikation und allgemeies Zivilrecht, Springer – Verlag, 1969, S. 13.

一、集体合同作为自治机制和市场机制

(一)集体合同作为一种自治机制

集体合同制度和劳动法的许多其他制度一样,首要的目的和功能都在于保护劳动者权益,“集体合同制度的作用在于改善劳动关系,维护职工的群体利益”[1]。但集体合同这种保护劳动者的机制却与通过国家之手进行劳动者保护(劳动基准)在手段上有着根本区别,它是一种社会自我管理,[2]其基本理念在于将国家从劳动关系的协调中解放出来,“激发社会力量并且听任社会群体自我负责的调整仅涉及其本身并且其自己作为内行可以判断的事务”[3]。大陆法系主要国家和地区的理论一般将这种通过社会群体在国家之外自我负责的调整劳动关系中权利和义务的现象称为“集体合同自治或团体协议自治”(Tarifauronomie)。[4]

问题是如何对这种集体合同自治的现象从法教义学上进行解释和定位?对此存在两种不同的解释路径:其一,集体自治理论(Kollektive Autonomie)。这种观点认为,在国家和个体之外还存在一种中间状态,一种享有原初自治权的组织体(eine originäre Autonomie der Verbände),他们通过自有自治权来缔结集体合同,这是一种“自治的集体主义”(das autonomen Kolle-

---

〔1〕 李伯勇、张左己主编:《中华人民共和国劳动法讲座》,中国劳动出版社1994年版,第63页;王全兴:《劳动法》(第2版),法律出版社2017年版,第253页;关怀、林嘉主编:《劳动与社会保障法学》,法律出版社2011年版,第124页;Otto Kahn - Freund, Bob Hepple, International Encyclopedia of Comparative Law, Labour Law, Mohr Siebeck, 2014, 12 - 16; Preis, Arbeitsrecht/Kollektivarbeitsrecht, 4. Auflage, Verlag Dr. Otto Schmidt KG, 2017, S. 59。

〔2〕 Franz Gamillscheg, Kollektives Arbeitsrecht, Band1, Verlag C. H. Beck, 1997, S. 302;对集体合同制度发展有着奠基作用,被称为德国劳动法之父的辛茨海默(Sinzheimer)也是在此意义上对团体协议法展开研究,其团体协议法一书的副标题就是“法律中的社会自我管理理念”。Hugo Sinzheimer, Ein Arbeitstarifgesetz, Duncker & Humblot, 1977 Nachdruck.

〔3〕 [德]雷蒙德·瓦尔特曼:《德国劳动法》,沈建峰译,法律出版社2014年版,第390页;Waltermann, Arbeitsrecht, 20. Auflage, Verlag Franz Vahlen, 2021, S. 237.

〔4〕 参见杨通轩:《集体劳工法》,台北,五南图书出版股份有限公司2007年版,第117页;Satoshi Nishitani, Vergleichende Einführung in das japanische Arbeitsrecht, Carl Heymanns Verlag, 2003, S. 131。

ktivismus)[1]思想。其二,建立在私人自治基础上的集体私人自治(Kollektive Privatautonomie)理论或者集体行使的私人自治理论(Kollektive ausgeübte Privatautonomie),这两者尽管有一些差异,前者认为"团体协议自治不仅是集体私人自治,它所发挥的也是私人自治功能"[2],而后者认为"团体协议自治彰显的不是私人自治原则,它更多是一种集体行使的私人自治"[3]。但是二者都将这种自治建立在私人自治的基础上,或者认为"团体协议自治是私人自治的构成部分,可以将其称为集体私人自治"[4],或者"团体协议自治的基础是劳动合同当事人的私人自治"[5]。所以,"团体协议自治不过就是私人自治的特殊表现形式(集体行使的私人自治)"[6]。所以可以将其统称为私人自治理论。我国台湾地区也有学者提出,"团体之'规章制定权'仍属私法自治的范畴"[7]。

集体自治理论和私人自治理论两种观点的差异主要在于对工会、企业联合会等团体签订集体合同的权力来源的不同认识,背后隐藏的是团体主义和个人主义思想的分歧,并最终会影响对集体合同约束力的法教义学解释。但无论是集体自治还是私人自治,二者均承认集体合同的自治功能,这种自治为将集体合同纳入私法体系提供了基本的思想基础,私法的基本精神即自治。

---

〔1〕 Kahn – Freund, Der Funktionswandel des Arbeitsrecht, in: Ramm, Arbeitsrecht und Politik, Hermann Luchterhand, 1966, S. 228.

〔2〕 Volker Rieble, Der Tarifvertrag als Kollektiv – privatautonomer Vertrag, in: ZfA, 31. Jg, 1/2000, S. 24.

〔3〕 Bayreuther, Tarifautonomie als Kollektiv Ausgeübte Privatautonomie, Verlag C. H. Beck, 2005, S. 154.

〔4〕 Volker Riebler, Arbeitmarkt und Wettwerb: der Schutz von Vertrag – und Wettbewerbsfreiheit im Arbeitsrecht, Springer, 1996, S. 392.

〔5〕 Bayreuther, Tarifautonomie als Kollektiv Ausgeübte Privatautonomie, Verlag C. H. Beck, 2005, S. 154.

〔6〕 Richardi, Bayreuther, Kollektives Arbeitsrecht, 2. Auflage, Verlag Franz Vahlen, 2012, S. 13.

〔7〕 黄越钦、黄鼎佑:《劳动合同法新论》,台北,翰芦图书出版有限公司 2015 年版,第 468 页。

(二)集体合同作为一种市场机制

集体合同的自治性不仅建立在多元主义、自由主义的社会思想基础上,而且本身也以市场经济为前提,体现市场经济的要求,是劳动力资源市场配置的条件。长期以来,在讨论集体合同和市场的关系时,人们更多强调集体合同反市场、限制自由竞争的一面,即集体合同的卡特尔功能,“从国民经济的角度来看,团体协议具有卡特尔功能。它以同等形式确定了劳动条件的最低内容,并在此范围内排除了竞争”〔1〕。也有学者因此认为集体合同并不是一种市场机制。〔2〕但实际上,这只是集体合同效力的一个侧面,集体合同同时也是一种市场机制,“集体劳动法的实质贡献在于,劳动条件不是通过国家规制,而是通过劳动合同当事人的利益以及利益对立来形成。因此,集体劳动法同时也是自由经济秩序的表达”〔3〕。这是因为:

其一,只有在市场经济条件下才可能有集体合同制度的存在。市场经济条件下,通过市场配置劳动力资源、单个劳动者和用人单位力量结构性的不平等、由此导致的社会问题以及劳动者一方自力救济的实践等共同构成集体合同制度发展的基本前提。如果没有市场经济这一前提就不可能出现集体合同的实践和制度安排,这不仅是其他国家劳动法发展的一般规律,〔4〕而且也为我国集体合同制度发展的历史所证实。在我国,1949 年《中国人民政治协商会议共同纲领》第 32 条第 2 句规定,“私人经营的企业,为实现劳资两利的原则、应由工会代表工人职员与资方订立集体合同”。但是“1956 年,国家完成社会主义改造后,集体合同制度就销声匿迹了。十一届三中全会后,我国的集体合同制度才逐渐地恢复”〔5〕。其原因很多,其中重

〔1〕 Löwisch, Caspers, Klumpp, Arbeitsrecht, 17. Auflage. Verlag Franz Vahlen, 2017, S. 282.

〔2〕 Konzen, Die Tarifautonomie Zwischen Akzeptanz und Kritik NZA 1995, S. 913.

〔3〕 Preis, Arbeitsrecht/Kollektivarbeitsrecht, 4. Auflage, Verlag Dr. Otto Schmidt KG, 2017, S. 3; Franz Marhold, Michael Friedrich, Österreichisches Arbeitsrecht, Springer, 2. Auflage, 2012, S. 419.

〔4〕 Franz Gamillscheg, Kollektives Arbeitsrecht, Band 1, Verlag C. H. Beck, 1997, S. 84ff.

〔5〕 林嘉:《劳动法的原理、体系与问题》,法律出版社 2016 年版,第 265 页。

要的一点在于“在（计划经济）那种高度管制的体制下……通过劳动立法及有关劳动政策，逐步形成在劳动、工资、保险、福利几方面相互配套、极为具体的管制体制。国家通过这种管理体制直接确定每一个员工的工资标准。当我国将劳动者只是视为自然人，而这种自然人又是在国家、集体、个人的纵向排列中，强调国家利益和个人利益一致时，是没有利益争议这样的谈判空间的”〔1〕。因此也无签订集体合同的可能性。在法治国家的前提下，市场经济和集体合同是共生关系。“团体协议自治建立在个别劳动合同失败的基础上。作为一剂良药，从其历史源头来看，它是市场友好的一个变体……团体协议植根于货物和劳务市场的市场经济秩序中，作为成本对市场交易的主体产生作用。”〔2〕

其二，集体合同是劳动力市场配置的条件。市场配置资源以力量均等、自由自愿的主体为前提条件，但在劳动力市场上，传统市场机制却有所失灵。由于劳动力商品的特殊性，这种失灵在经济上的体现是“尽管需求下跌，考虑到已达到致贫线的工资，供给却会不正常地提高，因为贫困会迫使其他作为工业生产后备军的家庭成员投入到找工作中”〔3〕。这种失灵在法律上的根源是，“在合同缔结时缺乏典型的力量均等，而该力量均等保障了合同的实质正当性”〔4〕。集体合同的出现正是为了解决该问题，通过劳动结社——工会重新实现劳动者和用人单位一方力量的均等，为通过自由平等的协商而配置劳动力资源提供前提条件。“在此，在集体的层面上，我们私法秩序的基本原则——合同自由——在工资和劳动条件的调整上才可以再次真正地富有成效。自由约定的、平衡同等权利和同样强大结社的团体协议才使与劳动合同本质的现代学说相适应的工资和劳动条件的建构成为

---

〔1〕 董保华：《劳动者自发罢工的机理及其合法限度》，载《甘肃社会科学》2012年第1期。

〔2〕 Konzen, Die Tarifautonomie Zwischen Akzeptanz und Kritik, in: NZA 1995, S. 914.

〔3〕 Konzen, Die Tarifautonomie Zwischen Akzeptanz und Kritik, in: NZA 1995, S. 914.

〔4〕 Konzen, Die Tarifautonomie Zwischen Akzeptanz und Kritik, in: NZA 1995, S. 914.

可能。"[1]在此,我国学者的如下观点是值得赞同的,"集体合同制度是劳动力市场机制运行的必要条件"[2]。另外,就这种力量均等的集体合同主体生成而言,它也是当事人意思自治,自由结成劳动结社(Koalition)的结果。"市场权力自治的集体化也处于市场制度的功能逻辑之中。它通过集体的、自治的市场权力的形成用于应对劳动者特别的合同弱势地位。团体协议自治是自由的市场组织法的构成因素。"[3]因此,集体合同在意思自治的基础上,为当事人通过自由平等协商确定劳动条件提供了前提条件,也为市场配置劳动力资源提供了前提条件。

其三,集体合同体现了市场经济的要求。市场经济的基本要求,即平等主体的当事人在自由自愿的基础上通过合意决定双方的权利和义务。在现代劳动法中,集体合同通过国家中立、手段对等、自由博弈并最终达成合意这一系列制度设计,为双方当事人根据市场经济发展状况自由决定双方及其所代表的利益群体利益提供了可能性。"集体合同建立在如下思想的基础上:工会和雇主作为力量均等的伙伴就劳动条件进行公平议定,该劳动条件能保证劳动者分得社会生产的适当份额。"[4]工会和用人单位一方通过自由博弈并最终达成合意的过程,是市场选择的过程,从这一角度来看,其本质和传统的个别合同并无区别。所以,"集体合同是一个真正的合同,它至少是建立在两个合同当事人的意思一致基础上"[5]。在此需要解释以下问题:第一,在其他市场经济国家,存在工会通过停工、罢工等"强迫"用人单位签订集体合同的问题,似乎并不存在集体合同自由。但实际上,手段对等原则下,企业一方也享有闭厂等博弈的手段和措施。这种博弈的过程主要就是经济判断和市场判断的过程,因此无所谓法律意义上"强迫"的问题。

---

〔1〕 Hueck – Nipperdey, Lehrbuch des Arbeitsrechts, Band 2, erster Halbband, Verlag Franz Vahlen GmbH, 1967, S. 235.

〔2〕 程延园:《劳动法与劳动争议处理》,中国人民大学出版社 2013 年版,第 165 页。

〔3〕 Löwisch, Rieble, Tarifvertragsgesetz, Verlag Franz Vahlen, 2017, Rn. 36.

〔4〕 Frank Vischer, Der Arbeitsvertrag, Helbing & Lichtenhahn Verlag, 2005, S. 325.

〔5〕 Frank Vischer, Der Arbeitsvertrag, Helbing & Lichtenhahn Verlag, 2005, S. 324.

第二,集体合同的卡特尔功能。如上所述,集体合同具有卡特尔功能,这似乎是反市场的现象,如何协调它与集体合同作为市场机制之间的关系?这里需要区分集体合同的集体层面和个体层面。从集体合同的集体层面来说,它是工会和企业或企业联合会自由合意的结果,是市场机制的体现,“不论工会还是雇主联合会都不能像在货物市场那样单方决定价格或其他劳动条件,而是必须以合同式的平衡与市场相对人协商”〔1〕。而从个体层面来说,它限制了个体劳动关系双方选择的可能性,具有卡特尔功能。第三,集体合同缺乏选择签约对象的自由。传统合同法的理论认为,市场经济条件下的合同自由涵盖了四种自由,即是否缔约的自由、选择缔约对象的自由、决定合同内容的自由、决定合同形式的自由。〔2〕在这四种自由中,选择缔约对象的自由是契约自由的核心内容之一,但是在集体合同领域,当事人却只能和特定工会签订集体合同,丧失了选择缔约对象的自由。但是这种选择对象自由的丧失并非法律对选择对象的限制,而是集体合同这种机制在历史发展过程中经市场选择导致可能交易的对象单一化。

综上所述,集体合同是一种自治机制,建立在集体自治或私人自治的基础上,它本身同时也是一种市场机制,这种自治基础上的市场机制本身即传统私法的合同机制。“对劳动结社自由的承认以及劳动者自助的可能性被证明是合同自由作为私法的原则在法律上本身必要的发展。”〔3〕集体合同这种与自治和市场经济的勾连,构成在其制度发展中始终无法摆脱私法品性,在制度解释上始终无法脱离私法教义学的根本原因。正因如此,有学者提出,“团体协议是私法上的合同”〔4〕或者“集体合同是一个真正的合同”〔5〕。

---

〔1〕 Löwisch, Rieble, Tarifvertragsgesetz, Verlag Franz Vahlen, 4. Auflage, 4. Auflage, 2017, S. 37.

〔2〕 参见王利明:《合同法研究》,中国人民大学出版社2002年版,第142页;韩世远:《合同法总论》(第4版),法律出版社2004年版,第36页。

〔3〕 Bydlinski, Arbeitsrechtskodifikation und allgemeies Zivilrecht, Springer - Verlag, 1969, S. 25.

〔4〕 Abbo Junker, Grundkurs Arbeitsrecht, 15. Auflage, C. H. Beck, 2016, S. 281.

〔5〕 Frank Vischer, Der Arbeitsvertrag, Helbing & Lichtenhahn Verlag, 2005, S. 324.

二、集体合同作为合同:可能与困境

上述基于法的理念而得出的结论需要进一步从法的技术层面,即法的规则体系和法教义学层面进一步论证和认识。在此,我们也将看到传统合同理论在解释集体合同现象时的可能与困境。

(一)集体合同以私法合同的形式成立和消灭

不论对集体合同的其他问题有多大争议,没有争议的是,从各国集体劳动法的理论和立法来看,集体合同的缔结、解除等采用的法律技术是法律行为,该过程遵循合同法中继续性合同的一般规则:从合同缔结来看,集体合同以法律行为的形式成立,[1]是工会和用人单位或者用人单位联合会合意的产物。集体合同缔结过程中的意思瑕疵等将根据传统合同法的规则和理论导致集体合同的无效或者撤销。[2] 就解除和终止而言,集体合同作为一种继续性合同随着期限到来而终止,遵守继续性合同解除的一般规则和理论,可以面向未来而解除。[3] 正因如此,法国学者认为,“集体合同是合同,它来源于设计和签订它的主体的意志”[4]。德国学者提出,“团体协议以法律行为的方式成立,作为私法上的合同由团体协议当事人缔结。团体协议的成立按照《德国民法典》合同缔结的规则来判断”[5]。而在奥地利,“(对集体合同来说)合同缔结以及合同瑕疵法律的运用是不可避免的,在缺乏可适用的规则时仅可以适用《奥地利民法典》的相应规则。这也适用于集体合同或者工厂协议的解除,其依然根据意思表示的一般规则来判断”[6]。从

〔1〕 林嘉:《劳动法的原理、体系与问题》,法律出版社2016年版,第275页。

〔2〕 Zöllner, Loritz, Hergenröder, Arbeitsrecht, München: C. H. BecK, 7. Auflage, 2015, S. 483.

〔3〕 Zöllner, Loritz, Hergenröder, Arbeitsrecht, München: C. H. BecK, 7. Auflage, 2015, S. 484; Löwisch, Caspers, Klumpp, Arbeitsrecht, 17. Auflage. Verlag Franz Vahlen, 2017, S. 290.

〔4〕 Michel Despax, Jean – Pierre Laborde, Jacques Rojot, labour law of France, Wolters Kluwer, 2017, p. 316.

〔5〕 Waltermann, Arbeitsrecht, 20. Auflage, Verlag Franz Vahlen, 2021, S. 254.

〔6〕 Bydlinski, Arbeitsrechtskodifikation und allgemeies Zivilrecht, Springer – Verlag, 1969, S. 4.

我国现行法的规定来看，集体合同瑕疵的规定处于空白，而集体合同解除的规则基本是按照普通合同的逻辑展开的。

在集体合同签订的实践中，相较于一般合同，尚有确定集体协商代表等特殊的现象。但本书认为，这些现象都是集体合同缔结时的内部程序问题，并不妨碍和影响其外部行为的定性，即当事人之间的缔约行为是一个真正的合同缔结和法律行为。实际上，在所有组织体的签约活动中，都存在内部决策程序，但这些都不妨碍将组织体的外部签约行为认定为一个合同行为。

（二）集体合同对工会和用人单位或用人单位联合会具有债权效力

根据大陆法系主要国家的立法和理论，集体合同不仅以合同的形式成立，而且它对签订者也产生合同之债的效力，集体合同包含有债权性部分，即“确定团体协议当事人权利和义务的部分”，[1]其内容主要表现为“订立主体双方要遵守集体合同的运行规则、承诺产业和平义务、敦促成员履行合同义务、具有合作态度、促进合同确定目标的实现……”[2]如违反上述义务，则签约双方需要承担违约责任。“违反（集体合同债权性）义务时的履行请求和损害赔偿请求，属于债法部分的内容。”[3]除上述债法上的效力外，集体合同的债法效力还体现在“在可解释为有利于第三人的合同（《德国民法典》第328条）的前提下，团体协议的债权部分也可以赋予团体协议当事人的成员以权利”[4]。总体来说，“团体协议的债权性部分原则上应如同《德国民法典》意义上私人之间的债权性合同那样来对待”[5]。其与传统债法相比并无太多特别之处。

在我国，上述集体合同对工会和用人单位或者用人单位联合会的债法

---

〔1〕 Abbo Junker, Grundkurs Arbeitsrecht, 15. Auflage, C. H. Beck, 2016, S. 282.

〔2〕 关怀、林嘉主编：《劳动与社会保障法学》，法律出版社2011年版，第129页；《劳动与社会保障法学》编写组：《劳动与社会保障法学》，高等教育出版社2017年版，第179页。

〔3〕 Bydlinski, Arbeitsrechtskodifikation und allgemeies Zivilrecht, Springer - Verlag, 1969, S. 4.

〔4〕 Abbo Junker, Grundkurs Arbeitsrecht, 15. Auflage, C. H. Beck, 2016, S. 318; Preis, Arbeitsrecht/Kollektivarbeitsrecht, 4. Auflag, Verlag Dr. Otto Schmidt, 2017, S. 110.

〔5〕 Preis, Arbeitsrecht/Kollektivarbeitsrecht, 4. Auflag, Verlag Dr. Otto Schmidt, 2017, S. 105.

效力常被忽视甚至被否认,[1]但是集体合同债法效力中的敦促义务是通过团体内部机制实现集体合同实施的重要保障,和平义务是集体合同当事人愿意签订集体合同的重要原因,所有义务对于实现集体合同的功能都具有重要价值。所以,"难以想象的是,一个集体合同不具有债权性内容。从任何集体合同中都自动产生了合同当事人之间的合同关系,该合同关系源自法律的规定或者默示的合意"[2]。甚至从历史发展的角度来看,集体合同首先是被作为工会和雇主或雇主联合会之间的债权合同而产生效力的,集体合同的其他效力是此后实践和理论共同努力的结果。只是这种债权效力和普通债法相比并无太多区别,在理论建构和规则设计的过程中,其往往被忽视。[3]

(三)集体合同约束劳动者和用人单位的理论困境

毫无疑问,集体合同的签订不仅是为了约束作为签订者的工会和雇主或雇主联合会,更重要的是要解决劳动者和用人单位之间的劳动条件问题。如何实现从对签订者的约束到对作为签订者组织成员的单个劳动者和用人单位的约束这一跨度极大的跳跃,成为集体合同理论发展中最具挑战的问题。在此,无论是在法国、德国还是其他国家,人们首先是将集体合同理解为一个民法上的合同,从合同法的角度解释该问题。[4] 但传统合同法的困境在于,按照其规则和理论,合同只对双方当事人具有约束力,这是私人自治的基本逻辑结果。而集体合同由工会和用人单位或用人单位联合会签

---

〔1〕 张喜亮:《论工会在集体合同制度中的角色》,载《工会理论与实践(中国工运学院学报)》1997 年第 2 期;范重光:《违反集体合同法律责任探究》,载《中国劳动关系学院学报》2012 年第 4 期。

〔2〕 Frank Vischer, Schwerzerisches Privatrecht, der Arbeitsvertrag, 3. Auflage, Helbing & Lichtenhahn Verlag, 2005, S. 324.

〔3〕 关于债权效力及其对集体合同实现的意义,参见沈建峰:《论集体合同履行争议的处理——兼论集体劳动法中个体利益与集体利益的平衡》,载《比较法研究》2018 年第 4 期。

〔4〕 Waltermann, Arbeitsrecht, 20. Auflage, Verlag Franz Vahlen, 2021, S. 241; Mariella Halberstadt, Die Gestaltung des Arbeitsvertrags durch Tarifvertrag im französischen Recht, Nomos, 2017, S. 46.

订,却要对单个劳动者或者用人单位产生约束力,显然违反了上述合同相对性的基本规则。为了解决该问题,理论和实务开始借助其他私法工具,以使集体合同例外对第三人产生效力。

在此过程中,形成了多种不同的学说,但最终的是建立在传统私法制度上的两种理论:代理理论(the agency theroy)和有利于第三人的合同理论(the third – party beneficiary theory)。[1] 根据代理理论,集体合同的主体是劳动者以及单个雇主,工会或者雇主联合会只是代表劳动者或雇主签集体合同;[2] 按照代理的规则,代理人所为行为视为本人行为,相关合同因此将约束本人。在我国的立法和理论中,也长期有人持这种观点,认为“工会仅仅是职工的‘代表’,工会在集体合同中只是‘代表’的角色”[3]。这种观点在立法上的依据即《劳动法》第33条第1款前半句、《劳动合同法》第51条第1款前半句“企业职工一方与用人单位通过平等协商……签订集体合同”。既然是职工在签订集体合同,则工会签订集体合同时的地位就是代表人或者代理人,和上述其他国家百年之前的理论如出一辙。代表(理)理论最大的问题在于,它无法解释既然是工会代表劳动者签订的合同,为何集体合同签订后劳动者和用人单位不能通过合意做出不利于劳动者的安排?按照传统私法代理规则和理论,本人肯定可以重新签订合同,改变代理(表)人做出的意思。如果个别劳动合同的当事人可以做出不利于劳动者的安排,则集体合同保护劳动者的目的就根本无法实现了。

---

〔1〕 Otto Kahn – Freund, Bob Hepple, *International Encyclopedia of Comparative Law*, Labour Law, Mohr Siebeck, 2014, 12 – 50.

〔2〕 Lotmar, Philipp, Der Arbeitsvertrag nach dem Privatrecht des deutschen Reiches Band 1, Leipzig 1902, S. 755ff. Mariella Halberstadt, Die Gestaltung des Arbeitsvertrags durch Tarifvertrag im französischen Recht, Nomos, 2017, S. 47.

〔3〕 张喜亮:《论工会在集体合同制度中的角色》,载《工会理论与实践(中国工运学院学报)》1997年第2期;范重光:《违反集体合同法律责任探究》,载《中国劳动关系学院学报》2012年第4期。

有利于第三人的合同理论[1]认为工会和雇主或雇主联合会签订了一个有利于劳动者的合同,用人单位一方根据与工会签订的合同向劳动者承担给予集体合同约定的劳动条件的义务,如果未能给予则应当向工会承担违约责任。该理论一定程度上可以解释单个用人单位作为集体合同当事人的情况,所以直到现在,在单个雇主签订公司团体协议的情况下,德国理论认为,"工会对受团体协议约束的雇主享有直接的请求权,该请求权指向于(雇主)履行团体协议中规定的其对劳动者的义务"[2]。在瑞士,"如果雇主一方不是社团,而是单个雇主,则工会对该雇主享有直接的合同法上的请求权"[3]。但是该理论无法解释雇主联合会签订集体合同的情形,因为按照传统合同法的理论,合同不能给第三人设定义务,在雇主联合会签订集体合同的情况下,该合同也不能给单个雇主设定给劳动者集体合同规定的劳动条件的义务。另外,即使在单个雇主签订集体合同的情况下,有利于第三人的合同的解释也有一些限度,因为根据有利于第三人合同的理论和规则,在合同当事人不履行义务的情况下,第三人并不能直接根据合同提出请求。如果集体合同是有利于第三人的合同,则在用人单位不履行义务的情况下,劳动者并不能直接提出法律上的请求,这样集体合同对劳动者的保护作用就大打折扣了。

综上所述,集体合同以私法合同的形式成立,并对签订者具有债的效力,这些都是其作为市场机制和自治机制的自然逻辑结论,也是集体合同的私法性在具体规则和教义学上的直接体现。但集体合同的合同效力却最终无法实现集体合同协调劳动者和用人单位之间权利和义务,维护劳动者权

---

〔1〕 Hueck - Nipperdey, Lehrbuch des Arbeitsrechts, Band 2, erster halb Band, 7. Auflage, 1967, Verlag Franz Vahlen GmbH, S. 214;瑞士学者的论述参见 Frank Vischer, der Arbeitsvertrag, 3. Auflage, Helbing und Lichtenhahn Verlag, 2005, S. 326。法国学者的观点参见 Mariella Halberstadt, Die Gestaltung des Arbeitsvertrags durch Tarifvertrag im französischen Recht, Nomos, 2017, S. 48。

〔2〕 Preis, Arbeitsrecht, Kollektivarbeitsrecht, 2. Auflage, Verlag Dr. Otto Schmidt, 2017, S. 124.

〔3〕 Frank Vischer, Schwerzerisches Privatrecht, der Arbeitsvertrag, 3. Auflage, Helbing & Lichtenhahn Verlag, 2005, S. 340.

益这一最直接目标。回溯整个集体劳动法的理论发展，其核心问题之一就是如何解决这一问题并将其纳入现行法律的规则和理论框架下，集体合同相较于传统合同的特殊之处由此而生。

三、集体合同的规范效力：突破与解释的新努力

（一）集体合同的规范效力及其制度体现

为了解决上述问题，经过近半个世纪的探索，[1]主要大陆法系国家和地区[2]的理论和立法以德国劳动法之父——辛茨海默提出了“社团理论”（Verbandstheorie）[3]为肇端，从团体或者组织体的角度理解集体合同，在上述集体合同对工会和雇主或者雇主联合会的债权效力之外，承认了集体合同的规范效力，形成了一种集体合同二元制的效力结构。例如在法国，“集体合同有两种属性。它同时是签订者之间的合同以及签订它的工会和雇主组织成员的规范约束。它既具有合同因素又具有规范因素”[4]。《德国团体协议法》第1条第1款规定，“团体协议调整团体协议当事人的权利和义务并包含可以安排劳动关系内容、缔结和终止以及工厂问题和工厂组织法问题的法律规范”。理论界则认为，“团体协议（Tarifvertrag）包含规范

---

〔1〕关于集体合同规范效力生成的历史发展，参见沈建峰：《论集体合同对劳动者和用人单位的效力》，载《西南民族大学学报（人文社会科学版）》2012年第9期。

〔2〕Waltermann, Zu den Grundlagen der Rechtsetzung durch Tarifvertrag, in: Festschrift für Söllner, S. 1254. 英美国家一方面没有公私法划分的问题，另一方面因为法律传统等原因其集体合同的效力结构非常特别。比如，在英国集体合同依然被认为没有法律的约束力（Otto Kahn-Freund, Bob Hepple, *International Encyclopedia of Comparative Law*, Labour Law, Mohr Siebeck, 2014, 12－50），所以本部分主要在大陆法系的传统下讨论集体合同的效力结构问题。

〔3〕Hugo Sinzheimer, Der Korporative Arbeitsnormenvertrag, Erster Tail, Dunker & Humblot, 1977, S. 67.

〔4〕Michel Despax, Jean－Pierre Laborde, Jacques Rojot, Labour Law of France, Wolters Kluwer, 2017, p. 332.

性部分和债权性部分"[1]。从作者的检索来看,瑞士、[2]奥地利、[3]意大利、[4]斯堪的纳维亚半岛国家、[5]日本[6]、匈牙利[7]等莫不如此。[8] 在多年理论讨论之后,我国[9]的理论和学说也认为集体合同存在债权效力和规范效力并存的效力结构。

具体来看,集体合同的规范性部分是指"根据团体协议当事人的意思,确定私法上依附性劳动合同内容、缔结、终止或者直接调整经营或工厂组织以及团体协议当事人共设机构等问题的规则总和"[10]。集体合同规范部分的规范性主要体现在:其一,集体合同对劳动者和用人单位之所以发生约束不是因为它是合同,而是因为它是客观法(Objektes Recht)或者规范(Norm),其约束力不是合同约束力而是规范的约束力。其二,这种效力对劳动者和单个用人单位具有直接性和强制性,[11]其生效不需要单个劳动者

---

〔1〕 Zöllner, Loritz, Hergenröder, Arbeitsrecht, München: C. H. Beck, 7. Auflage, 2015, S. 492; Preis, Arbeitsrecht/Kollektivarbeitsrecht, 4. Auflag, Verlag Dr. Otto Schmidt, 2017, S. 93; Abbo Junker, Grundkurs Arbeitsrecht, 15. Auflage, C. H. Beck, 2016, S. 281.

〔2〕 Frank Vischer. der Arbeitsvertrag, Helbing und Lichtenhahn Verlag, 2005, S. 326.

〔3〕 Franz Marhold, Michael Friedrich, Österreichisches Arbeitsrecht, Springer, 2. Auflage, 2012, S. 436.

〔4〕 Peter Kindler. Einführung in das Italienische Recht, München, C. H. Beck, 2008, S. 76.

〔5〕 Ring Olsen – Ring, Einführung in das Skandinavische Recht, München, C. H. Beck, 1999, S. 212.

〔6〕 Hans – Peter Marutschke, Einführung in das Japanische Recht, München, C. H. Beck, 2010, S. 233.

〔7〕 Kiss, György, das Verhältnis des Tarifsystems zur Betriebsverfassung im Ungarischen Arbeitsrecht. In: Eurpäische Integration und Nationale Rechtskulturen, Carl Heymanns Verlag KG, 1993, S. 478.

〔8〕 另据 Rebhahn 的考察,荷兰、葡萄牙、希腊等国家也是如此,参见 Rebhahn, Das Kollektive Arbeitsrecht im Rechtsvergleich, NZA 2001, S. 763。

〔9〕 参见《劳动与社会保障法学》编写组:《劳动与社会保障法学》,高等教育出版社 2017 年版,第 178 页;林嘉:《劳动法的原理、体系与问题》,法律出版社 2016 年版,第 278 页;黄越钦、黄鼎佑:《劳动法新论》,台北,翰芦图书出版有限公司 2015 年版,第 471 页以下;杨通轩:《集体劳工法》,台北,五南图书出版股份有限公司 2007 年版,第 189 页以下。

〔10〕 Hueck – Nipperdey, Lehrbuch des Arbeitsrechts, Band 2(1), Verlag Franz Vahlen GmbH, 1967, S. 240.

〔11〕 沈建峰:《论集体合同对劳动者和用人单位的效力》,载《西南民族大学学报(人文社会科学版)》2012 年第 9 期。

和用人单位的意思表示，不需要以劳动合同作为决定当事人之间权利义务的通道，除非符合有利原则或者集体合同本身的豁免条款，否则不可以做出对劳动者不利的变更。其三，在法国、德国、奥地利、日本、中国台湾地区等主要大陆法系国家和地区，集体合同的规范部分具有“后续约束”（Nachbindung），[1]即集体合同签订后，当事人退出工会或者雇主联合会的，集体合同会继续产生效力直到集体合同到期，此效力的目的是防止用人单位联合会的成员通过退出协会将集体合同架空。其四，在主要的大陆法系国家和地区，集体合同规范部分具有“后续效力”（Nachwirkung），即“在团体协议到期后，它的规范效力继续有效，直到其被其他协议所替代”[2]。在集体合同普遍出现且在劳动关系协调中具有重要意义的前提下，这一规则的目的在于防止集体合同到期后劳动者和用人单位之间的权利和义务安排处于无规则状态。

（二）规范效力的正当性基础

集体合同规范效力的理论与规则解决了集体合同对劳动者和用人单位约束力的问题，并保证集体合同能够发挥其预设的功能。但如何在法律上解释这一两个私主体的结社就可以创设法律规范的现象？在此首先需要澄清的是，规范性并不必然意味着就是立法或者公法属性。“法律规范的决定标准不是其来自国家的立法，而是它作为持续性的结构因素服务于群体和制度的社会功能，对它来说，持续性的生效方式只有通过一般性和抽象性的表达在技术上才可能。”[3]一个典型的例子是，在社团法中，社团章程等无疑都具有规范功能，但无人否认社团法属于私法的范畴。[4] 为了解释集体

[1] Preis, Arbeitsrecht/Kollektivarbeitsrecht, 4. Auflag, Verlag Dr. Otto Schmidt, 2017, S. 147; Mariella Halberstadt, Die Gestaltung des Arbeitsvertrags durch Tarifvertrag im französischen Recht, Nomos, 2017, S. 33.

[2] 杨通轩：《集体劳工法》，台北，五南图书出版股份有限公司2007年版，第195页；Franz Marhold, Michael Friedrich, Österreichisches Arbeitsrecht, Springer, 2. Auflage, 2012, S. 479。

[3] Meyer – Cording, Die Rechtsnormen, J. C. B. Mohr, 1971, S. 25.

[4] Hugo Sinzheimer, Grundzüge des Arbeitsrechts, Verlag von Oustav Fischer, 1927, S. 273.

合同规范效力的正当性,在多年的争论中,以德国为代表的理论形成了"社团理论"(Verbandstheorie)、"国家授权理论"(Delegationstheorie)、"身份正当化理论"(Legitimationstheorie)、"集体行使的私人自治理论"(kollektiv ausgeübte Privatautonomie)等不同学说。[1] 这些形形色色的理论各有分歧也有重合,但整理不同学说,其最大的分歧主要在于集体合同规范效力的正当性基础是来自团体意志、国家的授权、劳动者与用人单位的意志抑或授权与意志的结合?而上述不同思路背后隐含的是对集体合同规范部分归入社会法、公法抑或私法的不同观点。

1. 集体合同规范效力的社会法解释

鉴于上述从传统合同法理解解释的局限,在反思国家立法本身不足的基础上,从社会自决(soziale Selbstbestimmung)思想出发,逐渐形成一种被称为"社团理论"(Verbandstheorie)的新理论。"为了团体协议的规范功能则必须承认,团体协议法的本质源于社会自决的观念。一方面它源于自由组织的社会力量自己调整其关系的冲动,另一方面也建立在国家需求的基础上,通过承认这种自治冲动将自己从其应承担的大量调整任务中解脱出来。它是一种新的社会法机制,尝试的不是约束个人利益而是约束社会力量的作用,以便将个体通过自治性约束从未受规制的社会生活的自动约束中解放出来,该思想的落实只有个体通过联合起来作为规制者的权力主体的超个人约束才能实现。"[2]按照这一理论,"社团基于自身的权利缔结团体协议,通过这种基于自身权利的缔结行为引致其成员与对方成员之间的

---

[1] 不同学说的简要梳理,参见 Waltermann, Arbeitsrecht, 20. Auflage, Verlag Franz Vahlen, 2021, S. 242ff。从形式上看,在瑞士存在立法理论(Gesetzestheorie)、合同理论(Vertragstheorie)以及社团理论(Verbandstheorie),参见 Frank Vischer. der Arbeitsvertrag, Helbing und Lichtenhahn Verlag, 2005, S. 327。法国也存在者授权理由和自治理论的分歧,参见 Mariella Halberstadt, Die Gestaltung des Arbeitsvertrags durch Tarifvertrag im französischen Recht, Nomos, 2017, S. 96ff。但是所有这些国家的不同理论,在本质上具有类似性,而且都围绕集体合同规范部分的基础是国家授权还是私人权限这个根本问题展开。

[2] Sinzheimer, Über einige Grundfragen des Arbeitsrechts, in: Hugo Sinzheimer Arbeitsrecht und Rechtssoziologie, Band 1, Europäische Verlagsanstalt, 1976, S. 261.

直接约束”〔1〕。由于是社团而不是劳动者或者用人单位签订团体协议，所以在逻辑上“不是个体意志而是集体意志掌控着劳动规范并且成就他，它约束着个体意志并消解了它。该集体意志不是个体意志的总和，而是超个人的权力，它不是来源于个体的意志行为，而是建立在法律设置行为的基础上”〔2〕。这样一来，单个劳动关系主体的意志和团体成员的变动都不能影响团体协议的效力，团体协议规范具有强制效力；从此，在事理上，“团体协议的强制性显然建立在由国家所承认的劳动法上自我管理的自治基础上，它们是集体劳动规则的独立主体”〔3〕。对集体合同来说，最棘手的是其对个别劳动关系的强制约束力得以解释。同时按照这种理论，团体协议是社会自我管理的工具，它所签订的集体合同不仅约束团体的成员而且也具有对外部人的效力。“现代社会生活，在个体合同自由之外要求群体合同自治，要求在个人之间建立法律关系之外为群体和他的圈子创设客观的法律。”〔4〕建立在这种理论基础上的团体协议是一种传统公私法均无法解释的现象，因此，学者们提出，“团体协议既不属于公法也不属于私法，它是社会法(Soziales Rechtes)的制度，社会法同时是公法和私法”〔5〕。

上述对集体合同效力的解释无疑是一种革命性的突破，其在20世纪20年代后期30年代早期也成为德国团体协议法的主流理论，〔6〕在一定程度上也包含了所有后期理论发展的萌芽。但其问题在于：其一，该理论建立在国家和社会二元对立的基础上，是以国家立法的不足以及社会的自我运行为理论前提的一种解释路径。以团体协议为基础，辛茨海默提出“将经济社会

〔1〕 Kaskel, Dersch, Arbeitsrecht, 4. Auflage, Springer – Verlag, 1932, S. 44. Hugo Sinzheimer, Der Korporative Arbeitsnormenvertrag, Erster Teil, Dunker & Humblot, 1977, S. 67.

〔2〕 Sinzheimer, Über einige Grundfragen des Arbeitsrechts, in: Hugo Sinzheimer Arbeitsrecht und Rechtssoziologie, Band 1, Europäische Verlagsanstalt, 1976, S. 259.

〔3〕 Kaskel, Dersch, Arbeitsrecht, 4. Auflage, Springer – Verlag, 1932, S. 44.

〔4〕 Sinzheimer, Der Tarifgedanken in Deutschland, in: Hugo Sinzheimer Arbeitsrecht und Rechtssoziologie, Band 1, Europäische Verlagsanstalt, 1976, S. 168.

〔5〕 Sinzheimer, Über einige Grundfragen des Arbeitsrechts, in: Hugo Sinzheimer Arbeitsrecht und Rechtssoziologie, Band 1, Europäische Verlagsanstalt, 1976, S. 272.

〔6〕 Kaskel, Dersch, Arbeitsrecht, 4. Auflage, Springer – Verlag, 1932, S. 44.

关系的意志形成与国家意志形成相区分,并推动建立构建自己规则的组织"[1]的构想。但在现代国家,"社会和国家不再处于对立地位,而是一切国家权力源自人民,社会性的自治不应认为针对国家而存在"[2]。其二,该理论尽管以批评公私法的二元对立为前提,并从社会功能的角度讨论公私法的统一,[3]并且提出了社会法(Soziales Rechtes)的概念,但其在解释集体合同的强制效力时依然没有跳出公私法的逻辑框架,认为其既是公法又是私法,而没有提出社会法的特有体系,没有回答所谓集体意志或者社会意志(Soziale Willen)从哪里来又如何确定,没有解释如何处理集体意志和个体意志的关系,更没有回答如果集体意志侵害个体意志时如何进行防止和处理。提出社会法、社会意志或者集体意志相对容易,但论证其规范结构就非常困难了。其三,作为一种全新的理论,正是因为没有回答上述问题,主张这种学说的学者之间本身存在不少分歧,即使就同一学者来说不同观点发展阶段,甚至同一时期所提出的观点也并不统一。例如,在辛茨海默的理论中,一方面认为团体通过自有权力设置客观的法律;另一方面认为"完全可能的是,国家赋予私法个体或者私法社团以制定法律的权限,正确的是作为团体协议规范功能前提的团体法律设置权限建立在公法的基础上"[4]。社会法的理论并未建立在坚实的基础上。其四,最终影响这种解释路径的是社会法本身在德国的观念转型。19 世纪末至 20 世纪 30 年代,社会法(Sozialrecht)或者社会的法(Soziales Recht)曾为基尔克、辛茨海默、拉德布鲁赫等所大力倡导,但其最终未能在与公私法的论争中走出所谓的第三条道路,现在社会法或者成为一个描述性的概念或者限缩为国家社会给付法,失去了解释集体合同规范效力的能力。[5] 但无论如何,从社会法的视角对集体

---

〔1〕 Sinzheimer, Ein Arbeitstarifgesetz, Duncker & Humblot, 1977, S. 197.

〔2〕 Waltermann, Arbeitsrecht, 20. Auflage, Verlag Franz Vahlen, 2021, S. 234.

〔3〕 Sinzheimer, Ein Arbeitstarifgesetz, Duncker & Humblot, 1977, S. 22.

〔4〕 Sinzheimer, Über einige Grundfragen des Arbeitsrechts, in: Hugo Sinzheimer Arbeitsrecht und Rechtssoziologie, Band 1, Europäische Verlagsanstalt, 1976, S. 261.

〔5〕 关于社会法概念在德国的流变,参见沈建峰:《社会法、第三法域与现代社会法——从基尔克、辛茨海默、拉德布鲁赫到〈社会法典〉》,载《华东政法大学学报》2019 年第 4 期。

合同规范的解释充满了学术上的想象，不失为一种大胆的突破，同时也为后世解释集体合同规范效力的正当性基础和属性提供了各种供选择的可能性。

2. 集体合同规范效力的公法解读

在现代国家，法律是由国家制定或认可的规范性文件的总和，[1]所有法律规范的基础均应当是国家的立法权限。在这一前提下，对私的团体何以立法这一问题的解答也会转向从国家立法权限中寻找正当性。以国家授权理论(Delegationstheorie)为代表学说即是这样一种理论。该理论认为之所以集体合同能够产生规范部分，具有规范效力，是因为"国家将其调整劳动和经济关系的部分权限通过《团体协议法》转让给了团体协议当事人"[2]。该学说在德国曾经一度是主流学说。到目前为止，大陆法系很多国家的理论和实践同样持该观点。在日本，"当今主流意见认为，《工会法》第16条赋予了集体合同当事人设置规范的权限"[3]。在瑞士，学者们认为，"只有建立在国家授权基础上的立法理论才可以令人满意地解释涉及个别劳动关系建立、内容和终止的集体合同规定的规范效力"[4]。在法国，理论界认为，"工会和其他劳动者代表通过(集体合同的)法律规范建构劳动合同内容的正当性源自国家授予的法律设置权限与民主性的合理化之间的互动，而这两者与第四共和国宪法序言第8条规定的参与原则相关联"[5]。

国家授权理论的最大优势在于，一方面，以现代国家立法权理论以及法的一般理论为基础；另一方面，可以很好地解释集体合同对非会员的约束(即集体合同的外部效力)问题。实际上，上述瑞士、日本、法国等国集体合

〔1〕 沈宗灵：《法理学》，北京大学出版社1999年版，第43页。

〔2〕 Preis, Arbeitsrecht/Kollektivarbeitsrecht, 4. Auflag, Verlag Dr. Otto Schmidt, 2017, S. 222; Nikisch, Arbeitsrecht, Band 2, J. C. B. Mohr, 1959, S. 48.

〔3〕 Satoshi Nishitani, Vergleichende Einführung in das japanische Arbeitsrecht, Carl Haymanns Verlag, 2003, S. 130.

〔4〕 Frank Vischer. der Arbeitsvertrag, Helbing und Lichtenhahn Verlag, 2005, S. 327.

〔5〕 Mariella Halberstadt, Die Gestaltung des Arbeitsvertrags durch Tarifvertrag im französischen Recht, Nomos, 2017, S. 101.

同制度最大的特点之一是其对外部人原则上具有规范效力。国家授权理论最大的问题首先在于从国家、社会和市场等的关系来看，协调劳动关系的任务首先不是国家的任务，而是私人的任务，国家不可能授予他们自己不曾享有的权限，[1]团体协议双方通过集体合同决定劳动关系中劳动者和用人单位之间权利和义务的权限不是来自国家授权。其次，通过国家授权产生的集体合同规范效力，尤其是外部效力本身的合理性尚需要进一步论证，它可能侵害了其他未加入特定工会或者雇主联合会的主体的权益。在其他国家工会多元的背景下，可能产生侵害劳动结社自由，违反宪法的问题。最后，如果工会和用人单位及其联合会签订集体合同设置规范部分的权力来自立法者赋予，则其必然将处于国家的监管之下，这不符合集体合同自治的基本理念，将导致集体合同制度本身的萎缩。

国家授权理论会导致集体合同的规范效力被归入公法范畴。因为根据该理论，集体合同规范效力的正当性基础是国家授权，是私的团体在行使国家的立法权力，而行使立法权的行为应是一种公法行为。[2] 正因如此，在集体合同规范效力承认伊始，学者们就提出，“团体协议的法律设置行为必须被视为是一个公法上的过程，无论人们将公法的本质建立在利益还是权力理论基础上”[3]。从法律比较的角度来看，此处却存在一个矛盾。如上所述，在法国、瑞士等国，国家授权理论均属于主流理论，但是在这些国家，理论界却同时认为，“不可否认，劳动法本质上是私法的一个分支，无论是个别合同还是集体合同”[4]。在德国，为了解决国家授权的公法性与主流对劳动法私法定性的矛盾，有学者提出了广义的授权理论或者“私法性的授权

---

〔1〕 Dütz, Thüsing, Arbeitsrecht, 23. Auflage, C. H. Beck, 2018, S. 298.

〔2〕 Waltermann, Rechtsetzung durch Betriebsvereinbarung Zwischen Privataotonomie und Tarifautonomie, J. C. B. Mohr, 1996, S. 119.

〔3〕 Hugo Sinzheimer, Grundzüge des Arbeitsrechts, Verlag von Oustav Fischer, 1927, S. 274. 同样的观点参见 Nikisch, Arbeitsrecht, Band 2, 2. Auflage, 1959, S. 218。

〔4〕 Michel Despax, Jean - Pierre Laborde, Jacques Rojot, Labour Law of France, Wolters Kluwer, 2017, p. 39.

理论”[1]（privatrechtliche Dclegtionstheorie），但正如其他学者所批评的那样，它依然改变不了设置规范的权力来自国家这个基本前提。[2]

3. 规范效力的私法解读

与国家授权理论完全对立是各种从社团成员本身的权利出发论证团体协议规范效力的理论，包括集体行使的私人自治、身份正当性学说等。其主要是从当事人自愿加入工会或者雇主联合会的行为证成规范效力的正当性，可以统称为自治理论（Autonomietheorie）。[3] “只有在缔结团体协议时被社团所代表的人才服从于团体协议的法律效力。团体协议建构的权限建立在私法基础上，它是私人自治范畴内的一种规范建构的特别现象。”[4]对这些观点来说，团体协议对劳动者和雇主的约束力来自其加入团体的行为。“就团体协议的法律规范对单个劳动者和用人单位来说，绝对必要的是私法上的加入团体行为。”[5]通过这种加入团体的行为，成员将自己的合同缔结权限授予团体。[6] 这种学说最激进的主张者甚至认为法律关于团体协议规范效力的规定本身就是多余的。[7]

总体来看，集体行使的私人自治、身份正当性学说等的优势和主要着眼点在于解释集体合同对会员的约束力，不关注团体协议的后续效力等问题，也无法解释集体合同对外部人的效力，“加入团体的正当性效力在此可能可以对团体协议的成立进行正当化，却不能对其效力进行正当化说明”[8]。

---

〔1〕 Klaus Adomeit, Rechtsquellenfragen im Arbeitsrecht, Verlag C. H. Beck, 1969, S. 137.

〔2〕 Waltermann, Rechtsetzung durch Betriebsvereinbarung zwischen Privataotonomie und Tarifautonomie, J. C. B. Mohr, 1996, S. 119.

〔3〕 Löwisch, Rieble, Tarifvertragsgesetz, Verlag Franz Vahlen, 4. Auflage, 4. Auflage, 2017, S. 34.

〔4〕 Richardi, Kollektivgewalt und Individualwille bei der Gestaltung des Arbeitsverhältnisses, C. H. Beck, 1968, S. 164.

〔5〕 Zöllner, Loritz, Hergenröder, Arbeitsrecht, 7. Auflage, C. H. Beck, 2015, S. 478.

〔6〕 Volker Riebler, Arbeitmarkt und Wettwerb: der Schutz von Vertrag – und Wettbewerbsfreiheit im Arbeitsrecht, Springer, 1996, S. 392.

〔7〕 Eduard Picker, Tarifmacht und tarifvertragliche Arbeitsmarktpolitik, In: ZfA, 1998, S. 573ff; Däubler, Tarifvertragsgesetz, 4. Auflage, 2018, Nomos, S. 349.

〔8〕 Frank Bayreuther, Tarifautonomie als Kollektiv Ausgeübte Privatautonomie, C. H. Beck, 2005, S. 196.

但对持这种观点的有些学者来说,这种无法解释集体合同对外部人的效力在一定程度上是其所希望实现的,因为当集体合同无法解释这种外部人效力时,外部人效力就需要其他进一步的正当性基础。"对外部人的团体协议法律设置与宪法是不相符合的,为了对外部人发生效力,必须从公法上进行论证。"〔1〕这样可以防止集体合同的效力扩张,进一步可以保障消极的劳动结社自由。〔2〕 在德国,进入21世纪后,从团体成员的身份和自治等出发论证规范效力的观点日渐成为主流观点。但问题是不仅在德国,"团体协议中的劳动规范不仅约束社团成员而且约束其他人"〔3〕,而且"在大部分欧盟成员国以及欧盟外的国家,在劳动者一方,不仅组织在工会中的劳动者而且组织未在工会中但其雇主受集体合同约束的劳动者都适用集体合同"〔4〕。坚持纯自治的学说将会导致理论和实践巨大的裂隙。为了解释这种外部人效力,这些理论会引入国家命令,从而形成了对会员的自治理论和对非会员的国家命令理论的二元格局,"团体协议对团体协议成员的规范效力的正当性建立在团体协议成员的入会行为上,故此其具有私法属性。相对于未入会劳动者,在特定的情况下,规范效力源自国家的效力命令"〔5〕。自治理论从单个劳动者以及雇主的自愿入会行为解释团体协议的规范效力,认为其效力建立在私人自治的基础上,所以,这种理论将集体合同的规范效力归入私法的范畴,"提出团体协议规范不是主权行为而是私法上的规则,同时也是特殊类型的私法规则"〔6〕。

4. 集体合同规范效力的双轨制的结构

在与上述纯私法学说争论的过程中,一种双轨制的学说得以形成。这

---

〔1〕 Richardi, Kollektivgewalt und Individualwille bei der Gestaltung des Arbeitsverhältnisses, C. H. Beck, 1968, S. 214.

〔2〕 Löwisch, Rieble, Tarifvertragsgesetz, Verlag Franz Vahlen, 4. Auflage, 4. Auflage, 2017, S. 35.

〔3〕 Sinzheimer, Grundzüge des Arbeitsrecht, 1927, S. 274.

〔4〕 Waltermann, Zu den Grundlagen der Rechtsetzung durch Tarifvertrag, in: Festschrift für Söllner, S. 1253.

〔5〕 Preis, Arbeitsrecht/Kollektivarbeitsrecht, 4. Auflag, Verlag Dr. Otto Schmidt, 2017, S. 224.

〔6〕 Zöllner, Loritz, Hergenröder, Arbeitsrecht, 7. Auflage, C. H. Beck, 2015, S. 478.

种观点区分宪法所保障的集体合同自治与建立在一般法律基础上的团体协议规范效力。主张集体合同以私法的方式成立，但其规范效力则来自国家的承认。“团体协议以私法社团之间私法合同（作为法律行为）的方式成立，但根据《团体协议法》第1条第1款获得了法律规范的效力。”[1]就被约束者和约束力的关系而言，学者们认为，“团体协议自治行为的正当性基础是成员的委托。但从自身之力开始的法律设置过程则通过居中的国家制裁命令才能完结，该命令克服了私人设置的法律落实上的不足，将其提升为直接发生效力的强行法”[2]。其与国家授权理论的差异在于，其认为工会和用人单位或用人单位联合会自治的权利是其本身的，而不是国家授予的权力，劳资自治的方式之一是签订集体合同，为了保障这种自治的实现，国家承认集体合同的规范效力。在此，需要注意的是，国家承认特定私人之间约定的效力不必然意味着公法。国家效力命令的现象在整个私法中毫不罕见，就私法自治的基本工具——法律行为来说，当事人的意思表示之所以能产生法律效果，也是法律赋予的结果，“意思自治行为只有依据法律秩序才能产生法律效力”[3]。只不过，法律赋予效力的方式是按照当事人意愿的内容产生法律的约束力。如果法律是按照当事人意思自治的内容赋予效力，其依然属于私法的范畴；如果国家赋予特定协议的效力超越了当事人意思选择的范畴，则该协议将具有他治的色彩，其效力的正当性基础将不再是私人的意志，而是国家意志，其效力将体现出公法性。所以，私人意志基础加国家授予规范效力的结构并不意味着必然就是公法性规范。但上述双轨制的集体合同规范效力学说所要解决的是集体合同的后续效力、延续效力以及对外部人效力的正当性，这些都未建立在当事人意志基础上，这才导致集体合同规范效力是国家意志的产物，具有公法性。集体合同规范效力的双轨

---

〔1〕 Waltermann, Arbeitsrecht, 20. Auflage, Verlag Franz Vahlen, 2021, S. 245.

〔2〕 Frank Bayreuther, Tarifautonomie als Kollektiv Ausgeübte Privatautonomie, C. H. Beck, 2005, S. 223.

〔3〕 Flume, Allgemeiner Teil des Bürgerlichen Rechts, Band 2, das Rechtsgeschäft, Springer Verlag, 1992, S. 3.

制体现在一方面其具有纯私法色彩，“团体协议是一种私人立法。它由私主体形成，该私主体历史上是由社会群体发展而来并且未融入国家的组织机构中”[1]。另一方面其又具有不是自治而是他治的因素，“集体合同的规则是一种潜在的他治(Heteronom)，因为它基于制定法的效力命令在规范承受者未同意甚至反对的情况下形成并对其产生约束”[2]。团体协议规范效力的他治性是公法性的根源，双轨制的结构是一种私法基础上的公法融合现象。

(三)集体合同规范效力的归入：中国集体合同的再解释

1. 决定集体合同规范效力归入的因素

集体劳动法中的制度是公法论证、私法论证还是所谓的社会法论证，即自上而下的论证、自下而上的论证还是所谓社会团体中间论证视角，是集体劳动法中各种现象，包括集体合同、用人单位规章等正当性说明时由来已久的三种不同思路。从历史发展和国别比较的角度来看，集体合同规范效力的正当性基础并不是纯粹逻辑推演的结果，首先，其思路选择涉及各种不同论证思路自身的成熟性。已有的法律体系建立在公法和私法划分的基础上，在千年的理论发展中，公法和私法均已形成一套周延和成熟的规则体系，具备强大的解释能力。相反，所谓社会法的思路作为一种晚近出现的理论，必须解决组织体如何参与权利和义务配置的问题，解决团体意志和个体意志的关系问题，如果这些基本理论不能解决，最终只能委身公法和私法，其解释能力将荡然无存。正因如此，从其他国家的理论发展来看，关于集体合同规范效力正当性基础的现代讨论，几乎依然是围绕公法性和私法性展开的。其次，其思路选择也涉及对国家和私人关系的不同定位，在国家之手介入市场经济比较审慎，市民社会观念浓厚的国家，更希望从集体合同双方的意志中为其规范效力寻找根据，选择私法的思路；反之则会从国家的意志

[1] Kirchhof, Private Rechtsetzung, Dunker & Humblot, 1987, S. 185.
[2] Kirchhof, Private Rechtsetzung, Dunker & Humblot, 1987, S. 184.

中为其寻找正当性,选择公法的思路。最后,也是更重要的,不同论证思路选择深受不同集体合同制度安排的影响。尽管各主要市场经济国家都存在集体合同制度,但其集体合同制度的具体内容差异很大,这也影响了其论证思路。在此主要涉及:其一,集体合同规范部分的外部效力问题。在大部分国家,在雇主一方,集体合同对不属于签约的雇主联合会的雇主都不具有约束力;[1]但在劳动者一方,法国、瑞士等大部分国家的集体合同都对非会员的劳动者具有约束力,而以德国为代表的国家,团体协议尽管也有一定的外部约束力,但这种外部约束力具有例外性。[2] 对外部劳动者的约束力导致在法国等国家无法简单从劳动者的意愿中为集体合同获得更多正当性基础,需要采纳国家授权理论;相反在德国,会员本身的入会行为就足以解释团体协议对自身的约束力,所以其主流意见采纳自治理论。其二,集体合同规范部分的效力控制路径。在公法性论证思路下,则要适用公权力控制的理论控制集体合同的效力,包括法律对集体合同内容等的限制,宪法的直接适用,比例原则的运用等。而按照私法的路径,则当事人在签订集体合同时原则上是自由的,是其自身的意志在控制集体合同的规范效力。各个国家对劳资自治以及劳动结社自由(尤其是消极劳动结社自由)重视的不同程度也会影响其路径选择。在乎劳动者团结权、消极团结权以及工会本身保护的国家往往排斥将公法的理论运用到工会及其行为上,因此会采纳自治的学说。其三,集体合同规范部分的内容限制。采取国家授权理论的国家,往往会比较严格地限制集体合同可以约定的内容,以防止集体对个体利益的侵害。例如,"在法国法中,除了法律规定的特别情况外,或者完全不允许集体合同为劳动者创设义务或者只有在遵守特定告知义务的前提下才可以为

---

〔1〕 Rebhahn, Das Kollektive Arbeitsrecht im Rechtsvergleich, in: NZA, 2001, S. 765.

〔2〕 Rebhahn, Das Kollektive Arbeitsrecht im Rechtsvergleich, in: NZA, 2001, S. 766; Mariella Halberstadt, Die Gestaltung des Arbeitsvertrags durch Tarifvertrag im Französischen Recht, Nomos, 2017, S. 101.

劳动者创设义务"[1]。而在采取自治理论的国家，如德国，团体协议的内容原则上是当事人自主安排的事项，属于当事人自由的范畴，受到《德国基本法》的保障。

2. 中国法的解释与选择

在上述一般理论的基础上，如何认识中国集体合同规范部分的正当性基础及其公私法归入，首先，必须重新认识国家和市场、国家和工会等的关系。市场自由以及集体合同自由是市场经济的基本前提，这种自由本不是来自国家赋予，但是在我国，计划经济传统导致对市场自由以及各种形式当事人自由的保护不足。这一背景下，尤其需要重塑集体合同的市场经济基础，集体合同的规范效力解释也应选择当事人自治作为正当性基础的私法思路，而不是国家授权的公法思路。其次，也必须尊重中国集体合同的具体制度安排。在此，如上所述，作为前提也应必须承认在中国，集体合同对劳动者和用人单位也具有规范效力。在此前提下，从形式上看，我国集体合同具有极强的外部性。根据《工会法》第 6 条第 2 款，工会通过平等协商和集体合同制度等，协调劳动关系，维护企业职工劳动权益。工会签订集体合同维护的不是会员利益，而是企业职工的利益，并不能从会员入会行为中为集体合同的约束力找到正当性基础。但需要注意的是，在我国，根据《劳动合同法》第 51 条第 1 款第 2 句的规定，"集体合同草案应当提交职工代表大会或者全体职工讨论通过"，然后才可以由集体协商双方首席代表签字。所以，集体合同不是从劳动者的入会行为中获得正当性基础，而是从职工(代表)大会的表决中获得正当性。这依然是一种自下而上的模式，而其所使用的法律用具是作为法律行为的决议。"决议主要出现在社团法中，又称组织内部行为，指组织内部成员，依一定组织规则，即多数表决原则，进行的多方法律行为。"[2]据此，集体合同的规范效力不是来自国家的授权而是来自劳

[1] Mariella Halberstadt, Die Gestaltung des Arbeitsvertrags durch Tarifvertrag im französischen Recht, Nomos, 2017, S. 185.

[2] 龙卫球：《民法总论》(第 2 版)，中国法制出版社 2001 年版，第 490 页。

动者意愿，集体合同本身并没有外部性，集体合同规范效力的形式工具是法律行为，这是一种私法解释的模式。这种效力模式，进一步决定了在我国，法律并未向控制立法权那样来控制集体合同，法律也未限制集体合同规定劳动者的义务。另外，从现行法来看，我国集体合同并没有延后效力，也没有后续效力。所有国家授权理论所要解决的问题，在我国都不是问题，这就进一步为将集体合同的规范效力归入私法提供了基础。最后，自下而上的私法解释模式可以重申集体合同的劳动者意志基础，有助于敦促集体合同签订的各方尊重劳动者的选择。综上所述，从当下的制度及其未来发展来看，我国集体合同的规范效力部分依然应归入私法的范畴。

四、结论：集体合同是一种私法属性的法律行为

综上所述，集体合同是一种自治机制，建立在市场经济的基础上。这样一种价值和经济前提导致集体合同以私法上法律行为的形式成立，依法成立的集体合同应对签订者具有债的效力，这些都是典型的私法现象，也完全可以通过私法的规则和理论得到解释。同时依法成立的集体合同对签订者的成员具有规范效力，尽管对这种规范效力有不同解释方案，但从中国集体合同制度发展的历史、社会经济基础和制度设计来看，私法的解释方案依然最优：集体合同通过工会和用人单位或用人单位联合会签订合同未成立，同时通过职工（代表）大会的决议行为获得对全体劳动者的约束力，即规范效力。所以，总体来看，集体合同是一种私法上制度：它由两个私主体缔结；它以私法的合同形式缔结；其是为了调整私人之间的法律关系而缔结；[1]其债权效力和规范效力的基础是被约束者的意志。

---

〔1〕 Hueck - Nipperdey, Lehrbuch des Arbeitsrechts, Band 2, erster halb Band, 7. Auflage, 1967, Verlag Franz Vahlen GmbH, S. 341 - 344.

第九章　用人单位规章的制定模式与私法解释

用人单位规章的法律属性与教义学归入问题是劳动法学研究中最受关注又最具争议的问题。梳理国内的讨论，存在“法规说”〔1〕“事实说”“集体合意说”〔2〕“定型化契约说”〔3〕“根据二分说”〔4〕“法律效力否认说”〔5〕“劳动力支配转移说”〔6〕等丰富而又截然不同的学说。域外的观点也是多姿多样，根据我国台湾地区学者的统计，存在“四派十三家”之多。之所以如此，不仅是因为在现代企业用工管理

---

〔1〕　王俊英、宋新潮：《论用人单位劳动规章的法律效力》，载《河北法学》2003年第5期。

〔2〕　问清泓：《内部劳动规则与集体合同比较研究——兼析我国〈劳动合同法〉的相关规定》，载《武汉科技大学学报（社会科学版）》2009年第2期。

〔3〕　高圣平：《用人单位劳动规章制度的性质辨析——兼评〈劳动合同法（草案）〉的相关条款》，载《法学》2006年第10期；胡立峰：《劳动规章制度法律性质之“法律规范说”检讨》，载《西南政法大学学报》2008年第5期。

〔4〕　徐金锋：《劳动规章基本问题研究》，载《行政与法》2011年第4期；丁建安：《企业劳动规章的法律性质及相关制度探析》，载《广西大学学报（哲学社会科学版）》2009年第6期。

〔5〕　郑尚元：《劳动合同法的制度与理念》，中国政法大学出版社2008年版，第346页。

〔6〕　董保华、陈亚：《用人单位劳动规章的法律性质及其立法模式》，载董保华主编：《劳动合同研究》，中国劳动社会保障出版社2005年版，第171页。

中,用人单位规章具有非常重要的地位:没有用人单位规章,用人单位将不能实现制度化和规范化管理;在我国,没有用人单位规章用人单位将陷入劳动合同解除困境,我国劳动合同解除事由实行法定主义的立场,唯一开放的解除事由是严重违反用人单位规章。更是因为用人单位规章在构造上处于非常特别的状态,它是一种非基于共同意志产生的组织体中行为规则生成的现象,从其制定权利来源或者正当性基础来看,是用人单位根据国家授权制定、根据合同原则制定还是通过集体合意方式制定,似乎都有可以解释之处,但也都存在明显不足。对其不同理解也导致在劳动法学体系中其被置于不同的位置:有的学者将其放在劳动合同制度中,[1]有的学者将其置于集体劳动法部分。[2] 还因为在不同国家和地区用人单位规章的制定、效力控制等存在实质性制度差异,[3]立足于不同的制度,自然能形成不同的正当性基础和教义学结构认识。鉴于此,我们应从更广阔的视角、以规则为出发点来研究对我国具有深度影响的代表性国家和地区的用人单位规章制度,再去探讨建立在不同规则基础上的不同国家或地区用人单位规章的本质或法律属性,基于此解释其差异,发现其规律,并最终形成我国关于用人单位规章正当性基础和教义学结构一般认识。这也是本章的基本思路。

一、用人单位规章制定的不同模式

(一)工厂协议模式

工厂协议模式以德国为代表。在历史上,"根据 1891 年的《工商条例(GewO)》第 134a 条的规定,在雇员人数超过 20 人的工商企业中,雇主必须颁布劳动规则(Arbeitsordnung)……当时,劳动规则被视为民法上向雇员发

---

〔1〕《劳动与社会保障法学》编写组:《劳动与社会保障法学》,高等教育出版社 2017 年版,第 77 页。

〔2〕王全兴:《劳动法》(第 2 版),法律出版社 2017 年版,第 270 页以下。

〔3〕沈建峰:《论用人单位规章的制定模式与效力控制——基于对德国、日本和我国台湾地区的比较分析》,载《比较法研究》2016 年第 1 期。

出的合同要约。通过默示的服从，该要约得以接受”[1]。但1921年Georg Flatow将工厂协议（Betriebsvereinbarung）一词引入法学，并将其作为劳动规则的上位概念，[2]从而引起了用人单位规章“从雇主单方确定的规则到雇主和劳动者集体合意（Gesamtvereinbarung）的转变过程”[3]。Georg Flatow的思路影响了人们对立法的理解，人们认为1920年的《工厂委员会法》第78条第3款中的劳动规则就是一种劳资共决（Mitbestimmung）机制下的工厂立法（Betriebliche Rechtsetzung）。[4] 现行德国劳动法完全在劳资共决的框架下讨论我国法意义上的用人单位规章——工厂协议问题，劳动规则这一概念已很少使用了。[5]

根据《德国工厂组织法》（Betriebverfassungsgesetz）的规定，工厂协议属于工厂内部法律设定，工厂内部法律设定通过工厂委员会（Betriebsrat）与雇主签订工厂协议来进行，并不存在雇主单独完成的工厂协议。工厂委员会由本工厂劳动者从由劳动者或者工会作出的选举建议名单中选出的劳动者代表组成，工厂委员会在工厂中相对于雇主代表劳动者的利益。工厂中的人事、经济和社会事务，工厂委员会都享有参与决定权。如工厂委员会和用人单位就上述问题达成了一致意见，则这种合意最重要的表现方式之一就是工厂协议。工厂协议是雇主和工厂委员会之间“具有规范特征和债权效力的私法上的合同”[6]。根据《德国工厂组织法》第77条第4款第1句的规定，该工厂协议首先对于工厂委员会和用人单位具有债权性效力，其次对

---

〔1〕 Horst Tilch, Frank Arloth, Deutsches Rechts – Lexikon, 3. Auflage, Verlag C. H. Beck, München, 2001, S. 282.

〔2〕 Raimund Waltermann, Rechtsetzung durch Betriebsvereinbarung Zwischen Privatautonomie und Tarifautonomie, J. C. B. Mohr, Tübingen, 1996, S. 69.

〔3〕 Raimund Waltermann, Rechtsetzung durch Betriebsvereinbarung Zwischen Privatautonomie und Tarifautonomie, J. C. B. Mohr, Tübingen, 1996, S. 70.

〔4〕 Horst Tilch, Frank Arloth, Deutsches Rechts – Lexikon, 3. Auflage, Verlag C. H. Beck, München, 2001, S. 282.

〔5〕 Horst Tilch, Frank Arloth, Deutsches Rechts – Lexikon, 3. Auflage, Verlag C. H. Beck, München, 2001, S. 281.

〔6〕 Preis, Arbeitsrecht, Kollektivarbeitsrecht, 4. Auflage, Verlag Dr. Otto Schmidt, 2017, S. 505.

不论是签订工厂协议时已有的劳动者还是将来入职的劳动者以及用人单位都具有直接且强制的法律规范效力。工厂协议应采取书面形式,不具有书面形式的工厂协议,不能发生工厂协议的效力。工厂协议应当予以公布,但是根据主流意见,未公布并不影响工厂协议的效力,[1]只是用人单位不得主张未公布的工厂协议中对劳动者不利的条款。

(二)劳动者有限参与的模式

日本劳动法采取了劳动者有限参与用人单位规章(在日本劳动法中称为就业规则)制定的模式。根据《日本劳动基准法》第 89 条第 1 款的规定,持续雇佣 10 名以上劳动者的雇主有义务设置就业规则。雇主在主导制定或改变就业规则时,有义务征求由多数劳动者组成的工会的意见,如无这样的工会,需征求代表多数劳动者的劳动者代表意见。[2] 有学者认为,这种意见听取程序具有强制性,"如果设置就业规则或改变就业规则时完全忽视了劳动者的意见,则该就业规则因为违反平等权利和公平对待原则而无效"[3]。但总体上看,这种听取意见仅具有程序和形式价值,因为理论和实践认为,"听取意见和经同意并不具有同一含义,更不要求共同决定,即使劳动者全部或者部分反对该就业规则,但只要遵守了听取意见程序,则就业规则就不存在瑕疵"[4]。

(三)用人单位单独制定的模式

我国台湾地区"劳动基准法"采纳了用人单位单独制定用人单位规章

---

[1] Preis, Arbeitsrecht, Kollektivarbeitsrecht, 4. Auflage, Verlag Dr. Otto Schmidt, 2017, S. 510; Raimund Waltermann, Arbeitsrecht, 20. Auflage, Verlag Franz Vahlen, München, 2021, S. 364.

[2] [日]中洼裕也、野田进:《劳动法的世界》,田思路等译,商务印书馆 2022 年版,第 144 页。

[3] Hiroo Mukooyama, Kameo Akuzawa und Peter Hanau, Studien zum Japanischen Arbeitsrecht, Carl Heymanns Verelag KG, Köln, 1984. S. 172. 但是也存在相反的观点,参见田思路、贾秀芬:《日本劳动法研究》,中国社会科学出版社 2013 年版,第 125 页。

[4] Hiroo Mukooyama, Kameo Akuzawa und Peter Hanau, Studien zum Japanischen Arbeitsrecht, Carl Heymanns Verelag KG, Köln, 1984. S. 172; [日]荒木尚志:《日本劳动法》(增补版),李坤刚、牛志奎译,北京大学出版社 2010 年版,第 42 页。

（在我国台湾地区法规中其被称为“工作规则”）的模式。根据我国台湾地区“劳动基准法”第70条的规定，雇主雇佣劳工人数在30人以上者，应根据其事业性质，按照法律列举的内容制定工作规则。与日本不同的是，在制定工作规则的过程中，雇主无须听取工会或者劳动者代表的意见，[1]该工作规则“由雇主自行订定”[2]。这是一种没有劳动者参与的用人单位规章制定模式。

二、用人单位规章效力控制的不同模式

与上述用人单位规章制定的不同模式相应（为了行文方便，本书在工作规则、劳动规则、用人单位规章三个概念基本内涵相同的意义上使用它们，行文上对其不作区分），对如何控制用人单位规章的效力也存在三种不同的模式。

（一）主要通过法律和集体合同控制用人单位规章效力的模式

在德国工厂委员会和雇主签订工厂协定的模式中，理论和实践界对如何控制用人单位规章的效力存在共识，也存在分歧。其共识在于工厂协议首先受到两方面的效力控制。其一，就其调整的内容而言，工厂协议不得违反上位阶的法律[3]。其二，为了保证团体协议（即我国的集体合同）自治的实现，工厂协议不仅在调整对象上，而且在效力上劣后于团体协议，“团体协议或者团体协议习惯对工厂协议具有阻滞作用”[4]，工厂协议不得违反强制性的团体协议规定。[5] 在上述限制之外，对用人单位规章是否受到司法机关的合理性审查控制，则存在完全对立的意见。一种意见认为，“用人单位规章对单个当事人的合理性受到法院的司法审查。对用人单位规章的

---

〔1〕 黄越钦、黄鼎佑：《劳动法新论》，台北，翰芦图书出版有限公司2015年版，第221页。

〔2〕 林丰宝、刘邦栋：《劳动基准法论》，台北，三民书局2015年版，第285页。

〔3〕 Raimund Waltermann, Arbeitsrecht, 20. Auflage, Verlag Franz Vahlen, München, 2021, S. 366.

〔4〕 Preis, Arbeitsrecht, Kollektivarbeitsrecht, 4. Auflage, Verlag Dr. Otto Schmidt, 2017, S. 516.

〔5〕 Raimund Waltermann, Arbeitsrecht, 20. Auflage, Verlag Franz Vahlen, München, 2021, S. 366.

合理性审查涉及社会公正性、公平性和妥当性,如在协议缔结时当事人力量失衡或者单个企业成员的利益以不公平的方式未被顾及"[1]。但另外一种意见则认为,"以前所主张的、在此期间所进行的法律控制之后对工厂协议进行的合理性控制是难以令人信服的"[2]。从目前来看,德国的司法机关依然主张应当对用人单位规章的合理性进行控制,但"司法机关将其内容控制称为法律控制,或者在必要时提出,工厂协议受到'法律控制意义上的'合理性控制"[3]。而更多的学者则主张工厂协议不受司法机关的合理性控制,[4]工厂协议完全是集体自治的结果。[5]

(二)司法机关"合理性"控制模式

为了保障用人单位规章的合理性,《日本劳动基准法》第92条首先采纳了和德国一致的立场,规定用人单位规章不得违反法律和团体协议。需要注意的是,与德国不同,在日本不得违反团体协议对用人单位规章的效力控制具有更重要的意义。因为日本的工会主要表现为企业工会,德国工会模式则是产业工会。因此,在德国,除非产业工会和单个雇主签订团体协议(涉及工厂或公司的社团团体协议)[6],否则产业工会无法针对特定企业的劳动关系作有针对性的调整,无法通过团体协议严格限制用人单位规章的内容;而在日本,大部分团体协议都通过企业工会和用人单位签订,企业团体协议的存在以及企业团体协议对用人单位规章效力的控制,实际上将集体合意引入企业中,压缩了用人单位单独制定用人单位规章的自由空间。

---

〔1〕 Kissel: Das Spannungsfeld Zwischen Betriebsvereinbarung und Tarifvertrag, NZA 1986, S. 76.

〔2〕 Rolfs: Die Inhaltskontrolle Arbeitsrechtlicher Individual – und Betriebsvereinbarungen, RdA 2006, S. 356.

〔3〕 Rolfs: Die Inhaltskontrolle Arbeitsrechtlicher Individual – und Betriebsvereinbarungen, RdA 2006, S. 355.

〔4〕 Heither, RdA 1993, 72, 77; von Hoyningen – Huene, Die Billigkeit im Arbeitsrecht, C. H. Beck, 1978, S. 162ff; GK – BetrVG/Kreutz, 8. Aufl. 2005, § 77 Rn. 300ff.; Richardi, BetrVG, 10. Aufl. 2006, § 77 Rn. 118, 123.

〔5〕 Preis, Arbeitsrecht, Kollektivarbeitsrecht, 2Auflage, Verlag Dr. Otto Schmidt, 2009, S. 578.

〔6〕 [德]雷蒙德·瓦尔特曼:《德国劳动法》,沈建峰译,法律出版社2014年版,第404页。

从日本的实践来看,“如果企业工会发挥作用的话,则在形成或改变用人单位规章时可以实现劳动者和雇主完全的意思一致。在这种情况下,雇主和工会首先缔结团体协议。接下来或者团体协议的内容被吸收进劳动规则;或者雇主和工会的协议直接成为劳动规则”[1]。因此,在日本,企业团体协议是保障用人单位规章合理性最重要的防波堤。

此外,重要的是,日本法院还在个案中审查用人单位规章的合理性。对此尽管没有法律的明确规定,但日本司法机关认为,“工作规则规定关于一定事项,劳工应服从雇主业务命令时,工作规则之规定内容在合理之限度内,成为该当具体劳动契约之内容”[2]。在此后的一系列判决中,司法机关一再明确这一点。但对何谓合理,司法机关并没有形成一般的意见。根据学者们的整理,如下都是法院在审查合理性考虑的因素:其一,在对用人单位规章做单方不利益变更时,雇主有无提供代价措施。[3] 其二,变更的内容及其必要性。[4] 其三,多数人工会是否同意。[5] 但是上述所有因素都是相关因素之一,并不意味着具备或者不具备其一就足以导致司法机关认为有关用人单位规章合理或不合理。例如,对于多数人工会之同意,学者们考察就发现,“在新近的三个案件中,日本最高法院修正了自己的意见,工会的意见仅仅被视为判断客观上合理性的因素之一”[6]。很大程度上,“合理

---

〔1〕 Satoshi Nishitani, Vergleichende Einführung in das japanische Arbeitsrecht, Übersetzung von Monika und Hans - Peter Maurutschke, Carl Heymanns Verlag KG, Köln, 2003, S. 106.

〔2〕 最一小判1986年3月13日,“劳动判例第470号”。转引自刘志鹏:《劳动法理论与判决研究》,台北,元照出版有限公司2000年版,第277页。

〔3〕 [日]蓼沼谦一:《就业规则的改变　劳动条件的变更》,载《季刊劳动法》第133号,第47页以下。转引自刘志鹏:《劳动法理论与判决研究》,台北,元照出版有限公司2000年版,第275页。

〔4〕 最二小判1983年11月25日,载《判例时报》110号,第114页,转引自刘志鹏:《劳动法理论与判决研究》,台北,元照出版有限公司2000年版,第280页。

〔5〕 [日]荒木尚志:《日本劳动法》(增补版),李坤刚、牛志奎译,北京大学出版社2010年版,第43页。

〔6〕 Satoshi Nishitani, Vergleichende Einführung in das Japanische Arbeitsrecht, Übersetzung von Monika und Hans - Peter Maurutschke, Carl Heymanns Verlag KG, Köln, 2003, S. 114; [日]荒木尚志:《日本劳动法》(增补版),李坤刚、牛志奎译,北京大学出版社2010年版,第44页。

性"认定是一个综合考察的结果。在一则涉及女职工生理假期的工作规则合理性认定中,法院提出,"判断上述变更是否合理之际,应对要求变更之内容及必要性两面加以考察。除因上述变更致从业员遭受不利程度及变更关系下工资之状况外,如同上诉人之主张,检讨旧规则下有给生理休假之取得遭滥用、为保持公司内部规律及从业员公平待遇是否有变更之必要,甚至,与工会协商之经过,其他从业员之反映、关系企业之处理方式以及日本社会生理休假制度之一般状况等诸情事,均有综合判断之必要"[1]。

需要注意的是,在日本用人单位规章制定的过程中,还需要呈报主管行政机关,但行政机关并不能对工作规则进行合理性审查。这是因为,首先,根据司法机关和学说的一般意见,"有关雇主向主管报告义务的规则仅仅涉及行政控制规则,如果雇主忽视了呈报劳动规则,对于劳动规则的私法效力没有影响"[2],既然是否呈报都不必然影响用人单位规章的效力,则行政机关自然也就无权对用人单位规章的内容进行合理性审查了。其次,从《日本劳动基准法》第 92 条第 2 款"行政官厅得以命令变更抵触法令或团体协议之工作规则"的规定来看,行政官厅可以变更的仅仅是违反法律以及团体协议的工作规则,法律并没有授权其对劳动规则的合理性进行审查。

(三)行政机关和法院共同干预的模式

我国台湾地区用人单位规章效力控制模式和日本有类似更有所差异:在我国台湾地区,用人单位规章首先受到"法律"和集体合同的效力控制,"劳动基准法"第 71 条规定,"工作规则,违反法令之强制或禁止规定或其他有关该事业适用之团体协约规定者,无效"。此外,工作规则还同时受到行

---

〔1〕 最二小判 1983 年 11 月 25 日,载《判例时报》110 号 114 页。转引自刘志鹏:《劳动法理论与判决研究》,台北,元照出版有限公司 2000 年版,第 280 页。

〔2〕 Satoshi Nishitani, Vergleichende Einführung in das Japanische Arbeitsrecht, Übersetzung von Monika und Hans - Peter Maurutschke, Carl Heymanns Verlag KG, Köln, 2003, S. 109; Hiroo Mukooyama, Kameo Akuzawa und Peter Hanau, Studien zum Japanischen Arbeitsrecht, Carl Heymanns Verelag KG, Köln, 1984. S. 173.

政机关和司法机关的合理性审查的控制。

我国台湾地区"劳动基准法"第70条规定了雇主制定用人单位规章后报主管机关核备的义务。据此,学者们认为,"雇主所制之工作规则须接受强力之监督,甚至须遵从主管机关之通知而修订工作规则"[1]。这些审核不仅涉及合法性审核,而且涉及合理性的审核。这是因为,不仅在理论上,学者们认为行政机关应"依劳动条件明示之原则本劳资协调合作之基本精神,逐项审核"[2]。而且,从我国台湾地区"劳动基准法实施细则"第37条第3款的规定来看,行政机关不仅在用人单位规章违反"法律"或者团体协议时要求修正该规章——这是日本的模式,而且在其认为必要时,也可以通知雇主修订前项规则。我国台湾地区学者认为,该项核备的合理性基础在于,"由劳工行政主管机关之核备权限,针对工作规则之内容进行一定程度之监督与控制,俾能达到保护劳工之目的"[3]。

在我国台湾地区的具体实践中,劳动行政主管部门曾认为,"事业单位工作规则之订立,应报请主管机关核备,并公开揭示,如未符合公开法定条件,自不发生工作规则效力"[4]。此后,虽然由于和"高等法院"的意见不一,其修正了立场,但"劳委会严格审查之立场并未放弃"[5]。它依然坚持了行政机关对工作规则控制的思路。在雇主变更或撤销用人单位规章的问题上,它认为,主管机关已核备之工作规则,雇主如欲变更,应请依"劳动基准法实施细则"第37条第2项规定办理,如雇主申请撤销,主管机关认为不

---

〔1〕 刘志鹏:《劳动法理论与判决研究》,台北,元照出版有限公司2000年版,第285页。

〔2〕 林丰宝、刘邦栋:《劳动基准法论》,台北,三民书局2015年版,第386页。

〔3〕 杨通轩:《工作规则法律性质之探讨》,载《劳动法裁判选辑(三)》,台北,元照出版有限公司2000年版,第94页。

〔4〕 杨通轩:《工作规则法律性质之探讨》,载《劳动法裁判选辑(三)》,台北,元照出版有限公司2000年版,第88页。

〔5〕 杨通轩:《工作规则法律性质之探讨》,载《劳动法裁判选辑(三)》,台北,元照出版有限公司2000年版,第88页。

当,得予拒绝[1]。当与不当的问题,显然已属合理性审查的范畴了。

与行政机关积极主张行政机关应当进行合理性审查的态度不同,我国台湾地区的司法机关排斥行政机关的合理性审查。它认为,用人单位规章"虽未经报请主管机关核备,但已公开揭示,则只要未违反法令之强制或禁止规定,仍属形式上有效"[2]。并没有将行政机关的审查放在非常关键的位置。这样一来,让完全由雇主单方制定的用人单位规章发生法律效果,由雇主单方决定劳动者的利益,不仅在理论上缺乏说服力,而且会导致雇主通过用人单位规章对雇员利益的侵害。如何解决这一问题？在一些案件中,我国台湾地区法院曾认为用人单位规章,特别是变更后的用人单位规章要成为劳动契约的内容,必须经过劳动者的同意,否则不能成为劳动契约的内容。[3] 期待通过当事人合意的引入解决用人单位规章的合理性控制问题。但在此后的判决中,它改变了立场,引入了合理性审查模式。在 1995 年的判决中,该院指出,"保护劳工利益及兼顾雇主经营管理上之必要,雇主单方不利益变更工作规则时,原则上不能约束表示反对之劳工;但如雇主所为不利益变更,其变更具有合理性时,例外的亦能拘束表示反对之劳工"[4]。这样一来,使用人单位规章发生效力的,不再是劳动者的同意,而是其内容的合理性。法院要对用人单位规章的合理性进行控制。

三、用人单位规章效力合理性说明的不同模式

用人单位规章在不同国家和地区制定的模式和效力控制模式的差异,

---

[1] "行政院劳工委员会"1986 年 8 月 14 日台(85)劳动一字第 128029 号函。转引自杨通轩:《工作规则法律性质之探讨》,载《劳动法裁判选辑(三)》,台北,元照出版有限公司 2000 年版,第 101 页。

[2] 杨通轩:《工作规则法律性质之探讨》,载《劳动法裁判选辑(三)》,台北,元照出版有限公司 2000 年版,第 89 页。

[3] 台北地方法院 1987 年诉字第 6299 号民事判决。转引自杨通轩:《工作规则法律性质之探讨》,载《劳动法裁判选辑(三)》,台北,元照出版有限公司 2000 年版,第 89 页。

[4] 台北地方法院 1995 年度劳上诉字第 38 号判决。转引自刘志鹏:《劳动法理论与判决研究》,台北,元照出版有限公司 2000 年版,第 301 页。该判决意见在台北地方法院 1998 年劳诉字第卅号判决中被在此提及。同样观点的判决,参见台湾地区法院 1988 年上字第 95 号民事判决。

也在根本上决定了对用人单位规章合理性说明时的不同模式。

(一)集体自治和国家授权结合的德国模式

在工厂协议的模式下,根据现行《德国工厂组织法》的规定,用人单位规章既不单纯是国家授权用人单位单方制定规则的结果,也不单纯是当事人合意的结果。用人单位规章的合理性基础在于上述两个方面因素的巧妙结合:"自治的私人立法者(在此也就是工厂委员会和雇主)通过自我决定,也就是合意而制定私的规则;国家(通过《德国工厂组织法》第 77 条第 4 款第 1 句)赋予该私的规则以规范效力。"[1]也就是说,工厂协议首先是劳动者集体意志(这种集体意志通过工厂委员会表达)和用人单位意志合意的产物,但按照传统私法的合意理论,合意只能约束合意者。仅仅依赖于合意理论,则合意达成后加入用人单位的劳动者由于没有参与合意,就不应当受到合意的约束。为了解决该问题,立法者通过立法承认上述工厂委员会和用人单位之间的合意属于企业自治的范畴,属于私人立法行为,赋予该合意规范品质,该合意对于所有企业中现有的和将来的劳动者都具有法律的约束力,这是一个双轨制的法律规范设置模式。据此,工厂协议的规范效力基础既在于私人的意思自治,也在于国家的效力赋予。正因如此,集体劳动法才既不属于传统私法的范畴,也不属于传统公法的范畴,而是形成了自己特有的理论结构。

(二)规范理论和合同理论并存的日本模式

日本劳动法采取了劳动者有限参与的用人单位规章制定的模式。在这种模式下,一方面,劳动者参与了用人单位规章制定,所以似乎用人单位规章是劳动者和雇主合意的结果;另一方面,如上所述的实践又表明,这种参与不具有决定意义,用人单位规章本质上由雇主单方制定。这种矛盾现象导致在该模式下如何解释用人单位规章约束力的合理性颇有争议,据说目

---

〔1〕 Raimund Waltermann, Arbeitsrecht, 20. Auflage, Verlag Franz Vahlen, München, 2021, S. 363.

前理论有“四派十三家”之多。[1] 其中比较重要的主要包括：“契约说”，即“把就业规则看成是劳动契约的雏形，在劳动契约订立时，根据劳资双方明示或者默示的合意，作为契约内容来规范劳动契约关系”[2]。“法规范说”，认为“工作规则发生效力的根源，在于工作规则具有法规范的性格，而与劳工主观意思表示无关”[3]。“集体合意说”，认为“鉴于工作规则统一规范劳动条件之现实，个别劳工对工作规则之制定、变更之承诺虽有必要，但可由劳动者集体意思予以同意，未有劳工集体意见之同意，工作规则不发生法的效力”[4]。此外，另有根据二分说，区分不同的工作规则内容，分别判决是否需要劳动者同意。从上述理论分歧可以看出，日本学界就如何对用人单位规章的法律效力进行合理化说明，徘徊于用人单位单方制定和用人单位与劳动者合意制定两个极端之间，但无论何种理论似乎都存在解释上的困境。对主张用人单位单方制定的法规范理论来说，其最大的困境来自与现代劳动法的理念的冲突，“如果人们认为雇主单方修订工作规则，恶化劳动条件是可能的，则这将违背现代法的重要原则，对此《德国劳动基准法》第2条第1款有明确表述，也就是雇主和雇员对确定劳动条件享有同样的权利”[5]。而对主张用人单位与劳动者通过合意制定劳动规则的契约理论来说，其存在与《日本劳动基准法》的规则冲突。《日本劳动基准法》第93条规定，如果劳动合同规定的劳动条件不能达到劳动规则所定标准，则劳动合同的规定无效，在此种情况下，适用劳动规则的规定。这就表明这种情况下，劳动规则的效力优先于劳动合同。如果认为劳动规则是合意产物，而劳动合同也是合意产物，则旧合意的效力优于新合意这一结论是无论如何都违背合意的本质的。集体合意说的理论似乎想折中规范理论和合同理论，但

---

[1] 刘志鹏：《劳动法理论与判决研究》，台北，元照出版有限公司2000年版，第263页。

[2] 田思路、贾秀芬：《日本劳动法研究》，中国社会科学出版社2013年版，第127页。

[3] 刘志鹏：《劳动法理论与判决研究》，台北，元照出版有限公司2000年版，第266页。

[4] 刘志鹏：《劳动法理论与判决研究》，台北，元照出版有限公司2000年版，第270页。

[5] Satoshi Nishitani, Vergleichende Einführung in das Japanische Arbeitsrecht, Übersetzung von Monika und Hans - Peter Maurutschke, Carl Heymanns Verlag KG, Köln, 2003, S. 111.

其却导致劳动规则和团体协议无法区分的结果。凡此种种理论上无法说明的问题,导致理论上无法形成有力通说。“学说上,关于契约说与法规范说两种见解仍持续对立,迄今并无收敛之征兆。”[1]而日本的司法实务界,在开始似乎受学界的影响,在如何解释工作规则的效力问题上,立场摇摆。但在此过程中,通过引入合理性判断的框架,其开始形成自己的思路:“日本劳动省为研修劳动法所组成之‘劳动法研究会’,于1984年8月28日提出研究报告时,并未提出修正意见,而只建议今后宜透过法院判决之累积,确立合理性之判断标准,以供日本劳资双方之参考。”[2]一些学者甚至提出根据《日本劳动合同法》第7条的规定,就业规则法律性质的讨论是不必要的。[3]

(三)定型化契约说日益主导的台湾地区模式

我国台湾地区对工作规则性质的探讨深受日本理论的影响,[4]存在法规范说、事实上的习惯说、定型化契约说、根据二分说以及集体合意说等不同意见。[5] 由于我国台湾地区“劳动基准法”在劳动规则制定问题上,排除了劳动者最低限度的参与,其所面临的对劳动规则进行合理性说明的难题比日本更为突出。从目前来看,纯粹的合意理论——合同理论或者纯粹的用人单位单方制定理论——规范理论,都无法为理论和实践所接受。[6] 通过对上述两个极端的修正,日渐形成另外两种新的学说:修正的规范理论以及定型化契约说。修正的规范理论认为,“雇主可单方片面地制定工作规则,无需征询劳方之意见或其同意,但行政机关及司法机关得以既得权、合

---

〔1〕 刘志鹏:《劳动法理论与判决研究》,台北,元照出版有限公司2000年版,第282页。

〔2〕 刘志鹏:《劳动法理论与判决研究》,台北,元照出版有限公司2000年版,第282页。

〔3〕 [日]中洼裕也、野田进:《劳动法的世界》,田思路等译,商务印书馆2022年版,第149页。

〔4〕 杨通轩:《工作规则法律性质之探讨》,载《劳动法裁判选辑(三)》,台北,元照出版有限公司2000年版,第82页。

〔5〕 黄程贯主编:《个别劳动法》,台北,元照出版有限公司2021年版,第266–268页。

〔6〕 黄越钦、黄鼎佑:《劳动法新论》,台北,翰芦图书出版有限公司2015年版,第229页。

理劳动条件或诚信原则加以限制”[1]。定型化契约说认为,“劳工与雇主间之劳动条件依工作规则之规定而定,已成为劳资间均有共识、合意之一种事实上习惯,工作规则之所以能约束劳资双方,其根据即在于此,正如同运输业及保险业内缩盛行之定性化契约一样,工作规则可以看作是劳资关系内之定性化契约”[2]。这两种学说,表面上差异很大,实则在操作效果上几无差异。这是因为,从表面上看,修正的规范理论认为用人单位可单方确定工作规则的内容;而定型化契约说既然主张工作规则为契约,则契约似乎必须有合意才能存在,在一般私法领域,格式条款也必须经过订入程序才能成为契约的内容,但实际上,首先,所谓的定型化契约说并没有顾及劳动者的意志,该说的主张者认为,“依据劳基法第70条之规定,雇主可单方制定工作规则,其变更时亦同,而只要报请主管机关核备后,不问劳工是否同意,皆能发生效力”[3]。这是一种不顾及相对人意志的契约理论,其只有契约之名而无契约之实。因此,定型化契约说依然是一种雇主单方制定用人单位规章的模式,这一点和修正的规范理论并无差异。其次,二者都主张有公权力之手介入,来防止工作规则侵害劳动者的利益。对此,定型化契约的主张者提出,“籍着公开原则和合理原则,从程序面及实体面来监督定型化契约,籍以保护居于弱势之公家”[4]。而修正的规范理论则认为,对用人单位规章由“行政机关及司法机关得以既得权、合理劳动条件或诚信原则建议限制”[5]。

从目前我国台湾地区的司法实务来看,似乎定型化契约说占据了主导

---

[1] 杨通轩:《工作规则法律性质之探讨》,载《劳动法裁判选辑(三)》,台北,元照出版有限公司2000年版,第97页。

[2] 刘志鹏:《劳动法理论与判决研究》,台北,元照出版有限公司2000年版,第285页。

[3] 刘志鹏:《劳动法理论与判决研究》,台北,元照出版有限公司2000年版,第286页。

[4] 刘志鹏:《劳动法理论与判决研究》,台北,元照出版有限公司2000年版,第285页。

[5] 杨通轩:《工作规则法律性质之探讨》,载《劳动法裁判选辑(三)》,台北,元照出版有限公司2000年版,第97页。

地位。[1] 台北地区法院1995年度劳上诉字第38号判据提出，"本院认工作规则原系雇主为统一劳动条件及服务规律订立，而依现今社会之情形观之，劳工与雇主间之劳动条件依雇主所定之工作规则所规定之内容而定，已成为劳工与雇主间均有合意之一种事实上习惯，工作规则因而有约束劳工与雇主双方之效力，而不论劳工是否知悉工作规则之存在及其内容，或是否予以同意，均当然适用工作规则。此种情形，工作规则之于雇佣契约，即如运送业或保险业所订定之一般契约条款之于运送契约保险契约，除非当事人反对的意思表示之外，当然成为雇佣契约内容之一部"[2]。从上述判决可以看出，司法实务机关一方面接受了定性化契约理论，另一方面在判决中进一步强化了劳动者意志的地位。其基本的思路是，工作规则是格式合同条款，推定劳动同意该条款，除非劳动者明确表示反对。

四、用人单位规章制定、效力控制以及合理性说明模式差异的根源

经过上述梳理，我们可以看到在用人单位规章的制定、效力控制和合理性说明问题上存在如表1所示的组合关系。这种组合关系恰好说明了在调整劳动关系的过程中劳动者集体的力量和国家的干预之间的互动关系。所有国家和地区都面临同样的问题：一方面，现代化大生产需要通过劳动规则来组织生产过程；另一方面，完全由用人单位制定劳动规则必然导致对劳动者利益的侵害，但完全通过个别合意制定劳动规则，必然导致劳动规则失去统一性，无法实现组织社会化大生产的功能。因此，平衡用人单位组织生产过程的需求和劳动者的保护需求，就成为用人单位规章制定过程中的根本问题。在这一平衡的过程中，随着劳动者集体参与力量的减弱，国家之手的干预力量就会逐渐增大。至于在特定的国家和地区，应当主要通过劳动者

[1] 台湾劳动法学会编：《劳动基准法释义——施行二十年之回顾与展望》，台北，新学林出版股份有限公司2009年版，第409页。但著名学者黄越钦教授认为主流学说应该是法规法说，并对其进行了批判，参见黄越钦、黄鼎佑：《劳动法新论》，台北，翰芦图书出版有限公司2015年版，第229页。

[2] 刘志鹏：《劳动法理论与判决研究》，台北，元照出版有限公司2000年版，第300页。

集体参与来实现平衡,还是主要通过国家之手的干预来实现平衡,这不是合逻辑性的问题,而是劳资共决观念、工厂协议制度、工会体制以及国家干预劳动关系的传统等因素共同作用的结果。

表1 用人单位规章制定、效力控制以及合理性说明模式

国家或地区	制定模式	效力控制	合理性基础
德国	工厂协议	1. 法律、团体协议限定 2. 司法机关个案合理性审查(存在争议)	集体自治与国家授权
日本	雇主单方制定,劳动者有限参与	1. 法律、团体协议限定 2. 司法机关个案合理性审查	合同理论或规范理论
我国台湾地区	雇主单方制定	1. 法律、团体协议限定 2. 行政机关抽象审查 3. 司法机关合理性审查结合	修正的合同理论或修正的规范理论

(一)劳资共决的不同观念

让劳动者参与用人单位规章的制定,在本质上是让劳动者参与到企业劳动条件的形成、企业管理等过程中。这种形式的用人单位规章制定是劳动者参与管理的一种形式。“工厂协议是落实企业层面劳资共决的最重要机制。”[1]因此,是否采取这种模式,首先取决于一个国家或地区劳资共决或者劳动者参与管理的传统。

在德国,传统上学者们认为,“劳资共决更深层次的、道德的、社会的和经济的意义在于生产共同体(Produktionsgemeinschaft)的思想、企业中劳动者和雇主伙伴关系的思想。特别是在‘二战’之后,如下认识越来越被接受:劳动者不仅仅是劳动力的出售者,他更多是在雇主之外、在自己的岗位上为

---

〔1〕 Reinmund Waltermann, Rechtssetzung durch Betriebsvereinbarung zwischen Privatautonomie und Tarifautonomie, J. C. B. Mohr, 1996, Tübingen, S. 7.

生产的良性运行和提高负责任的'人',他对涉及他的企业或企业管理的参与必须与这种负责相符合。'同事'(Mitarbeiter)、'资本和劳动力的权利平等'、'劳动关系的人法属性'、在他人决定的依附性劳动岗位上共同决定等口号表达了劳动、企业领导和资本的融合关系"[1]。与德国这种具有深厚道德、法律和传统基础的劳资共决思想不同,在日本,劳动者参与管理发端于"二战"之后,在当时劳动者之所以参与管理,雇主允许劳动者参与管理,更多是工会以及劳动斗争措施施压所致。[2] 此后劳资共决制度的发展更是一波三折,直到今天,"劳资共决并没有建立在法律的基础上,而是以单个企业的雇主和企业工会之间的团体协议为基础"[3]。在我国台湾地区,劳动者参与管理的形式更是非常有限,"即便如此,此种形式的劳工参与,仍然不能免于少数论者以抵触雇主所有权、经营权之疑惑。由此可见劳工参与在台湾现行实务上可谓仍困难重重"[4]。从法律实践的角度来看,在我国台湾地区,企业会议制度施行未见成效,"劳动基准法"公布施行后,劳资会议亦未见普及[5]。所以,有学者忧心忡忡地指出,"虽然劳资合作系宪法的重大原则,但似乎很难以目前立法构造来落实,至于迈向产业民主化之目标,则仍遥远"[6]。

正因为这种劳资共决观念上的差异,导致在德国用人单位规章的制定被纳入劳资共决框架下,需要劳动者参与;而在日本和我国台湾地区,用人单位规章的制定基本上是由用人单位独立完成的,劳动者的参与或者没有太大意义或者根本没有被顾及。

---

[1] Hueck - Nipperdey. Lehrbuch des Arbeitsrechts. Band 2, erster halb Band, 7. Auflage, Verlag Franz Vahlen GmbH, 1967, S. 33.

[2] Hiroo Mukooyama, Kameo Akuzawa und Peter Hanau, Studien zum japanischen Arbeitsrecht, Carl Heymanns Verelag KG, Köln, 1984. S. 149.

[3] Hiroo Mukooyama, Kameo Akuzawa und Peter Hanau, Studien zum japanischen Arbeitsrecht, Carl Heymanns Verelag KG, Köln, 1984. S. 165.

[4] 杨通轩:《集体劳工法》,台北,五南图书出版股份有限公司2007年版,第382页。

[5] 参见刘志鹏:《劳动法理论与判决研究》,台北,元照出版有限公司2000年版,第415页。

[6] 黄越钦、黄鼎佑:《劳动法新论》,台北,翰芦图书出版有限公司2015年版,第393页。

(二)工厂协议制度发育的不同层次设计

在劳资共决用人单位规章的模式下,用人单位规章的制定通过工厂协议方式来完成。工厂协议制度的发育程度必然会影响可否通过这种形式来制定用人单位规章。

在德国,“工厂协议制度发端于19世纪末”,[1]随着劳动者参与管理制度的形成和完善,工厂协议制度也得以发展。目前已经形成了完整的工厂协议签订、公布、生效、调整范围以及与团体协议、劳动合同之间关系等的制度[2]和理论,工厂协议的法律效力也毋庸置疑。与此不同,在日本,工厂协议制度发端于“二战”后盟军占领期间,此后该制度的发展由于盟军工会政策的调整而举步维艰。一度企业中负责达成工厂协议的机构——团体协议会有被降格为咨询机构的倾向,该倾向尽管因为工会的反对而没有落实,但这种发展过程导致直至目前,工厂协议的效力、工厂协议和集体合同的关系等问题依然不存在统一的理论和实践。有学者认为,劳动基准法中的一些允许雇主和劳动者代表就特定事项签订协议的规定实际上就是工厂协议的规定,但是,“一般不认为,这种工厂协议或者决定可以成为劳动者和雇主之间权利和义务的基础”[3]。我国台湾地区的情况与此类似,作为企业内劳资协调机构的“劳资会议所作之决议,因无强制执行之效力,只为君子协议而已,致使雇主即使违反决议亦毋庸忧惧会遭到不利后果”[4]。工厂协议的这种效力和理论状况并不足以解决用人单位规章的效力控制问题,所以在日本和我国台湾地区,用人单位规章是在工厂协议之外存在和发展的,进而没有被纳入劳资共决的框架下。

---

[1] Reinmund Waltermann, Rechtssetzung durch Betriebsvereinbarung Zwischen Privatautonomie und Tarifautonomie, J. C. B. Mohr, 1996, Tübingen, S. 69.

[2] 《德国工厂组织法》第四章,特别是第77条的规定。

[3] Satoshi Nishitani, Vergleichende Einführung in das Japanische Arbeitsrecht, Übersetzung von Monika und Hans – Peter Maurutschke, Carl Heymanns Verlag KG, Köln, 2003, S. 144.

[4] 杨通轩:《集体劳工法》,台北,五南图书出版股份有限公司2007年版,第382页;刘志鹏:《劳动法理论与判决研究》,台北,元照出版有限公司2000年版,第412页。

(三)工会的不同体制

不同的工会体制,也会在根本上影响是采取单方制定用人单位规章结合公权监控模式,还是劳资合意公权淡出的模式。在德国,工会具有超企业性,原则上没有企业工会,所有工会都设立于单个企业之外。这样就清晰地区分了工会和企业中劳动者利益代表机构的功能范围。〔1〕“西欧之工会形态为企业外横断性组织,全国性产业工会或职业工会透过团体协商来议定各企业共同之劳动条件,至于各企业内部之特殊劳动条件及相关之经营、生产事项,则非工会、团体协商所的过问,而是委由工厂协议制度或从业员代理制来处理”〔2〕,进而实现了团体协议和工厂协议功能和内容的清晰区分。

但是“企业工会主义是日本产业关系最明显的标志,其特征是工会仅建立在单个企业内,工会和单个雇主进行集体交涉,在单个企业的层面达成集体协议”〔3〕。从统计来看,“1997 年,日本的企业工会占全部工会总数的 95.6%,占工会总人数的 91.2%”〔4〕。我国台湾地区的情形“与日本类似,工会之主体在于厂场工会”〔5〕。由于工会设立在企业内部,所以团体协议由雇主和企业内的工会签订;在这种情况下,如果又通过雇主和劳动者代表签订工厂协议的方式设定用人单位规章,并赋予该企业规则法律的约束力,则必然会产生这样的问题:团体协议和工厂协议的调整范围和效力如何协调?团体协议与工厂协议难以清楚区分,也恰恰是日本劳动法实务界面临的重大问题。〔6〕团体协议和工厂协议在主体和调整对象上的重合,导致二者必然存在此消彼长的关系,当由工会和雇主签订的团体协议在理论和实践上得到长足发展时,工厂协议就必然萎缩,甚至像我国台湾地区一样被否

---

〔1〕 Zöller, Loritz, Hergenröder, Arbeitsrecht, 7. Auflage, C. H. Beck, 2015, S. 122.
〔2〕 刘志鹏:《劳动法理论与判决研究》,台北,元照出版有限公司 2000 年版,第 398 页。
〔3〕 [日]荒木尚志:《日本劳动法》,李坤刚、牛志奎译,北京大学出版社 2010 年版,第 125 页。
〔4〕 [日]荒木尚志:《日本劳动法》,李坤刚、牛志奎译,北京大学出版社 2010 年版,第 126 页。
〔5〕 刘志鹏:《劳动法理论与判决研究》,台北,元照出版有限公司 2000 年版,第 399 页。
〔6〕 刘志鹏:《劳动法理论与判决研究》,台北,元照出版有限公司 2000 年版,第 399 页。

认约束力，从而无法发挥调整企业内部劳动关系的功能，也就无法作为制定用人单位规章的机制。但是这种企业工会和雇主签订团体协议的模式又在一定程度上弥补了雇主单方制定用人单位规章所引起的不足。如上所述，在日本当企业中存在工会时，雇主单方制定用人单位规章的程序往往是，“雇主和工会首先缔结团体协议。接下来或者团体协议的内容被吸收进劳动规则；或者雇主和工会的协议直接成为劳动规则”[1]。

（四）国家干预的不同传统

德国的理论和实践认为，“集体构建劳动关系是自由劳动宪法的实质前提”[2]。通过工厂协议调整劳动关系是多元主义的建构原则。“在企业自治领域，自我管理也遵循着如下思想：激活社会力量，由社会群体自我负责的调整涉及其自身并且其可以熟练判断的事务。这是一种多元主义，它构成了自由—民主的法律秩序的结构要素。”[3]这种集体自治的标志就是国家权力的退却。

与上述集体自治、国家权力退却的集体劳动法思路不同，日本的集体劳动法中，国家干预的色彩向来浓厚。这种国家统合主义的思路，体现在企业用人单位规章制定问题上，就是更多倾向于以国家之手形成合理的秩序，而不看重当事人的自主安排，从而形成了用人单位单方制定，国家公权力进行合理性审查的模式。

五、用人单位规章正当性基础的再说明

上述制度和功能等的比较解释了用人单位规章制度多样化的规则体系

---

〔1〕 Satoshi Nishitani, Vergleichende Einführung in das Japanische Arbeitsrecht, Übersetzung von Monika und Hans - Peter Maurutschke, Carl Heymanns Verlag KG, Köln, 2003, S. 106.

〔2〕 Reinhard Richardi, Kollektivegewalt und Individualwille bei der Gestaltung des Arbeitsverhältn isses, C. H. Beck, München, 1986, S. 1.

〔3〕 Reinmund Waltermann, Rechtssetzung durch Betriebsvereinbarung Zwischen Privatautonomie und Tarifautonomie, J. C. B. Mohr, 1996, Tübingen, S. 136.

以及正当性基础存在的根源，对我国劳动法的制度和理论发展来说，有必要基于上述比较法的经验，结合我国劳动法的制度框架和规则讨论我国应然的用人单位规章正当性基础。而这一讨论，依然应从对不同理论的教义学评述展开。

（一）既有理论解释现行法的困境

梳理关于用人单位规章法律属性的种种观点，其总体上可以包括以下几种：(1)契约理论，从劳动者和用人单位之间形成合意的角度论述用人单位规章的正当性基础，又可以分为纯粹契约说、定型化契约说和事实上的习惯说等学说，[1]在此种学说当前占主导地位的是定型化契约理论。(2)法律规范理论，[2]具体又可以分为经营权说、授权立法说和习惯法说。[3](3)集体合意理论。[4] (4)二元论[5]。根据二元论“以内容是否直接关系劳动者的切身利益为标准，将用人单位规章制度区分为企业有权自主决定的行为规则类规章制度与需要劳动者同意才能生效的劳动条件类规章制度两个基本构成”[6]。(5)劳动力支配转移说。[7] (6)用人单位规章法律效

---

〔1〕 丁建安：《企业劳动规章的法律性质及相关制度探析》，载《广西大学学报（哲学社会科学版）》2009年第6期；高圣平：《用人单位劳动规章制度的性质辨析——兼评〈劳动合同法（草案）〉的相关条款》，载《法学》2006年第10期。

〔2〕 刘志鹏：《论工作规则之法律性质及其不利益变更之效力》，载刘志鹏：《劳动法理论与判决研究》，台北，元照出版有限公司2000年版，第259页以下；黄越钦、黄鼎佑：《劳动法新论》，台北，翰芦图书出版有限公司2015年版，第225页；王全兴：《劳动法》（第2版），法律出版社2017年版，第71页。

〔3〕 胡立峰：《劳动规章制度法律性质之“法律规范说”检讨》，载《西南政法大学学报》2008年第5期；徐金锋：《论劳动规章制度之法律定性》，载《东北师大学报（哲学社会科学版）》2012年第1期；高圣平：《用人单位劳动规章制度的性质辨析——兼评〈劳动合同法（草案）〉的相关条款》，载《法学》2006年第10期。

〔4〕 刘志鹏：《论工作规则之法律性质及其不利益变更之效力》，载刘志鹏：《劳动法理论与判决研究》，台北，元照出版有限公司2000年版，第270页。

〔5〕 丁建安：《企业劳动规章的法律性质及相关制度探析》，载《广西大学学报（哲学社会科学版）》2009年第6期；徐金锋：《劳动规章基本问题研究》，载《行政与法》2011年第4期。

〔6〕 丁建安：《论“根据二分说”的优越性——再议企业劳动规章的法律性质及其制定、变更程序》，载《法制与社会发展》2013年第3期。

〔7〕 董保华主编：《劳动合同研究》，中国劳动社会保障出版社2005年版，第171页。

力否认说。[1] 在上述不同理论中,劳动力支配转移说并不是一个法学的视角,而是政治经济学的视角;法律效力否认说显然是不符合我国现行法的制度现实的,根据现行法的规定,用人单位规章对劳动者和用人单位都具有约束力。二分说只是根据用人单位规章的内容,将其正当性基础区分为劳动者同意或者用人单位指示。总体来看,用人单位规章效力基础或者教义学归入的认识,在思考方向上基本还是遵循了个体自治、集体自治和国家授权三种不同的思路。在市场经济和现代法治观念下,国家将规则制定的权限授予给私的市场主体,在理论上是无法自圆其说的。从教义学角度看,也无法进行体系归入。所以在现行法的框架下讨论用人单位规章的正当性基础和教义学归入,最需要讨论的是个体自治的契约说和集体自治的集体合意说。

契约说及其各种变种都是从劳动者的同意以及劳动者和用人单位的合意中寻求用人单位规章的正当性基础。从法教义学角度来看,这就意味着将其定位为合同的一种特殊形态而进行解释和体系建构。从私人自治这一私法的基本理念出发解释用人单位规章的效力根源,从形式上看具有很强的说服力和正当性,但通过个别合意对用人单位规章进行正当化却存在以下的问题:其一,在制度理念层面上,劳动法理论一方面认为在劳动者和用人单位力量失衡的背景下当事人的合意是不充分的,另一方面用合意论证规章的正当性,显然存在理念上的矛盾。其二,在具体规则层面上,如果将用人单位规章的正当性建立在个别合意基础上,归入合同形态中,则劳动者利益代表的介入将可有可无,以公示的方式让其生效也缺乏正当性。现行法的规则将陷入解释困境。其三,从实际效果来看,合意或者拟制的合意根本无法保证规章内容和调整对象的正当性,掩盖了用人单位规章的实质,导致最终更需要通过行政手段或者司法裁判来对其内容进行合理性控制。[2]

---

〔1〕 郑尚元:《劳动合同法的制度与理念》,中国政法大学出版社2008年版,第346页。

〔2〕 沈建峰:《论用人单位劳动规章的制定模式与效力控制——基于对德国、日本和我国台湾地区的比较分析》,载《比较法研究》2016年第1期。

以上原因导致契约理论尽管在我国和日本追随者众多,但其更多是一种形式上的论证,看上去很美,却并未解决用人单位规章的教义学结构问题。

集体合意理论是一种在德国主导并且由工厂协议这一实证法作为支撑的学说。这种学说中,劳动者和工厂委员会按照法律规定就工厂中的秩序性问题和劳动条件的问题达成合意并予以公布,形成对劳动者和用人单位都具有法律约束力的工厂协议(Betriebsvereinbarung)。据此,用人单位规章建立在工厂委员会与用人单位的合意基础上,是一种集体合意的现象。这种集体合意似乎可以给工厂协议的约束力以正当性基础。但工厂委员会并非自愿加入的结果,这就导致"工厂协议是一种他人决定的秩序,他并不以自治行为为基础"[1],因此无法解释这种他决的制度如何决定劳动者和用人单位之间具有交换关系的权利和义务。这一问题既是用人单位规章的集体合意理论最大的伤疤,也是百年来德国劳动法界讨论众多,但最终也无法彻底解释的问题。除了上述集体合意理论自身的解释困境外,其在我国适用还存在如下制度障碍:我国用人单位规章制定的过程往往不需要劳动者一方集体利益表达的同意,在大多数情况下只需要听取意见就满足规章制定的程序性条件了,用人单位规章的制定往往缺乏集体合意。如果像一些学者所主张的那样或者在一些国有企业实施的那样,用人单位规章也需要达成集体合意,则用人单位规章和同在企业内部签订的集体合同之间的界限就消失了,二者发生了制度重复,陷入区分困境。

总结以上讨论,可以认为现有众多理论在根本上无法立足于我国现行法的规则解决用人单位规章的正当性基础及其教义学归入问题。在单个合意形式化,集体合意在制度和理论上都存在困境的背景下,立足我国用人单位规章的制度设计,需要一种新理论去解释我国用人单位规章制度,并且据此展开现有制度的解释和构建。该理论即本书提出的"用人单位指示权集体化行使论"。

---

〔1〕 Raimund Waltermann, Rechtsetzung durch Betriebsvereinbarung zwischen Privatautonomie und Tarifautonomie, J. C. B. Mohr, 1996, S. 99.

（二）用人单位规章作为用人单位指示权的集体化行使

本书认为，用人单位规章是建立在劳动合同基础上的用人单位指示权集体行使的现象。其基本的理论逻辑在于，如本书第六章所言，用人单位根据劳动合同享有单方确定劳动合同内容和生产条件的权利，也即用人单位指示权。用人单位指示权本身是合同中针对劳动者权利，但其却为生产组织体的形成提供了前提：用人单位指示权给用人单位提供了将通过单个合同获得的使用劳动力的机会根据自己意志组合起来的可能性，通过指示权行使最终在事实层面形成了生产组织体或经营共同体，这种组织体也被称为企业（Betrieb）。“经营共同体是一种包含雇主和所有工厂成员的社会群体”，“涉及一种事实上的，通过用工自动出现的共同体”。[1] 但该事实上存在的组织体如何进行法律定性并产生相应法律效果却需要进一步解释：其形成不同于传统的社团，不是私人自由结社的结果，不能适用社团的规则；劳动者在签订劳动合同时根本不会存在与其他劳动者和用人单位形成团体的意思；也不同于公组织，它不是国家公权力安排的结果，不适用公权力机关的规则，市场经济条件下，国家不会安排企业的生产组织问题；它是用人单位依据基于劳动合同而享有的指示权进行组织的结果，因此需要一种特殊的法律上的安排，解释基于用人单位单个指示权而事实上出现的生产组织体如何成为法律上可以生成规范的组织体。这一点需要从指示权集体化的角度展开。

在生产组织形成后，劳动给付出现了集体化现象，劳动者的劳动不再是在劳动者和用人单位之间，而是在组织体中完成的劳动给付。劳动者的劳动行为不仅影响劳动者和用人单位的利益，还影响其他劳动者的利益。“任何单个的劳动关系都已经加入集体性的利益组合中了。劳动者不是单独面对雇主，其他同事也与其休戚相关。如果他少干活了，其他人就得补上；如果他溜号了，其他人必须替他顶上。”[2] 与这种劳动给付集体化相匹配，企

---

〔1〕 Wiedemann, Das Arbeitsverhältnis als Austausch-und Gemeinschaftsverhältnis, 1966, S. 40.

〔2〕 Klaus Adomeit, Gesellschaftsrechtliche Elemente im Arbeitsverhältnis, 1986, S. 10.

业内部的秩序和行为指引也应进行集体化转型:企业中生产的组织不再是对单个劳动者为一个个的指示,而是以抽象规范的形式进行的;组织权限的内容不只是劳动合同内容的具体化,与劳动给付相关、构成其他劳动者给付环境的劳动者行为也属于安排的对象;在指示权集体化转型背景下,生产秩序以及保障秩序的生产组织内部组织规则也会出现。但以上所述只是一种社会现象并不是法律上的构造,法学研究应区分事实上的现象和规范层面的构造。[1] 从法律上如何理解这种组织权限,在缺乏传统社团中建立组织体的意思作为基础的背景下,一种可能的思路是继续按照上述合同理论的逻辑展开,再次回归到指示权本身,认为集体化行使的指示权(组织权)本质上依然是指示权。按照指示权的逻辑,则用人单位是组织权的享有者,是秩序的生成者。这样一来,用人单位规章的基础就回到了合同。从形式上看,这种思路中,合同所包含的劳动者同意为用人单位规章提供了正当性基础,但基于劳动关系的特殊结构,这种合意更多都是空洞的,"所谓的合同约定完全是一个拟制"[2]。从效果上看,这种思路将合意置于很高位置,名义上保护劳动者,实际上会导致劳动者利益落空。即使是通过集体参与限制用人单位制定规章权限的思路也未能改变这种格局:基于用人单位规章的合同基础,依然是用人单位享有规章制定权,是企业的"王",工会等劳动者代表组织的介入,只是对上述权限进行合理性控制。这些思路均没看到指示权集体化转型带来的质变,也未看到劳动者保护的实与名的差异。

与上述思路不同,本书认为,生产组织体固然是因用人单位指示权行使而在事实上产生的,但用人单位单个指示权却无法自动成为生产过程中管理生产组织体的权限(组织权限)。按照指示权的逻辑,其需要到达和受领才会发生效力,其功能限于确定单个劳动给付内容。要实现上述无须单个受领的抽象指示,实现超越劳动合同内容确定的秩序生成,让指示权成为一

---

〔1〕 Ulrich Luhmann, Betriebsjustiz und Rechtsstaat, 1975, S. 82f.

〔2〕 Arthur Nikisch, Arbeitsrecht, Band 3, 2 Aufl., 1966, S. 417; Franz Gamillscheg, Kollektives Arbeitsrecht, Band2, S. 883.

种组织权,在根本上需要一种从个体意志走向集体意志的机制。从劳动法的整个制度思路来看,这种机制就是劳动者一方利益代表的参与,“工厂是一种社会机构,在该机构中雇主和工厂委员会在法律所规定的相互配合中创设着他们的权利和他们的工厂秩序”[1]。具体而言,利益代表的参与实现了劳动者一方对用人单位意志的知悉,也实现了基于劳动者利益对用人单位意志的控制,这种控制在合意制定用人单位规章的国家或者通过集体合同规定管理权限的情况下属于强控制,在征求劳动者一方利益代表意志后制定用人单位规章的国家属于弱控制。在上述参与的基础上,代表用人单位和劳动者一方共同意志的规则进一步被公示将产出规范效力,对所有劳动者具有约束力,具有秩序功能。总体而言,通过劳动者一方的集体参与,个别劳动法层面上的指示权成为集体劳动法层面上的组织权;用人单位单方行使的指示权成为与劳动者一方代表共同行使的组织权。在此,劳动者一方的集体参与不再是用人单位单独享有的指示权的合理性控制因素,而是组织权产生的必要条件。这种参与使事实上存在的生产组织成为法律上能够形成规则和秩序的共同体,用人单位规章、劳动纪律均由此而生。这种共同体的运行以及其规则生成以用人单位和劳动者代表的共同意思参与为基础,因此是一种自治共同体;相对于国家安排而言,其也同时表达了企业自治(Betriebsautonomie)的理念。可以将上述解释用人单位正当性基础的学说称为“企业自治理论”。

六、我国用人单位规章的效力控制

(一)公权力介入用人单位规章制定的必要性

如上所述,我国用人单位规章采纳的是劳动者一方弱参与的模式。在《劳动合同法》制定前后,理论界确实存在用人单位规章需要劳动者一方同

---

[1] Meyer - Cording, Betriebsstrafe und Vereinsstrafe im Rechtsstaat, NJW, 1966, S. 225(226).

意才可生效的观点。[1]《劳动合同法》通过后，仅需劳动者一方参与而无须其同意的观点应当是符合现行法的。首先，该结论可以得到《劳动合同法》立法材料的证实。《劳动合同法（草案）》第5条第2款规定，“用人单位劳动规章直接涉及劳动者切身利益的，应当经工会、职工大会或职工代表大会讨论通过，或者通过平等协商作出规定”。但是在征求意见的过程中，有不少同志提出，“规章制度的订立作为用人单位的一项经营自主权，不宜成为民主表决或集体协商的内容，只要该规章制度的内容与法律法规或集体合同不冲突，就应当有效”[2]。最后通过的草案删除了“通过”程序，改为征求意见程序，仅保留协商程序。所以，此处的协商，应当不是要经过劳动者一方的同意。其次，我国学者也明确提出，“劳动规章制定程序中，平等协商作为职工参与的方式，既可能是经协商一致而确定劳动规章制度，也可能是经协商未达成一致时由用人单位在部分吸收工会或职工代表意见的基础上确定劳动规章制度”[3]。达成一致并不是用人单位规章制定的必要条件。所以，我国用人单位规章制定的模式依然是一种用人单位单方制定的模式，只不过制定过程需要吸收劳动者一方的意见而已。这是一种和日本法类似的模式。

其实我国采纳与日本法类似的模式是有其劳动者参与管理观念、工会体制等更深层次根源的。就劳动者参与管理的理念而言，尽管我国职工参与管理的制度历史也比较久远，“早在革命根据地和解放区的劳动立法中，就有若干关于职工民主管理的规定”[4]。但是很长一段时间，我国的理论更多是从所有权的社会主义公有制出发来论证职工参与管理制度的合理性

---

[1] 王俊英、宋新潮：《论用人单位劳动规章的法律效力》，载《河北法学》2003年第5期；徐金锋、李燕燕：《劳动规章“协商确定”之辨析》，载《求索》2012年第4期。

[2] 全国人大常委会法制工作委员会行政法室编：《劳动合同法（草案）参考》，中国民主法制出版社2006年版，第43页。

[3] 王全兴：《劳动法》（第2版），法律出版社2017年版，第280页。

[4] 王全兴：《劳动法》（第2版），法律出版社2017年版，第302页。

的。“职工是企业的主人是该制度构建的前提。”[1]随着市场经济的建立和企业所有权类型的多样化，以所有权为根源建立的劳动者参与管理制度不仅本身面临困境，而且导致对参与管理制度本身的否定：既然参与管理制度是建立在所有权基础上的，是所有权人管理权的体现，那就意味着谁享有所有权，谁将享有管理权，在民营企业中，企业财产所有权是出资人的，则出资人享有管理权，劳动者不享有管理权，不应参与管理。我国劳动者参与管理的这种理论基础，必然导致用人单位规章制定过程中劳动者集体意志的淡出。此外，与日本一样，我国的基层工会都是企业工会。如果用人单位规章的制定需要经工会或者劳动者代表的同意，则可能导致集体合同和用人单位规章主体、效力等方面的重合；如果用人单位规章不经工会或劳动者代表同意，而是经职工代表大会或者职工大会通过，则必然发生用人单位规章和集体合同的效力协调问题。

当劳动者一方无法决定用人单位规章，用人单位主导用人单位规章制定时，日本的经验表明，国家公权力对用人单位规章的内容进行审查则成为必要。我国学界一种非常重要的意见也认为，“国家公力机构对用人单位劳动规章之事前干预实为必须”[2]。

在我国，不仅是用人单位主导制定用人单位规章这种现象导致必须要有公权力干预的介入，而且集体合同不约束用人单位规章的规则也导致必须强化公权力的干预。在其他国家和地区，尽管是用人单位单方制定用人单位规章，但如上所述，用人单位规章不得违反集体合同的规定。企业集体合同的存在，其实可以将用人单位制定用人单位规章的自由裁量权压缩在很小的范围，但我国现行法并没有任何违反集体合同的用人单位规章无效的规定。用人单位的自由裁量权显然要比其他国家和地区大得多。为了解决此问题，我们应当引入违反集体合同的用人单位规章无效的规则。但即

---

〔1〕 常凯：《劳权论——当代中国劳动关系的法律调整研究》，中国劳动社会保障出版社2004年版，第314页。

〔2〕 郑尚元：《劳动合同法的制度与理念》，中国政法大学出版社2008年版，第354页。

使有此规则，也不能彻底解决限制用人单位规章内容的问题。因为在我国，“集体合同制度流于形式，集体协商走过场，集体合同内容简单空洞，不能或难以发挥应有作用”[1]。集体合同不能有效限制用人单位规章的现象也导致在用人单位规章的制定问题上，必须引入公权力的干预。

（二）公权力从合法性审查走向合理性审查

从现行法的规定来看，我国已经开始引入了公权力干预用人单位规章制度。《劳动合同法》第80条规定，“用人单位直接涉及劳动者切身利益的规章制度违反法律、法规规定的，由劳动行政部门责令改正，给予警告”。《最高人民法院关于审理劳动争议案件适用法律问题的解释（一）》第50条规定，“用人单位根据劳动合同法第四条规定，通过民主程序制定的规章制度，不违反国家法律、行政法规及政策规定”可以作为判案依据。但根据上述规定，行政机关对用人单位规章的审查限于合法性审查，司法机关对用人单位规章的审查也主要限于合法性审查。唯一留有空间的是“不违反政策规定”，似乎为合理性审查留下了空间，但却不够明确。如果对用人单位规章只有合法性审查，而没有合理性审查，则意味着企业在法律限定的范围内，对劳动条件的形成具有单独的支配权，只要企业制定的规定不违法就具有约束力，企业只受法律的约束，但是劳动者却要同时受到法律和用人单位规章的约束，这将导致劳动力和资本在企业中地位的失衡，也为用人单位通过用人单位规章侵害劳动者权益留下了空间。上述国家和地区的实践表明，企业规章的制定过程，是劳动者的自由与利益和用人单位自由与利益再分配的过程，这种再分配的过程必须受到合理性的限制。这种限制在我国应通过司法和行政机关的公权力之手完成。实际上，《劳动合同法》实施后我国裁判实践对用人单位规章进行合理性控制已成为一种发展趋势。例如，江苏省高级人民法院和江苏省劳动争议仲裁委员会联合印发的《关于审

[1] 姜颖：《对集体合同形式化的反思》，载《工会理论与实践（中国工运学院学报）》2004年第6期。

理劳动争议案件的指导意见》(苏高法审委〔2009〕47 号)第 18 条第 2 款规定,“用人单位在《劳动合同法》实施后制定、修改规章制度,经法定民主程序与工会或职工代表协商,但未达成一致意见,若该规章制度的内容不违反法律、行政法规的规定、不存在明显不合理的情形,且已向劳动者公示或者告知的,可以作为处理劳动争议的依据”,将“不存在明显不合理的情形”作为用人单位规章产生约束力的前提。在一起依法制定的用人单位规章规定禁止打黑车违者以开除论处的案件中,裁判机关认为,“用人单位规章制度是指用人单位依法制定的、仅在本企业内部实施的、关于如何组织劳动过程和进行劳动管理的规则和制度,是用人单位和劳动者在劳动过程中的行为准则,也称企业内部劳动规则。规章制度既要符合法律法规的规定,也要合情合理,不能无限放大乃至超越劳动过程和劳动管理的范畴”[1]。这些都是典型的对用人单位规章进行合理性审查的实践。

〔1〕 张建明诉京隆科技(苏州)公司支付赔偿金纠纷案,载《最高人民法院公报》2014 年第 7 期。

第三编

用工关系协调的教义学展望

引　言

本书第二、三编从劳动关系及其协调机制两个角度，站在现行劳动法的制度和实践基础上论证了劳动法作为特别私法的命题及其法教义学逻辑。随着进入数字时代，生成于工业时代的劳动法面临着各种各样的挑战，同时我国“劳动法典”制定的呼声也日益高涨，劳动法作为特别私法的命题尚需回应上述未来劳动世界与劳动法制的变化。而对这两个问题的讨论，也可以再次展示将劳动法定位为特别私法，从整个私法体系，从用工关系法律调整的制度整体理解和把握劳动法制度的合理性所在。

第十章　用工关系调整的法律谱系及其完善

随着我国产业的发展与经济形势的变化,如何应对新的用工形势,实现劳动关系协调的灵活与安全并重,是近年来劳动法理论和实务共同关注的话题,就此虽讨论很多,却始终未有令人满意的方案。时至当下,数字时代的兴起,新型用工方式的发展导致劳动世界的图景更加丰富多样,灵活与安全的诉求也更加突出,劳动法律的制度供给相对捉襟见肘,对劳动法的失望与劳动法的危机观念并存。以平台用工为例,司法实践围绕平台用工法律关系是劳动关系还是非劳动关系,是要尊重平台的灵活性还是要实现劳动者的保护,"削足适履"或者同案不同判的状况并不罕见;不同学术观点的对立也显而易见。[1] 在解决上述问题的讨论过程中,完善劳动关系协调机制,实现劳动关系类型化或分层治理的观点日益成为共识,类劳动者的讨论也不断出现。但就劳动关系分类处理而言,其作为观念容易接受,作为立法技术如何实现似乎难上加难,立法者的每一次分类处理都意味着制度性的区分对待,这种区分导致不公和社

---

〔1〕 常凯:《平台企业用工关系的性质特点及其法律规则》,载《中国法律评论》2021 年第 4 期;阎天:《平台用工规制的历史逻辑——以劳动关系的从属性理论为视点》,载《中国法律评论》2021 年第 4 期。

会选择风险的可能是显而易见的。就类劳动者的引入而言,类劳动者是不是与劳动关系、劳务关系同一层面的新范畴,该概念的引入会不会引起新的僵化?[1]在2021年7月16日人社部、国家发展改革委等八部门共同印发的《关于维护新就业形态劳动者劳动保障权益的指导意见》引入"不完全符合确立劳动关系情形"的用工关系后,相关疑虑又再次出现。所有这些疑问和担心的重要根源之一在于,我们往往仅从劳动法角度孤立地认识市场配置劳动力资源问题,认为劳动力提供者的问题就是劳动法的问题,未能坚持问题导向,从市场配置劳动力资源这个宏观前提出发讨论制度选择和制度完善。但如德国学者所指出的,"标准劳动关系以及其他用工形式(非标准劳动关系以及类似劳动者的自主劳动者用工)通常被各自孤立地观察。但正确的是,应当在一国劳动法律制度的视角下,将这些不同的(用工)形式关联起来"[2]。在各种细节而又技巧性的安排已讨论良多的基础上,我们有必要重回市场配置劳动力资源的这个视角,梳理用工关系协调的法律规则谱系,发掘该谱系发展的规律,在谱系完善、思路厘清的基础上探究工业4.0时代用工关系协调机制存在的问题和完善方向,这种谱系式的思考同时也需要一种劳动法学方法的革新。这也是本章的基本思路。

一、使用他人劳动力之法律工具的历史图景

通过合同使用他人劳动力[3]是一种由来已久的社会现象,但使用他人劳动力的法律工具(法律关系)却从来不只是劳动合同,并且在不同时代,其主要形态各不相同。这些法律工具是既有法律体系逻辑推演的结果,但更是法的制度不断应对生产关系变革的结果,具有很强的归纳和提炼色彩。

---

〔1〕 肖竹:《第三类劳动者的理论反思与替代路径》,载《环球法律评论》2018年第6期。

〔2〕 Wank, Abschied vom Normalarbeitsverhältnis? —Welche arbeits - und Sozialrechtlichen Regelungen Empfehlen sich im Hinblick auf die Zunahme neuer Beschäftigungsformen und die Wachsende Diskontinuität von Erwerbsbiographien? RdA 2010, S. 205.

〔3〕 由于市场配置劳动力资源就是通过合同配置劳动力资源,对通过合同使用他人劳动力的制度谱系的历史梳理就是对通过市场配置劳动力资源的法律制度的梳理。

梳理这一历史过程,[1]将不仅可以看到通过合同使用他人劳动力的法律工具的整体图景,还可以看到协调用工关系的法律机制的发展脉络、趋势和规律。

(一)民事合同用工的谱系

与人类社会从身份到契约的运动一样,[2]使用他人劳动力的法律工具也首先经历了从身份到契约的发展过程。在罗马法中,由于奴隶这种身份劳动的存在,导致大部分经济部类的用工关系都被排除在合同法之外。[3]在仅有的通过合同用工的领域,“奴隶为主人之外的人提供劳动受物的租赁(locatio conductio)规则调整。与此相对,高级劳务由自由人基于委托合同无偿提供”[4]。此后合同用工的法律制度基本沿着租赁与委托这两条主线向前发展,并且日渐成为最重要的使用他人劳动力的法律制度。在欧洲共同法中,上述罗马法中的租赁规则进一步分化为对物的租赁(locatio conductio rei)、承揽租赁(locatio conductio operis)以及雇佣租赁(locatio conductio operarum),这种格局一直延续到《法国民法典》之中。随后在德国等国家,雇佣租赁独立出来,形成现代的雇佣合同。[5] 在此过程中,委托合同的发展出现了分化格局,有的国家坚持了罗马法中无偿委托合同的传统,同时为了填补制度供给空白,发展出了有偿处理他人事务的合同,[6]这样一来,以利用他们劳务为标的的合同就包括雇佣合同、承揽合同、委托合同、处理他

---

〔1〕 毫无疑问这一历史并非我国使用他们劳动力的法律关系发展的历史,但包括我国在内的东亚国家现有的劳动法的制度和民事法律一样,有很强的继受色彩。我国现有用工制度的演进依然要追寻其法源国家的制度变迁。

〔2〕 [英]梅因:《古代法》,沈景一译,商务印书馆 1997 年版,第 97 页。

〔3〕 Esser/Weyers, Schuldrecht, Band 2, Besonderer Teil, Teilband1, C. F. Müller Verlag, 1997, S. 230.

〔4〕 [德]雷蒙德·瓦尔特曼:《德国劳动法》,沈建峰译,法律出版社 2014 年版,第 26 页。

〔5〕 Reinhard Richardi, in: Staudinger Kommentar/Eckpferler, (2008), S. 687.

〔6〕 Esser/Weyers, Schuldrecht, Band 2, Besonderer Teil, Teilband1, C. F. Müller Verlag, 1997, S. 230.

人事务的合同、保管合同等；[1]而有的国家则打破了无偿委托的传统，委托可以为有偿和无偿，所以“在民法上，将广义上的以利用他人的劳务或者劳动力为标的的契约（劳务供给契约，Arbeitslieferungvertrag）分为四种类型，分别是雇佣、承揽、委托及保管”[2]。自此，民法中使用他人劳动力的合同类型基本形成。上述使用他人劳动力的合同在德国等大陆法系国家统称“劳务合同”（Tätigkeitverträge）[3]，尽管人们通过劳动给付属于给付行为还是给付结果、有偿还是无偿等努力对其作各种区分，但对用工关系协调的法律体系而言，应当注意的是：其一，上述不同用工合同在制度发展上同根同源，也因此具有共性以及制度之间的协同性。这就决定了用工关系法律谱系的完善和发展应注意制度之间的配合并防止制度残缺与制度替代。其二，上述同源性再加上各种用工合同类型虽有逻辑建构成分，但更是实践创造的结果，因此其区分在边缘地带始终存在不清晰之处，难以彻底切割。例如，就看起来可以清晰区分的雇佣合同和承揽合同而言，“人们也有意识地接受了雇佣合同和承揽合同有时候难以区分”[4]。

（二）劳动合同用工的独立

上述沿着罗马法的思路以个人主义为出发点演进的用工法律制度始终受到其他非罗马法因素的影响，进入工业化时代之后，随着劳动领域社会问题的出现，面对劳动者和用人单位之间结构性的力量失衡，对这种工业生产中的用工关系（后世称其为劳动关系）进行特别调整的思路开始形成。例如，《德国民法典》通过后不久，德国劳动法之父辛茨海默就提出，“劳动法应

[1] Fikentscher/Heinemann, Schuldrecht, 11. Auflage, De Gruyter, 2017, S. 683.

[2] [日]我妻荣：《债权各论》（中卷二），周江洪译，中国法制出版社2008年版，第2页。

[3] Dirk Looschelders, Schuldrecht, Besonderer Teil, 4. Auflage, Carl Heymanns Verlag, 2010, S. 1.

[4] Richardi, Das Arbeitsrecht im Zivilrechtssystem, ZfA, 19Jg, 3/1988, S. 223; Larenz, Methodenlehre der Rechtswissenschaft, 6. Auflage, Springer – Verlag, 1991, S. 302.

从民法中尽可能地解放出来,对劳动法来说其精神是异质的"〔1〕。在此过程中,如下现代的和传统的不同因素和制度来源汇集于一起,涌入既有的使用他人劳动力的制度体系之中:〔2〕其一,日耳曼法传统。现代民法的制度、理念和体系从罗马法发育而来,但在该体系生成过程中,日耳曼法因素始终以各种各样方式相伴其左右。在对工业生产中的用工关系进行制度设计过程中,一种重要的思路从日耳曼法中的忠诚协议展开,〔3〕构建劳动关系调整的规则和理论。这就从历史起源上将劳动关系置于与其他民事用工关系不同的制度基础上。其二,身份法的残余。与上述传统有关,但又不完全相同的是身份法因素。"在上个世纪(指19世纪)80年代,劳动法依然是职业群体法,其对个别领域——手工业、行业、矿山、航海、仆役等——的用工关系进行不同调整(部分也是通过地方法完成)。劳动者概念作为所有劳动者群体的上位概念源自世纪之交洛特玛(Lotmar)开创历史的论述才得以普遍接受。"一战"后,其才逐渐进入立法中。"〔4〕这些身份法或者职业群体法的制度有其生产组织上的必要性,有其传统的根基,也有其零散混乱的特点,在统一民法典制定过程中其依然被保留,在民法典之外继续发展。在统一劳动合同观念形成后,职业群体法中的很多因素融入劳动合同中,成为民事合同的异质因素。其三,公法因素。国家解决劳动领域社会问题最早采取的手段是公法,劳动法起源于公法,〔5〕劳动法中有大量公法性规范,而在传统中这种公法性的规范仅带来公权机关的执法效果并不引发私人之间的权利和义务关系。〔6〕 在市民社会和政治国家分离观念盛行的年代,具有公法

---

〔1〕 Sinzheimer, Über den Grundgedanken und die Möglichkeit eines einheitlichen Arbeitsrecht für Deutschland, in: Hugo Sinzheimer Arbeitsrecht und Rechtssoziologie, Band 1, Europäische Verlagsanstalt, 1976, S. 49.

〔2〕 关于18世纪、19世纪劳动法问题被剥离出民法典的原因,也可以参见本书第一章的讨论。

〔3〕 [德]雷蒙德·瓦尔特曼:《德国劳动法》,沈建峰译,法律出版社2014年版,第28页;黄越钦、黄鼎佑:《劳动法新论》,台北,翰芦图书出版有限公司2015年版,第35页。

〔4〕 Hromadka, Arbeitnehmerbegriff und Arbeitsrecht -Zur Diskussion um die "neue Selbständigkeit", NZA 1997, 569(573).

〔5〕 [德]雷蒙德·瓦尔特曼:《德国劳动法》,沈建峰译,法律出版社2014年版,第30页。

〔6〕 沈建峰:《劳动基准法的范畴、规范结构与私法效力》,载《法学研究》2021年第2期。

因素的用工制度与传统民事合同自然也格格不入。其四,团体主义因素。劳动者作为阶级、阶层或者具有共同利益的群体等团体主义因素在劳动法发展中始终不断浮出并影响制度设计。[1] 而团体主义的东西相对源自罗马法的个人主义制度始终是异质的。总体来看,在劳动法发展早期,以上各种传统私法异质的因素共同作用于民法中已有的雇佣合同或者雇佣租赁合同中,一种被称为劳动合同的新合同类型分离而出,日渐独立。

对当下认识劳动关系的定位以及用工关系谱系完善而言,上述历史发展过程在以下方面尤其值得关注:其一,统一劳动关系范畴是劳动法制度发展过程中逐渐综合各种因素和思潮提炼和归纳而出的,而非逻辑演绎的结果,因此其概念无法通过刚性因素去限定,其范畴是各种异质因素的结合。其二,从历史发展来看,劳动合同这种合同类型立足传统雇佣合同,但又包含与传统民事合同异质的因素,在其此后的发展中,围绕始终并决定其定性的是传统私法和这些异质因素在劳动合同中谁更主导,劳动关系与雇佣合同的关系也因此在观念上分分合合,但无法否认的是劳动合同的雇佣合同基础。其三,劳动关系在一开始被以零散的职业劳动法、身份劳动法、群体劳动法方式调整,并不存在统一的劳动关系概念,更不存在典型劳动关系的观念。后发的统一概念并未彻底排除前在的个别职业群体劳动关系等的继续存续,只是在统一劳动关系概念形成后,其更多成为一种非典型的现象。从典型劳动关系和非典型劳动关系的角度来看,劳动关系的发展经历了从特殊、非典型劳动关系为起点,到工业化时期形成典型劳动关系但同时非典型劳动关系一直存在的历史过程。

(三)类劳动者的存续

在上述罗马法基础上衍生而来的充满个人主义因素的民事合同用工制度和工业化时代劳动合同制度的夹缝中,一种传统生产方式下的用工关系

---

[1] 沈建峰:《社会法、第三法域与现代社会法——从基尔克、辛茨海默、拉德布鲁赫到〈社会法典〉》,载《华东政法大学学报》2019 年第 4 期。

一直延续:小作坊主、小手工业者提供的劳动。在工业化的浪潮中他们甚至以各种方式为存在而努力。[1] 这一群体有自己的生产工具,相对独立的工作,但在工业化的夹缝中却不得不委身于特定的订货商,通过承揽等方式为特定工业企业提供生产结果。这种生产方式使用传统民事法的法律工具——主要是承揽,参与市场竞争,因此不属于严格意义上的劳动关系;但在经济上却从属于特定工业企业。这就形成了一种特殊利益结构——自主生产+经济从属,即从市场参与的角度来看,其是经营者,但从实际经济能力来看,其却不具有独立性。对这种现象,一些国家将其放逐于民法的框架,最多从市场竞争的角度,依托竞争法规则对其进行规制;[2] 而在其他一些国家,如德国、奥地利、[3] 加拿大、英国、西班牙、意大利等,[4] 它被做了特殊处理,相关群体被纳入类劳动者或者类似的观念下进行调整,比较典型的就是进行专门的家庭劳动者立法。在德国,1911 年,在这一劳动法尚为存在而努力的时代,就已经专门制定了《家庭劳动法》(Hausarbeitsgesetz)。[5] 在当代,当我们为了应对平台用工而谈及类劳动者现象时,在一定程度上它只是一种历史范畴的当代复兴,而不是数字时代才出现的新现象。"联邦劳动法院 2016 年的一个判决如一声惊雷,该判决认可了《家内劳动者法》可以适用于程序员。法院以此方式将《家内劳动者法》从沉睡中唤醒。"[6]

总结上述发展过程,可以看出"在一开始,大概 100 年前,就存在将工薪工人、家庭手工业和企业主——用今天的术语来说就是劳动者、类劳动者和

---

[1] Martin Becker, Arbeitsvertrag und Arbeitsverhältnis in Deutschland, Vittorion Klostermann, 1995, S. 61.

[2] Schubert, Neue Beschäftigungsformen in der Digitalen Wirtschaft-Rückzug des Arbeitsrechts?, RdA 2018, 200(201).

[3] Rebhahn, Arbeitnehmerähnliche Personen-Rechtsvergleich und Regelungsperspektive, RdA 2009, 236(238).

[4] 肖竹:《第三类劳动者的理论反思与替代路径》,载《环球法律评论》2018 年第 6 期。

[5] Kaskel, Das neue Arbeitsrecht, 4. Auflage, Verlag von Julius Springer, 1922, S. 284.

[6] Deinert, Die heutige Bedeutung des Heimarbeitsgesetzes, RdA 2018, 359(360).

独立劳动者——彼此区分的需要"[1]。在大概100年前,通过市场配置劳动力资源的法律工具谱系就包括传统民法的劳务合同(各种独立劳动者),从劳务合同中分离而出的劳动合同以及类劳动关系。因此,可以说调整用工关系的法律规则谱系从来也不是劳动者与独立劳动者二分的体系,而是独立劳动者、类劳动者以及劳动者三分的体系,[2]这是历史中产生的用工关系基本图景,通过这种三元的制度供给,整个用工制度实现安全和灵活的平衡。

二、数字时代去劳动关系化的发展与劳动法的危机

(一)去劳动关系化的发展

劳动法产生于工业化生产时代,"劳动契约制度建立时所根据的社会背景是工业发展过程中的市场经济社会;所掌握的是成年男性劳工的工作生活特征,他们在雇主的工厂中,以不定期契约的形式,服从雇主指示,提供特定的劳务"[3]。劳动法所要解决的是工业化生产中的劳动者问题,[4]其调整原型是工业化生产背景下流水线上的蓝领工人。"他生活在贫穷的状况中,一整天在艰苦的劳动条件下为微薄的工资而拼命工作。工厂主和劳动者之间存在明显的财富和身份落差。"[5]这样一种制度原型和相关保护性的、给用人单位带来负担的制度设计必然导致在劳动关系用工蓬勃兴盛的同时,非劳动关系用工依然悄然存在和发展。即使在德国这样高度工业化的国家,仍有五分之一的劳动力提供者并非处于劳动关系之中。[6] 进入21

---

[1] Hromadka, Hromadka, Arbeitnehmerbegriff und Arbeitsrecht-Zur Diskussion um die "neue Selbständigkeit", NZA 1997, 569(573).

[2] Hromadka, Hromadka, Arbeitnehmerbegriff und Arbeitsrecht-Zur Diskussion um die "neue Selbständigkeit", NZA 1997, 569(576).

[3] 黄越钦、黄鼎佑:《劳动法新论》,台北,翰芦图书出版有限公司2015年版,第41页。

[4] Tilman Regen, Die soziale Aufgabe des Privatrechts, Mohr Siebeck 2001, S. 215.

[5] Hümmerich, Arbeitsverhältnis als Wettbewerbsgemeinschaft-Zur Abgrenzung von Arbeitnehmern und Selbständigen, NJW 1998, S. 2625.

[6] Zöllner, Loritz, Hergenröder, Arbeitsrecht, C. H. Beck 2015, S. 10.

世纪，数字时代到来后，"由于数字革命降低了沟通的时空限制，以长期雇佣为主导的雇佣方式受到挑战，各种具有非正式性、临时性或非全日制特征的不稳定雇佣方式开始不断出现，并且开始占据越来越大的比重"〔1〕。不能建立经典劳动关系进而纳入传统劳动法调整范围的用工关系也是日渐扩大，全球均呈现"去劳动关系化"趋势。以德国为例，〔2〕相较于 2012 年，2016 年德国总人口增长了 198 万多，就业人口增长了约 331 万，但基于劳动关系而劳动的人数则下降了 70.5 万人。从 2010 年到 2016 年，独立从业者则从 3,418,000 人增加到 3,653,000 人，独立从业者中的自雇者比例从 2010 年的 49.6% 增加到 54.4%。近年来，以互联网技术为基础而发展的平台用工日益增加，进一步冲击了传统劳动关系方式的用工。在德国，一个基本的判断是不具有劳动关系的类劳动者数量在增加。〔3〕就整个欧洲而言，早在 2009 年就有学者提出，"谨慎估计的话，四分之一的独立劳动者属于经济从属者，也就是在欧盟有 500 万的从业者"〔4〕。

在我国，劳动关系之外的用工方式本应比发达市场经济国家更普遍。这是因为，"非正规就业，也即在未登记的非正规经济部门的就业，也包括在正规部门的非正规就业和家庭帮工，在发展中国家和地区以及新兴经济体

〔1〕 胡莹：《数字经济时代我国的劳动过程分析——基于马克思劳动过程理论的视角》，载《社会主义研究》2021 年第 4 期。

〔2〕 根据德国联邦统计局的数据，2016 年，德国人口总共约 82,482,000 人，达到就业年龄的人口为 45,284,000 人，已就业人口为 43,513,000 人（包括劳动者、高级雇员、学徒、公务员、小微从业者、士兵以及独立劳动者、家庭成员助手等），其中 90.1% 均是以劳动者身份提供劳动，9.9% 则是自由劳动者。参见德国联邦统计局网，https://www.destatis.de/DE/Publikationen/StatistischesJahrbuch/Arbeitsmarkt.pdf?__blob=publicationFile；"2016 年 3 月 31 日，德国有 31,194,562 人基于劳动关系而工作。"Vgl. Preis, Arbeitsrecht, Individualarbeisrecht Lehrbuch für Studium und Praxis, 5. Auflage, Verlag Dr. Otto Schmidt KG 2017, S. 11.

〔3〕 Rebhahn, Arbeitnehmerähnliche Personen-Rechtsvergleich und Regelungsperspektive, RdA 2009, S. 236; Vgl. Schubert: Neue Beschäftigungsformen in der digitalen Wirtschaft-Rückzug des Arbeitsrechts? RdA 2018, S. 201.

〔4〕 Rebhahn, Arbeitnehmerähnliche Personen-Rechtsvergleich und Regelungsperspektive, RdA 2009, S. 240.

的非正规就业占比为59.5%，而发达国家和地区仅为17.1%"[1]。同时我国还出现了与其他国家相比平台用工更快的发展趋势，平台劳动力提供者人数不断增长。“2020年共享经济参与者人数约为8.3亿人，其中服务提供者约为8400万人，同比增长约7.7%。”[2]而从目前裁判实践来看，由用工方式所致，平台劳动者多不被认可是与平台建立劳动关系的劳动者，平台劳动者人数的增加其实也是去劳动关系化趋势在增强。除此之外，我国劳动法中特有的两个制度：用工主体资格和劳动者主体资格制度进一步导致大量劳动力提供者游离于劳动法的适用范围之外。根据我国《劳动法》的规定，只有依法成立的组织体才可以成为用人单位，因此自然人（个体工商户除外）、家庭等即使发生了依附性用工也不能建立劳动关系；不仅如此，一些组织体如村居委会等尽管是依法成立的组织体，在很多地方的实践中依然不被认为可以作为用人单位，进一步缩小了适格用人单位的范畴。而在劳动力提供者一方，根据我国现行法律和实践，学生、达到退休年龄的人以及未领取就业许可证的外国人都不是适格的劳动者，无法建立劳动关系。以上种种因素导致在我国能够建立劳动关系，适用劳动法的劳动者只占劳动力提供者中非常有限的一部分。有学者认为，“包含在中产阶级的受到劳动法保护的正规经济的劳动人民只占就业人口中的16.8%，而半工半农不受劳动法保护的非正规经济的劳动人民则占到83.2%"[3]。而从国家统计局等相关部门的统计来看，上述比例也并不乐观。根据《中国劳动统计年鉴》，2016年全国就业人口中，56.4%属于雇员，37.7%为自营劳动者，2.8%为雇主，3.0%为家庭帮工。[4] 仅就城镇来看，73.3%属于雇员，20%为自营劳动

---

〔1〕 王永杰：《“全球化、结构变化与工作任务：新时代的中国劳动力市场”国际研讨会综述》，载《劳动经济研究》2018年第1期。

〔2〕 国家信息中心分享经济研究中心、中国互联网协会分享经济工作委员会：《中国共享经济发展报告(2021)》，载国家信息中心互联网门户网，http://www.sic.gov.cn/sic/93/552/557/0219/10775_pc.html。

〔3〕 黄宗智：《重新认识中国劳动人民——劳动法规的历史演变与当前的非正规经济》，载《开放时代》2013年第5期。

〔4〕 国家统计局人口和就业统计司、人力资源和社会保障部规划财务司编：《中国劳动统计年鉴(2017)》，中国统计出版社2018年版，第69页。

者,4.0%为雇主,2.7%为家庭帮工。[1] 因为上述雇员涵盖了公务员、事业单位工作人员等,在上述雇员中,属于劳动法意义上劳动者的人数可能还会更低。《中国劳动统计年鉴》上的其他数据可以进一步佐证该观点。2016年,全国就业人口77,603万,城镇职工41,428万人。[2] 但实际上参加城镇职工基本养老保险的职工为27,826.3万人[3],职工基本医疗保险的职工为21,720万人,[4]全国参加失业保险人数为18,089万,[5]全国参加工伤保险人数为21,889.3万[6]。从有劳动关系则原则上就会从缴纳社会保险的角度推断,当下劳动关系中的劳动者占全部劳动力提供者的比例可以不超过40%。

（二）劳动法的危机

在上述劳动世界图景变化和劳动关系覆盖人群的数据基础上,可以认为当下劳动法在如下两层意义上面临着危机:其一,劳动法的功能危机。因为适用受到劳动关系这一前提限制,劳动法只解决劳动关系项下的劳动者保护问题,在非劳动关系用工扩大的背景下,导致大量难以认定存在劳动关系但却具有社会保护需求的劳动力提供者不能纳入劳动法的适用范围,引发劳动用工的保护不足,用工安全性不够;或者勉强认为其是劳动关系纳入劳动法的适用范围,却因不符合用工实际,导致用工灵活性不够。在我国,很长一段时间甚至一些最需要保护的人——农民工、老龄劳动者、网约送餐

[1] 国家统计局人口和就业统计司、人力资源和社会保障部规划财务司编:《中国劳动统计年鉴(2017)》,中国统计出版社2018年版,第73页。

[2] 国家统计局人口和就业统计司、人力资源和社会保障部规划财务司编:《中国劳动统计年鉴(2017)》,中国统计出版社2018年版,第2页。

[3] 国家统计局人口和就业统计司、人力资源和社会保障部规划财务司编:《中国劳动统计年鉴(2017)》,中国统计出版社2018年版,第367页。

[4] 国家统计局人口和就业统计司、人力资源和社会保障部规划财务司编:《中国劳动统计年鉴(2017)》,中国统计出版社2018年版,第379页。

[5] 国家统计局人口和就业统计司、人力资源和社会保障部规划财务司编:《中国劳动统计年鉴(2017)》,中国统计出版社2018年版,第381页。

[6] 国家统计局人口和就业统计司、人力资源和社会保障部规划财务司编:《中国劳动统计年鉴(2017)》,中国统计出版社2018年版,第388页。

员等均无法适用劳动法的规范，[1]劳动法日益成为“工业”劳动者的法；同时一些比较强势、从而保护需求弱的高级劳动者，如高管等，却毫无例外地适用劳动法，劳动法成为“贵族”劳动法。两种因素结合，共同的结果是人们所期待的劳动法保护劳动者，解决社会问题的功能落空或者错位，劳动法在灵活与安全的夹缝中陷入功能危机。其二，劳动法的存续危机。通过劳动关系方式用工的情况不断减少，劳动法调整的社会关系日益萎缩之时，可能也是劳动法萎缩之时，去劳动关系化会对劳动法的存续产生直接冲击。从历史发展来看，随着社会经济发展而消灭的法律关系和法律规范也并不罕见。劳动法真的面临危机吗？如果坚持传统劳动法的思路似乎是如此。但问题是，劳动法的上述危机并非因为劳动世界的社会问题不再存在，在进入数字时代后，以平台用工劳动者为代表的劳动力提供者的保护需要不是减弱，而是更加凸显了。因此，所谓劳动法的危机，表达的更多是对劳动法没有能力解决这些社会问题的失望，与其说数字时代劳动法面临危机，不如说劳动法的传统思路面临危机。

三、拯救劳动法：扩大劳动关系范围与分类处理

面对上述业态变迁等带来的劳动法危机，尤其是面对劳动力提供者需要保护的现实，理论界的基本反应是劳动法应当与时俱进，一方面扩大劳动法的适用范围。“基于我国就业形式的多元化趋势，劳动者的保护范围不仅应当扩展到全部从属性劳动，而且应当扩展到自治性劳动中的准从属性劳动，尤其是将劳动者保护的阳光普照到新技术、新产业、新业态中的准从属性劳动者身上。”[2]另一方面对劳动关系进行分类分层，[3]以此实现安全

---

〔1〕 随着《保障农民工工资支付条例》的颁布，农民工适用劳动法中的一些工资保障制度的问题已经得到一定程度的解决。

〔2〕 王全兴、粟瑜：《意大利准从属性劳动制度剖析及其启示》，载《法学杂志》2016年第10期。

〔3〕 参见王全兴、王茜：《我国“网约工”的劳动关系认定及权益保护》，载《法学》2018年第4期；姜颖、沈建峰：《正确评估〈劳动合同法〉适时修改〈劳动法〉》，载《中国劳动关系学院学报》2017年第3期。

和保护的平衡。但如何扩张劳动法的适用范围？如何对其分层分类？在此并无统一的意见。

（一）不同思路梳理

从目前来看，大概存在四种扩大劳动法适用范围并进行分类处理的不同思路。其一，改变劳动关系的认定标准，直接扩大劳动关系的范畴。"'互联网+'必将加速灵活就业的普及化发展，这就意味着将会出现更多形式的新型用工方式，劳动关系必将面临一个适用范围扩大化的趋势。因此，有必要创新劳动关系认定标准。"〔1〕甚至提出，"基于现在已有独立的劳动法，可将雇佣关系视为劳动法调整范围内一般劳动关系的一种特别形态，由劳动法统一调整"〔2〕。实际上，在其他国家也有学者提出以经营者机会和自愿承担风险标准替代依附性标准来认定劳动关系的主张，〔3〕这一标准转换将实质性地扩大劳动关系的范畴。〔4〕 其二，引入非标准劳动关系概念。早在《劳动合同法》通过之后，就有学者开始讨论非标准劳动关系的问题，认为非标准劳动关系具有"三分""三合"的特点，"三分"即"劳动关系与工作场所分离、劳动关系与持续性工作分离、劳动关系中雇佣与使用分离"〔5〕；"三合"是指"劳动关系与经营关系重合、劳动关系与服务关系重合、劳动关系与劳动关系重合"〔6〕。在平台用工的推动下，主张建立非标准劳动关系制度的观点也越来越多。"在互联时代中，劳动法应该为网约工正名，认定其劳动者的法律身份，同时以兼职或者以合作方式加入 App 平台公司并依其信息、受其指示而提供劳务的网约工，其与 App 平台公司的关系是劳动法意义

〔1〕 胡放之：《网约工劳动权益保障问题研究——基于湖北外卖骑手的调查》，载《湖北社会科学》2019 年第 10 期。

〔2〕 范湘凌：《论劳动关系法律调整的理性化扩张》，载《政法学刊》2006 年第 6 期。

〔3〕 Wank, Arbeitsnehmer und Selbständige, C. H. Beck 1988, S. 390.

〔4〕 Deinert, Die heutige Bedeutung des Heimarbeitsgesetzes, RdA 2018, S. 367.

〔5〕 董保华：《论非标准劳动关系》，载《学术研究》2008 年第 7 期。

〔6〕 董保华：《论非标准劳动关系》，载《学术研究》2008 年第 7 期。

上的非标准劳动关系。”[1]但从目前的讨论来看,非标准劳动关系的规范内涵是什么,具体认定标准是什么,并不明确。其三,受德国等国理论的影响,主张在我国引入介于劳动者和非劳动者之间的劳动力提供者——类劳动者或准从属性劳动者[2]的范畴。“从平衡共享经济发展和劳动者权益保护的理念出发,有必要在我国增设‘类劳动者’这一法律主体,从而为政府包容审慎监管提供便利。类劳动者介于劳动者和劳务者之间,其在人身从属性上弱于劳动者,在经济从属性上则强于劳务者。因此,政府对类劳动者进行的倾斜保护应当弱于标准劳动关系,而高于具有更高自主性的劳务关系。”[3]但对类劳动者是什么,它与非标准劳动关系的关系是什么,却存在不同意见,有时会出现将类劳动者与非标准劳动关系混同的思路。其四,特别立法的思路。也有学者完全从实用主义的角度出发,不拘泥于上述体系归入,提出进行特殊劳动关系的专门立法,“很有必要根据劳动力市场供求和就业结构新变化,在宪法和专门法所确立的最基本劳动权利(这些权利必须得到严格保护)之外,扩大权利主体的含义,充分认识这种新型劳动关系的特点及其与传统劳动的关系,调整现行劳动法规政策的适用范围;针对灵活就业的特殊群体、特殊行业、特殊需求提出相应的劳动标准及专门法规与政策,建立线上线下相辅相成的利益诉求表达渠道和维护机制”[4]。

---

〔1〕 王健:《APP平台用工中的网约工身份认定与劳动关系重构》,载《兰州学刊》2019年第6期;类似的观点参见胡磊:《网络平台经济中“去劳动关系化”的动因及治理》,载《理论月刊》2019年第9期;匡青松、张国辉:《共享经济下互联网平台用工劳动关系认定研究》,载《吉林工商学院学报》2019年第6期;焦娟:《共享经济用工法律规制研究》,载《广西政法管理干部学院学报》2019年第3期。

〔2〕 参见王全兴、粟瑜:《意大利准从属性劳动制度剖析及其启示》,载《法学杂志》2016年第10期。

〔3〕 盖建华:《共享经济下“类劳动者”法律主体的制度设计》,载《改革》2018年第4期;同样的观点参见班小辉:《论“分享经济”下我国劳动法保护对象的扩张——以互联网专车为视角》,载《四川大学学报(哲学社会科学版)》2017年第2期。

〔4〕 肖巍:《灵活就业、新型劳动关系与提高可雇佣能力》,载《复旦学报(社会科学版)》2019年第5期。

(二)劳动关系扩大化还是混沌化?

总结上述各种思路,其共同取向在于扩大劳动法的适用范围,其扩大的方法之一是打破劳动关系的传统认定标准,模糊劳动关系的范畴。在此,直接扩大劳动关系范畴的观点是这样,非标准劳动关系或者特别立法的思路也是如此。从表述上看,“非标准劳动关系”“特别劳动关系”都将相关用工关系归入劳动关系的范畴;从具体内容看,其也都在修正劳动关系的概念及其认定标准。例如,按照非标准劳动关系理论的观点,“我们日常生活中所说的灵活用工和灵活就业都是非标准劳动关系的表现形式”〔1〕。这样一来,传统以人格依附为核心的劳动关系范畴被扩大并模糊化了。其扩大的方法之二是引入新的术语和用工关系类型,如类劳动者,按照经济依附的标准,认为其不属于劳动关系,但在一定程度上可以适用劳动法的规范。上述扩大劳动法适用范围的方法共同结果在于导致劳动关系认定标准的混沌化。这一方面是源自相关“新”概念本身的模糊性,如关于类劳动者,学者们提出,“中间类型的主体特征在于对雇主的依赖性或者从属性要相对弱于雇员,但是在经济收入上的依赖性又要强于一般的劳务提供者”〔2〕。这里的强和弱如何判断?另一方面源自各新概念之间并没有统一的思路和主线,各个观点按照自己的区分标准展开,如类劳动者和非标准劳动关系的区分标准何在?平台用工是类劳动关系〔3〕还是非标准劳动关系〔4〕?因此,在这个意义上,如下批评意见无疑是正确的,“对第三类劳动者的认定无论是立法还是实践判断都异常复杂与困难,且介于雇佣与自雇佣之间而又要与

〔1〕董保华:《论非标准劳动关系》,载《学术研究》2008年第7期。

〔2〕班小辉:《论“分享经济”下我国劳动法保护对象的扩张——以互联网专车为视角》,载《四川大学学报》2017年第2期。

〔3〕参见盖建华:《共享经济下“类劳动者”法律主体的制度设计》,载《改革》2018年第4期;班小辉:《论“分享经济”下我国劳动法保护对象的扩张——以互联网专车为视角》,载《四川大学学报(哲学社会科学版)》2017年第2期。

〔4〕参见孟续铎:《新业态发展中劳动关系面临的问题及对策》,载《中国人力资源社会保障》2018年第4期。

二者相区别的标准设置,使其比对雇员身份的判断更加让人迷惑”[1]。总体来看,当下的讨论尽管想通过引入新范畴或者思路解除劳动法的困境,但其范畴却越来越混沌:在思路上引入越来越多描述程度的形容词,人们在抽象的依附性强与弱的角度分析劳动关系中的依附性,或者提出“从劳动关系发展史来看,劳动者的人格从属性是处于逐渐弱化中的”[2]。或者提出“应按从属性的强弱将‘人身从属性’到‘经济从属性’进行分类调整,在保障劳动关系稳定性的同时,也对灵活性劳动关系给予适当的保护”[3]。至此,我们看到了劳动法的两难境地:或者坚守劳动关系的传统范畴,但劳动法的适用对象和功能将越来越小;或者扩大劳动关系范畴并模糊劳动关系边界,但同时劳动法将失去清晰的出发点。我们需要选择劳动法或者在调整对象的萎缩中陷入危机,或者在调整对象的混沌中陷入危机?

四、用工关系法律调整的方法革新:从楚河汉界到次序交融

(一)从劳动关系到用工关系

摆脱上述困境,需要思路和方法的革新。就此而言,首先需要回归市场配置劳动力资源的规则体系这个基本前提。长期以来,我们总是立足于劳动法的制度设计去应对整个劳动力市场的变迁。每每出现涉及劳动力提供者保护问题时,所有的争论都会围绕是否要将其纳入《劳动合同法》或者《劳动法》的适用范围而展开,现代社会劳动力提供者的问题和劳动关系项下劳动者问题被画了等号,劳动力提供者的问题被认为就是劳动法的问题。这种坐标或者出发点的窄化,成为制度“削足适履”和劳动法本身危机的重要根源。

如坚持问题导向,则市场配置劳动力资源的规则体系和使用他人劳动

---

〔1〕 肖竹:《第三类劳动者的理论反思与替代路径》,载《环球法律评论》2018 年第 6 期。
〔2〕 吴勇、刘琦:《平台用工的劳动关系认定及权益保护》,载《中国劳动》2019 年第 12 期。
〔3〕 魏益华、张爽:《新科技革命背景下的劳动关系变化及协调机制》,载《求是学刊》2019 年第 3 期。

力的可能法律关系才应当是讨论的出发点,但正如前文所述,通过市场使用他人劳动力[1]的法律工具(法律关系)却从来不只是劳动合同:劳动合同、狭义雇佣合同、承揽合同、委托合同、处理他人事务的合同、保管合同等都是使用他人劳动力的法律工具。这些通过合同使用他人劳动力的法律关系,[2]本书统称为"用工关系"。突破劳动法的视角局限,打通劳动法和民法的关系,[3]以用工关系而不是劳动关系为出发点讨论市场配置劳动力资源的制度完善,有助于解除当前劳动法困境,更有助于全部劳动力提供者保护问题的解决。

(二)从混沌到有序:范式转换

上述劳动关系扩大与混沌两难的困境,源于当下劳动世界图景的变化,但同时也非常清晰地反映出传统法学为了法律的安定性对严格界定概念的信赖本身所带来的问题。我们追求劳动关系范畴的确定化,但劳动关系范畴可以切割和确定化吗?所以,在引入用工关系这一出发点的基础上,我们尚需解决问题的方法或范式的转换。"生活是一个流动的过程,但概念却以清晰的界限横穿这一过程。在生活只是显示'或多或少'的地方,概念却要求做出'非此即彼'决定。"[4]传统法学方法在不断追求概念的精确性,希望依据准确的概念、严格的构成要件,通过三段论涵摄式的法律适用得出客观公正的结论;但生活事实却始终是非标准化的。例如,在合同关系领域,"立法者通过一个法定的规制原型总是只能把握实践中具有或大或小覆盖范围的特定合同类型的通常情况,而不能全面调整所有(合同)变种的细节。当

---

〔1〕 由于市场配置劳动力资源就是通过合同配置劳动力资源,对通过合同使用他人劳动力的制度谱系的历史梳理就是对通过市场配置劳动力资源的法律制度的梳理。

〔2〕 沈建峰:《劳动关系作为法律关系:兼论劳动法学研究的范式转换》,载《中国人力资源开发》2021 年第 4 期。

〔3〕 沈建峰:《劳动法作为特别私法:〈民法典〉制定背景下的劳动法定位》,载《中外法学》2017 年第 6 期。

〔4〕 Gastav Radbruch, Klassenbegriffe und Ordnungsbegriff in Rechtsdenken, in: Winfried Hassse-mar Hrsg, Gastav Radbruch Rechtsphilosophie, C. F. Müller, 1990, S. 60.

人们认为个案中的公正问题可以通过找到正确的法定合同原型(承揽、买卖等),并从这些规则中机械地导出裁决而解决时,其只是沉迷于幻象之中"[1]。精确的概念对法律来说确实不可或缺,但唯有精确的概念却不足以解决法律面临的问题。比较典型的是,"抽象概念式的思维不足以把握中间形式和混合形态,因为这些形态不能完全整合进现有的框架"[2]。如何在通过精确概念实现法的安定性这一诉求和生活的多样化实际之间找到一种平衡的方法,消除二者的张力是法学方法中的重要命题和追求。不确定概念、概念核和概念晕的区分、一般条款、价值原则等的引入都是朝这一方向努力的结果。

在此过程中,"一种更适应流动的生活过程的方法论尝试必然特别令人感兴趣……用关键词来表述的话,它涉及为科学方法论发现比较级"[3]。从20世纪二三十年代开始,一种混沌但有序的类型(Typen)、类型序列(Typenreihen)观念应运而生。与以属加种差的方式通过封闭式要素界定范畴的传统概念技术不同的是,类型方法通过大量需要总体评估的指标或者特征(常素)来描述范畴。"古典概念(Klassenbegriff)是标志(Markmal)的组合,对单个现象人们只能用是或者不是回答。"[4]对类型而言,"作为其标识的特征至少部分是可以以不同强度出现的,直至在某种程度上可能会交替出现。具有决定性的是源自法定或合同约定规则的整体形象(Gesamtbild),该总体形象引致辨识出特定主导视角"[5]。传统概念思维是一种封闭思维,类型思维是一种开放思维。类型的特点不仅在于界定标志的整体性和开放性,而且在于其边界的流动性。"古典概念通过清晰的概念彼此区

---

[1] Esser/Weyers, Schuldrecht, Band 2, Besonderer Teil, Teilband1, C. F. Müller Verlag, 1997, S. 231.

[2] [德]卡尔·拉伦茨:《法学方法论》,黄家镇译,商务印书馆2020年版,第572页。

[3] Gastav Radbruch, Klassenbegriffe und Ordnungsbegriff in Rechtsdenken, in: Winfried Hasssemar Hrsg, Gastav Radbruch Rechtsphilosophie, C. F. Müller, 1990, S. 60.

[4] Gastav Radbruch, Klassenbegriffe und Ordnungsbegriff in Rechtsdenken, in: Winfried Hasssemar Hrsg, Gastav Radbruch Rechtsphilosophie, C. F. Müller, 1990, S. 60.

[5] Larenz, Methodenlehre der Rechtswissenschaft, 6. Auflage, Springer – Verlag, 1991, S. 303.

分;类型概念如色卡上的颜色一样通过模糊边界互相交融:古典概念区分;类型概念结合。"[1]这种流动性为从一种类型向另一种类型过渡提供了可能。"一个类型在其个别表现形式上可能具有不同特征,可能经历不同变换,甚至在极端情况下可能通过减少一个特征、极力强调另外一个特征或者接受一个新特征而转换成另外一个类型。"[2]通过类型方法的引入,在不严格意义上被称为概念的现象被区分成两种形态:类型和传统概念或者狭义概念,也成为两种形成体系的方法。[3]

在上述开放性和流动性的基础上,类型思维通过强调范畴的次序性[4]以及所谓"里程碑"(Meilenstein)的观念实现范畴的清晰化。首先,它是在类型序列中,在与相邻类型的"比较级"中理解和把握范畴。"通过将一个类型归入其在类型序列中的位置,其标志性的特征以及将其与相邻类型连接的特征都变得清晰了。"[5]其次,"类型有着清晰的核,但是没有清晰的边界"[6]。在类型序列的两端(极端形式)以及类型序列中(平均形式),可确立典型形态作为"里程碑",服务于相关类型的内容把握。"在序列中,人们选取某种特别鲜明的、纯粹的或经典的现象,无论它是极端形式或者反过来是平均形式,以用其来评价其他现象。"[7]通过与上述作为"里程碑"的典型形态比较,在比例关系中可进一步确定本类型的内涵。在上述两种方法基础上,类型和传统概念一样能服务于事物的规范体系归入,"如同古典概念,类型概念也是对现象进行整理的工具,所以将(类型)序列概念和古典概念

---

〔1〕 Gastav Radbruch, Klassenbegriffe und Ordnungsbegriff in Rechtsdenken, in: Winfried Hasssemar Hrsg, Gastav Radbruch Rechtsphilosophie, C. F. Müller, 1990, S. 61.

〔2〕 Larenz, Lehrbuch des Schuldrecht, Zweiter Band, 1. Halbband, 13. Auflage, C. H. Beck 1996, S. 4; Larenz, Methodenlehre der Rechtswissenschaft, 6. Auflage, Springer – Verlag, 1991, S. 470.

〔3〕 Leenen Detlef, Typus und Rechtsfindung, Duncker & Humblot, 1971, S. 33.

〔4〕 Gastav Radbruch, Klassenbegriffe und Ordnungsbegriff in Rechtsdenken, in: Winfried Hasssemar Hrsg, Gastav Radbruch Rechtsphilosophie, C. F. Müller, 1990, S. 61.

〔5〕 Larenz, Methodenlehre der Rechtswissenschaft, 6. Auflage, Springer – Verlag, 1991, S. 472.

〔6〕 Philippe Mastronardi, Juristisches Denken, 2. Auflage, Haupt Verlag, 2003, S. 228.

〔7〕 Gastav Radbruch, Klassenbegriffe und Ordnungsbegriff in Rechtsdenken, in: Winfried Hasssemar Hrsg, Gastav Radbruch Rechtsphilosophie, C. F. Müller, 1990, S. 61.

对立起来从术语的角度看是不幸的"[1]。不仅如此,这种序列构造还有其特殊的价值:"使过渡类型和混合类型的把握成为可能。通过在类型序列中为某类型分配位置,使得能彰显该类型的特色,但又使其与毗邻类型相连的诸特征可以更清楚的凸显出来。"[2]

类型思维的价值不仅在于认识论上的革新,更重要的是它也同时引起法的适用方法革新。"类型化方法要求以其他方式而不是以目前已经不充分的涵摄(Subsumtion)逻辑来论证归入。"[3]除了通过总体评价相关指标进行类型归入外,以对合同进行法律适用为例,"还需要权衡不同合同因素各自对作为统一法律关系的合同的意义"[4]。这样一来,特定法律关系的法律适用,不是简单认为是某一种合同所以该合同的相关规则全部适用于本案,而是首先要进行评价式法律适用。"法律中规定的合同形式只是纯粹的合同形式,被理解为类型序列的终点"[5],"在法律规定的大部分特定合同关系的纯粹形式之间还可以按序列归入过渡形式。"[6]因此,法律的适用在一定程度上需要根据归入类型的个案与作为类型里程碑的典型构成要件的相似度进行评价。"当一个合同总体来看属于法律规定的合同类型,但在个别方面却有与其强烈不同的特征,以至不能适用该相关规范时,则在个案中必须探寻,为此种类型的典型合同规定的规范是否适合本案中的合同。"[7]其次,根据案件情况,可能需要分解式法律适用。在类型思维中,法律关于某种有名合同的规定只是针对规制原型的松散规范群。"当人们遇到与立法者在规制相关合同类型本身时所预设的问题不同的问题时,总是需要问,如何根据相近的或上一级的规范整体所表现出来的基本判断来解决该问

〔1〕 Gastav Radbruch, Klassenbegriffe und Ordnungsbegriff in Rechtsdenken, in: Winfried Hassse-mar Hrsg, Gastav Radbruch Rechtsphilosophie, C. F. Müller, 1990, S. 61.

〔2〕 [德]卡尔·拉伦茨:《法学方法论》,黄家镇译,商务印书馆2020年版,第592页。

〔3〕 Larenz, Methodenlehre der Rechtswissenschaft, 6. Auflage, Springer – Verlag, 1991, S. 304.

〔4〕 Larenz, Methodenlehre der Rechtswissenschaft, 6. Auflage, Springer – Verlag, 1991, S. 304.

〔5〕 Leenen Detlef, Typus und Rechtsfindung, Duncker & Humblot 1971, S. 135 .

〔6〕 Leenen Detlef, Typus und Rechtsfindung, Duncker & Humblot 1971, S. 147.

〔7〕 Larenz, Lehrbuch des Schuldrecht, Zweiter Band, 1. Halbband, 13. Auflage, C. H. Beck 1996, S. 4.

题。例如，（在一个案件中）不妨碍人们运用一个合同类型的时效规则，同时认为另一个合同类型的解除权却比较适合该案。”[1]最后，类型思维下的法律适用是一种探究立法目的和事物本质式的法律适用。因为类型的上述不确定特征，在法律适用上，对类型背后价值的重视要超越形式性的概念思维。类型作为一种思考方式，“其将包含于其中的大量单个特征之间充满意义的关联性清晰彰显出来，并使其能够确定下来。该大量单个特征是‘事物本质’（Naturder Sache）的反映”[2]。

总体而言，“类型因其极大地贴近实际、直观性以及具象性是不可以定义的，而只具有可说明性。尽管它具有确定的内核，但是却没有确定的边界，以至于对一个类型具有典型性的特征在这儿或者那儿可能缺失，却不导致对特定事实的类型归入产生疑问。概念是封闭的，类型是开放的。概念只知道清晰的‘是或者不是’，概念在区分，概念思维是区分思维；与此不同，类型适应于多样化现实的‘或多或少’，它在联通，使得意义关联更清楚，在类型中，普遍性被直观地、总体地得到把握。不像具体事实可以涵摄到概念下那样，具体事实只能或多或少归入到类型中”[3]。这样一种思维方式，为我们重新认识用工关系的法律谱系及其之间的关系提供了最直接思路。

（三）用工关系协调法律谱系的类型思维

在类型思维的指引下，重新审视用工关系中的种种具体范畴则会发现，当下讨论的雇佣合同（狭义的劳务合同）、劳动合同、类劳动关系、非标准劳动合同等用工关系中的范畴都属于类型而不是严格意义上的概念。就劳动关系或劳动合同的界定而言，在德国[4]和我国的理论与实践中，越来越多

---

〔1〕 Esser/Weyers, Schuldrecht, Band 2, Besonderer Teil, Teil Band 1, C. F. Müller Verlag 1998, S. 231.

〔2〕 Larenz, Methodenlehre der Rechtswissenschaft, 6. Auflage, Springer – Verlag 1991, S. 472.

〔3〕 Arthur Kaufmann, Grundprobleme der Rechtsphilosophie, C. H. Beck 1994, S. 114.

〔4〕 参见王倩：《德国法中劳动关系的认定》，载《暨南学报（哲学社会科学版）》2017 年第 6 期；沈建峰：《论劳动关系的实践界定——以中德司法机关的判决为考察重点》，载《法律适用》2012 年第 12 期。

的学者承认劳动关系认定中的人格依附性指标并无要素，只有通常的因素（常素），“反思传统劳动关系判定标准之得失，探索确立契合当代劳动关系发展形态和趋势的综合性判定标准，是大势所趋，也是当务之急”〔1〕。因此，劳动关系属于类型。〔2〕 劳动合同之外的其他民事合同，“在雇佣合同、承揽合同等合同类型中，清晰概念界定的可能性是非常令人怀疑的。各种徒劳的概念界定的努力可以证明这一点”〔3〕。这些合同的判断也需要根据各种因素进行总体判断，尽管其合同类型的核心是清晰的，边缘地带却不清楚，如一般认为承揽合同是给付结果合同，雇佣合同是给付行为合同，但雇佣也会出现计件付酬的情况。因此，“《德国民法典》中的合同类型是真正的类型而不是种类逻辑上的概念”〔4〕。

如上所述，类型具有界定因素的开放性、边界的流动性和序列性。在从自由的民事合同用工过渡到具有社会保护因素的劳动合同过程中，因为相关因素的增减会出现类型过渡的形态，这些形态被称为类劳动者〔5〕和非标准劳动关系。类劳动者或者类劳动关系描述的是一群体有自己的生产工具、相对独立的工作，但在工业化的夹缝中却不得不委身于特定的订货商，通过承揽等方式为特定工业企业提供生产结果的人。这种生产方式使用传统民事法的法律工具——主要是承揽，参与市场竞争，因此不属于严格意义上的劳动关系；但在经济上却从属于特定工业企业。这就形成了一种特殊利益结构——自主生产 + 经济从属，即从市场参与的角度来看，其是经营

---

〔1〕 冯彦君、张颖慧：《“劳动关系”判定标准的反思与重构》，载《当代法学》2011 年第 6 期。

〔2〕 Vgl. Zöllner/Loritz/Hergenröder, Arbeitsrecht, 7. Auflage, C. H. Beck 2015, S. 50; Hromadka, Arbeitnehmerbegriff und Arbeitsrecht – Zur Diskussion um die “neue Selbständigkeit”, NZA 1997, S. 570；[德]雷蒙德·瓦尔特曼：《德国劳动法》，沈建峰译，法律出版社 2014 年版，第 47 页。

〔3〕 Larenz, Methodenlehre der Rechtswissenschaft, 6. Auflage, Springer – Verlag 1991, S. 302.

〔4〕 Larenz, Methodenlehre der Rechtswissenschaft, 6. Auflage, Springer – Verlag 1991, S. 302.

〔5〕 关于类劳动者的讨论，参见[德]雷蒙德·瓦尔特曼：《德国劳动法》，沈建峰译，法律出版社 2014 年版，第 46 页；Rebhahn, Arbeitnehmerähnliche Personen – Rechtsvergleich und Regelungsperspektive, RdA 2009, S. 238；肖竹：《第三类劳动者的理论反思与替代路径》，载《环球法律评论》2018 年第 6 期。

者;但从实际经济能力来看,其却不具有独立性。由于"经济依附"以及"具有与劳动者类似的社会保护需求"的判断是一个需要根据各种指标进行综合判定的问题,[1]类劳动者范畴因此具有内涵的丰富性和不确定性,只可以描述不可通过沟通要件界定。在我国,人社部、国家发展改革委等八部门共同印发的《关于维护新就业形态劳动者劳动保障权益的指导意见》针对既不是劳动关系又不能完全按照传统民事关系进行法律适用的用工形式,笼统地将其称为"不完全符合确立劳动关系情形但企业对劳动者进行劳动管理的"劳动者,这是一种典型的类型思维。因劳动关系认定标识中的一些因素的缺失,出现了非标准劳动关系形态。尽管在劳动法理论和实践中,非标准劳动关系作为一个独立范畴讨论,但其在根本上依然只是对工业时代蓝领工人为典型的劳动者之外的一类劳动者的统称,不是一个可以用属加种差或者构成要件统一界定的概念,因此是一个类型。

按照类型思维,尽管用工关系谱系中的所有这些现象都是类型,边缘不确定,内涵具有流动性,但却并不影响对具体用工关系的法律调整进行体系归入和规范适用。如上所述,类型思维除了强调按照指标对事物综合评价后进行类型归入外,更强调对类型序列、与典型情况(里程碑)的关系以及类型背后的事物本质的关注。在用工关系范畴确定上,不是追求对劳动关系、劳务关系、非标准劳动关系、类劳动关系等孤立的、属加种差式或者构成要件式的界定,而是打破民法和劳动法的楚河汉界,完善用工关系谱系,理顺其序列并发掘序列排列的事物本质,在不同类型的对比中发现相关类型的具体内涵。正如已有的界定努力所展示的那样,抛开序列以及在序列中的比对,将无法准确把握上述任一用工关系的内涵。按照这一思路,梳理用工关系发展的历史和理论,可以发现市场化用工的法律关系根据当事人之间依附性、社会保护需求、自治空间、法律管制的程度等,依次排列着劳务关系(雇佣关系等)、类劳动关系、非标准劳动关系直至劳动关系的类型序列。典

---

[1] Willemsen, Müntefering, Begriff und Rechtsstellung arbeitnehmerähnlicher Personen: Versuch einer Präzisierung, NZA 2008, S. 194.

型的充满社会保护的劳动关系，完全市场自由没有社会保护的劳务关系屹立于两端；从非劳动关系经历类劳动关系、非标准劳动关系最终渐进式地过渡到典型劳动关系，依附性逐渐强化，社会保护逐渐加强，国家管制也在加强，私人自治的空间在不断压缩。在上述类型序列中，各种用工形式将凸显出其具体内涵和规范定位。

除了在序列中找到位置从而明确内涵外，类型思维还强调“里程碑”或者典型形象的确立，“在序列中，人们选取某种特别鲜明的、纯粹的或者经典的现象，无论它是极端形式或者反过来是平均形式，以用其来评价其他现象”[1]。在用工关系的类型中，处于两端的劳动关系和劳务关系尽管也属于类型，但在长期的立法、司法实践和理论中其已形成相对稳定的类型核心地带，相对确定的类型确定指标和典型形态，尽管按照类型思维这些指标都非绝对和唯一的，但其稳定性毋庸置疑。尤其是对典型劳动关系而言，一方面应承认其本身作为立法原型和里程碑的相对确定性，另一方面应在用工关系流变中保持其核心内涵的确定性和稳定性。“整个劳动法都系于劳动者以及劳动合同概念。通过确认具备劳动者的特征，可以引发一般劳动法的整个保护性规定的适用。在改变劳动者概念时，人们对该效果尚未有足够的评估。”[2]对这种类型中的典型形态进行“界定”，形成类型序列中的“里程碑”，因此既有技术上的可能性，也有制度上的必要性。通过“序列 + 典型形态（里程碑）”的确立，用工关系谱系中的每一种形态都将在类型序列与典型形态（里程碑）相比较而得出的比例关系中获得确定内涵。这也是拉德布鲁赫提到的范畴确定的比较级方式。

需要注意的是，在序列之中，类劳动关系和非标准劳动关系表现了从自由劳动向人格依附性劳动逐渐过渡的形态，是一种类型过渡现象，作为过渡现象，其不存在自己的典型形态或里程碑，所以这两种类型和有典型形态的

---

〔1〕 Gastav Radbruch, Klassenbegriffe und Ordnungsbegriff in Rechtsdenken, in: Winfried Hassse-mar Hrsg, Gastav Radbruch Rechtsphilosophie, C. F. Müller, 1990, S. 61.

〔2〕 Hromadka, Arbeitnehmerbegriff und Arbeitsrecht – Zur Diskussion um die “neue Selbständig keit”, NZA 1997, S. 570.

劳动关系、劳务关系在技术上有着实质差异。此外,类劳动关系和非标准劳动关系尽管都是过渡形态,但因其与里程碑的距离差异,导致二者的类型进一步归入有着根本区别。类劳动关系紧邻非劳动关系,在根本上不是劳动关系,而是非劳动关系,只是因为特殊理由,例外可以适用劳动法的规范,是一种例外适用的现象,它属于劳务合同为主混合了一定劳动合同因素;非标准劳动关系紧邻典型劳动关系,在本质上是劳动关系,只是因为特殊理由,例外不适用劳动法的一般规范,属于劳动关系混合了非劳动关系的因素。基于上述两种类型的特殊之处,在具体案件中哪些劳动法的规范可以适用于某种类劳动关系,哪些劳动法规范不能适用于特定非标准劳动关系,均需要根据其与劳动关系和劳务关系的相似性、类型谱系的事物本质以及相关规范的立法目的进行具体判断。

总体而言,在类型思维指引下,整个用工关系将形成如图 1 所示的连续演进的、存在结合部位的用工关系法律调整的类型谱系。在这一谱系背后隐藏的事物本质是从自由劳动到人格依附性劳动这一劳动力提供者不断失去自主性,依附性不断强化的劳动用工方式动态演进的过程。当下完善协调用工关系的法律制度,应完善上述谱系并为特定用工形式在上述谱系中找到其准确的位置。

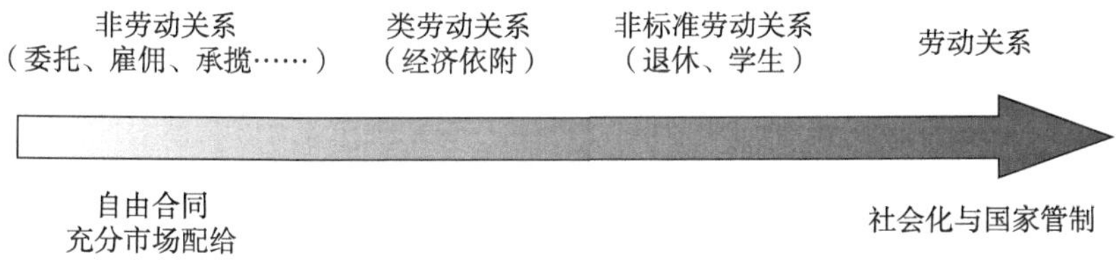

图 1　用工关系法律调整的谱系

五、用工关系法律协调制度的完善

（一）民事合同用工体系的完善

基于上述思路,从现行协调用工关系的法律制度整体来看,需要与时俱进地完善劳动法,但更需要完善的是民事法律的规则。改革开放后我国市场配置劳动力资源的希望几乎全部寄托给了劳动法。民事法律从 1986 年的《民法通则》开始就没有给雇佣合同这种最重要的使用他人劳动力的合同留下空间,20 世纪 90 年代《合同法》制定过程中,尽管草案中曾出现“雇佣合同”的规定,[1]但“之后因各种原因,雇佣合同作为有名合同最终与《合同法》无缘”[2]。在此之后直至今日,劳动法之外的用工规则除了委托、承揽等具有特定构造的合同类型外,几乎处于自治或者说没有具体法律可依的状态。在 2020 年《民法典》编写过程中,尽管学界有相关提议,[3]但《民法典》最终也未引入雇佣合同的规范。因此,当下应从如下方面完善民事合同用工的规则体系:其一,引入雇佣合同的具体规则。尽管在用工关系的法律协调中,我们一直在区分劳动关系和劳务关系(非劳动关系),认为后者是民事关系,但在现行民事立法中,尽管偶尔出现劳务关系的表述,却没有劳务关系或者劳务合同的规则,甚至在一定程度上,劳务合同指的是一个合同类型还是一类合同类型并不清楚。从上文关于民事合同用工的谱系梳理来看,广义的劳务关系包括雇佣、承揽、(有偿和无偿)委托及保管等类型,在这些类型中,承揽、委托等,《民法典》已有明确规定,同时由于依附性雇佣的劳动合同已有专门法调整,所以目前缺失的是自主雇佣(狭义雇佣关系或雇佣合同,以下称为雇佣合同或雇佣关系)的规则。尽管我国没有雇佣合同的具体规则,但“当今的经济生活根本未超越传统雇佣契约与劳动合同相互协进的历史阶段,社会生活中许多雇佣关系不可能全部受到《劳动法》的规制,民法调整传统雇佣关系仍具有不可替代的作用”[4]。在缺乏雇佣合同规则的

---

〔1〕 参见《中华人民共和国合同法(试拟稿)》第 29 章及《中华人民共和国合同法(征求意见稿)》第 29 章,载全国人大法制工作委员会民法室编著:《中华人民共和国合同法及其重要草案介绍》,法律出版社 2000 年版,第 88－90、156－157 页。

〔2〕 郑尚元:《民法典制定中民事雇佣合同与劳动合同之功能与定位》,载《法学家》2016 年第 6 期。

〔3〕 参见谢增毅:《民法典引入雇佣合同的必要性及其规则建构》,载《当代法学》2019 年第 6 期。

〔4〕 郑尚元:《雇佣关系调整的法律分界——民法与劳动法调整雇佣类合同关系的制度与理念》,载《中国法学》2005 年第 3 期。

背景下，出现关于雇佣关系的争议，根据《民法典》的规定，只能使用民法总则、合同法总则或最相类似的合同，带来法律适用的困境。因此，以下观点是非常值得赞同的。“由于我国劳动关系范围的限定，大量无法纳入劳动关系的劳务提供与使用关系需要法律的调整与规范，引入雇佣合同规则，可以填补其中的空白。”〔1〕其二，引入通过合同使用他人劳动力的法律关系的一般规则。当劳动关系和非劳动关系被归于一个类型序列时，其必然有共同规则，即通过合同使用他们劳动力的法律关系的一般规则。以劳务为标的的合同，包括委托、承揽、保管、劳动合同以及其他劳务合同确有共通之处，如原则上需要亲自提供劳动给付，履行过程中有较强的信赖和保护色彩，履行过程中需要接受指示、承担计算义务和报告义务，履行结束后有返还义务，处理事务过程中有费用预付和报销义务，事务处理过程中受托人死亡时有特殊效果等，在立法技术上可以抽象出共同的规则，从而形成总则；或者也可以通过参引技术实现对提供劳务的合同一般规则的规定，如同《德国民法典》第 675 条第 1 款规定的那样：“以本目无不同规定为限，以事务处理为标的的雇佣合同、承揽合同，准用第 663 条、第 665 条至第 670 条、第 672 条至第 674 条的规定，并且义务人享有不遵守通知终止期限而通知终止合同的权利的，也准用第 681 条第 2 款的规定。”其三，完善继续性合同的一般规则。现行民事法律中缺乏继续性合同的一般规则，发生用工关系领域的争议后，只能使用民法的一般规则，但民事法的一般规则是以一时性交易为原型建立起来的。以履行障碍规则为例，“履行障碍法的一般规则是为一时性给付交换关系（特别是为买卖）而设置的，它很少顾及继续性债的关系中给付障碍的特性”〔2〕。因此，从用工关系法律协调的体系来看，应完善民事法律中继续性合同的一般规则。其四，进一步引入民事法律规范社会化的规则。100 多年前，在《德国民法典》制定的过程中，基尔克等法学家们提出了

〔1〕 谢增毅：《民法典引入雇佣合同的必要性及其规则建构》，载《当代法学》2019 年第 6 期。
〔2〕 [德]雷蒙德·瓦尔特曼：《德国劳动法》，沈建峰译，法律出版社 2014 年版，第 173 页。

“私法的社会任务”，呼吁“在民法典中加入一滴社会的油”[1]，尽管不同学者对这“一滴社会的油”或者说私法社会任务的具体内涵有不同理解，导致关于私法社会任务的讨论其实包含了四个不同的主题——“共同体思想、弱者保护、社会自由以及社会政策平衡”，[2]但上述所有主题共同的指向是社会问题，不同主题只是解决社会问题的不同角度。[3] 私法社会任务的本质是私法是否应对解决社会问题有所贡献以及如何贡献。在当代，通过民事立法实现社会保护是民事法律发展的一个基本趋势。[4] 在理论上，从近代民法到现代民法的重要变化是“从把人作为理性的、有意思的、强而智的存在的把握方法向以弱而愚的存在为中心去把握的方向的转换”[5]。在我国《民法典》制定过程中，学者们也提出，“我们的民法典应当体现21世纪时代精神的人文关怀，体现对人格尊严的尊重和保护、对弱者的关爱等”[6]。因此，民事法律应进一步引入必要的社会保护规则。需要注意的是，尽管我国《民法典》刚通过，但《民法典》并非固化民事法律制度的法律。一方面，法典化的法律依然需要不断发展，以《德国民法典》为例，其颁布后平均两到三年即有一次修改；另一方面，《民法典》本身也承认特别民事法的存在。因此，立足社会经济的发展，《民法典》的颁行并不妨碍通过法典自身修订、特别立法或者司法解释实现上述法律的完善。唯有经过上述四个方面的完善，解决我国劳务关系的法律规范问题，才能弥补我国用工关系法律体系的残缺，形成民事法律规定的完整劳务关系规范与劳动法规定的完整劳动关系规范并存的格局，为系统应对用工灵活与安全提供基本规则前提。

（二）劳动法和民法作为工具箱

在形成调整典型劳务关系的法律规则与调整典型劳动关系的法律规则

---

〔1〕 Gierke, Die Soziale Aufgabe des Privatrechts, Verlag von Julius Springer 1889, S. 13.

〔2〕 Tilman Regen, Die soziale Aufgabe des Privatrechts, Mohr Siebeck 2001, S. 50.

〔3〕 Tilman Regen, Die Soziale Aufgabe des Privatrechts, Mohr Siebeck 2001, S. 51.

〔4〕 参见沈建峰：《劳动基准法的范畴、规范结构与私法效力》，载《法学研究》2021年第2期。

〔5〕 ［日］星野英一：《私法中的人》，王闯译，中国法制出版社2004年版，第50页。

〔6〕 王利明：《我们需要什么样的民法典》，载《中国报道》2015年第1期。

后，完善用工关系法律调整的规范体系，在思路上首先不再是对既有劳动关系和劳务关系认定标准或法律规范进行修正，“人们原则上不必为了对经济上弱势的小独立劳动者进行法律上的适当归入而触及劳动关系和自主劳动所不同的法律上的建构”〔1〕。也不再是建立专门的非标准劳动关系或者类劳动关系的新规则体系，而是按照类型序列和“里程碑”的思路，在立法和司法中充分利用现行法关于典型劳动关系和典型劳务关系的规则进行组合运用，形成调整典型劳动关系和典型劳务关系之外用工关系问题的法律规则。在此，劳动法和民法的具体规则应发挥规范工具箱或者规范“原料”的功能，“法定的合同类型只是规制模型”〔2〕，相关问题的解决通过对其不同规则搭配来实现。从合同角度来看，将出现跨越劳动法和民法的混合合同现象。对此，我国学者已有相关论述，“人工智能时代灵活就业或将常态化，民事契约与劳动契约的混合形态不断增加，劳动者职业身份变得多元和流动”〔3〕。在平台用工等情况下，“这种当事人之间的契约既具有外包、委托的自主从业性质，又具有雇佣的从属劳动性质时，可以考虑将其视为一种混合契约，并对其属于雇佣性质范围内的从属性加以认可并提供相关保护”〔4〕。实际上，按照类型思路进行法律适用，混合合同的观念还可以进一步精致化。所谓的合同混合不是某种合同和另外一种合同的混合，而可能是多种合同因素的混合，从而导致规范适用上不同劳务给付合同与劳动合同规则的混合适用。此外，同样从类型思维的角度出发，这种混合也具有动态性，随着用工管理方式的变化，规范混合的方式需要做出不同调整。这实际上也是当下欧洲出现的基本趋势：“劳动法不再仅仅对劳动合同生效，也就是说不再是劳动者保护法。欧洲法上促进的具有不同保护水平的，不同层级的劳动

〔1〕 Waltermann, Digital statt Analog: Zur Zukunftsfähigkeit des Arbeitsrechts, RdA 2019, S. 97.

〔2〕 Larenz, Lehrbuch des Schuldrecht, Zweiter Band, 1. Halbband, 13. Auflage, C. H. Beck 1996, S. 4.

〔3〕 田思路：《工业4.0时代的从属劳动论》，载《法学评论》2019年第1期。

〔4〕 田思路：《工业4.0时代的从属劳动论》，载《法学评论》2019年第1期。关于劳动领域混合合同的论述也可以参见王天玉：《互联网平台用工的合同定性及法律适用》，载《法学》2019年第10期。

法趋势在未来可能进一步扩大。进入一个具有不同层级法律效果的灵活体系会给它带来巨大的机会:这将有助于对已经增加很多而且还将日益增加的独立用工形式妥当并且真正自由地根据具体保护需求进行规制,而不是去生搬硬套统一的劳动者概念。"[1]

六、结论

在当下用工实践中,出现新就业形态兴起、去劳动关系化发展与劳动法适用对象形式上萎缩的现象。数字时代的用工关系应是一种连续演进的、存在结合部位的用工关系谱系。这一谱系中的用工形式都属类型而不是概念,都不可以准确界定而只能描述并在序列中通过与典型形态或"里程碑"的比例关系来把握内容。所有希望严格而准确界定上述范畴的努力都最终无法完成,但认为其完全混沌而不可理性论证的观念却没有看到类型思维本身的内在逻辑。对于当下对用工关系协调的需求,应首先完善上述谱系中作为里程碑的典型制度——雇佣合同(劳务关系)和典型劳动关系的主要制度,形成用工关系协调的工具箱,在此基础上可以探究相关制度存在的事物本质,根据具体用工形式的实际进行规范的组合运用。其中,类劳动关系是以劳务关系为基础对一些劳动关系规范的组合使用;非标准劳动关系是以劳动关系为基础,同时对其进行除外适用。这样一种按照用工关系谱系的内在逻辑进行的用工关系协调制度设计将可以较好地应对灵活与安全的不同诉求,也是我国用工关系调整现代革新的方向。

---

〔1〕 Uffmann, Beschäftigte versus Selbstständige – Bindung Staatlicher Schutzmechanismen an den. Beschäftigtenbegriff – Deutsches Arbeitsrecht, NZA – Beilage 2016, S. 7.

第十一章　劳动的法典：协调用工关系的统一法典

劳动法典的制定是近年来社会各方关注的问题。对该法典制定而言，一个前提性问题是劳动法典的规范对象，该问题决定了劳动法典的规范内容，也影响着劳动法典的规范体系和内在逻辑。而讨论该问题的背景是，在传统观念中，调整用工关系的制定法图景在民法典和劳动法律之间进行了切割：调整雇佣关系等独立劳动的法律置于《民法典》中；调整依附性劳动，即劳动关系的规范属于劳动法律，[1]劳动法典作为劳动立法的高级形式，应当就是一部调整劳动关系的法典。以自主劳动与依附性劳动的区分、民法和劳动法的区分为前提，立法体系在逻辑上形成一种自洽而完整的格局。但按照这一格局完成劳动法典制定，在我国却面临问题。一方面，尽管在《民法典》制定过程中，很多学者主张《民法典》应引入雇佣合同规则，"由于我国劳动关系范围的限定，大量无法纳入劳动关系的劳务提供与使用关系需要法律的调整与规范，引入雇佣合同规则，可以

[1] 《劳动与社会保障法学》编写组：《劳动与社会保障法学》，高等教育出版社2017年版，第15页。

填补其中的空白"[1]。但雇佣合同始终未进入《民法典》等实证法中,雇佣合同等劳务合同的法律调整处于无具体法律可依的状态。另一方面,更重要的是,随着新就业形态的兴起,一种"不完全符合确立劳动关系情形但企业对劳动者进行劳动管理的"[2]用工关系的调整成为面向未来的劳动立法必须回应的问题,而一般认为这种用工关系是介于劳动关系和劳务关系之间的一种用工关系形态,其调整需要劳动法和传统劳务合同规则的组合适用。在这一背景下,我国制定劳动法典应当反思将劳动法典的调整对象限于劳动关系是否妥当。本书认为,作为一部面向数字时代的劳动法典,面对我国雇佣合同法缺失的立法现状,以及劳动法和雇佣合同法混合适用的实践需要,我国的劳动法典应是调整涵盖劳动关系和雇佣关系等用工关系的统一的"劳动的法典"。这一命题建立在我国用工市场法律调整的历史发展、法律渊源的一般学说以及用工关系调整的谱系思维的基础之上。劳动法典调整对象的变化,会影响该法典在整个法律体系中的地位,也会影响劳动法典的整体架构和体系安排。

一、历史之维:劳动法对雇佣合同的功能替代

(一)劳动合同作为雇佣合同社会化的一般规律

如前文所述,"劳动法的历史开始于19世纪营业自由的引入以及随之而来的工业化"[3]。工业化和市场化是劳动法产生的前提。如果没有市场自由和合同自由,依然是身份关系的用工,则劳动者的保护问题就继续通过身份法解决,无须劳动法。"在德国,当通过普鲁士的 Stein - Hardenberg 改

---

[1] 谢增毅:《民法典引入雇佣合同的必要性及其规则建构》,载《当代法学》2019年第6期。

[2] 参见人力资源社会保障部、国家发展改革委、交通运输部、应急部、市场监管总局、国家医保局、最高人民法院、全国总工会《关于维护新就业形态劳动者劳动保障权益的指导意见》(人社部发〔2021〕56号)。

[3] Martin Becker, Arbeitsvertrag und Arbeitsverhältnis in Deutschland, Vittorio Klostermann, Frankfurt am Main, 1995, S. 27.

革,废止行会强制,建立营业自由之后,现代劳动组织法才得以开始。”[1] 在法国,1971 年被视为劳动法的元年,是因为在这一年议会通过立法废止了人身依附关系,使个人主义成为用工领域的现实。[2] 但唯有市场自由和自由的合同,依然没有劳动法。“劳动法源于劳动者的社会保护需求”[3],是解决工业化背景下通过平等自愿的民事合同(雇佣合同、劳务租赁合同)进行用工引发的社会问题而产生的。“劳动法植根于民法,又超越了民法。”[4] 因此,在其他市场经济国家,劳动法作为一个独立法律部门产生的制度前提是民事法律中雇佣合同等自由的民事用工合同的存在及其不足。

基于上述历史发展的原因,在这些国家,雇佣合同制度和劳动合同制度的功能关系是,通过自由的雇佣合同等民事合同实现市场化,通过劳动法实现用工关系调整的社会化;两种合同产生的逻辑顺序是先有自由的雇佣合同或劳务租赁等民事合同,后有劳动合同,劳动法或者劳动合同规则是对雇佣合同的矫正。在立法技术上表现出来的规律是,雇佣合同规则和劳动合同规则处于此消彼长的状态:雇佣合同的制度越完善,完成系统的劳动合同立法的可能性就越低,会形成以雇佣合同为中心的个别用工关系协调制度,甚至逐渐将劳动合同的一般规则纳入雇佣合同中。[5] 德国、日本[6]、韩国传统上没有独立劳动合同法。以德国为例,尽管在《德国民法典》通过后不久,1896 年 9 月 11 日,根据社会民主党议员 Stadthagen 的议案,德国议会就作出一份决议,“将使人承担为了约定的报酬将其精神或者体力劳动的部分

---

[1] Reinhard Richardi, Arbeitsrecht als Teil freiheitlicher Ordnung, Nomos Verlagsgesellschaft, 2002, S. 24; Richardi, Arbeitsrecht als Sonderprivatrecht oder Teil des allgemeinen Zivilrechts, FS – Alfred Söllner, 2000, S. 964.

[2] 参见田思路主编:《外国劳动法学》,北京大学出版社 2019 年版,第 21 页。

[3] Coing, Europaisches Privatrecht, Band 2, C. H. Beck, 1989, S. 186.

[4] 冯彦君:《民法与劳动法:制度的发展与变迁》,载《社会科学战线》2001 年第 3 期。

[5] Vgl. Jochen Taupitz, Christian Pfeiffer, Die Entwicklung der Vertragstypen des BGB, in: Yu – Cheol Shin, Reinhard Zimmermann, 50 Jahre Koreanisches Zivilgesetzbuch, Verlag der Jursitsichen Texte, Seoul 2011, S. 260.

[6] 日本在 2007 年对劳动合同进行了单独立法,但该法总共就 19 个条文。“只是确认了劳动契约的若干理念、原则、规定以及将一些判例法理立法化。”田思路、贾秀芬:《日本劳动法研究》,中国社会科学出版社 2013 年版,第 93 页。

为其他人的家庭共同体、经济或经营企业而使用的义务的合同尽可能快地在德意志帝国予以统一”[1]。但100年后依然未完成该法立法,其原因之一应当就在这里。反过来,雇佣合同不完善,劳动合同单独立法的可能性就大,会形成以劳动合同为中心的用工关系协调制度。法国之所以能够制定劳动法典,规定劳动合同,是因为法国民法典中不完整的劳务租赁规则为此提供了空间。这一规律的极端体现是,在瑞士当实现劳动合同的完善立法后,民法典中就不再有雇佣合同的规定,自由使用他人劳动力的其他现象被归入委托合同来进行法律适用,形成了大委托合同的格局。[2]

(二)我国劳动合同对雇佣合同功能替代的特别现象

我国用工领域立法的发展趋势与上述过程有所不同。中华人民共和国成立之后,尽管有对劳动力使用关系进行民法调整的尝试,1964 年 7 月 1 日,全国人大常委会办公厅公布的《民法(试拟稿)》第 15 章规定了“劳动报酬福利关系”,[3]但该立法并未完成。改革开放后,20 世纪 80 年代再次开始的民事立法一开始也有涉及用工问题的规则,1980 年 8 月 15 日,全国人大常委会法制工作委员会民法起草小组公布的《民法草案(征求意见稿)》第四编“劳动的报酬和奖励”规定了用工的规则,[4]但此后的草案却已不再包含该部分内容。在民事立法未能推进的背景下,相关单行的劳动立法却已经展开。1980 年 7 月 26 日,国务院颁布了《中外合资经营企业劳动管理规定》,1986 年 7 月 12 日,国务院颁布了《国营企业实行劳动合同制暂行规定》,最终 1994 年《劳动法》得以通过并规定了劳动合同制度。从该过程来

[1] Thilo Ramm, Entwuerfe zu einmem Deutschen Arbeitsvertagsgesetz, Keip Verlag, 1992, S. 11; Reinhard Richard, Arbeitsrecht im Wandel der Zeit, C. H. Beck, 2019, S. 140.

[2] Frank Vischer, Scheizerisches Privatrecht Obligationenrecht Besonderer Teil Der Arbeitsvertrag, Helbing & Lichtenhahn, 2005, S. 23.

[3] 参见何勤华、李秀清、陈颐编:《新中国民法典草案总览》(增订本),北京大学出版社 2017 年版,第 936 页以下。

[4] 参见何勤华、李秀清、陈颐编:《新中国民法典草案总览》(增订本),北京大学出版社 2017 年版,第 1188 页以下。

看,我国用工领域的立法并非从雇佣合同开始,而是从劳动合同开始,与其他市场经济国家通过雇佣合同等民事合同实现劳动力配置市场化不同,我国的劳动法承载着劳动力资源市场化配置的使命。“(《劳动法》)就是把劳动力市场改革成果变成立法条文,打破了不同所有制企业和职工不同身份的界限,体现了公平竞争的市场经济共同原则,开始与国际习惯接轨。”〔1〕这种现象可以称为劳动合同对雇佣合同功能的制度替代。

在此背景下,《劳动法》通过后统一《合同法》起草过程中,尽管有过在该法中引入雇佣合同的尝试,〔2〕并设计了劳动合同作为雇佣合同特别规定的体系:1995 年拟定的《合同法(试拟稿)》第 29 章规定了雇佣合同,并且在第 444 条规定,“雇佣为当事人一方为他方提供劳务,他方给付报酬的合同。国家机关、企业、事业单位、社会团体及其他组织与其雇员订立的劳动合同,劳动法无特别规定的,适用本章规定”〔3〕。但 1998 年 8 月 20 日公布的《合同法(征求意见稿)》中删除了雇佣合同的内容。其中重要原因应该是该草案中的雇佣合同规则与《劳动合同法》的规则太过重合。例如,1995 年的《合同法(试拟稿)》第 29 章就包含以下规定:第 445 条规定,当事人可以约定试用期,但试用期不超过三个月。第 450 条规定,合同中的约定的报酬不得低于法律、法规规定的标准。这些内容和现行的劳动合同法的制度内容几乎是重合的。实际上,当时的立法参与者已经意识到“《征求意见稿》规定的雇佣合同与劳动法中的劳动合同的界限不够清楚”〔4〕。在该背景下,最终《合同法》的选择是,“保险法、担保法、劳动法、著作权法等法律,对有关合同的特殊性问题作了具体规定,因此在合同法分则中不再专门规定,上述法

〔1〕 张左己:《在劳动部召开的学习〈劳动法〉宣讲动员大会上的讲话》,载李伯勇、张左己主编:《中华人民共和国劳动法讲座》,中国劳动出版社 1994 年版,第 9 页。

〔2〕 《中华人民共和国合同法(试拟稿)》第 29 章及《中华人民共和国合同法(征求意见稿)》第 29 章,载全国人大法制工作委员会民法室编著:《中华人民共和国合同法及其重要草案介绍》,法律出版社 2000 年版,第 88 - 90、156 - 157 页。

〔3〕 何勤华、李秀清、陈颐:《新中国民法典草案总览》(增订本),北京大学出版社 2017 年版,第 1906 页。

〔4〕 全国人大法制工作委员会民法室编著:《中华人民共和国合同法及其重要草案介绍》,法律出版社 2000 年版,第 166 页。

律未规定的,适用合同法总则的规定"[1]。这一方面显示了《合同法》的无奈,另一方面意味着民事立法再次确认了劳动合同替代雇佣合同功能这一既有立场。这一历史过程在根本上影响了《民法典》对雇佣合同的态度:雇佣合同无法进入《民法典》中。

(三)功能替代引发的特殊技术要求

在劳动合同承载劳动力市场化改革功能,对雇佣合同进行功能替代的前提下,只要这种劳动合同法继续完善并发展,在民法典中进行与之并行的独立的雇佣合同立法就无法完成,否则只会导致叠床架屋和规则重复。在自主性劳动作为社会现实客观存在并必然需要法律调整时,避免这种规则重复的方案应当是将二者作为一个系统作整体思考,理顺二者的关系,做好二者的规则分工和配合。在此,基于特殊的法律发展历史,其他国家的劳动立法多是基于已有的雇佣合同(或劳务租赁)规则作出劳动合同的特别规定,是以自治为前提增加社会保护;而我国应是基于发达的劳动合同规定作出对雇佣合同的特别规定,形成针对自主性劳动弱化劳动合同法中社会保护制度的特别规定。基于上述雇佣合同和劳动合同规则的互动关系,当我国形成系统的劳动合同法后,雇佣合同的内容将具有劳动合同补充和例外的特点。这一雇佣合同的功能和立法定位将意味着,我国的雇佣合同立法应以劳动合同为主干和参照,通过相对于劳动合同作出特别规定的方式完成。在这一立法思路下,将其纳入劳动法典中以特别规定方式予以体现就具有其合理性了。

二、法源之维:部门法的独立性与法源的交叉性

(一)劳动法与民法的二元对立

上述理论上的可能在立法技术上还需要跨越劳动法与民法的并立与切

---

[1] 何勤华、李秀清、陈颐:《新中国民法典草案总览》(增订本),北京大学出版社2017年版,第2081页。

割的理论逻辑。在我国，主流观点认为劳动法属于社会法，民法属于私法，二者属于不同的法域或者法律部门；劳动法是“调整劳动关系以及与劳动关系有密切联系的其他社会关系的法律规范的总称”，[1]而包含雇佣关系、劳务关系等的平等主体之间的人身和财产关系由民法调整。[2] 立法机关也明确提出，作为社会法的劳动法与民商事法属于不同的法律部门，中国特色社会主义法律体系涵盖七个法律部门，“即宪法和宪法相关法、民法商法、行政法、经济法、社会法、刑法、诉讼与非诉讼程序法”[3]。在此认知前提下，在法律渊源，即法律的具体表现形式问题上，人们就当然地认为劳动法和民法的法律渊源应并立存在：劳动法的规范存在于《劳动法》《劳动合同法》等之中，[4]而民事法的规范主要存在于《民法典》中。这种规范和法域并立的观念也进入裁判实践中：劳动争议处理不能援引民事法的规范一度是非常主流的实践观点，[5]直到当下其依然是理论界非常主流的学说。总体来看，在部门法划分观点的指引下，劳动法与民法从内容到形式都是一分为二的。这种现象成为将民事雇佣合同规则引入劳动法典最大的观念障碍。

（二）法源的交叉性作为一种普遍的立法现象

无疑，无论是在我国还是在其他欧洲国家，[6]都认为民法和劳动法是独立的法律领域或者法律部门以及学科。但有意思的是，在其他市场经济

---

〔1〕《劳动与社会保障法学》编写组：《劳动与社会保障法学》，高等教育出版社 2017 年版，第 15 页。

〔2〕但是也有学者认为劳动法是特别私法，参见沈建峰：《劳动法作为特别私法：〈民法典〉制定背景下的劳动法定位》，载《中外法学》2017 年第 6 期。如果赞同该观点，则雇佣合同进入劳动法典更没有障碍了。

〔3〕吴邦国：《在十届全国人大常委会第二次会议上的讲话》，载《全国人民代表大会常务委员会公报》2003 年第 3 期。

〔4〕关于劳动法的法律渊源参见《劳动与社会保障法学》编写组：《劳动与社会保障法学》，高等教育出版社 2017 年版，第 25－27 页。

〔5〕刘绍宇：《劳动合同法与民法适用关系的法教义学分析——以〈劳动合同法〉修改和民法典编纂为背景》，载《法学》2018 年第 3 期。

〔6〕郭捷：《劳动法学》，高等教育出版社 2014 年版，第 40 页；Löwisch Caspers Klumpp, Arbeitrecht, 11. Auflage, Verlag Franz Vahlen, 2017, S. 17。

国家,民法规则始终是劳动法的法律渊源,二者在法源问题上并非对立而是交叉存在。无论是在德国这样没有劳动法典的国家,《民法典》是劳动法的法律渊源,[1]劳动合同被作为雇佣合同的一种类型,适用《德国民法典》第611条以下的规定;还是在法国这样有独立法典的国家,民事法律对劳动关系的适用也是毋庸置疑的问题。"根据《法国劳动法典》L部分,第1221-1条(此前的第L121-1条),劳动合同也是普通法规则的主题,在此普通法必然是指一般私法,更确切地说就是民法典。从这一角度来看,可以将劳动法视为特别法,而民法是一般法,在特别法缺失时,我们必须适用一般法。"[2]更有甚者,如在瑞士,劳动法是独立法律领域,[3]但1971年通过对《瑞士债务法典》的修订,将其第一部分第10节的内容由原来的雇佣合同修订为劳动合同(Arbeitsvertrag),[4]涵盖了劳动合同、集体合同和国家强制规定等所有现代劳动法的主要内容。而从发展来看,这种劳动合同进民法典甚至是一种趋势,德国先是在20世纪六七十年代通过法律修改,在《德国民法典》中引入了劳动合同的概念,又通过2017年的修订,增加了第611a条,在《德国民法典》中对劳动合同进行了界定和规定。为此有学者提出,"从新的立法可以得出劳动合同法再次被融入(Reintegration)了《德国民法典》这个结论"[5]。

上述民法作为劳动法渊源的立法实践,其实已经说明既然劳动法可以规定在民法典中,也就没有理由简单地基于民法和劳动法的法律部门分立反对民法雇佣合同规定在劳动法典中。法律部门、领域的独立与法律渊源的交叉本身并不矛盾。法律部门是根据法律规范调整对象和调整方法等对

---

〔1〕 Hansjörg Otto, Marcus Bieder, Arbeitsrecht, 5Auflage, De Grutzer Studium, 2020, S. 23; Vgl. auch Löwisch Caspers Klumpp, Arbeitrecht, 11. Auflage, Verlag Franz Vahlen, 2017, S. 18.

〔2〕 Michel Despax, Jean - Pierre Laborde, Jacques Rojot, Labour Law of France, Wolters Kluwer, 2017, p. 41.

〔3〕 Frank Vischer, Scheizerisches Privatrecht Obligationenrecht Besonderer Teil Der Arbeitsvertrag, Helbing & Lichtenhahn, 2005, S. 31.

〔4〕 Gauch/ Stöckli, OR, Schulthess, 49. Auflage, 2012, S. 102.

〔5〕 Wolfgang Däubler, Eigenstaendigkeit des Arbeitsrechts, in: FS. -50JahreBAG, S. 7.

法律规范的分类,[1]而具体某部实证法涵盖了什么规范内容往往是各种立法技术因素综合考量的结果。最鲜活的例子就是,当前许多市场经济立法都是同时涵盖私法和公法性规范的法律。公法和私法尚且可以并存于一部法律之中,更何况劳动法本身就是公私法结合的法律,融入其他私法性的规范有何不能呢? 因此,法律规范存在的方式和其在法律体系中的位置未必就一定与法律部门对应,一部法律中包含不同法律部门的规范或者同一法律部门的规范归于不同法律中,在技术上都没有障碍。就劳动法本身而言,作为社会法的重要构成部分,按照现有通说,其最大的特点就是公法与私法的结合,[2]在劳动法律中包含私法和公法规范是其题中应有之义。既然如此,在劳动法律本身已经自带私法规范的前提下,更无必要排除作为私法规范的雇佣合同规则了。实际上,在规范层面上,上述劳动法和民事法的对立与切割的认识在当前已经发生了变化。《民法典》通过后,《最高人民法院关于审理劳动争议案件适用法律问题的解释(一)》就将《民法典》作为劳动争议司法解释的依据。

(三)完整性与体系性是法典化的技术要求

"法典是法律的典范文本"[3],法典化是法律渊源的理性形式和高级形态。从立法技术本身的角度看,"完整性和体系性是法典化最基本的特征"[4]。法典化所要实现的技术目标是整合旧法,填补法律的规则漏洞,形成清晰完整的体系。就完整性(完备性)和体系性两个要素而言,完备性是指"法典应汇聚所有的相关法律规则"[5],而法律规则的"相关性"应根据调整对象和

---

[1] 《法理学》编写组:《法理学》,人民出版社、高等教育出版社 2010 年版,第 319 页;沈宗灵主编:《法理学》,北京大学出版社 1999 年版,第 433 页。

[2] 《劳动与社会保障法学》编写组:《劳动与社会保障法学》,高等教育出版社 2017 年版,第 15 页。

[3] 陈金钊:《法典化语用及其意义》,载《政治与法律》2021 年第 11 期。

[4] [德]赖因哈德·齐默尔曼:《欧洲私法的法典化:〈欧洲共同买卖法〉视角下的历史反思》,刘剑峰译,载《经贸法律评论》2020 年第 4 期。

[5] 石佳友:《解码法典化:基于比较法的全景式观察》,载《比较法研究》2020 年第 4 期。

立法所要解决的问题来判断;体系性包括内在体系和外在体系,内在体系强调法律内在精神和价值体系的统一,外在体系更多强调规则之间合乎逻辑的建构。[1] 对劳动法典的制定而言,考虑将那些内容纳入该法典之中,也应遵循上述法典化的基本思路。本书认为,通过市场配置劳动力资源而在市场主体之间发生的用工关系是一种社会关系整体,各种不同用工关系尽管因为用工方式不同需要社会保护的程度不同,但其属于统一的社会现象,调整这些用工关系的规则属于相关规则。尽管因为历史发展的过程性,这些规则出现有顺序上的先后,但其内容的整体性和相关性不应忽视。而从体系角度看,市场经济条件下调整用工关系的法律规则具有统一的内在价值和思想,如人的自由和尊严的保护、生存保障以及对社会主义核心价值观的遵循等,也可以如本书以下内容建构的那样形成统一的规则体系,满足形成内在和外在体系的要求。基于以上讨论,本书认为,立足劳动力市场的整体格局和劳动法律调整的体系性,消除劳动法和雇佣合同的区隔和成见,以用工关系为调整对象,并根据用工关系的内在逻辑形成体系,既可以实现调整的完整性,也可以实现调整的体系性,从根本上可以落实我国劳动法法典化的技术目标。

三、谱系之维:形成从雇佣合同到劳动合同的类型序列

(一)规范的抽象性与用工关系多样化之间的矛盾及类型思维的引入

在逻辑上,用工世界当事人之间的法律关系要么是一种依附性劳动的法律关系,要么是独立劳动的法律关系。但用工世界的现实却从来不是只有依附性劳动和独立劳动这种一分为二清晰的结构,不同生产模式的需要以及提升人力资源利用效率的努力都在不断推动用工方式的创新,导致用工关系的具体形态形形色色。因此,用工关系的法律调整始终面临消解法律规范的抽象性和统一性与现实世界的多样性之间紧张关系的压力。为消

---

〔1〕 Larenz, Methodenlehre der Rechtswissenschaft, 6. Auflage, Springer – Verlag, 1991, S. 439.

解这种紧张关系,在法律技术上可以运用多种方法:通过精细化立法进行分类规制、引入一般条款(价值条款)以及不确定概念提高规范弹性、通过团体自治(集体合同)形成行业性规范等。这实际上也是传统劳动法规制的非常重要的技术手段。但是从目前来看,这种技术依然不够。当前对我国劳动法最大的批评就在于非黑即白的规制模式导致法律对劳动世界的扭曲:或者该保护的未保护或者保护的刚性太强不符合当事人利益实际。[1] 在这些法律技术还不充分的背景下,应引入类型思维和法律规制的类型谱系方法。"一种更适应流动的生活过程的方法论尝试必然特别令人感兴趣……用关键词来表述的话,它涉及为科学方法论发现比较级。"[2] 这种方法的要点在于,通过常素而不是要素确定类型,同时为了避免类型的不清晰,将相关类型放入类型序列之中,通过将其与典型形态的比较确定其具体内涵,最终实现范畴的确定性、动态性和体系性。[3] 按照这种方法,用工关系协调中出现的劳务关系(雇佣关系)、类劳动关系、非典型劳动关系、劳动关系均是类型,应置于用工关系法律调整的谱系序列中并通过相互之间以及与典型形态的比较来确定具体内涵,而不是孤立地对其进行界定。在规范适用时,对不同类型的用工方式,在上述比较的基础上通过对作为典型形态的雇佣关系和劳动关系法律规则的组合适用,实现对各种用工关系更贴合当事人之间利益状况和社会公正的调整。[4]

遵循这一思路对用工方式进行法律调整时,在劳动合同法已经相对完备的前提下,首先应完善用工关系协调的法律规范谱系中作为典型形态的雇佣关系法律规定,而这一完善最好在劳动法典中完成。通过将雇佣合同

---

〔1〕 姜颖、沈建峰:《正确评估〈劳动合同法〉适时修改〈劳动法〉》,载《中国劳动关系学院学报》2017 年第 3 期;谢增毅:《劳动力市场灵活性与劳动合同法的修改》,载《法学研究》2017 年第 2 期。

〔2〕 Gastav Radbruch, Klassenbegriffe und Ordnungsbegriff in Rechtsdenken, in: Winfried Hasssemar, Gastav RadbruchRechtsphilosophie, C. F. Müller, 1990, S. 60.

〔3〕 Vgl. Arthur Kaufmann, Grundprobleme der Rechtsphilosophie, C. H. Beck, 1994, S. 114; Leenen Detlef, Typus und Rechtsfindung, Duncker & Humblot, 1971, S. 135.

〔4〕 关于该问题的系统论述,参见沈建峰:《数字时代劳动法的危机与用工关系法律调整的方法革新》,载《法制与社会发展》2022 年第 2 期。

的规定置于劳动法典中,打破雇佣关系位于民法中,劳动合同位于劳动法中这一形式上分割的格局,形成中国特色的调整整个用工关系的法典,有助于从用工关系法律调整的全景出发,对该领域的社会关系进行法律调整,也有利于从谱系角度进行法律适用。这也符合法典化防止碎片化并形成体系的目标,可以减轻法律适用时在不同领域找法的负担和压力。“法典化是将既存法律的碎片化以及由此引发的如下必要性予以克服的工具:就不同可能的法律渊源在具体案件中究竟哪个能用这一问题耗费大量精力。因为要将全部法律材料建构,同时可能对其进行相应的清晰和统一的描述,以此并通过排除不必要的重复和交叉,当事人和法律适用者能更容易找法和理解法律。”〔1〕

(二)在类型谱系中解决新就业形态用工关系的法律调整

在数字时代,将雇佣合同引入劳动法典中,从而在类型方法指引下进行法律适用,具有更重要的现实意义。如上所述,用工关系的具体形态非常多样化,但在不同时代用工关系的形态重心并不相同,在农业时代,用工关系是重心是身份关系用工,在工业化时代,用工关系形态的重心是劳动关系用工。这一格局在日益发展的数字时代将会发生实质性变化。在数字时代,人们面临的是平台用工或者新就业形态用工的大发展,根据《中国共享经济发展报告(2021)》,“2020 年共享经济参与者人数约为 8.3 亿,其中服务提供者约为 8400 万,同比增长约 7.7%;平台企业员工数约 631 万,同比增长约 1.3%”〔2〕。与这一发展趋势相伴的是去组织体化的趋势,〔3〕导致出现了大量 2021 年人社部、国家发展改革委等八部门颁布的《关于维护新就业

---

〔1〕 Bydlinski, Arbeitsrechtskodifikation und das Allgemeines Zivilrecht, Springer-Verlag, 1969, S. 6.

〔2〕 《中国共享经济发展报告(2021)》,载中华人民共和国国家发展和改革委员会网,https://www.ndrc.gov.cn/xxgk/jd/wsdwhfz/202102/t20210222_1267536_ext.html,第 1 页。

〔3〕 数字时代用工去组织体化的特点,参见沈建峰:《去组织体化用工及其主体与责任承担》,载《政治与法律》2022 年第 8 期。

形态劳动者劳动保障权益的指导意见》中明确提出的“有一定管理但是却不符合劳动关系情形的”用工关系。这种用工关系本质上是一种独立用工关系，但又具有一定劳动关系因素，属于典型类型思维的产物，是一种类型过渡的现象，在法律适用过程中需要根据具体的用工关系形态组合适用劳动法的规范和民事法的规范。“这种当事人之间的契约既具有外包、委托的自主从业性质，又具有雇佣的从属劳动性质时，可以考虑将其视为一种混合契约，并对其属于雇佣性质范围内的从属性加以认可并提供相关保护。”〔1〕将雇佣合同的规范置于劳动的法典之中，并设置雇佣合同与劳动合同组合适用的规则，形成从充满社会保护的劳动合同，历经非典型劳动关系、不完全符合劳动关系情形的劳动者，直到没有社会保护的自由雇佣，这一保护强度不断过渡的规则谱系，有利于更好地解决上述“有一定管理但却不符合劳动关系情形的”用工关系法律适用问题，消解法律规范的抽象性和统一性与用工现实世界的多样性之间紧张关系的压力。

四、体系之维：劳动法典的基本结构

在雇佣合同进入劳动法典后，法典调整对象将发生根本性变化，成为一部调整用工关系而不是劳动关系的法典。由此引发的问题是法典的体系将如何排列，以便实现将依附性劳动和独立劳动这两种具有很大差异的用工关系置于一部法典之中进行调整的目标。为此，应按照总则要提炼公因式，分则要解决特别规则的思路进行体系设计。

（一）“劳动法典”总则的内容

首先，“劳动法典”应在总则中明确调整的对象为用工关系，即一方提供劳动给付另一方支付报酬的所有法律关系类型，但其他法律另有特别规定

---

〔1〕田思路：《工业4.0时代的从属劳动论》，载《法学评论》2019年第1期。关于劳动领域混合合同的论述，可以参见王天玉：《互联网平台用工的合同定性及法律适用》，载《法学》2019年第10期。

的除外，从而明确该法典协调用工关系的一般法的地位。在上述规定的基础上，总则应规定本法所称用工关系涵盖劳动关系、非标准劳动关系、不完全劳动关系以及雇佣关系等不同类型形态，并对作为“标杆”的劳动关系和雇佣关系进行明确界定，明确其谱系关系以及法律适用的技术方法。其次，总则应涵盖劳动的法典的一般原则。这种一般原则包括三个层次：市场交往的一般原则，包括社会主义核心价值观；以劳动力供给为内容的法律关系调整的一般原则，如合意原则、社会保护；以依附性劳动为标的的法律关系的特别原则，如三方原则等。再次，总则应涵盖各种用工关系的共同规则。不论是依附性的劳动力提供还是独立的劳动力提供，均是一种以内在于人本身的劳动力为标的的法律关系，这些法律关系“原则上需要亲自提供劳动给付，履行过程中有较强的信赖和保护色彩，履行过程中需要接受指示、承担计算义务和报告义务，履行结束后有返还义务，处理事务过程中有费用预付和报销义务，事务处理过程中劳动力提供者死亡时有特殊效果等”[1]，在立法技术上可以抽象出共同的规则和原则，从而形成总则中的一般性规定。最后，总则应明确不同用工关系协调机制的冲突规则。以劳动关系为典型的用工关系协调机制与传统民法的差异不只是所谓弱者保护的理念，100 多年前在《德国民法典》制定的过程中，基尔克等法学家们提出了“私法的社会任务”，呼吁“在民法典中加入一滴社会的油”[2]，并且在《德国民法典》中引入了一些弱者保护的规则；用工关系协调制度的特殊性在于其协调制度的多元性，包括实现私人自治的合同制度，实现集体自治的集体合同，实现国家意志的保护性强行法等。在法典总则中应设置规则明确这些制度之间的效力关系及其冲突的处理规则，解决好用工关系协调中的国家意志（利益）、集体意志（利益）以及个体意志（利益）之间的关系。

---

〔1〕 沈建峰：《数字时代劳动法的危机与用工关系法律调整的方法革新》，载《法制与社会发展》2022 年第 2 期。

〔2〕 Gierke, Die soziale Aufgabe des Privatrechts, Verlag von Julius Springer, 1889, S. 13.

(二)“劳动法典”分则的设计

从劳动法的理论体系以及立法实践来看,以劳动关系为调整对象的劳动立法一般涵盖个别劳动法、集体劳动法、劳动基准法等三部分实体内容[1]以及劳动程序法,以劳动关系为主干进行立法的情况下,笔者曾主张劳动法典分则应依次分别规定劳动合同、劳动基准、集体合同、民主管理、涉外用工、劳动监察、争议处理等编目。[2] 当《劳动法典》涵盖雇佣关系、不完全劳动关系等,以用工关系为对象进行法典化时,还需要解决调整雇佣关系等其他用工关系的规则如何进行安排的问题。在逻辑上首先可能出现的是针对不同的用工关系类型平行地制定编目,最终形成总则、劳动关系编(涵盖非典型劳动关系)、雇佣关系编以及不完全劳动关系编的结构。这种结构看似清晰,但如上文所述,一方面,在法典包含调整用工关系一般规则的总则,同时劳动关系立法完备的情况下,雇佣合同的规则只能以特殊规则形式体现,而无法系统立法,其内容结构也无法支撑起与传统劳动法并列的一个法典部分;另一方面,不完全劳动关系的调整在根本上涉及对本属于劳务关系的法律关系根据当事人用工方式的特殊性和劳动者保护的需要适用一定的劳动法规范,只能根据具体用工关系形式去逐一考虑哪些劳动法的规范可以适用于哪种具体法律关系。其重点不是一般性法律制度的构建,而是具体法律关系的调整,无法形成独立的与劳动关系协调机制并立的编目。

基于以上原因,本书主张分则采取实体法部分依然以传统标准劳动关系协调机制为核心建构体系,对非标准劳动关系、不完全劳动关系、雇佣关系作特别规定的体系模式。也就是分则实体法的部分分为劳动合同编、劳动基准编、集体合同编、民主管理编以及特殊用工关系编,在特别用工关系编部分分章规定雇佣关系、非典型劳动关系、类劳动关系的具体形态。在规

〔1〕 参见《瑞士债务法典》第10章。

〔2〕 沈建峰:《立足劳动者权益维护推动劳动法法典化》,载《工人日报》2022年3月21日,第7版;类似但有所差异的观点参见林嘉:《论我国劳动法的法典化》,载《浙江社会科学》2021年第12期。

则关系上:非典型劳动关系是一种劳动关系,劳动法的规则原则上可以用于它们,但是基于其主体等特殊性,需要进行例外或者特别规定;类劳动关系是一种民事用工关系,原则上不适用劳动法的规范,但因为劳动力提供者特殊社会保护的需要以及经济依附等,需要将一些劳动法的规则通过特别规定适用于它;而雇佣合同则是基本上没有太多社会保护,只需要加“几滴社会的油”,同时基于其继续性法律关系,给付需要亲自完成等特征进行一定的特别制度安排。在实体规范之后,再安排涉外用工、劳动监察、争议处理等编,同时在这些编章中具体规定上述特别用工关系的涉外法律适用、行政执法以及争议处理问题。

五、结论

着眼于我国劳动法对雇佣合同的规则替代以及数字时代多元化用工关系按照类型方法进行系统调整的需要,我国应制定包含雇佣关系在内调整用工关系的“劳动法典”,也即本书所称“劳动的法典”。从法律渊源理论和当代我国立法的实践来看,劳动法和民法作为独立部门法分立的格局并不影响在立法技术上做这样的体系安排。“劳动法典”总体上分为总则和分则两部分,总则部分规定调整对象及其范畴和关系、调整原则、各种用工关系的共同规则以及不同用工关系协调机制之间的关系;分则应以劳动关系协调机制为主干进行立法,同时在特别规定编以单独章节形式规定雇佣关系、非典型劳动关系以及不完全劳动关系等法律关系的调整规则,形成总则编、劳动合同编、劳动基准编、集体合同编、民主管理编、特别规定编、涉外用工编、劳动监察编、争议处理编等部分的体系性的“劳动法典”。这一“劳动的法典”将是立足我国现有法律的立法实际,同时面向数字时代的“劳动法典”。

结论：劳动法作为特别私法

从规范法学或者法教义学角度看，劳动关系就是劳动法律关系。基于债的关系客体是人的行为、用人单位的指示和决定是债的内容具体化权、劳动关系中的主给付义务主要通过时间因素辅助确定等，应认为劳动关系既不是人身关系，也不是不平等关系，而是用人单位享有劳动给付具体化权的继续性债的关系，劳动法的教义学结构应据此展开。社会保险关系等均涉及通过国家公给付解决社会问题，并非劳动者和用人单位之间的法律关系，应由公法调整，有一套和劳动关系协调完全不同的逻辑，因此这些法律关系不应归入劳动法的调整对象之中。劳动法就是调整劳动关系的法律规范总和。劳动法的制度设计应围绕作为法律关系的劳动关系展开，包括劳动合同、用人单位指示、劳动基准、集体合同、用人单位规章等，从而形成了一种多元劳动关系协调机制，这些机制均可以从私法教义学的角度进行解构。

劳动合同的本质是合意而不是书面形式，没有书面形式的合意依然是劳动合同。以此为出发点，则必须承认不是用工而是劳动合同在建立劳动关系。在劳动关系内容确定方面，劳动关系中双方地位失衡导致其他劳动关系协调机制的介入，但这些机制并不是要排除私人自治安排劳动关系内容的可能;与其他机制相比,在有利原则的前提下,劳动合同在确定劳动关系内容上具有功能和效力上的优先性;动态地理解劳动合同,则劳动合同也可以适应劳动关系持续发展的需要。在劳动关系的终止上,劳动合同也可用以安排劳动关系的终止及其效果。劳动关系在劳动关系协调的重要地位是由劳动者作为私人的本性决定的,也是由市场经济条件下市场调配资源的属性决定的。

用人单位指示权是一种独立的劳动关系协调机制,是依附性劳动的制度表达,但其一般法理在我国却被长期忽视。其存在的正当性可从不同角度论证,从法教义学角度来看,其并非基于公法授权、组织体管理权而是建立在劳动合同基础上。享有该权利的用人单位通过单方意思表示对劳动合同约定的劳动给付义务予以具体化,该权利不是对劳动者的支配权或请求权,而是属于形成权。基于继续性法律关系的特性,该形成权属于填充型形成权,可以持续存续,重复行使;其与传统的针对一时性法律关系的消极形成权共同构成完整的形成权理论体系。从平衡用人单位生产组织需要和劳动者保护需求出发,用人单位指示权的行使受到其作为剩余权的位阶限制,作为劳动给付内容具体化权的功能限制,作为生产组织权的对象限制,作为裁量权的合理性控制。

劳动基准法是保护劳动者利益的强行性法律规范总和,根据规范效力结构其可以分为三种,即私法性劳动基准法、公法性劳动基准法和双重效力劳动基准法。立法如何安排特定劳动基准法规则的效力结构取决于维护公共利益、保护劳动者利益以及立法技术考虑等多种因素。但不论是哪种效力结构的劳动基准法规范,最终都具有私法效力;对公法性劳动基准法规范而言,这主要以反射理论、双重效力理论、公法的违法控制理论为基础来实现。劳动基准法对劳动关系的私法效力在劳动关系主体准入、法律行为效力控制、劳动关系履行限制等方面具有不同效果。对同时具有公法和私法双重效力的劳动基准法而言,协调二者的关系实为必要。这种协调在规范内容确定上,应坚持劳动法上的理解为起点,同时依据公法价值进行修正的思路;在实施机制上,公法救济和私法救济应并行不悖,并通过当事人选择解决其中可能的冲突,现行法的有关规范也应进一步完善。

集体合同是一种自治机制和市场机制,这种自治基础上的市场机制本身即是传统私法的合同机制。从法教义学角度看,集体合同以私法合同的形式成立和消灭,对工会和用人单位或用人单位联合会具有债权效力,这些都是私法现象;传统私法曾试图通过代理理论(the agency theroy)和有利于第三人的合同理论(the third - party beneficiary theory)解释集体合同对劳动者和用人单位的效力,但都不能自圆其说。为此,大陆法系国家承认了集体合同对劳动者和用人单位的规范效力,并提出"社团理论"(Verbandstheorie)、国家授权理论(Delegationstheorie)、自治理论(Autonomietheorie),分别从社会法、公法、私法的角度解释上述规范效力。从中国集体合同制度发展的历史、社会经济基础和制度设计来看,私法的解释方案依然最优:集体合同以合同的方式成立,通过职工(代表)大会的决议行为获得对全体劳动者的约束力,也即规范效力。集体合同是一种私法上制度。

用人单位规章的制定存在工厂协议模式、劳动者有限参与模式、用人单位单独制定模式;与此相对应,也存在三种不同的用人单位规章效力控制模式,三种不同的用人单位规章效力根源说明模式。上述不同模式的存在首先不是逻辑演绎的结果,而是劳资共决观念、工厂协议制度、工会体制以及国家干预劳动关系的传统等因素共同作用的结果。在我国劳动法律发展过程中,集体自治色彩得到提升,但依然不足以保证用人单位规章的合理性,有必要引入公权力的合理性审查干预。目前我国用人单位规章的制定实际采纳了规范理论模式,但其应逐渐向通过工厂协议制定用人单位规章的模式发展。

根据以上讨论,不论是劳动法的调整对象,还是劳动关系的协调机制都可以从私法的角度得到解释,劳动法因此属于特别私法。劳动法作为特别私法的命题不仅有利于劳动法的规范体系形成和法教义学发展,而且有利于解决数字时代用工领域的主体确定、用工关系协调以及法典制定。

在数字时代,去劳动关系化加速,劳动法陷入功能和存续危机。为解决此问题,出现四种不同方案,但却导致劳动法调整对象的混沌化。要实现从混沌到有序应引入类型思维的法学方法。用工关系协调中出现的劳务关系、类劳动关系、非标准劳动关系、劳动关系等属于类型而不是概念，均应通过对常素的评价确定范畴，应置于用工关系法律调整的规范谱系序列中并通过相互之间以及与典型形态或曰“里程碑”的比较来确定具体内涵。用工关系调整的法律适用，应采用评价式、分解式以及探究事物本质与立法目的式规范适用方法。在我国，应对数字时代用工关系协调中的灵活与安全，应首先完善上述用工关系协调法律规范谱系中作为“里程碑”的典型雇佣关系的法律规定。在此基础上，按照类型思维的法律适用方法，通过对典型雇佣关系和典型劳动关系法律规则的组合适用，实现对各种用工关系更贴合当事人之间利益状况和社会公正的调整。

立足数字时代和我国用工领域立法的现实以及劳动法和私法的特别法关系，我国将制定的“劳动法典”应是一部调整涵盖劳动关系和雇佣关系等用工关系的统一的“劳动的法典”。雇佣合同进入“劳动法典”首先是因为在立法史上，我国通过劳动合同实现劳动力市场化改革，发生了劳动合同制度对雇佣合同制度的制度替代，导致雇佣合同无法系统立法并进入《民法典》中。而从法律渊源角度看，劳动法和民法作为独立法律部门并不影响二者发生法律渊源交叉，法典化完备性和体系性的技术要求，反而支持在一部法典中系统调整不同类型用工关系。从功能的角度看，将雇佣关系和劳动关系置于一部法典中，有助于按照类型和谱系的方法对各类用工关系进行符合实际的法律组合调整，有利于完成数字时代对“不完全符合劳动关系情形的”用工的规范。“劳动法典”总则应规定用工关系调整的对象、原则和一般规则，分则应按照调整劳动关系的法律为主干，调整雇佣关系，非典型劳动关系、不完全符合劳动关系情况之用工的规范为特别规定布局进行体系安排。

参考文献

一、中文著作

1.《法理学》编写组编:《法理学》,人民出版社、高等教育出版社2010年版。

2.《劳动与社会保障法学》编写组:《劳动与社会保障法学》,高等教育出版社2017年版。

3. 白鹏飞:《比较劳动法大纲》,北京朝阳大学出版社1927年版。

4. 常凯主编:《劳动法》,高等教育出版社2011年版。

5. 程延园:《劳动法与劳动争议处理》,中国人民大学出版社2013年版。

6. [德]沃尔夫冈·多伊普勒:《德国劳动法》,王倩译,上海人民出版社2016年版。

7. [苏]格里巴诺夫、[苏]科涅耶夫:《苏联民法》,中国社会科学院法学研究所民法经济法研究室译,法律出版社1979年版。

8. 葛洪义主编:《法理学》(第4版),中国人民大学出版社2015年版。

9. 耿林:《强制性规范与合同效力:以合同法第52条第5项为中心》,中国民主法制出版社2009年版。

10. 关怀、林嘉:《劳动法》,中国人民大学出版社2016年版。

11. 郭惠玲:《劳动契约法论》,台北,三民书局2011年版。

12. 郭捷等:《劳动法学》,高等教育出版社2014年版。

13. 韩世远:《合同法总论》(第4版),法律出版社2018年版。

14. [德]汉斯·察赫:《福利社会的欧洲设计》,刘冬梅、杨一帆译,北京大学出版社 2014 年版。
15. 何勤华、李秀清、陈颐编:《新中国民法典草案总览》(增订本),北京大学出版社 2017 年版。
16. 何勤华、李秀清:《外国法与中国法》,中国政法大学出版社 2003 年版。
17. [日]荒木尚志:《日本劳动法》(增补版),李坤刚、牛志奎译,北京大学出版社 2010 年版。
18. 黄越钦、黄鼎佑:《劳动法新论》,台北,翰芦图书出版有限公司 2015 年版。
19. 黄程贯主编:《个别劳动法》,台北,元照出版有限公司 2021 年版。
20. 黄忠:《违法合同效力论》,法律出版社 2010 年版。
21. 姜颖:《劳动合同法论》,法律出版社 2006 年版。
22. [德]卡尔·拉伦茨:《法学方法论》,黄家镇译,商务印书馆 2020 年版。
23. [德]拉德布鲁赫:《法学导论》,米健译,商务印书馆 2013 年版。
24. [德]卡尔·拉伦茨:《德国民法通论》,王晓晔等译,法律出版社 2002 年版。
25. 李伯勇、张左己主编:《中华人民共和国劳动法讲座》,中国劳动出版社 1994 年版。
26. [日]中洼裕也、[日]野田进:《劳动法的世界》,田思路等译,商务印书馆 2022 年版。
27. 李景森、贾俊玲主编:《劳动法学》,北京大学出版社 1995 年版。
28. 梁慧星:《民法总论》(第 5 版),法律出版社 2017 年版。
29. 林丰宝、刘邦栋:《劳动基准法论》,台北,三民书局 2015 年版。
30. 朱景文主编:《法理学》,中国人民大学出版社 2015 年版。
31. 林嘉、张士诚主编:《社会保险立法研究》,中国劳动社会保障出版社 2011 年版。
32. 林嘉:《劳动法的原理、体系与问题》,法律出版社 2016 年版。
33. 林嘉:《劳动法和社会保障法》,中国人民大学出版社 2016 年版。
34. 刘志鹏:《劳动法理论与判决研究》,台北,元照出版有限公司 2000 年版。
35. 龙卫球:《民法总论》(第 2 版),中国法制出版社 2001 年版。
36. [美]罗纳德·H. 科斯:《企业、市场与法律》,格致出版社、上海三联书店、上海人民出版社 2014 年版。
37. [德]梅迪库斯:《德国民法总论》,邵建东译,法律出版社 2000 年版。

38. [英]梅因:《古代法》,沈景一译,商务印书馆 1997 年版。
39. [奥]欧根·埃利希:《法社会学原理》,舒国滢译,中国大百科全书出版社 2009 年版。
40. 全国人大法制工作委员会民法室编著:《中华人民共和国合同法及其重要草案介绍》,法律出版社 2000 年版。
41. 全国总工会政策研究室编:《中国企业领导制度的历史文献》,经济管理出版社 1986 年版。
42. 沈宗灵:《法理学》,北京大学出版社 1999 年版。
43. 史尚宽:《劳动法原论》,世界书局 1934 年版。
44. [意]T. 特雷乌:《意大利劳动法与劳资关系》,刘艺工、刘吉明译,商务印书馆 2012 年版。
45. 台湾劳动法学会编:《劳动基准法释义——施行二十年之回顾与展望》,台北,新学林出版股份有限公司 2009 年版。
46. 台湾社会法与社会政策学会主编:《社会法》,台北,元照出版有限公司 2015 年版。
47. 陶希晋主编:《中国民法学·民法总则》,中国人民公安大学出版社 1990 年版。
48. 田思路、贾秀芬:《日本劳动法研究》,中国社会科学出版社 2013 年版。
49. 田思路主编:《外国劳动法学》,北京大学出版社 2019 年版。
50. 佟柔:《中国民法学·民法总则》,中国人民公安大学出版社 1996 年版。
51. 朱庆育:《民法总论》(第 2 版),北京大学出版社 2016 年版。
52. [德]雷蒙德·瓦尔特曼:《德国劳动法》,沈建峰译,法律出版社 2014 年版。
53. 王利明:《民法总则研究》,中国人民大学出版社 2003 年版。
54. 王利明:《法学方法论》,中国人民大学出版社 2011 年版。
55. 王利明:《合同法研究》,中国人民大学出版社 2002 年版。
56. 王全兴:《劳动法》(第 4 版),法律出版社 2017 年版。
57. 王泽鉴:《民法总则》,北京大学出版社 2015 年版。
58. 王泽鉴:《侵权行为》,北京大学出版社 2010 年版。
59. [日]我妻荣:《债权各论》(中卷二),周江洪译,中国法制出版社 2008 年版。
60. [德]乌尔里希·马格努斯:《社会保障法对侵权法的影响》,李威娜译,中国法制出版社 2012 年版。

61. [日]星野英一:《私法中的人》,王闯译,中国法制出版社 2004 年版。
62. 许中缘:《民法强行性规范研究》,法律出版社 2010 年版。
63. [苏]亚历山大洛夫:《苏维埃劳动法教程》,李光谟、康宝田译,中国人民大学出版社 1955 年版。
64. 阎天:《美国劳动法学的诞生》,中国民主法制出版社 2018 年版。
65. 杨通轩:《集体劳工法》,台北,五南图书出版股份有限公司 2007 年版。
66. [法]伊莎贝尔·道格林、[比]克里斯多夫·德格里斯、[比]菲利普·波谢编:《平台经济与劳动立法国际趋势》,涂伟译,中国工人出版社 2020 年版。
67. 张文显主编:《法理学》,高等教育出版社、北京大学出版社 2008 年版。
68. 赵大程、张义全主编:《保障农民工工资支付条例释义》,中国民主法制出版社 2020 年版。
69. 郑爱青:《法国劳动合同法概要》,光明日报出版社 2010 年版。
70. 郑尚元、扈春海:《社会保险法总论》,清华大学出版社 2018 年版。
71. 郑尚元:《劳动合同法的制度与理念》,中国政法大学出版社 2008 年版。
72. 郑尚元主编:《社会保障法》,高等教育出版社 2019 年版。
73. 中华全国总工会法律工作部、中华人民共和国劳动部政策法规司编著:《中华人民共和国劳动法讲话》,中国工人出版社 1994 年版。
74. 钟瑞栋:《民法中的强制性规范:公法与私法"接轨"的规范配置问题》,法律出版社 2009 年版。
75. 朱虎:《法律关系与私法体系:以萨维尼为中心的研究》,中国法制出版社 2010 年版。

二、中文论文

1. 班小辉:《论"分享经济"下我国劳动法保护对象的扩张——以互联网专车为视角》,载《四川大学学报(哲学社会科学版)》2017 年第 2 期。
2. [德]阿克塞尔·贝阿特:《〈德国民法典〉第 134 条中"法律"的概念》,胡剑译,载王洪亮等主编:《中德私法研究》(第 13 卷),北京大学出版社 2016 年版。
3. 蔡立东:《"平等主体关系说"的弃与留——未来〈民法典〉调整对象条款之抉择》,载《法学论坛》2015 年第 2 期。

4. 常凯:《关于〈劳动合同法〉立法的几个基本问题》,载《当代法学》2006 年第 6 期。
5. 常凯:《论个别劳动关系的法律特征——兼及劳动关系法律调整的趋向》,载《中国劳动》2004 年第 4 期。
6. 常凯:《平台企业用工关系的性质特点及其法律规则》,载《中国法律评论》2021 年第 4 期。
7. 陈金钊:《法典化语用及其意义》,载《政治与法律》2021 年第 11 期。
8. 陈靖远:《事实优先原则的理论展开与司法适用——劳动法理论中的一个经典问题》,载《法学家》2021 年第 2 期。
9. 崔建远:《论法律关系的方法及其意义》,载《甘肃政法学院学报》2019 年第 3 期。
10. 丁建安:《论企业单方调岗行为法律效力的判断》,载《当代法学》2015 年第 3 期。
11. 丁建安:《企业劳动规章的法律性质及相关制度探析》,载《广西大学学报(哲学社会科学版)》2009 年第 6 期。
12. 董保华、陈亚:《用人单位劳动规章的法律性质及其立法模式》,载董保华主编:《劳动合同研究》,中国劳动社会保障出版社 2005 年版。
13. 董保华、孔令明:《经济补偿与失业保险之制度重塑》,载《学术界》2017 年第 1 期。
14. 董保华、邱婕:《论劳动法主体的界定》,载董保华主编:《劳动合同研究》,中国劳动社会保障出版社 2005 年版。
15. 董保华:《劳动者自发罢工的机理及其合法限度》,载《甘肃社会科学》2012 年第 1 期。
16. 董保华:《论非标准劳动关系》,载《学术研究》2008 年第 7 期。
17. 董保华:《论事实劳动关系》,载《中国劳动》2004 年第 7 期。
18. 董保华:《社会保障法与劳动法的界定》,载《华东政法学院学报》2001 年第 3 期。
19. 董保华:《中国劳动基准法的目标选择》,载《法学》2007 年第 1 期。
20. 董文军:《法定退休年龄与劳动合同关系之反思》,载《法学家》2019 年第 1 期。
21. 董文勇:《我国社会保险的突出问题及立法应对》,载《今日中国论坛》2009 年第 4 期。
22. 杜邈、商浩文:《拒不支付劳动报酬罪的司法认定》,载《法学杂志》2011 年第 10 期。
23. 范进学:《市场经济条件下劳动法基本原则新论》,载《山东法学》1995 年第 4 期。
24. 范围:《劳动合同形式强制的反思与完善》,载《中国人民大学学报》2018 年第 1 期。

25. 范湘凌:《论劳动关系法律调整的理性化扩张》,载《政法学刊》2006 年第 6 期。
26. 范重光:《违反集体合同法律责任探究》,载《中国劳动关系学院学报》2012 年第 4 期。
27. 冯彦君、张颖慧:《"劳动关系"判定标准的反思与重构》,载《当代法学》2011 年第 6 期。
28. 冯彦君:《劳动法法典化的三重困境》,载《北方法学》2022 年第 6 期。
29. 冯彦君:《民法与劳动法:制度的发展与变迁》,载《社会科学战线》2001 年第 3 期。
30. 盖建华:《共享经济下"类劳动者"法律主体的制度设计》,载《改革》2018 年第 4 期。
31. 高圣平:《用人单位劳动规章制度的性质辨析——兼评〈劳动合同法(草案)〉的相关条款》,载《法学》2006 年第 10 期。
32. 耿林:《论中国法上强制性规定概念的统一性——兼评金可可教授〈强行规定与禁止规定〉》,载王洪亮等主编:《中德私法研究》(第 13 卷),北京大学出版社 2016 年版。
33. 韩光明:《论民事法律关系的内容构建:一个基本概念的范式分析》,载《比较法研究》2009 年第 5 期。
34. 侯玲玲、王全兴:《劳动法上劳动者概念之研究》,载《云南大学学报(法学版)》2006 年第 1 期。
35. 胡放之:《网约工劳动权益保障问题研究——基于湖北外卖骑手的调查》,载《湖北社会科学》2019 年第 10 期。
36. 胡磊:《网络平台经济中"去劳动关系化"的动因及治理》,载《理论月刊》2019 年第 9 期。
37. 胡立峰:《劳动规章制度法律性质之"法律规范说"检讨》,载《西南政法大学学报》2008 年第 5 期。
38. 胡莹:《数字经济时代我国的劳动过程分析——基于马克思劳动过程理论的视角》,载《社会主义研究》2021 年第 4 期。
39. 华迎放:《非正规就业群体的社会保障》,载《中国劳动经济学》2009 年第 1 期。
40. 黄程贯:《劳动基准法之公法性质与私法转化》,载政治大学法学院劳动法域社会法中心编:《劳动、社会与法》,台北,元照出版有限公司 2011 年版。

41. 黄继坤:《论拒不支付劳动报酬罪的几个重要问题——对〈刑法修正案(八)〉的解读》,载《当代法学》2012 年第 3 期。
42. 黄馨慧:《日本调职法理的形成与发展》,载《劳动法判例选辑(三)》,台北,元照出版有限公司 2000 年版。
43. 黄忠:《比例原则下的无效合同判定之展开》,载《法制与社会发展》2012 年第 4 期。
44. 黄忠:《违法合同的效力判定路径之辨识》,载《法学家》2010 年第 5 期。
45. 黄宗智:《重新认识中国劳动人民——劳动法规的历史演变与当前的非正规经济》,载《开放时代》2013 年第 5 期。
46. 贾楠:《"拒不支付劳动报酬罪"的刑法分析》,载《学术探索》2011 年第 10 期。
47. 姜颖、沈建峰:《正确评估〈劳动合同法〉适时修改〈劳动法〉》,载《中国劳动关系学院学报》2017 年第 3 期。
48. 姜颖:《对集体合同形式化的反思》,载《工会理论与实践(中国工运学院学报)》2004 年第 6 期。
49. 焦娟:《共享经济用工法律规制研究》,载《广西政法管理干部学院学报》2019 年第 3 期。
50. [德]克劳斯 - 威廉 · 卡纳里斯:《法律禁令和法律行为》,赵文杰译,载王洪亮等主编:《中德私法研究》(第 13 卷),北京大学出版社 2016 年版。
51. 匡青松、张国辉:《共享经济下互联网平台用工劳动关系认定研究》,载《吉林工商学院学报》2019 年第 6 期。
52. [德]赖因哈德 · 齐默尔曼:《欧洲私法的法典化:〈欧洲共同买卖法〉视角下的历史反思》,刘剑峰译,载《经贸法律评论》2020 年第 4 期。
53. 雷磊:《法教义学的基本立场》,载《中外法学》2015 年第 1 期。
54. 雷磊:《作为科学的法教义学?》,载《比较法研究》2019 年第 6 期。
55. 李海明:《工伤救济先行给付与代位求偿制度探微——兼评〈社会保险法〉工伤保险基金先行支付制度的得与失》,载《现代法学》2011 年第 2 期。
56. 李华斌:《推动劳动者权益保护的好〈解释〉:访北京师范大学刑事法律科学研究院常务副院长卢建平》,载《中国审判》2013 年第 3 期。
57. 李志明:《社会保险权与社会权、劳动权的分野》,载《重庆社会科学》2012 年第 6 期。

58. 栗燕杰:《中国社会保险广覆盖的趋势及其法理意义——以基本养老保险为例的考查》,载《中国劳动关系学院学报》2012 年第 6 期。
59. 林嘉、陈文涛:《论劳动基准法的法律效力》,载《清华法学》2014 年第 4 期。
60. 林嘉:《劳动合同若干法律问题研究》,载《法学家》2003 年第 6 期。
61. 林嘉:《论我国劳动法的法典化》,载《浙江社会科学》2021 年第 12 期。
62. 刘冬梅:《新挑战与新应对:社会保险筹资机制的变迁及其在中国的发展》,载《武汉大学学报(哲学社会科学版)》2017 年第 4 期。
63. 刘俊:《〈劳动合同法〉应当结束对事实劳动关系的现实困惑》,载《中国劳动》2007 年第 5 期。
64. 刘绍宇:《劳动合同法与民法适用关系的法教义学分析——以〈劳动合同法〉修改和民法典编纂为背景》,载《法学》2018 年第 3 期。
65. 刘艳红:《当下中国刑事立法应当如何谦抑?——以恶意欠薪行为入罪为例之批判性分析》,载《环球法律评论》2012 年第 2 期。
66. 刘作翔:《回归常识:对法理学若干重要概念和命题的反思》,载《比较法研究》2020 年第 2 期。
67. 蒙娜:《拒不支付劳动报酬罪若干问题研究》,载《中国刑事法杂志》2013 年第 3 期。
68. 孟续铎:《新业态发展中劳动关系面临的问题及对策》,载《中国人力资源社会保障》2018 年第 4 期。
69. 强磊:《在企业改革中加强劳动立法》,载《中国工运学院学报》1988 年第 2 期。
70. 邱骏彦:《调职法理之探讨》,载刘志鹏、黄程贯主编:《劳动法裁判选辑》,台北,月旦出版股份有限公司 1998 年版。
71. 沈建峰、姜颖:《劳动争议仲裁的存在基础、定性与裁审关系》,载《法学》2019 年第 4 期。
72. 沈建峰:《个人自治、国家强制与集体自治在劳动关系协调中的互动——基于对德国劳动关系协调机制的梳理》,载《中国人力资源开发》2015 年第 9 期。
73. 沈建峰:《劳动法作为特别私法:〈民法典〉制定背景下的劳动法定位》,载《中外法学》2017 年第 6 期。
74. 沈建峰:《劳动关系作为法律关系:兼论劳动法学研究的范式转换》,载《中国人力资源开发》2021 年第 4 期。

75. 沈建峰:《劳动基准法的范畴、规范结构与私法效力》,载《法学研究》2021 年第 2 期。
76. 沈建峰:《立足劳动者权益维护推动劳动法法典化》,载《工人日报》2022 年 3 月 21 日,第 7 版。
77. 沈建峰:《论集体合同的私法结构》,载《中国劳动关系学院学报》2019 年第 4 期。
78. 沈建峰:《论集体合同对劳动者和用人单位的效力》,载《西南民族大学学报(人文社会科学版)》2012 年第 9 期。
79. 沈建峰:《论集体合同履行争议的处理——兼论集体劳动法中个体利益与集体利益的平衡》,载《比较法研究》2018 年第 4 期。
80. 沈建峰:《论劳动关系的实践界定——以中德司法机关的判决为考察重点》,载《法律适用》2012 年第 12 期。
81. 沈建峰:《论劳动合同在劳动关系协调中的地位》,载《法学》2016 年第 9 期。
82. 沈建峰:《论劳动者个人权利的体系及其完善》,载北京市劳动和社会保障法学会编:《劳动法和社会保障法热点问题探讨》,中国法制出版社 2014 年版。
83. 沈建峰:《论缺失书面形式的劳动合同之效力》,载《人民法院报》2011 年 7 月 20 日,第 7 版。
84. 沈建峰:《论事实劳动关系的解除》,载《中国劳动》2015 年第 12 期。
85. 沈建峰:《论退休年龄的功能转型与劳动关系存续》,载《中国劳动》2017 年第 7 期。
86. 沈建峰:《论用人单位劳动规章的制定模式与效力控制——基于对德国、日本和我国台湾地区的比较分析》,载《比较法研究》2016 年第 1 期。
87. 沈建峰:《论用人单位指示权及其私法构造》,载《环球法律评论》2021 年第 2 期。
88. 沈建峰:《去组织体化用工及其当事人确定与责任承担》,载《政治与法律》2022 年第 8 期。
89. 沈建峰:《社会保险费欠缴的法律救济》,载《中国工人》2016 年第 3 期。
90. 沈建峰:《社会法、第三法域与现代社会法——以基尔克、辛茨海默、拉德布鲁赫到〈社会法典〉》,载《华东政法大学学报》2019 年第 4 期。
91. 沈建峰:《数字时代劳动法的危机与用工关系法律调整的方法革新》,载《法制与社会发展》2022 年第 2 期。
92. 石佳友:《解码法典化:基于比较法的全景式观察》,载《比较法研究》2020 年第 4 期。

93. 史探径:《我国急需制定劳动法典》,载《法学研究》1989 年第 5 期。

94. 史探径:《应当重视劳动法的作用》,载《法学评论》1986 年第 4 期。

95. 苏永钦:《民事立法者的角色——从公私法的接轨工程谈起》,载苏永钦:《民事立法与公私法的接轨》,北京大学出版社 2005 年版。

96. 苏永钦:《私法自治中的国家强制:从功能法的角度看民事规范的类型与立法释法方向》,载《中外法学》2001 年第 1 期。

97. 苏永钦:《违反强制或禁止规定的法律行为》,载苏永钦:《私法自治中的经济理性》,中国人民大学出版社 2004 年版。

98. 孙光妍、于逸生:《苏联法影响中国法制发展进程之回顾》,载《法学研究》2003 年第 1 期。

99. 孙国平:《论雇主劳动合同条款变更权之控制》,载《比较法研究》2016 年第 1 期。

100. 孙鹏:《论违反强制性规定行为之效力——兼析〈中华人民共和国合同法〉第 52 条第 5 项的理解与适用》,载《法商研究》2006 年第 5 期。

101. 田思路:《工业 4.0 时代的从属劳动论》,载《法学评论》2019 年第 1 期。

102. 田思路:《日本“社会法”:概念 · 范畴 · 演进》,载《华东政法大学学报》2019 年第 4 期。

103. 王蓓、刘淼:《法律大数据视角下的拒不支付劳动报酬罪研究》,载《中国刑事法杂志》2017 年第 2 期。

104. 王健:《APP 平台用工中的网约工身份认定与劳动关系重构》,载《兰州学刊》2019 年第 6 期。

105. 王俊英、宋新潮:《论用人单位劳动规章的法律效力》,载《河北法学》2003 年第 5 期。

106. 王立明:《劳动合同订立与劳动关系建立的法律识别》,载《中国劳动》2008 年第 1 期。

107. 王利明:《关于我国民法典体系构建的几个问题》,载《法学》2003 年第 1 期。

108. 王利明:《我们需要什么样的民法典》,载《中国报道》2015 年第 1 期。

109. 王倩:《德国法中劳动关系的认定》,载《暨南学报(哲学社会科学版)》2017 年第 6 期。

110. 王倩:《经济补偿金制度修改的制度替代及方案设计》,载《法学》2017 年第 3 期。
111. 王全兴、粟瑜:《意大利准从属性劳动制度剖析及其启示》,载《法学杂志》2016 年第 10 期。
112. 王全兴、王茜:《我国“网约工”的劳动关系认定及权益保护》,载《法学》2018 年第 4 期。
113. 王全兴、黄昆:《劳动合同效力制度的突破和疑点解析》,载《法学论坛》2008 年第 2 期。
114. 王全兴:《我国〈劳动法典〉编纂若干基本问题的初步思考》,载《北方法学》2022 年第 6 期。
115. 王全兴、赵庆功:《我国社会保险制度深化改革的基本思路选择》,载《江淮论坛》2018 年第 3 期。
116. 王天玉:《互联网平台用工的合同定性及法律适用》,载《法学》2019 年第 10 期。
117. 王轶:《民法典的规范配置——以对我国〈合同法〉规范配置的反思为中心》,载《烟台大学学报(哲学社会科学版)》2005 年第 7 期。
118. 王益英、李景森:《十年来我国劳动法学的发展》,载《法律学习与研究》1989 年第 6 期。
119. 王永洁:《“全球化、结构变化与工作任务:新时代的中国劳动力市场”国际研讨会综述》,载《劳动经济研究》2018 年第 1 期。
120. 王泽鉴:《事实上之契约关系》,载王泽鉴:《民法学说与判例研究》(第 1 卷),中国政法大学出版社 2005 年版。
121. 王志华:《苏联法影响中国法的几点思考》,载《华东政法大学学报》2008 年第 1 期。
122. 魏益华、张爽:《新科技革命背景下的劳动关系变化及协调机制》,载《求是学刊》2019 年第 3 期。
123. 问清泓:《内部劳动规则与集体合同比较研究——兼析我国〈劳动合同法〉的相关规定》,载《武汉科技大学学报(社会科学版)》2009 年第 1 期。
124. 吴邦国:《在十届全国人大常委会第二次会议上的讲话》,载《全国人民代表大会常务委员会公报》2003 年第 3 期。
125. 吴勇、刘琦:《平台用工的劳动关系认定及权益保护》,载《中国劳动》2019 年第12期。
126. 肖巍:《灵活就业、新型劳动关系与提高可雇佣能力》,载《复旦学报(社会科学版)》2019年第5期。
127. 肖竹:《第三类劳动者的理论反思与替代路径》,载《环球法律评论》2018年第6期。
128. 谢德成:《论事实劳动关系的效力》,载《宁夏社会科学》2002年第6期。
129. 谢海定:《法学研究进路的分化与合作——基于社科法学与法教义学的考察》,载《法商研究》2014年第5期。
130. 谢鸿飞:《论法律行为生效的"适法规范"——公法对法律行为效力的影响及其限度》,载《中国社会科学》2007年第6期。
131. 谢增毅:《劳动力市场灵活性与劳动合同法的修改》,载《法学研究》2017年第2期。
132. 谢增毅:《民法典引入雇佣合同的必要性及其规则建构》,载《当代法学》2019年第6期。
133. 郑尚元:《雇佣关系调整的法律分界——民法与劳动法调整雇佣类合同关系的制度与理念》,载《中国法学》2005年第3期。
134. 熊伟、张荣芳:《财政补助社会保险的法学透析:以二元分立为视角》,载《法学研究》2016年第1期。
135. 徐金锋、李燕燕:《劳动规章"协商确定"之辨析》,载《求索》2012年第4期。
136. 徐金锋:《劳动规章基本问题研究》,载《行政与法》2011年第9期。
137. 许德风:《法教义学的应用》,载《中外法学》2013年第5期。
138. 许可:《劳动合同的自治与规制——以"违反强制性规定的劳动合同"为中心》,载《法学家》2017年第2期。
139. 许中缘:《禁止性规范对民事法律行为效力的影响》,载《法学》2010年第5期。
140. 阎天:《平台用工规制的历史逻辑——以劳动关系的从属性理论为视点》,载《中国法律评论》2021年第4期。
141. 杨思斌:《社会保险权的法律属性与社会保险立法》,载《中州学刊》2010年第3期。
142. 杨通轩:《工作规则法律性质之探讨》,载《劳动法裁判选辑(三)》,台北,元照出版社有限公司 2000 年版。

143. 姚明斌:《“效力性”强制规范裁判之考察与检讨:以〈合同法解释二〉第 14 条的实务进展为中心》,载《中外法学》2016 年第 5 期。

144. 姚万勤:《拒不支付劳动报酬罪立法之反思》,载《长白学刊》2017 年第 3 期。

145. 张锋学:《拒不支付劳动报酬罪的司法检视与完善路径》,载《河北法学》2015 年第 11 期。

146. 张姝:《对我国社会保障争议解决机制的理论反思——基于权利救济的考察》,载《当代法学》2009 年第 6 期。

147. 张文显:《法律关系论纲——法律关系若干基本问题的反思》,载《天津社会科学》1991 年第 4 期。

148. 张喜亮:《论工会在集体合同制度中的角色》,载《工会理论与实践(中国工运学院学报)》1997 年第 2 期。

149. 张左己:《在劳动部召开的学习〈劳动法〉宣讲动员大会上的讲话》,载李伯勇、张左己主编:《中华人民共和国劳动法讲座》,中国劳动出版社 1994 年版。

150. 赵秉志、张伟珂:《拒不支付劳动报酬罪立法研究》,载《南开学报(哲学社会科学版)》2012 年第 2 期。

151. 郑爱青:《法国“社会法”概念的历史缘起和含义》,载《华东政法大学学报》2019 年第 4 期。

152. 郑尚元:《民法典制定中民事雇佣合同与劳动合同之功能与定位》,载《法学家》2016 年第 6 期。

153. 郑尚元:《社会保险法定位——社会保险法与相邻法律关系探析》,载《法治研究》2015 年第 5 期。

154. 郑尚元:《我国社会保险制度历史回眸与法制形成之展望》,载《当代法学》2013 年第 2 期。

155. 钟瑞栋:《民法中的强制性规范——兼论公法与私法“接轨”的立法途径与规范配置技术》,载《法律科学(西北政法大学学报)》2009 年第 2 期。

156. 周宝妹、郎俊义:《拒不支付劳动报酬罪的解读——以劳动法为视角》,载《人民司法》2012 年第 11 期。

157. 朱虎:《规制性规范违反与过错判定》,载《中外法学》2011 年第 6 期。

158. 朱虎:《规制性规范与侵权法保护客体的界定》,载《清华法学》2013 年第 1 期。

159. 朱虎:《萨维尼视野中的法律关系的界定——法律关系、生活关系和法律制度》,载《比较法研究》2009 年第 3 期。

160. 朱景文、韩旭:《关于法律关系属性的几个理论问题》,载《中国法学》1994 年第 4 期。

三、外文专著

1. Adomeit, Gesellschaftsrechtliche Elemente im Arbeitsverhältnis, Walter de Gruyter, 1986.

2. Adomeit, Rechtsquellenfragen im Arbeitsrecht, Verlag C. H. Beck, 1969.

3. Alexandrow, Lehrbuch des Sowjetischen Arbeitsrechts, Verlag Kultur und Fortschriftt, 1952.

4. Anderjew, Sowjetisches Arbeitsrecht, Staatverlag, 1974.

5. Bayreuther, Tarifautonomie als Kollektiv Ausgeübte Privatautonomie, Verlag C. H. Beck, 2005 .

6. Martin Becker, Arbeitsvertrag und Arbeitsverhältnis in Deutschland, Vittorio Klostermann Frankfurt am Main, 1995.

7. Martin Becker, Arbeitsvertrag und Arbeitsverhältnis, Vittorio Klostermann, 2005.

8. Behrends, Knütel, Kupisch, Seiler, Corpus Iuris Civilis Die Insititutionen, 3. Auflage, C. F. Müller, 2007.

9. Rolf Birk, Die Arbeitsrechtliche Leitungsmacht, Köln: Carl Heymanns Verlag KG, 1973.

10. Boemke, Studienbuch Arbeitsrecht, München, C. H. Beck, 2003.

11. Eduard Böttiche, Gestaltungsrecht und Unterwerfung im Privatrecht, Berlin: Walter de Gruyter & Co. , 1964.

12. Bydlinski, Arbeitsrechtskodifikation und Allgemeines Zivilrecht, Springer Verlag, 1969.

13. Canaris, Systemdenken und Systembegriff in der Jurisprudenz, Duncker& Humblot, 1982.

14. Coing, Europaisches Privatrecht, Band 2, C. H. Beck, 1989.

15. Däubler, Tarifvertragsgesetz, 4. Auflage, Nomos, 2018.

16. Michel Despax, Jean - Pierre Laborde, Jacques Rojot, Labour Law of France, Wolters Kluwer, 2017.

17. Leenen Detlef: Typus und Rechtsfindung, Duncker & Humblot, 1971.

18. Dütz, Thüsing, Arbeitsrecht, 23. Auflage, C. H. Beck, 2018.

19. Erwin Jacobi, Grundlehren des Arbeitsrechts, A. Deichertsche Verlagsbuchhandlung Dr. Werner Schnoll, 1927.

20. Esser/Weyers: Schuldrecht, Band2, Besonderer Teil, Teilband1, C. F. Müller Verlag 1997.

21. Fikentscher, Heinemann, Schuldrecht, 11. Auflage, De Gruyter 2017.

22. Werner Flume, Allgemeiner Teil des Bürgerlichen Rechts, Band2, Das Rechtsgeschäft, 4. Auflage, Springer - Verlag, 1992.

23. Franz Gamillscheg, Kollektives Arbeitsrecht, Band1, Verlag C. H. Beck, 1997.

24. Gast, Wolfgang, Das Arbeitsrecht als Vertragrecht, R. v. Decker & C. F. Müller, 1984.

25. Gauch/Stöckli, OR, Schulthess, 49. Auflage, 2012.

26. Junker, Grundkurs Arbeitsrecht, 15. Auflage, C. H. Beck, 2016.

27. Gierke, Deutsches Privatrecht, Band 1, Verlag von Dunker & Humblot, 1895.

28. Gierke, Deutsches Privatrecht, Band 3, Verlag von Dunker & Humblot, 1917.

29. Gierke, Die soziale Aufgabe des Privatrechts, Verlag von Julius Springer, 1889.

30. Konrad Grillberger, Österreichisches Sozialrecht, 8. Auflage, Springer, 2010.

31. Mariella Halberstadt, Die Gestaltung des Arbeitsvertrags durch Tarifvertrag im französischen Recht, Nomos, 2017.

32. Günster Haupt, Über faktische Vertragsverhältnisse, Verlag von Theodor Weicher in Leipzig, 1941.

33. Von Hoyningen - Huene, Die Billigkeit im Arbeitsrecht, C. H. Beck, 1978.

34. Hromadka, Wolfgang, Maschmann, Frank, Arbeitsrecht, Band1, Individualarbeitsrecht, Springer, 2015.

35. Hueck - Nipperdey, Lehrbuch des Arbeitsrechts, Band2, 1. Halbband, Verlag Franz

Vahlen GmbH, 1967.

36. Abbo Junker, Arbeitsrecht Zwischen Markt und Gesellschaftspolitischen Herausforderung, Verlag C. H. Beck, 2004.

37. Otto Kahn - Freund, Bob Hepple, *International Encyclopedia of Comparative Law*, Labour Law, Mohr Siebeck, 2014.

38. Kaskel, Dersch, Arbeitsrecht, 5. Auflage, Springer, 1957.

39. Arthur Kaufmann: Grundprobleme der Rechtsphilosophie, C. H. Beck, 1994.

40. Arthur Kaufmann, Rechtsphilosophie, C. H. Beck, 1997.

41. Peter Kindler. Einführung in das italienische Recht, München, C. H. Beck, 2008.

42. Kirchhof, Private Rechtsetzung, Dunker & Humblot, 1987.

43. Köhler, Zacher, Ein Jahrhundert Sozialversicherung, Duncker & Humblot, Berlin, 1981.

44. Koziol, Welser, Bürgerliches Recht, Band 1, 13. Auflage, Manzsche Verlags-und Universitätsbuchhandlung, 2006.

45. Ruediger Krause, Digitalisierung der Arbeitswelt - Herausforderungen und Regelngsbedarf, Verlag C. H. Beck, Muenchen, 2017.

46. Larenz, Lehrbuch des Schuldrechts Band. 1, Allgemeiner Teil, 14. Aufl., C. H. Beck, 1987.

47. Larenz, Wolf, Allgemeiner Teil des Bürgerlichen Rechts, C. H. Beck, 2004.

48. Larenz, Methodenlehre der Rechtswissenschaft, 6. Auflage, Springer - Verlag, 1991.

49. Larenz, Lehrbuch des Schuldrecht, Band 2, 1. Halbband, 13. Auflage, C. H. Beck, 1996.

50. Liukkunen, Yifeng Chen, *Fundamental Labour Rights in China — Legal Implementation and Cultural Logic*, Springer, 2016.

51. Lotmar, Philipp, Der Arbeitsvertrag nach dem Privatrecht des deutschen Reiches Band 1, Leipzig, 1902.

52. Dirk Looschelders: Schuldrecht, Besonderer Teil, 4. Auflage, Carl Heymanns Verlag, 2010.

53. Löwisch, Caspers, Klumpp, Arbeisrecht, München, Vahlen, 2017.

54. Löwisch, Rieble, Tarifvertragsgesetz, Verlag Franz Vahlen, 2017.

55. Franz Marhold, Michael Friedrich, Österreichisches Arbeitsrecht, Springer, 2012.

56. Hans - Peter Marutschke, Einführung in das Japanische recht, 2. Auflage, C. H. Beck, 2010.

57. Philippe Mastronardi, Juristisches Denken, 2. Auflage, Haupt Verlag, 2003.

58. Meyer - Cording, Die Rechtsnormen, J. C. B. Mohr, 1971.

59. Molitor, Das Wesen des Arbeitsvertrages, A. Deichertsche Verlagsbuchhandlung, 1925.

60. Stefan Muckel, Sozialrecht, VerlagC. H. Beck, 2003.

61. Hiroo Mukooyama, Kameo Akuzawa und Peter Hanau, Studien zum Japanischen Arbeitsrecht, Carl Heymanns Verelag KG, Köln, 1984.

62. Nikisch, Arbeitsrecht, Band1, J. C. B. Mohr, 1961.

63. Nikisch, Arbeitsrecht, Band2, J. C. B. Mohr, 1959.

64. Satoshi Nishitani, Vergleichende Einführung in das Japanische Arbeitsrecht, Carl Heymanns Verlag, 2003.

65. Oetker, Das Dauerschuldverhaeltnis und seine Beendigung, J. C. B. Mohr (Paul Siebeck), 1994.

66. Ring Olsen - Ring, Einführung in das Skandinavische Recht, C. H. Beck, 1999.

67. Hans jörg Otto, Marcus Bieder, Arbeitsrecht, 5. Auflage, De Gruzter Studium, 2020.

68. Preis, Arbeitsrecht, Kollektivarbeitsrecht, 4. Auflage, Verlag Dr. Otto Schmidt KG, 2017.

69. Preis, Arbeitsrecht, Individualarbeitsrecht Lehrbuch für Studium und Praxis, 5. Auflage, Otto Schmidt, 2017.

70. Thilo Ramm, Entwuerfe zu einmem Deutschen Arbeitsvertagsgesetz, Keip Verlag, 1992.

71. Reinhard Reichold, Betriebsverfassung als Sozialprivatrecht, C. H. Beck, 1995.

72. Repgen, Die soziale Aufgabe des Privatrechts, Mohr Siebeck, 2001.

73. Richardi, Kollektivgewalt und Individualwille bei der Gestaltung des Arbeitsverhältnisses, C. H. Beck, 1968.

74. Richardi, Arbeitsrecht als Teil freiheitlicher Ordnung, Nomos Verlagsgesellschaft, 2002.

75. Richardi, Bayreuther, Kollektives Arbeitsrecht, 2. Auflage, Verlag Franz Vahlen, 2012.

76. Richardi, Arbeitsrecht im Wandel der Zeit, C. H. Beck, 2019.

77. Richter, Arbeitsrecht als Rechtsbegriff, A. Deichertsche Verlagsbuchhandlung Dr. Werner Schnoll, 1923.

78. Volker Riebler, Arbeitmarkt und Wettwerb: der Schutz von Vertrag – und Wettbewerbsfreiheit im Arbeitsrecht, Springer, 1996.

79. Rüthers, Arbeitsrecht und politisches System, Athenäum Fischer Taschenbuch Verlag, 1973.

80. Savigny, System des heutigen römischen Rechts, Band 1, Deit und Camp, 1840.

81. Savigny, System des heutigen Römischen Rechts, Band3, Deit und Comp, 1840.

82. Emil Seckel, Die Gestaltungsrecht des Bürgerlichen Rechts, Wissenschaftliche Buchgeminschaft.

83. Sinzheimer, Grundzüge der Arbeitsrecht, 2. Aufl. , 1927.

84. Sinzheimer, Ein Arbeitstarifgesetz, Duncker&Humblot, 1977.

85. Sinzheimer, Der Korporative Arbeitsnormenvertrag, Erster Tail, Dunker & Humblot, 1977.

86. Simitis Spiros, Die faktischen Vertragsverhältnisse, Vittorio Klostermann, 1957.

87. Raimund Waltermann, Arbeitsrecht, 20. Auflage, Verlag Franz Vahlen, München, 2021.

88. Alfred Söllner, Einseitige Leistungsbestimmung im Arbeitsverhältnis, Verlag der Akademie der Wissenschaften und der Literatur, 1966.

89. Von Tuhr, Der Allgemeine Teil des Deutschen Bürgerlichen Rechts, Band 1, Verlag von Dunker & Humblot, 1910.

90. Frank Vischer, Scheizerisches Privatrecht Obligationenrecht, Besonderer Teil Der Arbeitsvertrag, Helbing & Lichtenhahn, 2005.

91. Wank, Arbeitsnehmer und Selbständige, C. H. Becker, 1988.

92. Waltermann, Sozialrecht, 13. Auflage, C. F. Müller, 2018.

93. Waltermann, Abschied vom Normalarbeitsverhaeltnis Gutachten B fuer den 68. DJT 2010, C. H. Beck, 2010.

94. Waltermann, Rechtsetzung durch Betriebsvereinbarung zwischen Privataotonomie und Tarifautonomie, J. C. B. Mohr, 1996.

95. Igl, Welti, Sozialrecht, 8. Auflage, Werner Verlag, 2007.

96. Wiedemann, Das Arbeitsverhältnis als Austausch – und Gemeinschaftsverhältnis, Verlag C. F. Müller, 1966.

97. Windscheid, Lehrbuch des Pandektenrechts, Band1, 9 Auflage, Literarische Anstalt Rütten & Loening, 1906.

98. Ernst Wolf, Das Arbeitsverhältnis, N. G. Elwert Verlag Marburg, 1970.

99. Zöllner, Loritz, Hergenröder, Arbeitsrecht, 5. Auflage, C. H. Beck, 2015.

四、外文论文

1. Brose, Von Bismarck zu Crowdwork: Über die Reichweite der Sozialversicherungspflicht in der digitalen Arbeitswelt, in: NZS, 2017, S. 7.

2. Birgit Geissler, Normalarbeitsverhältnis und Sozialversicherung – eine überholte Verbindung, in: MittAB3/98, S. 550.

3. Deinert, Die heutige Bedeutung des Heimarbeitsgesetzes, RdA 2018, S. 367.

4. Hanau, Peters – Lange: Schnittstellen von Arbeits – und Sozialrecht, in: NZA 1998, S. 785.

5. Hromadka, Arbeitnehmerbegriff und Arbeitsrecht – Zur Diskussion um die "neue Selbständigkeit", NZA 1997, S. 570.

6. Hromadka, Grenzen des Weisungsrechts: Zur Auslegung des § 106 GewO, NZA 2012, S. 233.

7. Kissel, Das Spannungsfeld zwischen Betriebsvereinbarung und Tarifvertrag, NZA 1986, S. 76.

8. Konzen, Die Tarifautonomie zwischen Akzeptanz und Kritik, NZA 1995, S. 913.

9. Lange, Die behördliche Genehmigung und ihre zivilrechtlichen Auswirkungen, AcP, 1952, S. 241.

10. Lakies, Das Weisungsrecht des Arbeitgebers und Vertragsgestaltungsoptionen (Versetzungsklauseln), ArbRAktuell, 2013, S. 3.

11. Nipperdey, Die privatrechtliche Bedeutung des Arbeiterschutzrechts, in: die Reichsgerichtspraxis im deutschen Rechtsleben, Festgabe der Juristischen Fakultäten zum 50

jährigen Bestehen des Reichsgerichts 1929, Band IV, S. 204.

12. Eduard Picker, die Regelung der Arbeits und wirtschaftsbedingungen, ZfA, 1986, S. 246ff.

13. Eduard Picker, Tarifmacht und Tarifvertragliche Arbeitsmarktpolitik, ZfA, 1998, S. 573ff.

14. Heinz Potthoff, Die Einwirkung der Reichsverfassung auf das Arbeitsrecht, in: Ramm Hsg. Arbeitsrecht und Politik, Luchterhand, S. 24.

15. Preis, Koordinationskonflikte Zwischen Arbeits-und Sozialrecht, NZA, 2000, S. 915.

16. Preis, Genenger, Die unechte Direktionsrechtserweiterung, NZA, 2008, S. 969.

17. Gastav Radbruch, Klassenbegriffe und Ordnungsbegriff in Rechtsdenken, in: Winfried Hasssemar Hrsg: Gastav Radbruch Rechtsphilosophie, C. F. Müller, 1990.

18. Rebhahn, Das Kollektive Arbeitsrecht im Rechtsvergleich, NZA 2001, S. 763.

19. Rebhahn, Abfindung statt Kündigungsschutz? —Rechtsvergleich und Regelungsmodelle, RdA 2002, S. 277.

20. Rebhahn, Der Arbeitnehmerbegriff in vergleichender Perspektive, RdA 2009, S. 154.

21. Rebhahn, Arbeitnehmerähnliche Personen – Rechtsvergleich und Regelungsperspektive, RdA 2009, S. 236.

22. Dieter Reute, Möglichkeiten und Grenzen einer Deregulierung des Arbeitsrechts, in: FS. Für Wiedemann, S. 451.

23. Volker Rieble, Der Tarifvertrag als kollektiv – privatautonomer Vertrag, ZfA, 31. Jg, 1/2000, S. 24.

24. Rinck: Der Arbeitnehmerbegriff im Wandel – Entwicklungen und Perspektiven, RdA 2019, S. 129.

25. Richardi, Der Arbeitsvertrag im Zivilrechtssystem, ZfA, 19. Jg, 3/1988, S. 237.

26. Richardi, Arbeitsrecht als Sonderprivatrecht oder Teil des Allgemeinen Zivilrechts, in: FS – Alfred Söllner, 2000, S. 964.

27. Rolfs: Die Inhaltskontrolle Arbeitsrechtlicher Individual-und Betriebsvereinbarungen, RdA 2006, 356.

28. Hümmerich, Arbeitsverhältnis als Wettbewerbsgemeinschaft – Zur Abgrenzung von Ar-

beitnehmern und Selbständigen, NJW 1998, S. 2625.

29. Schlegel, Wen soll das Sozialrecht schützen? —Zur Zukunft des Arbeitnehmer – und Beschäftigtenbegriffs im Sozialrecht, NZS 2000, S. 421.

30. Schlegel, Beschäftigte versus Selbstständige – Deutsches Sozialrecht, NZA – Beilage, 2016, S. 13.

31. Schubert: Neue Beschäftigungsformen in der digitalen Wirtschaft – Rückzug des Arbeitsrechts?, RdA 2018, S. 201.

32. Sinzheimer, Otto von Gierkes Bedeutung für Arbeitsrecht, in: Hugo Sinzheimer Arbeitsrecht und Rechtssoziologie, Band 1, Europäische Verlagsantstalt, 1976, S. 405.

33. Sinzheimer, Über einige Grundfragen des Arbeitsrechts, in: Hugo Sinzheimer Arbeitsrecht und Rechtssoziologie, Band1, Europäische Verlagsanstalt, 1976, S. 261.

34. Sinzheimer, Der Tarifgedanken in Deutschland, in: Hugo Sinzheimer Arbeitsrecht und Rechtssoziologie, Band1, Europäische Verlagsanstalt, 1976, S. 168.

35. Jochen Taupitz, Christian Pfeiffer, Die Entwicklung der Vertragstypen des BGB, in: Yu – Cheol Shin, Reinhard Zimmermann, 50 Jahre Koreanisches Zivilgesetzbuch, Verlag der Jursitsichen Texte, Seoul 2011, S. 260.

36. Uffmann, Beschäftigte versus Selbstständige – Bindung Staatlicher Schutzmechanismen an den Beschäftigtenbegriff – Deutsches Arbeitsrecht, NZA – Beilage 2016, S. 7.

37. Waltermann, Zu den Grundlagen der Rechtsetzung durch Tarifvertrag, in: Festschrift für Söllner, S. 1254.

38. Waltermann, Digital statt analog: Zur Zukunftsfähigkeit des Arbeitsrechts, RdA 2019, S. 97.

39. Wank, Abschied vom Normalarbeitsverhältnis? —Welche Arbeits – und Sozialrechtlichen Regelungen Empfchlen sich im Hinblick auf die Zunahme neuer Beschäftigungsformen und die Wachsende Diskontinuität von Erwerbsbiographien? RdA 2010, S. 205.

40. Willemsen, Müntefering, Begriff und Rechtsstellung Arbeitnehmerähnlicher Personen: Versuch einer Präzisierung, NZA 2008, S. 194.

41. Ernst Wolf, Grundlagen des Gemeinschaftsrechts, AcP, 1973, S. 97.

五、外文评注

1. München Kommentar BGB/ Rudi Müller – Glöge, Band4, Schuldrecht besonderer Teil, 2009, 611 – 704.
2. Münchener Kommentar zum BGB, § 611a Arbeitsvertrag, Spinner, 8. Auflage, 2020.
3. Münchener Kommentar zum BGB, § 618, Pflicht zu Schutzmaßnahmen, Henssler, 5. Auflage, 2009.
4. Staudinger BGB, § 618, Hartmut Oetker, 2002.
5. Richardi, BetrVG, 10. Aufl. 2006.
6. GK – BetrVG/Kreutz, 8. Aufl. 2005, § 77.
7. ErfK/ Preis, § 611a BGB, C. H. Beck. 2018.
8. HWK/ Lembke, Gewo § 106, 2014.
9. HWK/Thüsing, § 611, 2014.
10. Münchener Handbuch zum Arbeitsrecht, Band 1：Individualarbeitsrecht, 14. Auflage 2018.
11. Schaub, Arbeitsrechts – Handbuch, 18. Auflage, 2019.
12. Landmann/Rohmer, Gewerbeordnung, GewO § 106 Weisungsrecht des Arbeitgebers, Neumann, C. H. Beck, 2019.
13. Thomas Lakies, Basis kommentar zum MiLoG, 3. Auflage, 2017.

后记 Postscript

讨论劳动法和私法的关系并进而建构劳动法的教义学体系是十年前我开始思考的问题。但这样一个宏大的问题很难通过一两篇文章解释清楚,也很难一蹴而就地完成。不做深入研究,相关讨论可能就会成为单纯的立场之争。为此,我从劳动合同的法律地位开始完成了最初的研究,2016 年发表在《法学》第 9 期上的《论劳动合同在劳动关系协调中的地位》即是这一思考的成果。此后,发表在《中外法学》2017 年第 6 期上的《劳动法作为特别私法》一文就是本书研究的基本框架。在该框架基础上,我开始针对劳动法的具体制度逐一进行讨论,从其正当性基础、效力结构与其他制度的关系等角度进行了分析。这是一个相对漫长的过程,所幸的是,承蒙杂志肯认,相关研究成果陆续发表在了《法学研究》《中外法学》《法学》《环球法律评论》《比较法研究》《法制与社会发展》等杂志上。在学术杂志都关注热点问题、追求引用率的时代,感谢这些杂志对劳动法基础性研究的支持,也给了我研究下去的信心。本书就是近十年来思考的结果,在内容上不仅是上述已发表文章的整理,而且是在一个更系统的体系中的展开。

需要回应的问题是,本书提出了劳动法作为特别私法的观点,这是否意味着对劳动法的学科地位和学科自知的挑战？本书认为，上述认识实际上将极大提高劳动法的学科地位和学科担当。对此，本书赞同德国学者相关的论述："让劳动法回归一般私法秩序的要求，不应被仅认为是保守的，它让劳动法成为整个私法发展的发动机，让一般私法编撰的重大变革不可避免。"[1]也有学者在劳动法推动民法实现社会化的意义上，称劳动法为民法秩序的发酵剂，[2]劳动法可以从自己不是纯粹的财产法的结构出发，改变民法的传统观念，推动民法的发展。在很大程度上，整个法律都在社会化，在此过程中，劳动法是排头兵，先行一步。"如果人们通过劳动法独立化这个命题将上述思想的作用从一般私法中割裂出去，则对民法的发展毫无助益。因此，让劳动法再次接近民法，不仅具有法律简单化的价值，该思想上的动力也意在建构一般的民法教义学。"[3]劳动法的这种努力已经在改变民法，从德国的发展来看，"在实体法中，两个法律领域，也就是个别劳动法和债法互相靠近。在此过程中，债法比劳动法变迁更强烈。用 Dieterich 的话来说，是民法的劳动法化，而不是劳动法的民法化……这样一来，个别劳动法位于民法的核心，法律发现仅涉及劳动法的特殊性，其在一些点上对民法典产生积极反响"[4]。劳动法不能只是用一句"我是社会法"，将自己隔离在狭小的空间，而是应不断将自己的法律社会化技术一般化，积极推动整个私法的完善。这也是劳动法学的学科担当。

还需要澄清的是，主张劳动法属于特别私法是否对社会法学的挑战。对此，正如作者在此前的文章中所提出的那样，"从当前国内社会法的讨论来看，社会法的存在更多建立在一个目的论或者价值论的基础上，要实现实质正义或要实现社会政策，这就意味着公私法和社会法的范畴并不在同一

---

〔1〕 Theo Mayer – Maly, Arbeitsrecht und Privatrechtsordnung, in: Ausgewälte schriften zum Arbeitsrecht, Blölau, 1991, S. 21.

〔2〕 Isele, Das Arbeitsverhältnis in der Zivilrechtsordnung, in: Juristen Jahresbuch 1968, S. 75.

〔3〕 Richardi, Arbeitsrecht und Zivilrecht, in: ZfA, 1974, S. 16.

〔4〕 Volker Rieble, Zukunft der Arbeitsgerichtsbarkeit, ZAAR Verlag, 2005, S. 19.

层面。"[1]在本书作者的观念中,公私法的区分是个方法论问题,而社会法的存在是一个价值论问题。因此,劳动法有作为特别私法的一面,毫不妨碍它同时属于中国式的社会法范畴。

本书在一些观点上和目前主流的观点并不一致,在论述过程中也对一些学界前辈的观点提出了不同的意见。这绝非否定学界前辈的学术贡献。相反,正是在一代代劳动法学人努力的基础上,才有本书的命题讨论的前提。另外,正如本书前两章所说明的那样,一些问题可能是起因于不同的方法论而引发的。社科法学、其他学科对劳动关系的认识不是不正确,而是它所关注的不是劳动法的规范性问题。而本书所坚持的是体系和规范研究的教义学方法,在构建劳动法学的教义学体系。本书的写作过程,实际上也得到学界前辈们的支持,不止一位先生给我说起,"我不支持你的观点,但是我赞赏你的方法和研究",在此一并表示感谢。

本书的完成毫无疑问需要感谢我的老师米健教授。不仅是当年师从老师六年从事民法学一般问题的研究为我打下了良好的研究功底,更重要的是,老师在方法论和研究工具方面给予我启发和教诲。法史学梳理、比较法学方法、对德国法的关注都源于米健教授的风格,虽然从未达到老师的高度。也要感谢德国波恩大学的罗马法大师 Knütel 教授。教授虽已故去,但其担任我作为洪堡基金会总理奖学金获得者的学术导师期间给予的指导和启发依然回荡耳边,他送我的法史学著作依然竖立在我的书架上。本书所引德文著述,不少也是教授所赠。还需要感谢德国波恩大学的 Waltermann 教授。翻译他的《德国劳动法》一书的过程,是我系统学习劳动法的过程,也是让我树立可以从一般私法展开劳动法研究信心的过程。翻译过程中以及译著出版后与 Waltermann 教授的交流,也让我继续受益。此后德文版的《德国劳动法》已经再版,教授也会如期寄给我最新版。荣幸的是,从第 18 版开始,该书德文版扉页上始终注明有"本书已由沈建峰教授翻译为中文"。

---

[1] 沈建峰:《社会法、第三法域与现代社会法——从基尔克、辛茨海默、拉德布鲁赫到〈社会法典〉》,载《华东政法大学学报》2019 年第 4 期。

最后需要说明的是,本书所提出的当前也许还是一个非主流的观点,尽管已有多方思考,但论证过程不妥之处恐在所难免,相关的观点未来尚有进一步深入和展开的空间,望读者多多指正。希望本书能推动劳动法学法教义学的发展,贡献于劳动法学的繁荣。